Ευτυχία Παπαγεωργίου

PATRA CASE: *Τίποτα δεν είναι ανεξήγητο*

Η ΦΩΝΗ ΠΙΣΩ ΑΠΟ ΤΑ ΛΟΓΙΑ

ODEION BOOKS

Τίτλος: "PATRA CASE: *Τίποτα δεν είναι ανεξήγητο.* Η φωνή πίσω από τα λόγια"

Συγγραφέας: Ευτυχία Παπαγεωργίου

Επιμέλεια έκδοσης, σχεδιασμός εξωφύλλου: Πέγκυ Βαλμά

ISBN 978-1-949880-05-2

Εκδότης: Odeion Books, Chicago

Chicago 2022

Για όσους μοιράζονται τη φωνή τους
αγκαλιάζοντας την ευαισθησία τους
και αγγίζοντας τη δική μας.

ΠΕΡΙΕΧΟΜΕΝΑ

ΠΡΟΛΟΓΟΣ
Σικάγο, Μάρτιος 2022

Αυτή η περίοδος που ξεκίνησα να γράφω το βιβλίο είναι κάπως ιδιόρρυθμη διότι η υπόθεση στην οποία αναφέρομαι εκκρεμεί και δεν έχει ακόμα διαλευκανθεί. Έχει ασκηθεί μία κατηγορία αλλά δεν έχει ακόμα καταλήξει σε ενοχή ή αθώωση. Παράλληλα, διερευνούνται και άλλες συσχετιζόμενες υποθέσεις. Το σημείο στο οποίο βρισκόμαστε προσφέρει ένα ιδιαίτερο ενδιαφέρον στο βιβλίο διότι η μελέτη και ανάλυση των γεγονότων γίνεται κατά τη διάρκεια μίας εξελισσόμενης ερευνητικής διαδικασίας και τίποτα δεν είναι ακόμα βέβαιο. Επομένως, όσα γράφω ως προς τις προσωπικές μου απόψεις και αναλύσεις σχετικά με την υπόθεση είναι ακριβώς αυτό: *οι δικές μου απόψεις αυτή τη συγκεκριμένη περίοδο.*

Θα έχει ενδιαφέρον να δούμε εάν η εξέλιξη των γεγονότων και τα επίσημα τελικά πορίσματα θα είναι κοντά στις δικές μου σκέψεις ή θα κινηθούν και θα καταλήξουν προς μια εντελώς διαφορετική, ίσως και απρόσμενη, κατεύθυνση.

Θα μπορούσα να πω ότι τολμώ που γράφω τώρα, κάπως πρόωρα, και δεν περιμένω πρώτα την κατάληξη. Ήδη, και έχοντας συζητήσει με άτομα των οποίων τη γνώμη σέβομαι απόλυτα, έχω λάβει διστακτική και αμφιλεγόμενη κριτική. Ο λόγος που επιμένω και προχωρώ πριν το τέλος θα έλεγα ότι είναι καθαρτικός. Δεν προσμένω κάποια *"δικαίωση"* ούτε φοβάμαι την οποιαδήποτε *"αποτυχία".* Νιώθω μια βαθιά ανάγκη να εκφράσω τώρα όλα όσα βλέπω, ακούω, παρατηρώ, μελετώ, και αναλύω γιατί το θέμα είναι τόσο βαρύ, συγκλονιστικό, και αποκρουστικό που η διαχείριση του, όσο και αν δε με αφορά άμεσα, μου έχει γίνει ανάγκη, και η διέξοδος είναι αυτή η έκφραση και το μοίρασμα των σκέψεών μου.

Αυτό το βιβλίο επικεντρώνεται σε ένα πολύ συγκεκριμένο ντοκουμέντο, την πρώτη τηλεοπτική συνέντευξη των γονιών, και μάλιστα σε ένα μεμονωμένο σημείο της συνέντευξης. Καθημερινά προκύπτει συρροή νέων στοιχείων πολλά από τα οποία προς το παρόν σκόπιμα δεν τα λαμβάνω υπόψη. Μπορούμε να χαρακτηρίσουμε όσα θα διαβάσετε ως μία μόνο καρφίτσα ενός κεντήματος τεραστίων διαστάσεων. Δυστυχώς αυτό το κέντημα δεν αποτελεί σε καμία περίπτωση στολίδι.

Το βιβλίο δεν αποτελεί ούτε επιστημονικό εγχειρίδιο, ούτε μυθιστόρημα. Συνδυάζει περιγραφή γεγονότων, επιστημονικές αναλύσεις, κοινωνιολογικές και ψυχολογικές προσεγγίσεις, προσωπικές απόψεις, αλλά και συναισθήματα. Το γράφω ως επιστήμονας αλλά και ως άνθρωπος διότι τη δεδομένη στιγμή δε νιώθω έτοιμη να διαχειριστώ την υπόθεση μόνο από καθαρά επιστημονική σκοπιά, και εξάλλου δεν θα ήταν αντικειμενικό εφόσον δεν έχει κλείσει. Θα έλεγα ότι αποτελεί μια πρώτη κατάθεση σκέψεων και καρδιάς. Ωστόσο, η παρουσίαση του τομέα της **"Φωνητικής Ανάλυσης"** και ως κλάδου της **"Δικαστικής Ψυχολογίας"** αποτελεί ένα βασικό στόχο του βιβλίου σε μια προσπάθεια να αναδειχθεί η σημασία και χρησιμότητα των συγκεκριμένων επιστημών στο πεδίο της εγκληματολογίας, και ειδικά σε χώρες όπου δεν είναι τόσο διαδεδομένες όσο στις Ηνωμένες Πολιτείες.

Ένα τεράστιο *"ευχαριστώ"* οφείλω στο σύζυγό μου Πέτρο Δραγούμη ο οποίος στάθηκε δίπλα μου όλο το διάστημα της συγγραφής με απόλυτη συμπαράσταση και κατανόηση αλλά και με την τόσο χρήσιμη και εύστοχη κριτική ματιά του. Για όσους έχουν γράψει σίγουρα είναι οικείο το αίσθημα της αναγκαιότητας για *"προσγείωση"* σε κάποια σημεία της διαδρομής ώστε να κρατιέται η ισορροπία, και ειδικά όταν γράφουμε για αληθινά γεγονότα. Χωρίς τον Πέτρο δίπλα μου δεν θα είχα καταφέρει να προσεγγίσω κάποια θέματα με τη διακριτικότητα που απαιτείται τη δεδομένη στιγμή εφόσον, και όπως ανέφερα πριν, η διαχείριση αυτής της υπόθεσης μου προκαλεί έντονα συναισθήματα και ένα από αυτά είναι και ο θυμός. Αλίμονο εάν είχα αφήσει όλο το θυμό που με καταβάλλει, και άλλα παρεμφερή συναισθήματα, να καθοδηγούν αδιάκοπα την πένα μου.

Χρονικά το βιβλίο σταματάει στις 29 Απριλίου 2022, τρεις ακριβώς μήνες μετά το θάνατο του τελευταίου παιδιού, αφήνοντας πίσω του πολλές και τεράστιες εκκρεμότητες. Αυτές οι εκκρεμότητες δίνουν στο βιβλίο μία μακράς διάρκειας κοινωνική συνέχεια μέσα από απορίες, ερωτήματα, προβληματισμούς, και θέματα προς συζήτηση και διερεύνηση. Η ιστορία δεν τελειώνει με τον επίλογο. Οι επόμενες 312 σελίδες είναι μόνο η αρχή.

Μέσα μου ελπίζω και εύχομαι η κατάληξη της υπόθεσης να είναι τόσο απρόσμενα θετική - όσο θετικοί είναι δυνατόν να αποδειχτούν οι θάνατοι τριών παιδιών - που να μας εκπλήξει με κάποια αίσθηση ανακούφισης. Πραγματικά το εύχομαι και προσεύχομαι γι' αυτό...

"Κάνε Θεέ μου οι ψυχές τριών αγγέλων
να απλώσουν τις φτερούγες τους,
να αγκαλιάσουν τη δύναμη της αλήθειας
και να της δώσουν πνοή ανακούφισης
για να βρουν κι αυτές τη δική τους...

Κάνε Θεέ μου η **μάνα**
να παραμείνει **μάνα**."

~ Ευτυχία Παπαγεωργίου ~

ΜΕΡΟΣ Α'

Πάτρα, Φεβρουάριος 2022

"Μη ύποπτος προς άπαντας, αλλ' ευλαβής γίνου και ασφαλής"
~ Δημόκριτος ~

1. Εισαγωγή: Η φωνή πίσω από τις λέξεις

"Η αληθινή ουσία της ψυχής, η αχρωμάτιστη και ασχημάτιστη και ανέγ-γιχτη είναι θεατή μόνον από τον κυβερνήτη της ψυχής, που είναι ο νους"

~ Πλάτωνας ~

Οι φωνητικές χορδές μιλούν και πίσω από τα λόγια. Οι μικροσκοπικές αυτές πτυχές ιστού αποφασίζουν πότε θα διαφυλάξουν την εκκωφαντι-κή δύναμη της σιωπής και πότε θα επιτρέψουν στον ήχο να ταξιδέψει και να ακουστεί. Ο αέρας δίνει ζωή και είναι αυτός που προσφέρει στις χορ-δές τη δυνατότητα να ακουστούν. Όμως ο εγκέφαλος δίνει την εντολή και όλα όσα τελικά ακούγονται περνούν και φιλτράρονται μέσα από αυτόν. Ο εγκέφαλος είναι η πηγή από την οποία αναβλύζουν τα συναισθήματα, οι κρίσεις, οι εξηγήσεις, οι δηλώσεις, και αυτός δίνει στις σκέψεις την οποιαδήποτε λεκτική μορφή. Ο αέρας κινείται, οι χορδές πάλλονται, και ο ήχος ταξιδεύει, αλλά αυτός που τελικά μιλάει είναι ο εγκέφαλος.

Αυτό το ζωτικό όργανο που κρύβεται πίσω από τα λόγια αποφασίζει και διατάζει. Ο επικεφαλής μιας στρατονομημένης οργανικής κοινωνί-ας παίρνει και υλοποιεί την πιο σημαντική απόφαση: *τι είναι αυτό που θα φτάσει στα αυτιά μας.* Η κάθε λέξη κρύβει μέσα της όλον τον τρόπο με τον οποίο δουλεύει ένας εγκέφαλος και ό,τι αυτό συνεπάγεται.

Η ανατομία είναι μία αντικειμενική επιστήμη. Περιγράφει συγκεκριμέ-να ορατά στοιχεία τα οποία δεν μπορούν να αμφισβητηθούν. Η ανατομία μας δείχνει την ύπαρξη των φωνητικών χορδών και τη δόνηση που τους προκαλεί ο αέρας. Η ανατομία επίσης δείχνει ότι για να κινηθεί ο αέρας και να φτάσει στις χορδές απαιτεί την ύπαρξη και λειτουργία του εγκεφά-λου. Η διαδικασία είναι συγκεκριμένη και ορατή. Πώς όμως ο εγκέφαλος φτάνει στο σημείο να πάρει αποφάσεις που ξεπερνούν τα όρια της σωμα-τικής λειτουργίας και καταλήγουν στην έκφραση σκέψεων; Μπορούμε μέσα από την αντικειμενικότητα που προσφέρει η ανατομία να αναλύ-σουμε αυτό το τελικό αποτέλεσμα; Μέσα από ποιες διαδικασίες αποφασί-ζει ο εγκέφαλος τι θα παραμείνει σκέψη και τι θα βγει στο φως;

Πολύ εύστοχα ο Αμερικανός γλωσσολόγος George Zipf εξηγεί:

~ *"Ο άνθρωπος μιλάει για να πάρει κάτι."*

Για να βρούμε αυτό το *"κάτι"* και να δούμε πώς οι φωνητικές χορδές μιλούν και πίσω από τα λόγια είναι αναγκαίο να ανατρέξουμε στην αντικειμενικότητα που μας προσφέρει η ανατομία.

2. Πάτρα

"Σε όλη μας τη ζωή εξιδανικεύουμε τα κίνητρα και υποβαθμίζουμε τα γεγονότα"
~ Boris Vian ~ *[Γάλλος Συγγραφέας, 1920-1959]*

13 Απριλίου 2019: Παιδί τριών χρονών πεθαίνει ξαφνικά στο νοσοκομείο από αδιευκρίνιστα αίτια. Ένα κοριτσάκι.
4 Απριλίου 2021: Βρέφος έξι μηνών πεθαίνει ξαφνικά στην κούνια του από αδιευκρίνιστα αίτια. Ένα κοριτσάκι.
29 Ιανουαρίου 2022: Παιδί εννιά χρονών πεθαίνει ξαφνικά στο νοσοκομείο από αδιευκρίνιστα αίτια. Ένα κοριτσάκι.

Τα τρία κοριτσάκια συνδέονται με κάτι άκρως συγκλονιστικό: *είναι αδελφές.* Συνδέονται και με κάτι εξίσου συγκλονιστικό: *πεθαίνουν ξαφνικά από αδιευκρίνιστα αίτια.* Η μητέρα τους όμως δηλώνει κάτι ακόμα πιο συγκλονιστικό: *"Τίποτα δεν είναι ανεξήγητο".* Ίσως και να είναι η πιο γυμνή αλήθεια που εξέφρασαν τα χείλη της μητέρας μετά το θάνατο των παιδιών της, μια αλήθεια που ξεγυμνώνει την αιτία των τριών θανάτων όσο και αν αυτή η μακάβρια αλήθεια ηχεί σαν ψέμα.

Οι εξηγήσεις ξεκίνησαν μετά το θάνατο της μεγαλύτερης κόρης η οποία ήταν και η τελευταία που ξεψύχησε μέσα στην παιδιατρική πτέρυγα του νοσοκομείου, σε ένα μονόκλινο δωμάτιο όπου δίπλα της βρισκόταν πάντα η μητρική παρουσία. Είναι εκείνη η παρουσία που περιμένει κανείς να δει σε κάθε παρόμοιο περιστατικό, πλάι σε κάθε παιδάκι που υποφέρει και δίνει μάχη για τη ζωή του στο άγνωστο και ψυχρό δωμάτιο ενός νοσοκομείου. Η παρουσία που χαμογελάει στο προσκεφάλι παρόλο που μέσα της νιώθει φόβο και αβεβαιότητα, που σφίγγει με στοργή τα δαχτυλάκια του παιδιού παρόλο που τα δικά της τρέμουν. Η παρουσία που κάθε λίγο χαϊδεύει το μέτωπο της τρυφερής ύπαρξης για να τη διαβεβαιώσει ότι είναι πλάι της και παράλληλα να διαπιστώσει αν έπεσε ο πυρετός. Είναι η μητρική παρουσία που μετράει με αγωνία την κάθε ανάσα του παιδιού της, καρφώνει το βλέμμα στα μηχανήματα, και αγγίζει ασυναίσθητα το σταυρουδάκι στο λαιμό της ευχόμενη να μην ακούσει ποτέ εκείνο το *"μπιπ...μπιπ...μπιπ"* που στιγμιαία θα της πάγωνε το αίμα και αμέσως θα την έκανε να πεταχτεί, να ουρλιάξει, να τρέξει στους διαδρόμους για να φωνάξει τους γιατρούς.

Η μητέρα είχε την ευκαιρία να περιγράψει ακριβώς ένα τέτοιο περιστατικό το οποίο έζησε δίπλα στις δύο κόρες της όταν άφηναν την τελευταία τους πνοή.

3. Η συνέντευξη

"Η πράξη είναι ο δείκτης της ζυγαριάς. Δεν πρέπει να αγγίζουμε τον δείκτη, μόνο τα αντίβαρα.
~ Simone Veil ~

Ο έμπειρος δημοσιογράφος και αστυνομικός ρεπόρτερ στη διαδρομή από Αθήνα προς Πάτρα ήξερε ότι αυτή η συνέντευξη θα ήταν μία τεράστια δημοσιογραφική του επιτυχία αλλά και μία συγκλονιστική εμπειρία. Αυτό που ίσως δεν ήξερε ή δε σκεφτόταν εκείνη τη στιγμή, αργά το βράδυ καθώς πλησίαζε στο σπίτι του ζευγαριού, ήταν πόσο και με ποιους τρόπους αυτή η συνέντευξη θα βοηθούσε στην εξιχνίαση της αλήθειας.

Εάν κοιτάξουμε σε αργή κίνηση πώς πάλλονται οι φωνητικές χορδές, πώς ανοιγοκλείνουν και πώς αντιδρούν με τον κάθε ήχο, την κάθε συλλαβή, την κάθε λέξη, θα παρατηρήσουμε τις εντολές που στέλνει ο εγκέφαλος και πώς τις έχει φιλτράρει πριν τις στείλει. Θα δούμε πότε ο εγκέφαλος μιλάει αυθόρμητα, πότε διστάζει, πότε αποκαλύπτει, και πότε συγκαλύπτει. Οι ενδείξεις και οι διαφορές δεν είναι ορατές και κατανοητές από ένα μη εκπαιδευμένο μάτι που βλέπει απλά δύο γλιστερούς μικροσκοπικούς "μύες" να κουνιούνται. Το μάτι όμως ενός φωνητικού αναλυτή θα δει και θα καταλάβει πολλά, και το αυτί του θα ακούσει και θα κατανοήσει ακόμα περισσότερα.

Η κάμερα είχε στηθεί πλαγίως από τους δύο γονείς. Είχαν δεχτεί το δημοσιογραφικό συνεργείο στο σπίτι τους και κάθονταν δίπλα-δίπλα στον καναπέ. Παραδίπλα καθόταν ο δημοσιογράφος και απηύθυνε τις ερωτήσεις, ο οποίος εμφανίζεται στιγμιαία στην αρχή της συνέντευξης και στη συνέχεια η κάμερα εστιάζει στο ζευγάρι. Σε διάρκεια μίας ώρας οι γονείς περιγράφουν και εξιστορούν όλα τα γεγονότα γύρω από τους θανάτους των τριών παιδιών. Παίρνουν κάθε περιστατικό ξεχωριστά και διηγούνται όλα όσα συνέβησαν. Μέσα σε μία ώρα καταφέρνουν να καλύψουν όλα τα γεγονότα με χρονολογική σειρά, με τρόπο κατανοητό ώστε να μπορέσουν οι τηλεθεατές να καταλάβουν την αλληλουχία των γεγονότων και κάθε τι που συνέβη. Σε αυτή τη μία ώρα επίσης απαντούν και σε άλλα ερωτήματα

σχετικά με τις ζωές τους, τη σχέση τους, το πένθος τους, και την κοινωνι-
κή διάσταση που έχουν πάρει αυτά τα περιστατικά.

4. Μία ώρα

"Ο Θεός φιλά την ψυχή στα πιο κρυφά της βάθη"
~ *Hildegard von Bingen* ~

Μία ολόκληρη ώρα μπορεί να είναι ένα αρκετά έως και πολύ μεγάλο δι-άστημα για τον ομιλητή που κάνει διάλεξη σε ένα συνέδριο, για τον κα-θηγητή που πρέπει να κρατήσει την προσοχή των φοιτητών με καινούριες διδακτικές πληροφορίες, και για οποιονδήποτε ο οποίος χρειάζεται να κα-λύψει αυτό το χρονικό διάστημα μιλώντας. Δύο γονείς που έχουν χάσει και τα τρία παιδιά τους μέσα σε τρία χρόνια μπορούν και καταφέρνουν να περιγράψουν και να καλύψουν όλα όσα διαδραματίστηκαν στις πιο δύ-σκολες και μη διαχειρίσιμες στιγμές της ζωής τους μέσα σε μία ώρα; Είναι σε θέση αυτές οι δύο τραγικές φιγούρες να διηγηθούν χωρίς καμία παύση, χωρίς κανένα κόμπιασμα, με απόλυτη διαύγεια και συνοχή, όλα αυτά τα γεγονότα μέσα σε μία ώρα, και μάλιστα χωρίς κανένα διάλειμμα; Η συνέ-ντευξη διακόπηκε μόνο για ένα-δύο λεπτά, και εκτός από αυτή τη σύντο-μη διακοπή ήταν μία συνεχόμενη παρουσίαση και διήγηση γεγονότων.

Μία ώρα ήταν αρκετή για να δοθεί όλη η διαδρομή και η περιγραφή των θανάτων τριών παιδιών από τους ίδιους τους γονείς ώστε να ικανο-ποιήσουν την ανάγκη τους να μοιραστούν τη δική τους αλήθεια, την αλή-θεια που τόσο τραγικά, ξαφνικά, και ανεξήγητα στέρησε τη ζωή από τις τρεις αγνές και ανυπεράσπιστες ψυχούλες τους.

Εάν για την κάθε ψυχούλα σκούπιζαν και από ένα δάκρυ, κατάπιναν από έναν κόμπο στο λαιμό, σκούπιζαν τα μάτια με την άκρη του μανικιού, κουνούσαν το κεφάλι βαστώντας το με τις παγωμένες παλάμες, προσπα-θούσαν να κατεβάσουν το στήθος που ο πόνος ανέβαζε μέχρι το λαιμό... Εάν για την κάθε ψυχούλα έσφιγγαν για δύο δευτερόλεπτα τα χείλη για να καταπιούν τη φαρμακερή γεύση του χαμού, έκλειναν τα μάτια για να σβήσουν τις φρικτές εικόνες και να τις νιώσουν ως κάποιο περαστικό εφι-άλτη, ένωναν τα χέρια σε γροθιές για να πολεμήσουν το θυμό τους... Εάν για την κάθε ψυχούλα ψέλλιζαν από έναν ήχο απελπισίας, έβγαζαν έναν αναστεναγμό, φώναζαν ένα *"γιατί;"*... Εάν για την κάθε ψυχούλα σιωπούσαν στιγμιαία και καρφωνόταν το πικραμένο βλέμμα τους στο κενό επειδή μόνο εκείνοι γνωρίζουν και νιώθουν τη σιωπή και το κενό που έσπειρε ο θάνατος στο σπιτικό τους... Εάν ένιωθαν και μοιράζονταν έστω και λίγα από αυτά τα συναισθήματα που θα περίμενε να δει κανείς από δύο τριπλά χαροκαμένους γονείς, όχι μία ώρα δε θα έφτανε, όχι μία μέρα, αλλά ακόμα θα προσπαθούσαν να φέρουν αυτή τη συνέντευξη εις πέρας.

Ωστόσο, μία ώρα ήταν αρκετή για τους τριπλά χαροκαμένους γονείς.

5. Η κοινωνία

*"Ένα τοπίο δεν είναι, όπως το αντιλαμβάνονται μερικοί, κάποιο
απλώς σύνολο γης, φυτών και υδάτων. Είναι η προβολή της ψυχής ενός
λαού επάνω στην ύλη"*

~ Οδυσσέας Ελύτης ~

Η πρώτη συνέντευξη που έλαβε χώρα ένα μήνα μετά το θάνατο του τρί-
του παιδιού, η τεράστια αυτή δημοσιογραφική επιτυχία, δεν ήταν και η
τελευταία. Οι γονείς είχαν ισχυριστεί ότι δεν ήθελαν να μιλήσουν δημοσί-
ως, αλλά αποφάσισαν να δώσουν αυτή τη συνέντευξη επιλέγοντας το συ-
γκεκριμένο δημοσιογράφο με σκοπό να απαντήσουν σε κατηγορίες που
είχαν ακουστεί εις βάρος τους και να τις αντικρούσουν. Μάλιστα, κατά
τη διάρκεια της συνέντευξης δήλωσαν πως δε θα ξαναμιλούσαν στα μέσα.
Ήθελαν για πρώτη και τελευταία φορά να αντικρίσουν την καχύποπτη
κοινωνία κατάματα και να εξηγήσουν την αλήθεια τους. Όμως όλα όσα
ακολούθησαν τους διέψευσαν.

Η κοινωνία βλέπει και παρακολουθεί. Ακόμα και στην απρόσωπη κα-
θημερινότητα που χαρακτηρίζει μεγάλες πόλεις όπου ο καθένας παλεύει
για τον εαυτό του και την οικογένειά του, ακόμα και μέσα σε αυτό το πε-
ριβάλλον όπου οι άνθρωποι πλέον κινούνται σχεδόν ρομποτικά, η κοινω-
νία βλέπει. Ειδικά όταν κάτι ξεφεύγει από το συνηθισμένο και διακόπτει
τη φυσιολογικότητα μιας κοινωνικής ροής, η ματιά του κόσμου κοντοστέ-
κεται και αναρωτιέται. Η αίσθηση της *"γειτονιάς"* όπως την ξέραμε πριν
αρκετά χρόνια μπορεί να έχει αλλάξει, αλλά η γειτονιά υπάρχει ακόμα. Τα
σπίτια εξακολουθούν να βρίσκονται το ένα δίπλα στο άλλο, οι κάτοικοι
κάθονται στα μπαλκόνια τους για να απολαύσουν τον πρωινό καφέ, και
οι νοικοκυρές συνεχίζουν να ρίχνουν νερό με το λάστιχο μπροστά στην
είσοδο του σπιτιού για να μη γεμίσει το σπίτι σκόνη. Ας μην ξεχνάμε ότι
μιλάμε για μια Ελληνική πόλη και κοινωνία όπου οι γρήγοροι ρυθμοί της
καθημερινότητας δεν καταφέρνουν να αποδομήσουν την απόλαυση του
κουτσομπολιού - ανέκαθεν χαρακτηριστικό του Έλληνα.

Κάτι άλλο που χαρακτηρίζει μία κοινωνία είναι η ανάγκη της για το

"διαφορετικό" ως τροφή προς συζήτηση. Πέρα από το αναμενόμενο κου-
τσομπολιό, το *"διαφορετικό"* μαγνητίζει τον κόσμο και δεν μπορεί να μην
κοντοσταθεί για να το προσέξει λίγο περισσότερο, να το εξετάσει και να
το συζητήσει, πολλές φορές για να καταφέρει να το κατανοήσει και να
φτάσει σε εξηγήσεις και συμπεράσματα. Η περιέργεια είναι βασικό χα-
ρακτηριστικό κάθε κοινωνικής οντότητας. Σκέψου το πιο απλό: θα είχε
αναπτυχθεί η ανθρωπότητα εάν δεν υπήρχε η περιέργεια; Ο βαθμός ανά-
πτυξης δεν είναι και τόσο απλός, αλλά αυτό το τόσο απλό και ανθρώπινο
χαρακτηριστικό αποτελεί μία βασική πηγή της προόδου και εξέλιξης που
έχει αναδείξει η ανθρωπότητα.

Η κοινωνία - άνθρωποι που συμβιώνουν σε κοινό τόπο και χρόνο. Άν-
θρωποι που μπορεί να διαφέρουν τόσο πολύ, αλλά που συνδέονται με όλα
τα κοινά που συμβαίνουν στον ίδιο τόπο και χρόνο. Σε κάθε κοινωνία δη-
μιουργούνται σχέσεις και προκαλούνται αλληλεπιδράσεις που οδηγούν
στις έννοιες της συλλογικότητας και ομαδικότητας. Όσο μοναχικός και
να είναι κάποιος άνθρωπος, ποτέ δεν είναι μόνος του. Όση μοναξιά και να
νιώθει, δεν παύει να αποτελεί μέρος αυτής της ομαδικής δομής. Η κοινω-
νία με εντελώς αβίαστο τρόπο δεν τον αφήνει να απομονωθεί ακόμα και
αν ο ίδιος το επιθυμεί ή το προσπαθεί. Μπορείς να σκεφτείς πώς ένας άν-
θρωπος θα μπορούσε να απομονωθεί παντελώς από το κοινωνικό σύνολο
και να πάψει να αποτελεί μέρος αυτού του συνόλου; Ίσως να σκέφτεσαι
κάποιους τρόπους και πιθανά σενάρια, αλλά πάντα, κάπου, θα υπάρχει
έστω και μία μικρή σύνδεση με το κοινωνικό περιβάλλον του, ακόμα και
μέσω ενός υπολογιστή.

Η κοινωνία λοιπόν βλέπει και παρακολουθεί, άλλοτε ενεργά, και άλλο-
τε σιωπηλά. Όταν έφυγε από τη ζωή και το τρίτο κοριτσάκι της οικογέ-
νειας, η κοινωνία το έμαθε. Είχε επίσης μάθει και για τα δύο προηγούμε-
να. Είναι παράξενο να πεθάνουν τρία παιδιά από την ίδια οικογένεια και
μάλιστα σε χρονικό διάστημα τριών χρόνων. Πρόκειται για περιστατικά
που προκαλούν την περιέργεια και αυτή με τη σειρά της γεννά ερωτήμα-
τα. Εκτός από την περιέργεια - *πώς είναι δυνατόν να συμβεί κάτι τόσο τρα-
γικό* - γεννιέται ο φόβος και η αβεβαιότητα. Τα συναισθήματά μας προς
άλλους ανθρώπους καθρεφτίζουν τους δικούς μας φόβους, τις ανησυχίες
μας, τις επιθυμίες μας, και τα βιώματά μας. Όταν συμπάσχουμε και νιώ-

θουμε συναισθηματικό ενδιαφέρον προς το συνάνθρωπο είναι γιατί αυτό που συνέβη ξύνει κάποια δική μας πληγή, είτε του παρελθόντος, είτε του αβέβαιου μέλλοντος. Η κοινωνία σοκαρίστηκε με τους τρεις θανάτους, και δικαιολογημένα.

Όταν η σιωπηλή αντίδραση της κοινωνίας μετατρέπεται σε ενεργή, τότε ένα θέμα μπορεί να αρχίσει να παίρνει τεράστιες κοινωνικές διαστάσεις. Στη συγκεκριμένη περίπτωση αυτές οι διαστάσεις εξελίχθηκαν ραγδαία και έγιναν χείμαρρος αντιδράσεων, ένας χείμαρρος που ξέσπασε πάνω στα βράχια της ανθρώπινης συνείδησης. Τα βράχια όμως δεν αποδείχτηκαν αρκετά δυνατά για να τον συγκρατήσουν.

[ΠΡΟΣΩΠΙΚΗ ΠΑΡΕΝΘΕΣΗ: Η ΠΕΡΙΕΡΓΕΙΑ]

"Δεν κάνουμε θέατρο για το θέατρο. Δεν κάνουμε θέατρο για να ζήσουμε. Κάνουμε θέατρο για να πλουτίσουμε τους εαυτούς μας, το κοινό που μας παρακολουθεί, κι όλοι μαζί να βοηθήσουμε να δημιουργηθεί ένας πλατύς, ψυχικά πλούσιος και ακέραιος πολιτισμός στον τόπο μας"
~ Κάρολος Κουν ~

"Η περιέργεια είναι κακό πράγμα" μου έλεγε η γιαγιά μου, και όσο το έλεγε τόσο πιο έντονα ένιωθα την περιέργεια να μου ανοίγει τα μάτια και τα αυτιά. Ακόμα πιστεύω ότι αυτή η φράση της τροφοδοτούσε το συγκεκριμένο χαρακτηριστικό που όλοι μας κουβαλάμε αλλά κάποιοι ίσως το *"ταΐζουμε"* λίγο περισσότερο.

~ *"Τι θα γίνεις όταν μεγαλώσεις;"*

Στην πρώτη δημοτικού έλεγα δασκάλα, στην έκτη δημοτικού έλεγα ηθοποιός, και στην πρώτη λυκείου έλεγα ψυχολόγος και εγκληματολόγος.

~ *"Ο,τι νά 'ναι"*, μπορεί να πει κανείς. Υπάρχει όμως ένα βασικό κοινό χαρακτηριστικό στις τρεις επιλογές: η άμεση επικοινωνία με τον κόσμο σε διάφορα επίπεδα, και ειδικά η επικοινωνία και σύνδεση με τον ψυχισμό του.

Δάσκαλος: Αυτός που μεταφέρει γνώση.

Ηθοποιός: Αυτός που υποδύεται κάποιον χαρακτήρα.

Ψυχολόγος: Αυτός που αναλύει και εξηγεί την ανθρώπινη συμπεριφορά.

Εγκληματολόγος: Αυτός που αναλύει και εξηγεί την εγκληματική συμπεριφορά.

Ο δάσκαλος διδάσκει με σκοπό να μεταφέρει πληροφοριακή και ακαδημαϊκή γνώση αλλά και γνώσεις σε επίπεδο κοινωνικών διαστάσεων.

Ο ηθοποιός υποδύεται ένα ρόλο με σκοπό να μοιραστεί τη διαδικασία με το κοινό και να του προκαλέσει κάποια αντίδραση - συναισθηματική, ψυχολογική, κοινωνική, σκέψεις, και απόψεις.

Ο ψυχολόγος εισχωρεί μέσα στο μυαλό και τον ψυχισμό του ανθρώπου με σκοπό να τον αναλύσει και να τον εξηγήσει για να βοηθήσει τον ασθενή του και την κοινωνία.

Παρόμοια, ο εγκληματολόγος αναλύει και εξηγεί συμπεριφορές που σχετίζονται με εγκληματικές πράξεις επίσης με σκοπό να βοηθήσει το δράστη, το θύμα, και το κοινωνικό σύνολο.

Στα παραπάνω επαγγέλματα, που προσωπικά τα θεωρώ και τα τέσσερα λειτουργήματα, υπάρχει ένα κοινό υπόβαθρο: η άκρως κοινωνική και επικοινωνιακή διάσταση που συμπεριλαμβάνουν. Τέσσερα επικοινωνιακά λειτουργήματα που αγγίζουν τον ανθρώπινο ψυχισμό με διαφορετικούς τρόπους.

Υποσημείωση: Ας μην μπερδεύουμε τη διδασκαλία με την παντογνωσία, την υποκριτική με την υποκρισία, την ψυχολογία με τον ψυχαναγκασμό, και την εγκληματολογία με την κακοποίηση.

6. Η μεγαλούπολη του νότου

"Δυστυχισμένε μου λαέ καλέ και αγαπημένε.
Πάντα ευκολόπιστε και πάντα προδομένε.
~ Διονύσιος Σολωμός ~

Η τρίτη μεγαλύτερη πόλη της Ελλάδας κατέχει μία γεωγραφική θέση που την κατατάσσει σε πολιτιστική, οικονομική, και εμπορική βασίλισσα της Πελοποννήσου αλλά και της Δυτικής Ελλάδας. Ένα από τα μεγαλύτερα και κομβικότερα Ελληνικά λιμάνια, γεφυρώνει την επικοινωνία και τις σχέσεις με τη Δυτική Ευρώπη αποτελώντας και ένα από τα σημαντικότερα Ελληνικά αστικά κέντρα αποκαλούμενη και *"Πύλη της Ελλάδας προς τη Δύση"*.

Χτισμένη στα βόρια παράλια της Πελοποννήσου, Η Πάτρα συνδυάζει τη θαλασσινή ομορφιά της παραθαλάσσιας Κάτω Πόλης με τους ορεινούς ορίζοντες την Άνω Πόλης. Η Κάτω Πόλη αποπνέει την πιο μοντέρνα αύρα της εποχής μας, ενώ η Άνω Πόλη κουβαλάει τα χαρακτηριστικά παλαιότερων οικισμών. Τα αμέτρητα σκαλοπάτια που συνδέουν τις δύο περιοχές προσφέρουν την ευκαιρία απόλαυσης των διαφορετικών αυτών τοπίων.

Οι κάτοικοι, παρά τις καθημερινές βιοποριστικές δυσκολίες κάθε απλού ανθρώπου, έχουν άπλετες ευκαιρίες για πολιτιστικές δραστηριότητες, μουσικά φεστιβάλ, το ξεφάντωμα του ξακουστού ετήσιου Πατρινού καρναβαλιού, καθώς και το Διεθνές Φεστιβάλ Πάτρας που κάθε χρόνο παρουσιάζει όλες τις μορφές τέχνης. Παράλληλα, η μεγαλούπολη αποτελεί και αξιοσημείωτη πηγή τριτοβάθμιας εκπαίδευσης εφόσον συμπεριλαμβάνει το Ελληνικό Ανοικτό Πανεπιστήμιο, το Πανεπιστήμιο Πατρών, παράρτημα του Πανεπιστημίου Πελοποννήσου, και τα ΤΕΙ Δυτικής Ελλάδας.

Η θέση της, η ιστορία της, η πολιτισμική και μορφωτική της ανάπτυξη, και τα πανέμορφα τοπία της με τη θαλασσινή μυρωδιά του Ιονίου ελκύουν κάθε καλοκαίρι τουρίστες από όλη την Ελλάδα αλλά και την υπόλοιπη Ευρώπη. Όμως το πιο σημαντικό είναι ότι όλα όσα προσφέρει αυτή η πανέμορφη πόλη είναι διαθέσιμα στους κατοίκους της οι οποίοι χαρακτηρίζονται ως καλοδιαβασμένες, ενημερωμένες, και πολυδιάστατες προσω-

ΜΕΡΟΣ Β'
Πίσω από τα λόγια

Αυτό που είσαι μου φωνάζει τόσο δυνατά,
που δεν μπορώ ν' ακούσω λέξη απ' όσα λες"
~ Ralph Waldo Emerson ~ [Αμερικανός Φιλόσοφος, 1803-1884]

10. Οι φωνητικές χορδές

"Η πληγή που δημιουργείται από τη γλωσσά είναι πολύ πιο βαθιά
από αυτή που δημιουργείται από το μαχαίρι. Γιατί το μαχαίρι τραυματί-
ζει το σώμα ενώ η γλωσσά τραυματίζει την ψυχή"
~ Πυθαγόρας ~

Οι φωνητικές χορδές είναι δύο μικρές γλιστερές πτυχές ιστού και μυών
με μαργαριταρένιο χρώμα που ανοιγοκλείνουν όταν ο αέρας της εκπνο-
ής περνάει ανάμεσά τους. Αποτελούν μέρος της ανατομίας μας. Είναι πα-
ράλληλες προς το πάτωμα και όχι κάθετες όπως τις φαντάζονται οι περισ-
σότεροι που δεν τις έχουν δει. Δε μοιάζουν καθόλου με τις χορδές μιας
κιθάρας διότι δεν είναι τόσο λεπτές. Στην πραγματικότητα δε μοιάζουν
καθόλου με χορδές γιατί είναι αρκετά σαρκώδεις για το μήκος τους, γι'
αυτό ονομάζονται και *"φωνητικές πτυχές"*. Το μήκος τους δεν ξεπερνάει
τα 2.5 εκατοστά σε έναν ενήλικα άντρα.

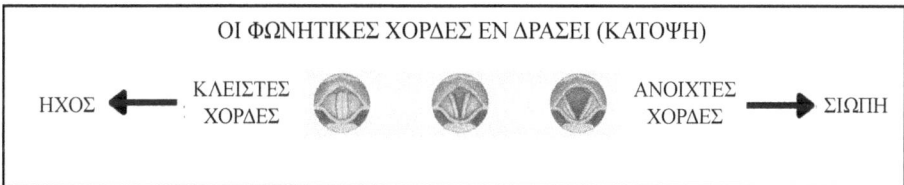

ΟΙ ΦΩΝΗΤΙΚΕΣ ΧΟΡΔΕΣ ΕΝ ΔΡΑΣΕΙ (ΚΑΤΟΨΗ)

ΗΧΟΣ ← ΚΛΕΙΣΤΕΣ ΧΟΡΔΕΣ   ΑΝΟΙΧΤΕΣ ΧΟΡΔΕΣ → ΣΙΩΠΗ

Βρίσκονται μέσα στο λάρυγγα, τον οποίο ονομάζουμε και vocal box
(φωνητικό κουτί) διότι εκτός από τις χορδές εμπεριέχει και άλλους χόν-
δρους και πτυχές που όλα, μαζί με το λάρυγγα, αποτελούν μία ομάδα
η οποία συμβάλλει στην παραγωγή ήχου. Εάν τις μελετήσουμε σε αργή
κίνηση με τη βοήθεια μιας λαρυγγοσκόπησης, θα δούμε ότι πάλλονται
ρυθμικά με σταθερή κυματιστή κίνηση και η ταλάντωση κάνεις τις χορ-
δές να συγκρούονται μεταξύ τους, να εφάπτονται, και τότε παράγεται ο
ήχος. Ο τρόπος που κινούνται και εφάπτονται δίνει διάφορες παραλλαγές
στο αποτέλεσμα του ήχου. Για παράδειγμα, όταν τραγουδάμε μια ψηλή
νότα, οι χορδές τεντώνονται περισσότερο από όταν τραγουδάμε μία χα-
μηλή νότα.

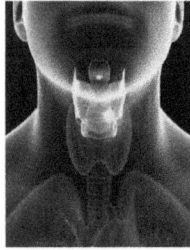

Ο ΛΑΡΥΓΓΑΣ   THE VOCAL BOX

Ο τόνος μιας ανθρώπινης φωνής σχετίζεται με τη συχνότητα του ήχου που παράγεται από το λάρυγγα, και αυτή επηρεάζεται από το μήκος, το μέγεθος, το πάχος, και το τέντωμα των χορδών. Όσο μεγαλώνουμε, αναπτύσσονται και οι χορδές και το μέγεθός τους σταθεροποιείται με την ενηλικίωση. Άντρες και γυναίκες έχουν διαφορετικά μεγέθη φωνητικών χορδών, και η φωνή των ενηλίκων αντρών έχει συνήθως βαθύτερο τόνο λόγω μεγαλύτερων και παχύτερων χορδών. Οι φωνητικές χορδές των ανδρών έχουν μήκος μεταξύ 1.75-2.5 εκατοστών, ενώ των γυναικών έχουν μήκος μεταξύ 1.25-1.75 εκατοστών. Οι συχνότητες που παράγουν είναι κατά μέσο όρο περίπου 125Hz σε άνδρες, και 210Hz σε γυναίκες. Με τη βοήθεια ανάλογου προγράμματος στον υπολογιστή μπορούμε να δούμε τα κύματα ταλάντωσης και τις συχνότητες που παράγουν μέσα από ειδικά *"ηχητικά διαγράμματα"*.

ΠΑΡΑΔΕΙΓΜΑΤΑ ΗΧΗΤΙΚΩΝ ΔΙΑΓΡΑΜΜΑΤΩΝ

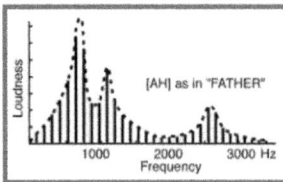
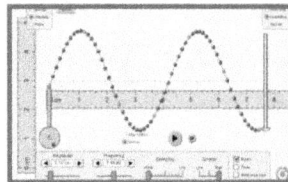

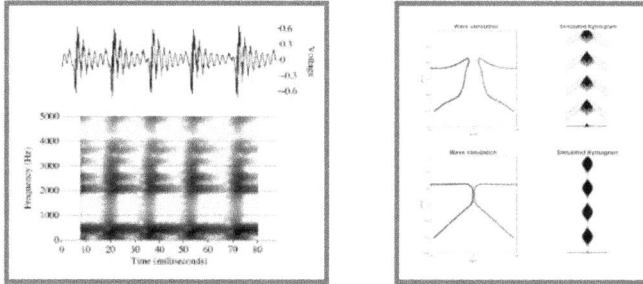

Ο τρόπος λειτουργίας των χορδών και η μελέτη ηχητικών διαγραμμάτων ανήκουν στις επιστήμες της φωνητικής, φωνολογίας, ακουστικής, και σε τομείς της ιατρικής, και η γνώση τους απαιτεί πολλά χρόνια σπουδών. Αυτό το κεφάλαιο προσφέρει μία συνοπτική περιγραφή με όσο το δυνατόν πιο απλό και κατανοητό τρόπο για να γίνουν αντιληπτά κάποια στοιχεία που θα αναλυθούν σε επόμενα κεφάλαια.

11. Οι χορδές απαντούν

"Το πουλί δεν κελαηδάει επειδή έχει μια απάντηση,
κελαηδάει επειδή έχει ένα τραγούδι"
~ Joan Walsh Anglund ~
[Αμερικανίδα Συγγραφέας, 1926-2021]

Σε μια επακόλουθη τηλεφωνική συνέντευξη η μητέρα είπε:
~ *"Πες μου εσύ με το φτωχό σου το μυαλό τι συμπέρασμα βγάζεις;".*

Χαροκαμένη μάνα, πες μας εσύ τι είναι αυτό που κάνει τον εγκέφαλό σου να απαντάει σε ερωτήσεις με ερωτήσεις; Γιατί ο εγκέφαλός σου στέλνει στις φωνητικές σου χορδές, στη γλώσσα, και στα χείλη αυτή την τόσο συγκεκριμένη εντολή; Το πιο πιθανό σενάριο είναι ότι η μητέρα δε θα απαντήσει ποτέ σε αυτή την ερώτηση, ούτε καν με *"απάντηση-ερώτηση".*

Οι χορδές πάλλονται και κλείνουν με συγκεκριμένο τρόπο οδηγώντας τον ήχο στο στόμα όπου η γλώσσα κουνιέται αγγίζοντας τα δόντια, τον ουρανίσκο, και τα χείλη καθώς αυτά ανοιγοκλείνουν. Ο τρόπος με τον οποίο στέλνουν οι χορδές τον ήχο στο στόμα καταλήγει στο γνωστό άκουσμα μίας ερώτησης, όταν δηλαδή ο τόνος της φωνής ανεβαίνει λίγο πιο ψηλά και σταματάει εκεί μετέωρος. Ο τρόπος με τον οποίο οι χορδές αντιδρούν και καταλήγουν σε αυτό το συγκεκριμένο λεκτικό αποτέλεσμα δεν είναι πάντα ίδιος. Ναι, οι χορδές εφάπτονται με συγκεκριμένο τρόπο για να καταλήξουν στο άκουσμα μιας ερώτησης, αλλά ο τρόπος και μηχανισμός συμπεριλαμβάνει διαφοροποιήσεις ανάλογα με το σκοπό της ερώτησης. Όπως αναφέρθηκε σε προηγούμενο κεφάλαιο, αυτός ο τρόπος και η διαφοροποίηση δε γίνεται αντιληπτός από κάθε ακροατή, αλλά ένας φωνητικός αναλυτής διακρίνει τις διαφορές.

Το αναμενόμενο θα ήταν η συγκεκριμένη *"ερώτηση-κλειδί"* του δημοσιογράφου - *εάν η μητέρα έχει κάποια σχέση με το θάνατο των παιδιών της* - να οδηγούσε ή σε μία καταφατική απάντηση, ή σε μία αρνητική. Όταν η απάντηση δίνεται με τη μορφή ερώτησης, η αντίδραση από μόνη της ενδέχεται να συμπεριλαμβάνει έκπληξη, θυμό, άμυνα, και αμφισβήτηση ως προς το κίνητρο και στόχο της ερώτησης. Ο τρόπος λοιπόν με τον

οποίο προσεγγίζουν οι χορδές τέτοιου είδους απαντήσεις μπορεί να δεί-
ξει στο φωνητικό αναλυτή ποιες από τις παραπάνω περιπτώσεις ενδέχεται
να αντιπροσωπεύει και να εκφράζει. Παράλληλα, η αναπνοή, εισπνοή και
εκπνοή, είναι αυτή που επηρεάζει τη λειτουργία των χορδών. Όταν ο φω-
νητικός αναλυτής εξετάζει την αναπνοή σε συνδυασμό με την αντίδραση
των χορδών μπορεί να καταλήξει σε συγκεκριμένα συμπεράσματα.

Ας σταθούμε για λίγο στα παρακάτω παραδείγματα ερωτήσεων και
απαντήσεων:

Μια μητέρα βλέπει το παιδί της να μπαίνει στο σπίτι χωρίς να έχει βγά-
λει τα παπούτσια του.

Ερώτηση μητέρας προς το παιδί της:

~ *"Δε σου έχω πει να βγάζεις τα παπούτσια σου πριν μπεις στο σπί-
τι;"*

Παράδειγμα απάντησης παιδιού Α':

~ *"Δεν σου είπα χθες ότι με πονάει το μεγάλο δάχτυλο του ποδιού
όταν δε φοράω παπούτσια;"*

Η "απάντηση-ερώτηση" προβάλλει μια δικαιολογία και άμυνα, και το
τελείωμα της έχει ναζιάρικο άκουσμα για να προκαλέσει λύπηση. Στο τε-
λείωμα της ερώτησης οι χορδές εφάπτονται πιο αργά και χαλαρά, ο τόνος
(η νότα) αφού ανέβει, στην τελευταία συλλαβή πέφτει λίγο, και το τελευ-
ταίο φωνήεν έχει μεγαλύτερη διάρκεια.

Παράδειγμα απάντησης παιδιού Β':

~ *"Εσύ δε μου είπες να τα βγάζω όταν έχεις σφουγγαρίσει; Αφού δε
σφουγγάρισες σήμερα, σωστά; Αν είχες σφουγγαρίσει δε θα τα έβγα-
ζα;"*

Η "απάντηση-ερώτηση" είναι απότομη, προβάλλει αμφισβήτηση, απο-
φυγή ευθυνών, και διαπραγμάτευση. Οι χορδές εφάπτονται απότομα στην
τελευταία συλλαβή και το τελευταίο φωνήεν δεν έχει διάρκεια, ενώ ο τό-
νος (η νότα) του χαμηλώνει.

Παράδειγμα απάντησης παιδιού Γ':

~ *"Γιατί είσαι πάντα τόσο μανιακή με την καθαριότητα;"*

Η "απάντηση-ερώτηση" προβάλλει επικριτικότητα και στρέφει ευθύ-
νη ή κατηγορία προς τη συμπεριφορά της μητέρας. Οι χορδές εφάπτονται
απότομα στην τελευταία συλλαβή, το τελευταίο φωνήεν έχει μικρή διάρ-

κεια, και ο τόνος (η νότα) του ανεβαίνει.

Εάν μελετήσουμε εκατοντάδες παρόμοια παραδείγματα θα παρατηρήσουμε τα κοινά στοιχεία και αποτελέσματα ανάλογα με το στόχο της "απάντησης-ερώτησης". Η λειτουργία των χορδών και το αποτέλεσμα του ήχου σχετίζονται άμεσα με το μήνυμα που στέλνει και θέλει να εκφράσει ο εγκέφαλος, και αυτή η φωνητική ανάλυση μας προσφέρει σημαντικές πληροφορίες οι οποίες μπορεί αρχικά να είναι ενδείξεις, αλλά όταν συσχετίζονται με άλλα στοιχεία μας βοηθούν να καταλήξουμε σε εμπεριστατωμένα συμπεράσματα.

Όταν μιλάει κάποιος, το ακουστικό αποτέλεσμα μπορούμε να το χαρακτηρίσουμε με διάφορους τρόπους:

- Φωνή
- Λόγια
- Ομιλία
- Λέξεις
- Μιλιά
- Λαλιά
- Λεγόμενα
- Διάλεκτο

Επίσης, ο τρόπος με τον οποίο προβάλλεται το ακουστικό αποτέλεσμα μπορεί να χαρακτηρισθεί ως:

- Χροιά
- Ηχόχρωμα
- Τόνος
- Ύφος

Άλλοι χαρακτηρισμοί μπορούν να αποτελέσουν ακόμα πιο περιγραφικά στοιχεία όπως:

- Ψιθύρισμα
- Τσιρίδα
- Ουρλιαχτό
- Κλάμα

- Γέλιο
- Μουρμουρητό
- Ψέλλισμα
- Ακαταλαβίστικο/Ακατανόητο
- Τραύλισμα
- Τρέμουλο
- Σταθερότητα

Επιπλέον, πολλές φορές δίνουμε περιγραφικές πληροφορίες ως προς το περιεχόμενο και το συσχετιζόμενο περιβάλλον όπως:
- Ισχυρισμοί
- Δηλώσεις
- Περιγραφές
- Καταθέσεις
- Ερωτήσεις
- Απαντήσεις

Τέλος, υπάρχουν και οι πιο υποκειμενικές περιγραφικές αντιδράσεις προς ένα άκουσμα, όπως:

Ειρωνεία, συγκατάβαση, άρνηση, ψέματα, αλήθεια, συναίσθημα, χαρά, πόνος, θλίψη, θρήνος, έκπληξη, θυμός, ταραχή, ηρεμία, απάθεια, τρόμος, συγκίνηση, χαρά, ενθουσιασμός, κτλ.

Η ελληνική γλώσσα έχει τόσο πλούσιο λεξιλόγιο, αλλά και τα ακούσματα μας δίνουν πλούσια και πολυδιάστατα ερεθίσματα ώστε να καταλήξουμε σε ποικιλία αντιδράσεων και χαρακτηρισμών. Τις περισσότερες φορές η αντίδρασή μας σε ένα άκουσμα είναι άμεση και η περιγραφή του συμπεριλαμβάνει πολλά από τα παραπάνω, όπως στο παράδειγμα:

"Απάντησε ψιθυρίζοντας κάτι ακαταλαβίστικο με τρεμάμενη και φοβισμένη φωνή".

Το παράδειγμα μας παραπέμπει σε κάποια ερώτηση που είχε προηγηθεί και δίνει πληροφορίες ως προς τη χροιά και τόνο της φωνής και τη συναισθηματική κατάσταση του ατόμου. Δε χρειάζεται ιδιαίτερη σκέψη πριν κάνουμε κάποιον τέτοιο χαρακτηρισμό γιατί συνήθως μας βγαίνει αβίαστα και άμεσα. Το άκουσμα προκαλεί ένα αυθόρμητο αντιδραστικό και περιγραφικό αποτέλεσμα που εμπεριέχει πολλές πληροφορίες. Αυτό συμβαίνει διότι πριν καν το ακούσουμε ήδη περιμένουμε κάτι αναμενόμενο σε σχέση με οτιδήποτε έχει προηγηθεί.

Όταν όμως το αναμενόμενο δεν προκύπτει, τότε προκαλείται μέσα μας, είτε στιγμιαία είτε αργότερα, η αίσθηση και ανάγκη της αμφισβήτησης. Πώς όμως καταλήγουμε στο τι θεωρούμε αναμενόμενο;

Αυτό που περιμένουμε να ακούσουμε συνδέεται με τις κοινωνικές μας εμπειρίες και τα καθημερινά μας βιώματα. Όταν δούμε κάποιον να βγαίνει τρέχοντας από το σπίτι του που έχει πάρει φωτιά, περιμένουμε να τον ακούσουμε να τσιρίζει με τρόμο:

~ *"Βοήθεια!!! Φωτιά!!! Καιγόμαστε!!!"*, ή κάτι ανάλογο.

Εάν στη συγκεκριμένη περίπτωση τον δούμε να βγαίνει αργά από το σπίτι με απάθεια και ύστερα από λίγα δευτερόλεπτα φωνάξει:

~ *"Μήπως σας παρακαλώ μπορεί κάποιος να μας βοηθήσει γιατί το σπίτι μας καίγεται;"*

Η αντίδραση θα μας κάνει να αναρωτηθούμε, θα μας προκαλέσει εντύπωση, και θα σκεφτούμε ότι δεν είναι φυσιολογική. Μπορεί αργότερα να μπούμε στη διαδικασία να αναλύσουμε και να εξηγήσουμε γιατί αντέδρασε έτσι αυτός ο άνθρωπος και οι αιτίες που θα περάσουν από το μυαλό μας ενδέχεται να είναι διάφορες. Η αρχική απορία θα γεννήσει κάποια σενάρια και ανάλογα με την εξέλιξη του γεγονότος ίσως να οδηγηθούμε σε συμπεράσματα.

12. Φωνητικός αναλυτής

"Ου ταυτόν είδος φαίνεται των πραγμάτων πρόσωθεν όντων εγγύθεν θ' ορωμένων"
"Τα πράγματα δεν φαίνονται τα ίδια όταν τα κοιτάμε από μακριά ή από κοντά"
~ *Ιππόλυτος* ~

Όταν συμβαίνει το αναμενόμενο συνήθως ο καθημερινός ακροατής ικανοποιείται. Όταν όμως δε συμβαίνει, αρχίζει να σκέφτεται, να αναρωτιέται, να γεννιούνται σκέψεις, αμφιβολίες, και σενάρια. Είπαμε ότι το "διαφορετικό", δηλαδή το μη αναμενόμενο, τραβάει την προσοχή και το ενδιαφέρον του ακροατή, και είναι αυτό που συχνά οδηγεί σε ερωτηματικά και αυτά με τη σειρά τους στην ανάγκη να τα μοιραστεί. Έτσι ξεκινάει η συζήτηση, η ανταλλαγή απόψεων, το κουτσομπολιό, οι υποψίες, και αυξάνονται οι κοινωνικές διαστάσεις που παίρνει ένα θέμα. Ένας φωνητικός αναλυτής δε βασίζεται στο αναμενόμενο ή το μη, αλλά προσεγγίζει το θέμα από περισσότερες πλευρές.

Ο Φωνητικός Αναλυτής μελετάει τον τρόπο ομιλίας ενός ατόμου και καταλήγει σε συμπεράσματα σχετικά με το χαρακτήρα, την προσωπικότητα, τις σκέψεις, τις πράξεις, και το ψυχολογικό, συναισθηματικό, οικογενειακό, κοινωνικό, και ιατρικό του προφίλ και ιστορικό. Η Φωνητική Ανάλυση ανήκει συνδυαστικά στους τομείς της Δικαστικής Ψυχολογίας και των Φωνητικών Επιστημών.

Η μελέτη του Φωνητικού Αναλυτή προσεγγίζει διάφορα στοιχεία και χαρακτηριστικά όπως:
* Τη λειτουργία των φωνητικών χορδών: πώς πάλλονται, πώς εφάπτονται, πώς χαλαρώνουν, πώς αντιδρούν, κύματα, συχνότητες, μοτίβα, εναλλαγές, κτλ. Τα παραπάνω γίνονται με ακουστική και/ή οπτική παρατήρηση, καθώς και σε ανάλογα προγράμματα υπολογιστή με τη δημιουργία και μελέτη ηχητικών διαγραμμάτων

- Τη λειτουργία της αναπνοής: τη σύνδεση με το διάφραγμα, τη λειτουργία του θώρακα, του στήθους, και των πλευρών.
- Την ανατομία προσώπου: χείλη, μύτη, μάτια, φρύδια, μέτωπο, μάγουλα, ζυγωματικά, σαγόνι, λαιμό, αυτιά.
- Την ανατομία του στόματος: χείλη, δόντια, γλώσσα, μάγουλα, ουρανίσκο, κατάποση.
- Την ανατομία του vocal box: φωνητικών χορδών, λάρυγγα, φάρυγγα, καθώς και της ρινικής κοιλότητας.
- Τη λειτουργία μυών που σχετίζονται με το πρόσωπο, το λαιμό, την αναπνοή, το θώρακα, τα πλευρά, το στομάχι, την κοιλιά.
- Την εκφορά του λόγου: αυξομειώσεις, ηχόχρωμα, εναλλαγές χροιάς, έκταση, κτλ.
- Το περιεχόμενο συνεντεύξεων & καταθέσεων: μοτίβα, αντιφάσεις, αλήθειες, ανακρίβειες, κτλ.

Η παραπάνω μελέτη οδηγεί σε συμπεράσματα και πορίσματα σχετικά με:

- Την περιγραφή αντικειμενικών και υποκειμενικών γεγονότων: διαφορές ή ομοιότητες.
- Αν και πότε το περιεχόμενο συμπεριλαμβάνει αλήθειες και ψέματα ή οτιδήποτε προς αμφισβήτηση.
- Τη συναισθηματική κατάσταση του ομιλητή και τον τρόπο έκφρασης και εκδήλωσης συναισθημάτων.
- Τη σκιαγράφηση του ψυχολογικού, κοινωνικού, οικογενειακού, εργασιακού, ή πιθανού εγκληματικού προφίλ του ομιλητή.
- Πιθανά παθολογικά προβλήματα όπως για παράδειγμα άσθμα, παλινδρόμηση οισοφαγικών υγρών, στομαχικές διαταραχές, αναπνευστικά προβλήματα, παθήσεις φωνητικών χορδών, και διάφορα άλλα χρόνια προβλήματα υγείας.

Τα συμπεράσματα και πορίσματα που μόλις αναφέρθηκαν συνοδεύονται και από:

- Τη μελέτη της "γλώσσας" του προσώπου.
- Τη μελέτη της "γλώσσας" του σώματος.
- Τη μελέτη διαφόρων ψυχολογικών παραγόντων.
- Την αξιολόγηση άγχους, στρες, εκνευρισμού, φόβου, δισταγμού,

αμυντικών συμπεριφορών, απόκρυψης, πανικού, επιθετικότητας, διαχείρισης θυμού, απάθειας, δυστονίας, πόνου, αντιφάσεων, κατάθλιψης και άλλων ψυχολογικών και ψυχιατρικών διαταραχών.

Όλη αυτή η ενδελεχής μελέτη και ανάλυση εφαρμόζεται με διάφορους τρόπους και στόχους στον τομέα της εγκληματολογίας όπως:

- Στην αξιολόγηση υπόπτων, θυμάτων, και άλλων συσχετιζόμενων προσώπων σε συνδυασμό με τις υπόλοιπες έρευνες και συλλογή στοιχείων.
- Σε ανακριτικές διαδικασίες.
- Σε φωνητική αναγνώριση υπόπτων.
- Στην ανάλυση ηχητικών/φωνητικών μηνυμάτων για αναγνώριση διαλέκτων, ηλικίας, φύλου, εθνικότητας, τόπου και χώρου, τεχνικών αλλοιώσεων φωνής, περιβαλλοντολογικών παραγόντων.
- Σε μυστικές (undercover) υποκινούμενες συνομιλίες (simulated conversations).

Εκτός από τον τομέα της εγκληματολογίας, ένας φωνητικός αναλυτής μπορεί να ασχολείται και με άλλους τομείς όπως:

- Τη διάγνωση και θεραπεία προβλημάτων ομιλίας, λόγου, έκφρασης, εκδήλωσης συναισθημάτων, κτλ., πολλές φορές σε συνδυασμό με την ψυχολογία και μουσικοθεραπεία.
- Τη φωνητική διδασκαλία στους χώρους της μουσικής, του θεάτρου, της δημοσιογραφίας, της ρητορικής, σε στούντιο ηχογραφήσεων, και άλλα παρεμφερή.

Η ακαδημαϊκή και επιστημονική κατάρτιση ενός φωνητικού αναλυτή μπορεί να συμπεριλαμβάνει διάφορους τομείς ανάλογα με το χώρο εφαρμογής:

- Ανατομία
- Φωνολογία
- Φωνητική αγωγή
- Ψυχολογία
- Κοινωνιολογία
- Εγκληματολογία
- Μουσική και τραγούδι
- Ακουστική

Είναι μία πολύπλευρη ειδικότητα με ποικίλες εφαρμογές σε διάφορους επαγγελματικούς τομείς και απαιτεί πολυετείς και εξειδικευμένες σπουδές. Ο Αμερικανός σκιτσογράφος Frank Tyger δήλωσε πολύ εύστοχα ότι *"Η ακοή είναι μια από τις πέντε αισθήσεις. Η ακρόαση όμως είναι τέχνη"*.

Και η Φωνητική Ανάλυση είναι μία τέχνη και επιστήμη που με σωστή και αντικειμενική εφαρμογή μπορεί να συνεισφέρει πολύτιμες και χρήσιμες πληροφορίες σε μία έρευνα και να ενισχύσει τις ερευνητικές διαδικασίες των αρχών.

Υπάρχουν κάποιες παρεμφερείς ειδικότητες που σχετίζονται με τις Φωνητικές Επιστήμες όπως *"Αναλυτής Λόγου", "Φωνολόγος", "Γλωσσολόγος", "Καθηγητής Φωνητικής", "Λογοθεραπευτής",* και *"Φωνίατρος"*. Η κάθε μία έχει τις δικές της ιδιαιτερότητες και εφαρμογές, και αυτή του Φωνητικού Αναλυτή πολλές φορές εμπεριέχει κάποιες από τις παραπάνω, αλλά η εφαρμογή της στην Εγκληματολογία αποτελεί κλάδο της Δικαστικής Ψυχολογίας (ψυχολογία εγκλήματος, δραστών, θυμάτων, προφίλ, κτλ.). Ωστόσο, είναι απαραίτητο να ξεκαθαρίσουμε ότι ο Φωνητικός Αναλυτής δεν είναι Φωνίατρος με την καθαρά ιατρική έννοια που αφορά το δεύτερο.

Από την αρχή της υπόθεσης των τριών θανάτων στην Πάτρα έχουμε παρακολουθήσει στα μέσα μαζικής ενημέρωσης επιστήμονες από διάφορους τομείς που εκφέρουν τις απόψεις τους. Αν πάρουμε για παράδειγμα τους ψυχολόγους, συνήθως πριν αναφερθούν σε οτιδήποτε δηλώνουν - και πολύ σωστά πράττουν - ότι δεν είναι σε θέση να προβούν σε διαγνώσεις και συμπεράσματα εφόσον δεν έχουν εξετάσει τους εμπλεκομένους δια ζώσης. Η εργασία του φωνητικού αναλυτή έχει κάποια ιδιαιτερότητα ως προς αυτό το θέμα διότι πολλές φορές αναλύει φωνητικά ντοκουμέντα χωρίς να έρχεται σε άμεση επαφή με τα άτομα που έχουν μιλήσει.

Μελετάει και αναλύει ηχητικά μηνύματα και βιντεοσκοπημένα ντοκουμέντα καταλήγοντας σε συμπεράσματα μέσα από αυτά που ακούει και βλέπει. Μάλιστα, αρκετές φορές δεν έχει την "πολυτέλεια" οπτικού δείγματος και βασίζεται μόνο στον ήχο. Κάποιες φορές λαμβάνει εκ των προτέρων πληροφορίες συσχετιζόμενες με την υπόθεση, και άλλες φορές κάνει "τυφλή ανάλυση" χωρίς να γνωρίζει όλες τις λεπτομέρειες. Υπάρχουν

βέβαια και περιπτώσεις που έρχεται σε άμεση επαφή με υπόπτους, κατη-
γορούμενους, θύματα, και μάρτυρες, αλλά αυτό δεν είναι δεδομένο.

Επομένως, από δεοντολογική άποψη, και σε αντίθεση με άλλες ειδικό-
τητες, δε θεωρείται κατακριτέο να καταθέσει ο φωνητικός αναλυτής τα
πορίσματά του χωρίς να έχει έρθει σε άμεση επαφή με τους εμπλεκομέ-
νους. Φυσικά, πάντα χρειάζεται προσοχή και διακριτικότητα και δεν εί-
ναι αποδεκτό να γίνεται κατάχρηση αυτής της ιδιαιτερότητας για οποιο-
δήποτε λόγο όπως για αυτοπροβολή. Ας μην ξεχνάμε ότι τα στοιχεία που
παραθέτει ένας φωνητικός αναλυτής δεν αποτελούν από μόνα τους απο-
δείξεις, αλλά πάντα συναξιολογούνται μέσα στο πλαίσιο μιας ολοκληρω-
μένης ερευνητικής διαδικασίας.

Οι φωνητικοί αναλυτές χρησιμοποιούν κάποιους δείκτες και ορολογίες
περιγραφών και πορισμάτων. Στα παρακάτω κεφάλαια η φωνητική ανά-
λυση θα παρουσιαστεί με τέτοιο τρόπο ώστε να γίνει κατανοητή από κάθε
αναγνώστη, είτε έχει σχέση με τη συγκεκριμένη επιστήμη είτε όχι, χωρίς
να συμπεριλαμβάνονται ιδιαίτερα εξειδικευμένοι όροι.

13. Η απάντηση-κλειδί

> *"Δεν ξέρεις καημένε τη λαϊκή ψυχή. Οι λαοί πιστεύουν πιότερο τ'*
> *αυτιά τους, παρά τα μάτια τους. Πιότερο το μύθο παρά τα γεγονότα.*
> *Πιότερο τη φαντασία τους από τη κρίση τους"*
> *~ Κώστας Βάρναλης ~ [από τον «Μονόλογο του Μώμου»]*

Ας αναλύσουμε τώρα την απάντηση της μητέρας στην ερώτηση του δημοσιογράφου η οποία ήταν εάν έχει σχέση με το θάνατο των παιδιών της. Για να αναλύσουμε με ακρίβεια την απάντηση της μητέρας, πρέπει πρώτα να μελετήσουμε την ερώτηση του δημοσιογράφου. Για να υπάρξει απάντηση, προηγείται ερώτηση, και ο τρόπος έκφρασης και εκφοράς της ερώτησης τις περισσότερες φορές επηρεάζει τα χαρακτηριστικά της απάντησης. Εάν ο φωνητικός αναλυτής μελετήσει και αναλύσει μόνο την απάντηση, τότε η διαδικασία της φωνητικής ανάλυσης είναι ελλιπής.

Ο δημοσιογράφος ρωτάει:

> *"Ρ. ... [όνομα μητέρας], εσύ έχεις σχέση με το θάνατο των παιδιών σου;"*

Οι έμπειροί δημοσιογράφοι διαλέγουν προσεκτικά τις λέξεις και τους τρόπους που θέτουν μία ερώτηση, και πόσο μάλλον όταν πρόκειται για μία ερώτηση-κλειδί. Στη συγκεκριμένη περίπτωση ο δημοσιογράφος κάνει τα παρακάτω.

ΦΩΝΗΤΙΚΗ ΑΝΑΛΥΣΗ ΕΡΩΤΗΣΗΣ ΔΗΜΟΣΙΟΓΡΑΦΟΥ

Επιλογή χρόνου

Επιλέγει να θέσει την ερώτηση αφού οι γονείς έχουν τελειώσει με την αφήγηση των γεγονότων και έχουν ξεκινήσει να μιλούν για τις κατηγορίες που προκαλούν την οργή τους, 40 λεπτά μετά την αρχή της συνέντευξης. Αν και προηγείται η συζήτηση για τις κατηγορίες, η ερώτηση τίθεται απρόσμενα.

Επιλογή τόνου

Ο τόνος του είναι ήρεμος και σταθερός, χωρίς να προβάλλει επιθετικότητα, αλλά έχει την απαιτούμενη ένταση και αίσθηση επιμονής που δε σου δίνει το περιθώριο να αποφύγεις να απαντήσεις.

Επιλογή λέξεων

- Απευθύνεται συγκεκριμένα στη μητέρα ξεκινώντας με το **όνομά της.** Αμέσως υποδεικνύει ότι η ερώτηση τίθεται συγκεκριμένα προς εκείνη.

- Αμέσως μετά το όνομά της, προσθέτει και τη λέξη *"εσύ"*, γεγονός που απομονώνει εντελώς τη μητέρα και αφήνει τον πατέρα αμέτοχο. Αυτό προσθέτει στην αμεσότητα που είχε ήδη προβάλλει η εκφώνηση του ονόματός της.

- Χρησιμοποιεί τη φράση *"έχεις σχέση"*, η οποία αφήνει ανοιχτά όλα τα ενδεχόμενα εμπλοκής και με οποιονδήποτε τρόπο. Δεν είναι τόσο συγκεκριμένη όπως για παράδειγμα αν έλεγε *"σκότωσες"*, και έτσι δίνει στη μητέρα το περιθώριο να απαντήσει με εύρος. Αυτή η φράση οδήγησε στη μακροσκελή απάντηση της μητέρας η οποία μας προσφέρει πολλές και σημαντικές πληροφορίες από τη σκοπιά της φωνητικής ανάλυσης. Παρόλο που δεν την αποτρέπει να απαντήσει με ένα "ναι" ή ένα "όχι", την ίδια στιγμή την προτρέπει να εκφραστεί με το δικό της προσωπικό τρόπο και να βγάλει στην επιφάνεια στοιχεία της προσωπικότητάς της.

- Χρησιμοποιεί τη λέξη *"θάνατο"*. Ένας θάνατος μπορεί να προέλθει με διάφορους τρόπους, και ο δημοσιογράφος δε στοιχειοθετεί κάποιον συγκεκριμένα. Δε λέει *"δολοφονία"*, το οποίο θα ήταν εντελώς άστοχο τη δεδομένη στιγμή. Δε λέει *"χαμό"*, το οποίο φέρει κάποια συναισθηματική φόρτιση. Διαλέγει μία λέξη που δεν μπορεί να αμφισβητηθεί αλλά δε φέρει κανένα επιπρόσθετο νόημα ή υπονοούμενο. Είναι μία άκρως αντικειμενική λέξη. Επίσης, δε χρησιμοποιεί κανένα επίθετο πριν τη λέξη "θάνατο", όπως για παράδειγμα *"τραγικό θάνατο"*, ή *"ξαφνικό θάνατο"*, ή *"άδικο θάνατο"*. Δεν προσφέρει κανένα χαρακτηρισμό ή ερμηνεία, το οποίο είναι πολύ εύστοχο διότι αφήνει τη μητέρα να εκφράσει το οποιοδήποτε συναίσθημα ανεπηρέαστη.

• Επίσης, παρόλο που οι θάνατοι είναι τρεις, ο δημοσιογράφος λέει *"με το θάνατο των παιδιών σου"*, και όχι *"με τους θανάτους των παιδιών σου"*. Εάν ο δημοσιογράφος επέλεξε συνειδητά να το εκφράσει έτσι, είναι σα να προβάλλει την ιδέα ότι οι τρεις θάνατοι προήλθαν από την ίδια αιτία. Αυτό θα μπορούσε να δώσει στη μητέρα την ευκαιρία να διαχωρίσει τους τρεις θανάτους αν πιστεύει ότι οι αιτίες είναι διαφορετικές, ή και το αντίστροφο. Ενδέχεται βέβαια η επιλογή της λέξης στον ενικό να μην ήταν συνειδητή. Στην πραγματικότητα, με τον τρόπο που απαντάει η μητέρα αποδεικνύεται ότι η συγκεκριμένη επιλογή δεν έχει ιδιαίτερη σημασία.

• Κλείνει την ερώτηση αναφερόμενος και στα τρία παιδιά χωρίς να ρωτήσει για το καθένα ξεχωριστά. Αυτό μπορεί να προσφέρει ευδόκιμο αποτέλεσμα, μπορεί και όχι. Από τη μία, δίνει στη μητέρα την ευκαιρία να απαντήσει συνολικά και να καλύψει κατευθείαν και τους τρεις θανάτους. Από την άλλη, εάν είχε ρωτήσει για το κάθε παιδί ξεχωριστά, ίσως να υπήρχαν διαφοροποιήσεις στις απαντήσεις που θα μας πρόσφεραν χρήσιμες αναλυτικές πληροφορίες. Ωστόσο, αν ξεκινούσε ρωτώντας μόνο για το πρώτο παιδί, ενδέχεται στην πορεία η συζήτηση να έπαιρνε διαφορετική τροπή, να άλλαζε κατεύθυνση, και να μη φτάναμε ποτέ στα άλλα δύο. Λαμβάνοντας υπόψη αυτό το ρίσκο, μία συνολική ερώτηση είναι προτιμότερη.

• Η τελευταία λέξη της ερώτησης είναι το *"σου"*. Δίνει έμφαση στο ότι μιλάνε για τα δικά της παιδιά, της το θυμίζει, στρέφει την προσοχή στο προσωπικό στοιχείο, και ίσως προσθέτει και ένα κίνητρο για την έκφραση κάποιου συναισθήματος.

Ο τρόπος λειτουργίας των φωνητικών χορδών του δημοσιογράφου στη συγκεκριμένη ερώτηση δε μας προσφέρει κάποιες αξιοσημείωτες πληροφορίες. Ο τρόπος αναπνοής του πριν ρωτήσει είναι πιο ενδεικτικός. Παίρνει γρήγορη, κοφτή, αλλά βαθιά αναπνοή και προβαίνει άμεσα στην ερώτηση για να είναι σίγουρος ότι θα την ολοκληρώσει με μία αναπνοή. Αυτό δείχνει ότι περίμενε ανυπόμονα τη στιγμή της συγκεκριμένης ερώτησης και ήθελε να προλάβει την οποιαδήποτε αντίδραση που θα μπορούσε να τη διακόψει.

Μία φράση-ερώτηση με δέκα λέξεις κουβαλάει τόση σημασία για το αποτέλεσμα που θα προκαλέσει. Έστω και μία διαφορετική, λιγότερη ή περισσότερη λέξη μπορεί να επηρεάσει όλη την πορεία της απάντησης.

Ο δημοσιογράφος ρωτάει:

~ *"Ρ. ... [όνομα μητέρας], εσύ έχεις σχέση με το θάνατο των παιδιών σου;"*

Η μητέρα απαντάει[1]:

> *"Θα απαντήσω μόνο και μόνο για... γιατί έχω ακούσει πάρα πολλά. Κανένας όμως δεν ήρθε ποτέ, μα ποτέ, να με ρωτήσει, εεε..., σε ένα σπίτι στο οποίο υπήρχαν τα παιδιά, υπήρχε όλη αυτή η ευτυχία, ναι, πώς ζω εγώ τώρα. Μέχρι τώρα ζούσα για την Τ. ... [όνομα μεγαλύτερου παιδιού]. Πώς ζω εγώ από τις 29 του μήνα με τις φωτογραφίες αυτές και με αυτό που μου έμεινε από την Τ....[όνομα μεγαλύτερου παιδιού]. Αυτό μου έμεινε. Πώς θα πείραζα εγώ τα παιδιά μου; Τα γέννησα, τα μεγάλωσα. Ήμουνα δίπλα τους. Με τι λογική; Δεν υπάρχει λογική σ' αυτό."*

Οι Αμερικανοί θα έλεγαν "Wow!!!"... Από πού να ξεκινήσουμε; Η απάντηση είναι αρκετά μακροσκελής και αγγίζει διάφορες πλευρές. Αυτό που δεν προσφέρει είναι μία καθαρή κατάφαση ή άρνηση.

ΦΩΝΗΤΙΚΗ ΑΝΑΛΥΣΗ ΑΠΑΝΤΗΣΗΣ ΜΗΤΕΡΑΣ

Οι παρακάτω αναλύσεις βασίζονται σε οπτικοακουστικές παρατηρήσεις.

Πρώτη αντίδραση
Η ερώτηση έρχεται ξαφνικά χωρίς να αποτελεί συνέχεια του προηγούμενου μέρους της συζήτησης.

1   StarTVGreece. (2022, February 17). Σπάνε τη σιωπή τους οι γονείς των τριών παιδιών από την Πάτρα – Ολόκληρη η συνέντευξη [Video]. YouTube. https://www.youtube.com/watch?v=uRxgnE0q4KA&t=11s

Η μητέρα χρειάζεται ένα δευτερόλεπτο προετοιμασίας πριν ξεκινήσει την απάντηση. Σε αυτό το δευτερόλεπτο βλέπουμε τα εξής:

- Ο τρόπος που αντιδρούν τα μάτια της κοιτώντας πρώτα το δημοσιογράφο και στη συνέχεια γυρίζοντας το βλέμμα προς τα πάνω είναι η εξωτερίκευση της σκέψης *"Ααα... να και η ερώτηση που περίμενα"*.

- Καταπίνει έντονα και στιγμιαία και ανασκουμπώνεται για να απαντήσει. Όλο αυτό δείχνει ότι περίμενε τη συγκεκριμένη ερώτηση, ίσως όχι τη δεδομένη στιγμή, αλλά είχε σκεφτεί τα πλαίσια της απάντησής της.

Γενικές παρατηρήσεις

Κάποιες λέξεις, κενά, και επαναλήψεις στο πρώτο μέρος της απάντησης προβάλλουν μία **αίσθηση αντίστασης**, ότι δηλαδή παρόλο που περίμενε την ερώτηση δεν είναι ιδιαίτερα ευχαριστημένη που μπαίνει στη διαδικασία να απαντήσει. Επίσης φανερώνουν το **προβάρισμα της απάντησης**, σα να σκέφτεται πώς την είχε οργανώσει στο μυαλό της, και είναι σα να μιλάει στον εαυτό της και να επιβεβαιώνει όσα είχε προετοιμάσει να πει. Τα παρακάτω υπογραμμισμένα σημεία δείχνουν αυτά που μόλις αναφέρθηκαν:

"Θα απαντήσω μόνο και μόνο για... γιατί έχω ακούσει πάρα πολλά. Κανένας όμως δεν ήρθε ποτέ, μα ποτέ, να με ρωτήσει, εεε..., σε ένα σπίτι στο οποίο υπήρχαν τα παιδιά, υπήρχε όλη αυτή η ευτυχία, ναι, πώς ζω εγώ τώρα."

Δε δίνει συγκεκριμένη **καταφατική ή αρνητική απάντηση**. Επιλέγει να στρέψει το θέμα προς τον εαυτό της και όσα βιώνει η ίδια, και καταλήγει σε ερώτηση στην οποία δίνει αμέσως την απάντηση. Αποφεύγει ξεκάθαρα να απαντήσει ευθέως γεγονός που υποδηλώνει πολλά:

- Η αποφυγή ευθείας και άμεσης απάντησης είναι ένας τρόπος **άμυνας.**

- Η αποφυγή επίσης σκοπεύει στην παραπομπή δεδομένης αρνητικής απάντησης. Είναι σα να απαξιώνει την ερώτηση θέλοντας να παρουσιάσει ως δεδομένο ότι η απάντηση είναι *"όχι, δεν το έκανα"*.

- Παράλληλα, αποτελεί μέσο παραπλάνησης και προετοιμασίας για το μέλλον. Ενδέχεται μελλοντικά να της χρειαστεί ο ισχυρισμός "εγώ δεν είπα ποτέ ναι ή όχι όταν ρωτήθηκα". Παραπλανεί τον ακροατή ξεφεύγοντας τεχνηέντως από το θέμα και στρέφοντας την προσοχή στις δικές της συναισθηματικές δυσκολίες και τη διαχείριση του πένθους της. Εύχεται η παραπλάνηση να τραβήξει τον οίκτο των ακροατών, να στραφεί όλη η προσοχή στο συγκλονιστικό πόνο που βιώνει ως χαροκαμένη μάνα, και να μας απομακρύνει από την αρχική ερώτηση.

- Ίσως να προδίδει μία εσωτερική σύγκρουση, συνειδητή, υποσυνείδητη, ή ασυνείδητη. Εάν απαντήσει ευθέως καταφατικά, αυτομάτως ομολογεί. Εάν απαντήσει ευθέως αρνητικά, και αν είναι ένοχη, αυτομάτως λέει ψέματα, κάτι που ενοχλεί τη συνείδηση και προκαλεί συνειδησιακή σύγκρουση.

- Αν είναι ένοχη, φοβάται ότι μία καθαρά αρνητική απάντηση θα την προδώσει σε περίπτωση που η εκφορά της δε γίνει πειστική. Δεν εμπιστεύεται τις υποκριτικές της ικανότητες και προτιμάει να μη ρισκάρει.

- Είναι χαρακτηριστικά ναρκισσιστικής προσωπικότητας και η απαξίωση προς την ερώτηση, αλλά και το στρέψιμο προς τον εαυτό της και τη δημιουργία εντυπώσεων.

- Το μεγαλύτερο ερώτημα είναι **γιατί δεν προσφέρει μία ξεκάθαρη αρνητική απάντηση αν είναι αθώα.** Αν η συνείδησή της είναι ήσυχη, μία τέτοιου είδους απάντηση θα ήταν η πιο φυσική, λογική, και αναμενόμενη αντίδραση μιας μάνας που κατηγορείται ότι έκανε κακό στα ίδια της τα παιδιά. Μάλιστα, σε αυτή την περίπτωση θα περιμέναμε όχι απλά την έντονη άρνηση, αλλά να συνοδεύεται και από θυμό ή οργή για τις άδικες κατηγορίες. Είναι παράδοξο το γεγονός ότι δε στήριξε άμεσα και έντονα την αθωότητά της αμέσως μόλις της δόθηκε η ευκαιρία. Κάθε αθώα μάνα σε παρόμοια περίπτωση θα άρπαζε την ερώτηση "από τα μαλλιά" και θα ήθελε να την αντικρούσει κατηγορηματικά, έντονα, άμεσα, οργισμένα, χωρίς να αφήνει το παραμικρό παράθυρο αμφισβήτησης. Ο τρόπος που απαντάει προκαλεί στον ακροατή αυτή ακριβώς την αίσθηση: **Αμφισβήτηση.**

Στο τελείωμα της απάντησης θέτει μία ερώτηση στην οποία δίνει άμεσα

την απάντηση. Μία *"αρχαία"* τεχνική, η **"απάντηση-ερώτηση",** υποδη-
λώνει πολλά, και ακόμα περισσότερα το γεγονός ότι προβαίνει η ίδια στην
απάντησή της. Υποδηλώνει:

- **Αποφυγή:** Αποφεύγει την ουσία της ερώτησης.
- **Παραπλάνηση:** Στρέφει την απάντηση προς την κατεύθυνση που
  εκείνη επιθυμεί και μεταφέρει την ευθύνη της στον ακροατή
- **Απαξίωση:** Απαξιώνει το στόχο της ερώτησης.
- **Επιβολή:** Εκείνη αποφασίζει αν και πώς θα απαντήσει.
- **Διαχείριση χρόνου:** Αναβάλλει την απάντηση και κερδίζει χρόνο.
- **Το αυτονόητο:** Υποδηλώνει ότι η απάντηση είναι αυτονόητη και
  δεν υπάρχει λόγος να δοθεί.
- **Το δεδομένο:** Παρόμοια με το αυτονόητο, η απάντηση θα έπρεπε να
  είναι δεδομένη, κάτι που πάλι οδηγεί στην απαξίωση.

Όλα τα παραπάνω συνδέονται μεταξύ τους και αποτελούν έναν από τους
πιο "ξακουστούς" και διαδεδομένους τρόπους **αμυντικής συμπεριφοράς.**

Επιλογή λέξεων και εκφράσεων

Όπως προαναφέρθηκε, ο τρόπος που απαντάει προδίδει αναμονή της συ-
γκεκριμένης ερώτησης και προετοιμασία. Η κάθε λέξη και φράση και ο
τρόπος με τον οποίο εκφράζονται καθρεφτίζει τα εξής:

- **"Θα απαντήσω μόνο και μόνο για... γιατί":** Με την πρώτη φρά-
  ση αμέσως απαξιώνει την ερώτηση. Υποδηλώνει ότι κανονικά δε
  θα έπρεπε να απαντήσει είτε γιατί η απάντηση θεωρείται δεδομένη,
  είτε γιατί η ερώτηση θεωρείται προσβλητική. Αυτό αμέσως προκα-
  λεί μία αίσθηση κυριαρχίας και επιβολής προβάλλοντας έμμεση κρι-
  τική προς την ερώτηση και ότι δεν είναι υποχρεωμένη να απαντήσει
  αλλά είναι καθαρά επιλογή της για τους λόγους που εξηγεί αμέσως
  μετά.
- **"...γιατί έχω ακούσει πάρα πολλά":** Από την πρώτη κιόλας φράση
  στρέφεται ενάντια στον περίγυρο που την κατηγορεί. Φταίει ο κό-
  σμος που μπαίνει στη διαδικασία να απαντήσει σε μία τέτοια ερώτη-
  ση. Εξακολουθεί να την απαξιώνει μεταφέροντας την ευθύνη για τη
  θέση στην οποία βρίσκεται σε άλλους.
- **"Κανένας όμως δεν ήρθε ποτέ, μα ποτέ, να με ρωτήσει":** Συνεχί-

ζει ενισχύοντας το στρέψιμο προς τον περίγυρο με ευθεία κατηγορία προς αυτόν. Αμέσως "βγάζει νύχια" γιατί δεν έλαβε την προσοχή που της άρμοζε. Αυτόματα στρέφει όλη την προσοχή στον εαυτό της και στο πώς θα έπρεπε να την είχε αντιμετωπίσει ο περίγυρος. Δίνει έμφαση στο **"ποτέ"** επαναλαμβάνοντας **"μα ποτέ"** για να είναι σίγουρη ότι καθοδηγεί την απάντηση προς την κατεύθυνση που εκείνη θέλει. Η λέξη **"κανένας"** αμέσως αποκλείει την οποιαδήποτε συμπαράσταση του κόσμου. **"Κανένας"** και **"ποτέ"** είναι δύο εμφατικές επιλογές λέξεων που δεν αφήνουν περιθώρια συζήτησης, αμφιβολίας, και αμφισβήτησης και παρέχουν αμέσως το κυριαρχικό και επιβλητικό μήνυμα που θέλει να περάσει. Η αρχή της συγκεκριμένης φράσης δείχνει αμέσως ότι δεν απαντάει ευθέως. Αρχικά δηλώνει πως θα απαντήσει αλλά ξαφνικά στρέφει την απάντηση προς ένα δικό της ζήτημα σχετικό με τη διαχείριση του πένθους της.

- **"...σε ένα σπίτι στο οποίο υπήρχαν τα παιδιά, υπήρχε όλη αυτή η ευτυχία"**: Αναφέρεται στα παιδιά και την ευτυχία που έφερναν στο σπίτι, αλλά η περιγραφή παραμένει απρόσωπη. Δε μιλάει για την ευτυχία που πρόσφεραν **στην ίδια** αλλά στο **"σπίτι"**. Μιλάει για τα παιδιά και το σπίτι σα να είναι απομακρυσμένα από τη δική της πραγματικότητα, χωρίς την αίσθηση της οικειότητας και του προσωπικού συναισθήματος που θα περίμενε κανείς.

- **"...ναι, πώς ζω εγώ τώρα"**: Η λέξη **"ναι"** εμφανίζεται σα σφήνα, σα να μιλάει ξαφνικά στον εαυτό της και να τον επιβεβαιώνει ότι εκφράζει σωστά όσα είχε προετοιμάσει να πει. Καταλήγει στο **"εγώ"** κατευθύνοντας ολοφάνερα πλέον την απάντηση προς όλα όσα βιώνει η ίδια. Έχει ήδη απομακρυνθεί εντελώς από οποιαδήποτε άμεση απάντηση μεταφέροντας το θέμα σε άλλα μονοπάτια, αυτά του δικού της πόνου, χωρίς καν να συμπεριλαμβάνει τον πόνο του συζύγου της.

- **"Μέχρι τώρα ζούσα για την Τ. ... [όνομα μεγαλύτερου παιδιού]"**: Φτάνουμε σε πλήρη απόκλιση από το θέμα της ερώτησης. Αναφέρεται στο παρελθόν όταν το μεγαλύτερο παιδάκι ήταν ακόμα ζωντανό. Έχει δηλαδή απομακρυνθεί εντελώς από το γεγονός του τελευταίου θανάτου αλλά και των δύο προηγούμενων. Είναι μία παραπλανητική τεχνική που στιγμιαία διώχνει τη θύμηση του θανάτου και μας φέρνει πίσω στο χρόνο.

- *"Πώς ζω εγώ από τις 29 του μήνα με τις φωτογραφίες αυτές και με αυτό που μου έμεινε από την Τ. ... [όνομα μεγαλύτερου παιδιού]"*: Μοιάζει με ερώτηση αλλά δεν είναι διότι η φωνή της δεν καταλήγει στο γνωστό ήχο του ερωτηματικού. Η φράση αποτελεί συνέχεια της δεύτερης, ότι κανένας δεν την έχει ρωτήσει μέχρι τώρα πώς ζει. Ολοκληρωμένη θα ήταν: *"Κανένας όμως δεν ήρθε ποτέ, μα ποτέ, να με ρωτήσει, εεε.*, *σε ένα σπίτι στο οποίο υπήρχαν τα παιδιά, υπήρχε όλη αυτή η ευτυχία, ναι, πώς ζω εγώ τώρα, πώς ζω εγώ από τις 29 του μήνα με τις φωτογραφίες αυτές και με αυτό που μου έμεινε από την Τ."*. Εξακολουθεί να θυμίζει τις στιγμές ζωής σε μια προσπάθεια να μας αγγίξει συναισθηματικά. Έμμεσα αναφέρεται στην απώλεια γιατί τώρα μιλάει για τις φωτογραφίες που έμειναν πίσω, αλλά πάλι δεν αντικρίζει το θάνατο κατάματα. Δεν αναφέρεται στα παιδιά που έφυγαν, αλλά σε αυτά που άφησαν πίσω τους, και μάλιστα αναφέρεται μόνο στο ένα παιδί πράγμα που πάλι μας απομακρύνει από τον αριθμό των θανάτων. Ίσως υποδηλώνει και κάποια άρνηση να δεχτεί το θάνατό τους και το γεγονός ότι έφυγαν. Και μάλιστα επιμένει σε αυτό ολοκληρώνοντας τη σκέψη με τη φράση *"Αυτό μου έμεινε"*. Υπήρχε κάτι πριν το οποίο δεν υπάρχει πια, αλλά δεν "ακουμπάει" το πώς έφυγαν τα παιδιά και ποιος φταίει ή ποιος έχει σχέση με το χαμό τους.

- *"Πώς θα πείραζα εγώ τα παιδιά μου;"*: Φτάνει στο σημείο της πρώτης ερώτησης, και για να μην αφήσει τίποτα στη φαντασία του ακροατή αμέσως συμπληρώνει *"Τα γέννησα, τα μεγάλωσα. Ήμουνα δίπλα τους"*. Προσφέρει την επιχειρηματολογία που χρειάζεται για να περιγράψει το αυτονόητο, ότι δηλαδή μια μάνα που μεγαλώνει τα παιδιά της και είναι δίπλα τους δεν είναι δυνατόν να τα βλάψει. Αποφεύγει να πει κατηγορηματικά *"Δεν πείραξα εγώ τα παιδιά μου"*. Έτσι φτάνουμε στην κεντρική ερώτηση της αποφυγής ευθείας απάντησης με την οποία για μια ακόμα φορά απαξιώνει την ερώτηση.

- *"Με τι λογική;"*: Έρχεται αμέσως η δεύτερη ερώτηση, ακόμα πιο απαξιωτική και κατακριτική. Κρίνει όσους την έχουν κατηγορήσει και χαρακτηρίζει τις κατηγορίες ως παράλογες. Επειδή όμως θέλει να είναι σίγουρη για το αποτέλεσμα και το μήνυμα που περνάει, απαντάει στην ερώτηση λέγοντας *"Δεν υπάρχει λογική σ' αυτό"*. Δε θέλει να μείνουν κενά και αναπάντητα ερωτήματα προς ερμηνεία καταθέτοντας ξεκάθαρα πως όποιος έχει σκεφτεί κάτι τέτοιο είναι παράλογος.

Από την πρώτη λέξη και φράση βγάζει επιθετικότητα με την απαξίωση της ερώτησης. Η επιθετικότητα δε στρέφεται προς το δημοσιογράφο που θέτει την ερώτηση αλλά προς όσους την έχουν κατηγορήσει και νιώθει την ανάγκη να αμυνθεί. Όταν απαντάμε με επιθετικότητα αυτό αποτελεί μορφή άμυνας. Η επιθετικότητα και αμυντική στάση ενισχύονται με την τελευταία "ερώτηση-απάντηση" η οποία επίσης ενισχύει τη γενική επιβλητική και κυριαρχική στάση της ως προς το συνολικό τρόπο με τον οποίο χειρίζεται την απάντηση.

Τόνος και εκφορά λόγου
Ξεκινάει με μία αίσθηση ειρωνείας και αγανάκτησης και καταλήγει στην αναζήτηση της συμπόνιας που δεν έχει λάβει μέχρι τώρα. Η απάντηση περνάει από διάφορα συναισθηματικά στάδια και εναλλαγές τόνου.

- Η πρώτη δήλωση, ο λόγος για τον οποίον δέχεται να απαντήσει, λεκτικά μπορεί να δηλώνει αγανάκτηση για τον τρόπο με τον οποίο την έχει αντιμετωπίσει ο κόσμος, αλλά δε συνοδεύεται από την αναμενόμενη ένταση του συναισθήματος.

- Αφού ξεκαθαρίζει το λόγο που απαντάει, περνάει σε μια συναισθηματική πορεία που περιλαμβάνει το παράπονό της. Είναι θυμωμένη με τον κόσμο αλλά ο τόνος της δεν προβάλλει θυμό παρά ένα παραπονιάρικο ύφος, στα όρια του ναζιάρικου, προσκαλώντας τη συμπόνια που δεν έχει λάβει χωρίς όμως να την απαιτεί. Η αντίδρασή και ο τόνος της δείχνουν περισσότερο χειριστικότητα παρά μια μάνα που νιώθει πραγματικά αδικημένη.

- Συνεχίζει με το συναισθηματικό περιεχόμενο αναπολώντας την προηγούμενη ευτυχία στο σπίτι. Ωστόσο, ο τόνος της δεν εμπεριέχει θλίψη και νοσταλγία αλλά εκφέρει τα συναισθήματα της σα να ζητάει επιβεβαίωση. Στην ουσία, δεν εκφράζει με τον ανάλογο τόνο το αίσθημα της απώλειας που βιώνει, αλλά εξακολουθεί να κριτικάρει τον περίγυρο. Λείπει παντελώς η αυθεντική εκδήλωση θλίψης και πόνου από τη χροιά της γεγονός που την κάνει να ακούγεται αμυντική.

• Οι ερωτήσεις εκφέρονται εξασθενημένα, χωρίς ίχνος οργής και αγανάκτησης. Θα μπορούσε να πει κανείς ότι αυτό προκαλείται λόγω της συναισθηματικής κούρασης που συνεπάγεται τρεις θανάτους, αλλά ο τρόπος λειτουργίας των φωνητικών χορδών και της αναπνοής δίνουν διαφορετική εξήγηση η οποία θα αναλυθεί παρακάτω.

• Δείχνει να ικανοποιείται με την επίδοση της απάντησής της τη στιγμή που κάνει την τελική δήλωση *"Δεν υπάρχει λογική σ' αυτό".* Το εκφέρει με τόνο που δε σηκώνει συζήτηση και διλήμματα. Το λέει ήρεμα και με σιγουριά. Μόνο που η ηρεμία στην προκειμένη περίπτωση δε συμβαδίζει με τη θέση στην οποία βρίσκεται και προσπαθεί να αντικρούσει. Μόνο ηρεμία και ψυχραιμία δε θα περίμενε κανείς.

• Γενικά, λείπει από ολόκληρη την απάντηση το σθένος με το οποίο θα εξέφραζε τα συναισθήματά της μία μάνα που κατηγορείται άδικα για τους θανάτους των παιδιών της. Παρόλο που προβάλλει επιβολή και κυριαρχία, εκφράζει στοιχεία αγανάκτησης και στη συνέχεια αναφέρεται στην απώλεια, το πένθος, και τη μητρότητα, η ένταση της φωνής παραμένει σε υποτονικά επίπεδα. Η εκφορά και ο τόνος δεν πείθουν τον ακροατή. Το περιεχόμενο που αγγίζει είναι πολύ δυνατό για να καταφέρνει να το εκδηλώνει με τέτοια αυτοσυγκράτηση και σχεδόν ναζιάρικο παράπονο. Δεν εκφράζεται αυθεντικά αλλά χειριστικά. Κάθε άλλη αθώα μάνα στη θέση της μπορεί να ούρλιαζε για την αθωότητά της και την αδικία εναντίον της ή να έφτανε και σε ακραίες αντιδράσεις. Φυσικά δεν αντιδρούν όλοι οι άνθρωποι με τον ίδιο τρόπο, αλλά τίποτα, μα τίποτα, στον τρόπο της δε συμβαδίζει με όσα λέει.

"Γλώσσα" προσώπου

Το πρόσωπο μιλάει και πίσω από τα λόγια. Η κάθε λέξη και έκφραση συνοδεύεται από εκφράσεις και αντιδράσεις τις οποίες βλέπουμε σε ένα πρόσωπο και αυτές οι σιωπηλές πληροφορίες μιλούν πολύ δυνατά έως και εκκωφαντικά.

- **Μάτια και βλέμμα:** Κοιτάει το δημοσιογράφο κατάματα κάθε φορά που τελειώνει μία πρόταση, τον καρφώνει με το βλέμμα της, και τα μάτια της ζητούν επιβεβαίωση των όσων είπε. Δε γνωρίζουμε αν ο δημοσιογράφος αντιδράει με οποιοδήποτε τρόπο, όπως για παράδειγμα κουνώντας το κεφάλι, εφόσον δε βρίσκεται στο πλάνο. Θα βοηθούσε αν μπορούσαμε να δούμε και τις δικές του αντιδράσεις για να αξιολογήσουμε καλύτερα τις δικές της, αλλά σίγουρα δεν ακούμε καμία λεκτική του αντίδραση. Το βλέμμα της αποζητάει την επιβεβαίωση και παράλληλα εξετάζει το συνομιλητή της για να καταλάβει αν έγινε πειστική ή κατανοητή. Σε κάποια σημεία σηκώνει το βλέμμα προς τα πάνω. Είναι κάτι που η μελέτη της "γλώσσας" του βλέμματος μας έχει δείξει ότι συμβαίνει όταν κάποιος προσπαθεί να αποκρύψει την αλήθεια καθώς επίσης και όταν έχει προετοιμαστεί για όσα λέει και προσπαθεί να θυμηθεί τι πρέπει να πει. Έχει ενδιαφέρον που δεν κοιτάζει καθόλου προς το σύζυγό της. Αυτό γίνεται κάθε φορά που παίρνει το λόγο κατά τη διάρκεια όλης της συνέντευξης και επίσης τις περισσότερες φορές που μιλάει ο σύζυγός της. Είναι μετρημένες οι φορές που έχει γυρίσει να τον κοιτάξει, και το αποφεύγει συστηματικά. Αυτό συνήθως συμβαίνει για τρεις λόγους: είτε γιατί δεν είναι σημαντική η παρουσία του (απαξίωση), είτε γιατί δε θέλει να δει την αντίδρασή του (αποφυγή), είτε γιατί δε θέλει να του δείξει κατάματα τη δική της έκφραση και αντίδραση (ενοχή, άμυνα, αποφυγή). Όσες φορές μιλάει ο σύζυγος πάλι αποφεύγει να τον κοιτάξει και μοιάζει σα να προσέχει τι λέει και να επιβεβαιώνει στον εαυτό της ότι "τα λέει καλά και όπως τα συμφωνήσαμε". Σίγουρα δε δείχνει να την ενδιαφέρει η συναισθηματική του κατάσταση.
- **Φρύδια:** Η ανύψωση των φρυδιών, κάτι που κάνει συχνά η μητέρα, μπορεί να δηλώνει ειρωνεία, δυσαρέσκεια, απαξίωση, αλλά και εσωτερική διεργασία σκέψεων στην προσπάθεια να τις εξωτερικεύσει με το "σωστό τρόπο" και να μην κάνει κάποιο "λάθος" που μπο-

ρεί να προδώσει το οτιδήποτε.

• **Χείλη:** Σφίγγει έντονα τα χείλη της κάθε φορά που το βλέμμα της αποζητάει την επιβεβαίωση, ενώ παράλληλα κουνάει το κεφάλι προς τα εμπρός. Είναι ένα μοτίβο σε όλη τη συνέντευξη. Άλλες φορές τα σφίγγει με πιο επιβλητικό και απαξιωτικό τρόπο όταν λέει κάτι που δε σηκώνει αντίρρηση όπως αμέσως μετά τη φράση *"Δεν υπάρχει λογική σ' αυτό"*. Θέλει να περιγράψει τον πόνο και θρήνο της, αλλά δεν είναι σίγουρη αν γίνεται πιστευτή το οποίο υποδηλώνει ότι ενδέχεται να μη βιώνει τον πόνο που περιγράφει.

• **Κατάποση:** Ο τρόπος που καταπίνουμε κατά τη διάρκεια της ομιλίας προσφέρει χρήσιμες πληροφορίες σχετικά με την ψυχολογία μας τη δεδομένη στιγμή αλλά και τη σωματική μας λειτουργία. Η μητέρα καταπίνει έντονα με το ίδιο ακριβώς μοτίβο σε δύο περιπτώσεις. Η μία είναι όταν τελειώνει κάποια φράση που φέρει ανάγκη επιβεβαίωσης, αμέσως μετά το ανάλογο βλέμμα που προαναφέρθηκε. Η δεύτερη περίπτωση προκαλείται από ξηροστομία, όταν δηλαδή στεγνώνει το στόμα της, και αυτό συμβαίνει όταν περιγράφει οτιδήποτε θα μπορούσε να αμφισβητηθεί. Για παράδειγμα, συμβαίνει στην κατάληξη της φράσης *"...πώς ζω εγώ τώρα"*.

• **Κεφάλι:** Γέρνει προς τα μπροστά όταν θέλει να ασκήσει επιβολή, συνήθως σε συνδυασμό με το έντονο βλέμμα. Γέρνει προς τα πίσω όταν νιώθει ανασφάλεια επίσης σε συνδυασμό με το βλέμμα που κοιτάει προς τα επάνω.

• **Ύφος/έκφραση:** Επικρατεί ένα γενικό ύφος εκνευρισμού σε όλη την απάντηση. Μιλάει για το πένθος και την απώλεια αλλά οι εκφράσεις της δεν προβάλλουν πόνο ή θλίψη, παρά μόνο επιθετικότητα και εκνευρισμό, το οποίο προκαλεί αμφιβολίες στον τηλεθεατή ως προς τα συναισθήματα που προσπαθεί να αναδείξει.

"Γλώσσα" σώματος

Όπως με τη "γλώσσα" του προσώπου, παρόμοιες πληροφορίες μας προσφέρουν και οι σωματικές αντιδράσεις.

• **Στάση:** Ο κορμός του σώματος καθορίζει τη συνολική μας στάση. Η μητέρα είναι καθισμένη και βλέπουμε το σώμα της από τη μέση και πάνω. Κρατάει τον κορμό της σταθερό έως και άκαμπτο. Προσπαθεί να επιβληθεί στο σώμα της και να μην το αφήσει να κινηθεί ελεύθερα είτε γιατί δε νιώθει άνετα με τη θέση στην οποία έχει βρεθεί (να απολογείται), είτε γιατί νιώθει ανασφάλεια και φοβάται ότι οι κινήσεις της μπορεί να φανερώσουν κάτι που δε θέλει. Η γενική και σταθερή ακαμψία του κορμού της κρύβει εσωτερική ένταση και διεργασία.

- **Χέρια:** Κάποιες φορές κρατάει τα χέρια σταυρωμένα μπροστά, και άλλες φορές κάνει έντονες χειρονομίες. Όταν παραμένουν σταυρωμένα φαίνεται μία επιτηδευμένη προσπάθεια για να το κάνει, και ειδικά όταν τρίβει τους αντίχειρες μεταξύ τους. Δεν μπορούμε να καταλάβουμε αν τα χέρια της είναι ιδρωμένα, παρόλο που ο τρόπος με τον οποίο γλιστράνε τα δάχτυλα παραπέμπει σε εφίδρωση. Όταν προβαίνει σε έντονες χειρονομίες, αυτές συνοδεύουν εκφράσεις θυμού και απογοήτευσης καθώς και έντονη ανάγκη επεξηγηματικότητας. Είναι ιδιαίτερα χαρακτηριστική η στιγμή που αναφέρεται στο βραχιολάκι της μεγαλύτερης κόρης, το οποίο φοράει στον αριστερό καρπό, και λέει *"Αυτό μου έμεινε"*. Αναφέρεται σε ένα αντικείμενο ανεκτίμητης συναισθηματικής αξίας, αλλά ο τρόπος που το τραβάει και το αφήνει είναι τόσο απότομος και εκνευρισμένος που μόνο συναισθηματισμό δεν προβάλλει. Θα μπορούσε να το χαϊδέψει, να το φιλήσει, να το μυρίσει, αλλά δεν το κάνει. Την έχει απορροφήσει ολοκληρωτικά η στροφή της απάντησης προς τον εαυτό της με τόσο εγωκεντρικό τρόπο που δεν προβάλλει καμία συναισθηματική ευαισθησία προς το συναισθηματικά φορτισμένο νόημα του αντικειμένου. Η ψυχρότητα και ο εκνευρισμός προς τον περίγυρο υπερισχύουν σε αυτή την τόσο ευαίσθητη περιγραφή.
- **Πόδια:** Δυστυχώς τα πόδια της δε φαίνονται στο πλάνο. Η στάση, θέση, κινήσεις, και αντιδράσεις των ποδιών προσφέρουν χρήσιμες και βοηθητικές πληροφορίες οι οποίες αναγκαστικά δεν μπορούν να συμπεριληφθούν στην ανάλυσή μας.

ΦΩΝΗΤΙΚΕΣ ΧΟΡΔΕΣ ΚΑΙ ΑΝΑΠΝΟΗ

Για να γίνει κατανοητή η λειτουργία των φωνητικών χορδών σε συνδυασμό πάντα με την αναπνοή, είναι απαραίτητο να γνωρίζουμε και να λαμβάνουμε υπόψη μας τις παρακάτω έννοιες στις οποίες θα αναφερθούμε αρκετά στο μέρος που ακολουθεί:

Αντικειμενικά γεγονότα: Όταν αναφερόμαστε σε *"αντικειμενικά γεγονότα"* και την περιγραφή τους, εννοούμε γεγονότα τα οποία δε θα μπορούσαν να αμφισβητηθούν. Για παράδειγμα, το βρέφος έφυγε από τη ζωή όταν ήταν έξι μηνών. Αυτή η πληροφορία είναι δεδομένη, εξακριβωμένη, και δεν μπορεί να αμφισβητηθεί από κανέναν.

Υποκειμενικά γεγονότα: Όταν αναφερόμαστε σε *"υποκειμενικά γεγονότα"* και την περιγραφή τους, εννοούμε γεγονότα τα οποία θα μπορούσαν να αμφισβητηθούν. Για παράδειγμα, έχει δηλωθεί ότι η θεία ήταν εκείνη που βρήκε το βρέφος νεκρό στην κούνια. Το πραγματικό γεγονός το γνωρίζουν μόνο η μητέρα και η θεία, και επομένως η περιγραφή του βασίζεται μόνο στις δηλώσεις τους που θα μπορούσαν να είναι αληθείς ή ανακριβείς. Η συγκεκριμένη πληροφορία δεν είναι δεδομένη και εξακριβωμένη, θα μπορούσε να αμφισβητηθεί, και απαιτεί περαιτέρω διερεύνηση για να καταλήξουμε με σιγουριά στο *"αντικειμενικό γεγονός"*.

Στην αρχή μίας ανακριτικής διαδικασίας ή μίας δίκης παρατηρούμε ότι οι πρώτες ερωτήσεις που τίθενται σχετίζονται με αντικειμενικά γεγονότα και μπορεί να είναι τόσο απλές όσο οι παρακάτω:

~ *"Πώς ονομάζεστε;"*
~ *"Ποια είναι η ημερομηνία γέννησής σας;"*

Υπάρχει πολύ συγκεκριμένος λόγος και στόχος που ξεκινάμε με τέτοιου είδους ερωτήσεις. Οι απαντήσεις ως προς αντικειμενικά γεγονότα θα μας δώσουν χρήσιμες πληροφορίες για επακόλουθες απαντήσεις οι οποίες θα σχετίζονται με υποκειμενικά γεγονότα και θα μπορέσουμε να διαπιστώσουμε πιο εύκολα **πότε κάποιος λέει αλήθεια και πότε λέει ψέματα,** ένας στόχος που αποτελεί μια ιδιαίτερη εξειδίκευση στον τομέα της Δικαστικής Ψυχολογίας ("Deception Detection").

Αναφέρθηκε στην εισαγωγή και σε προηγούμενα κεφάλαια πόσο ενδεικτικός είναι ο τρόπος με τον οποίο αντιδρούν και λειτουργούν οι φωνητικές χορδές και πάντα σε σχέση με τον τρόπο που αναπνέουμε. Η αναπνοή στέλνει τον αέρα που περνάει ανάμεσα από τις χορδές και προκαλεί την ταλάντωση, και αυτή με τη σειρά της τον ήχο. Επίσης αναφέρθηκε ότι τις εντολές τις στέλνει ο εγκέφαλος.

Το πρώτο και πιο "απλό" πράγμα που κάνουμε όταν παρακολουθούμε μία τέτοιου είδους συνέντευξη δεν είναι να καταλάβουμε πότε κάποιος μπορεί να λέει ψέματα, αλλά πότε λέει αλήθεια, και αυτό γίνεται μέσα από τη σύγκριση περιγραφών αντικειμενικών και υποκειμενικών γεγονότων. Πρώτα διαχωρίζουμε περιγραφές που σχετίζονται με αντικειμενικά γεγονότα και μελετάμε τη λειτουργία των χορδών και της αναπνοής. Στη συνέχεια μελετάμε με παρόμοιο τρόπο περιγραφές που σχετίζονται με υποκειμενικά γεγονότα και συγκρίνουμε τα αποτελέσματα με αυτά των αντικειμενικών. Όταν κάποιος εκφράζει ανακρίβειες, τα αποτελέσματα της σύγκρισης δε συμβαδίζουν. Πιο συγκεκριμένα και στη δεδομένη συνέντευξη και απάντηση-κλειδί:

Όταν μιλάει η μητέρα διακρίνουμε πολύ καθαρά κάποιες εναλλαγές στη φωνή της όταν περιγράφει αντικειμενικά γεγονότα και όταν περιγράφει γεγονότα τα οποία θα μπορούσαν να αμφισβητηθούν. Οι φωνητικές χορδές τις πάλλονται και κλείνουν με διαφορετικό τρόπο όταν περιγράφει αντικειμενικά γεγονότα και όταν αναφέρεται σε υποκειμενικά γεγονότα.

- **Φωνητικές χορδές και αντικειμενικά γεγονότα:** Όταν περιγράφει αντικειμενικά γεγονότα οι φωνητικές χορδές της πάλλονται και κλείνουν με χαλαρότητα και σταθερότητα, και εφάπτονται άμεσα και αβίαστα. Το ηχοχρωματικό αποτέλεσμα είναι καθαρό και σταθερό.
- **Φωνητικές χορδές και υποκειμενικά γεγονότα:** Όταν περιγράφει υποκειμενικά γεγονότα οι φωνητικές της χορδές εφάπτονται διαφορετικά και με δύο παραλλαγές:
  1. Ή εφάπτονται έντονα, απότομα, και με υπερβάλλουσα σταθερότητα, το οποίο οξύνει το ηχοχρωματικό αποτέλεσμα (sharp and ringy tone),
  2. ή δεν εφάπτονται εντελώς το οποίο προκαλεί ένα "αχνό" ηχοχρωματικό αποτέλεσμα (breathy tone).

Οι δύο αυτές παραλλαγές σχετίζονται άμεσα με τον τρόπο **λειτουργίας της αναπνοής.**

Στην πρώτη περίπτωση με το "όξινο" ηχοχρωματικό αποτέλεσμα, η εισπνοή γίνεται πιο γρήγορα από το κανονικό με αποτέλεσμα η εκπνοή να είναι βεβιασμένη και ο αέρας που χρησιμοποιείται να μην είναι αρκετός. Στη δεύτερη περίπτωση με το "αχνό" ηχοχρωματικό αποτέλεσμα, δεν υπάρχει καμία διασύνδεση της αναπνοής με το διάφραγμα και γι' αυτό καταλήγουμε σε ένα πιο εξασθενημένο αποτέλεσμα.

Όμως τι ακριβώς σημαίνουν τα παραπάνω και γιατί συμβαίνουν; Ας εξετάσουμε μερικά συγκεκριμένα παραδείγματα.

- Στην απάντηση-κλειδί η μητέρα κάποια στιγμή λέει *"Αυτό μου έμεινε"*, δείχνοντας και αναφερόμενη σε ένα βραχιολάκι που φορούσε και ανήκε στη μεγαλύτερη κόρη. Το γεγονός στο οποίο αναφέρεται είναι αντικειμενικό εφόσον το κοριτσάκι έχει φύγει και ένα από τα πράγματα που άφησε πίσω της είναι το αναφερόμενο βραχιολάκι. Το ηχοχρωματικό αποτέλεσμα της συγκεκριμένης φράσης είναι καθαρό και σταθερό και θα χαρακτηρίζαμε τη σύνδεση με την αναπνοή ως "κανονική". Όταν λέμε "κανονική" εννοούμε ότι συμβαδίζει με το δείκτη αναπνοής στις περιγραφές αντικειμενικών γεγονότων, και η αναπνοή της μητέρας φαίνεται να έχει μία μικρή σύνδεση με το διάφραγμα, η ποσότητα του αέρα κατά την εισπνοή είναι αρκετή, εισπνέει και εκπνέει χωρίς βιασύνη, κι έτσι έχουμε το καθαρό και σταθερό ηχόχρωμα που χαρακτηρίζει τις περιγραφές της ως προς αντικειμενικά γεγονότα.

- Στην ίδια απάντηση-κλειδί η μητέρα λέει *"...σε ένα σπίτι στο οποίο υπήρχαν τα παιδιά, υπήρχε όλη αυτή η ευτυχία, ναι, πώς ζω εγώ τώρα"*. Μόνο η ίδια γνωρίζει τι αισθάνεται και πώς ζει μετά το χαμό των παιδιών της, επομένως αναφέρεται σε ένα υποκειμενικό γεγονός. Εδώ το ηχοχρωματικό αποτέλεσμα, και ειδικά προς το τέλος της φράσης, αλλάζει και παίρνει την πιο "όξινη" χροιά που περιγράψαμε προηγουμένως. Αμέσως παρατηρούμε μία αλλαγή στην περιγραφή ενός υποκειμενικού γεγονότος, η οποία οφείλεται πάλι στον τρόπο αναπνοής. Η μακροσκελής πρόταση δε συνοδεύεται από την απαιτούμενη σύνδεση με το διάφραγμα και την ποσότητα αέρα που χρειάζεται κατά την εισπνοή για να ολοκληρωθεί με σταθερότητα. Ως αποτέλεσμα, οι χορδές εφάπτονται πιο απότομα και έντονα και δημιουργούν την "όξινη" χροιά. Η αναπνοή δεν ήταν "κανονική" είτε γιατί η μητέρα ένιωθε άγχος για τη συγκεκριμένη φράση και την εκφορά της, είτε γιατί έκανε υπερπροσπάθεια να ακουστεί πειστική, είτε γιατί ένιωθε ανασφάλεια. Σε κάθε περίπτωση, το αποτέλεσμα προκαλεί αμφιβολίες ως προς την ακρίβειά του.

• Λίγο αργότερα η μητέρα λέει *"Πώς θα πείραζα εγώ τα παιδιά μου; Τα γέννησα, τα μεγάλωσα. Ήμουνα δίπλα τους"*. Κι εδώ περιγράφει ένα υποκειμενικό γεγονός εφόσον μόνο εκείνη γνωρίζει πώς πραγματικά ένιωθε για τα παιδιά της. Παρατηρούμε ότι το ηχοχρωματικό αποτέλεσμα φέρει την "αχνή" χροιά που αναλύθηκε παραπάνω και είναι αποτέλεσμα παντελούς αποσύνδεσης της αναπνοής από το διάφραγμα. Ο αέρας που περνάει ανάμεσα από τις φωνητικές χορδές ούτε είναι αρκετός, ούτε έχει την απαιτούμενη δύναμη, και οι χορδές δεν εφάπτονται εντελώς με τον τρόπο που εφάπτονταν κατά την περιγραφή αντικειμενικών γεγονότων. Η αναπνοή δεν ήταν "κανονική" είτε γιατί η μητέρα αισθάνθηκε κούραση, είτε γιατί ένιωθε ανασφάλεια για τα λεγόμενά της και αν γίνεται πειστική, είτε γιατί χωρίς να το καταλαβαίνει μπήκε σε μια διαδικασία άμυνας. Η άμυνα ενδέχεται να σχετίζεται με τον ψυχολογικό παράγοντα της ανασφάλειας που μόλις αναφέρθηκε, ή με έναν ασυνείδητο σωματικό παράγοντα σύμφωνα με τον οποίο το σώμα δεν ακολουθεί τη σκέψη και φέρει αντίσταση στα λεγόμενα. Αυτό συμβαίνει όταν εκφράζουμε ανακρίβειες.

Κάτι άλλο που παρατηρούμε όχι μόνο στην απάντηση-κλειδί, αλλά σε όλη τη διάρκεια της συνέντευξης είναι ότι ο έντονος εκνευρισμός της μητέρας υπερισχύει της θλίψης, και αυτό δεν έχει να κάνει με το στάδιο του θυμού στο πένθος. Προβάλλει εκνευρισμό όταν κάτι δε συμβαδίζει με αυτά που θέλει να ακούσει και αποτελεί μοτίβο σε πολλά σημεία της συνέντευξης. Θα μπορούσαμε να πούμε ότι δε βγάζει πουθενά το συναίσθημα της θλίψης με οποιονδήποτε τρόπο, αλλά υπάρχει ένας συνεχόμενος εκνευρισμός, λεκτικός και σωματικός (αν και κάνει συστηματική προσπάθεια να καλύψει το σωματικό εκνευρισμό της). Και πάλι όμως, όταν αναλύουμε τον εκνευρισμό σε σχέση με τη λειτουργία των φωνητικών χορδών στην περιγραφή αντικειμενικών και υποκειμενικών γεγονότων, τα κύματα των χορδών και ο τρόπος που εφάπτονται αλλάζει. Υπάρχει δι-αφορά στη λειτουργία των χορδών ακόμα και στον τρόπο που προβάλλει τον εκνευρισμό της.

ΓΕΝΙΚΟ ΣΥΜΠΕΡΑΣΜΑ

Σταθερή εναλλαγή με συγκεκριμένο μοτίβο στον τρόπο λειτουργίας της αναπνοής και των φωνητικών χορδών όταν η μητέρα περιγράφει αντικειμενικά γεγονότα και όταν περιγράφει υποκειμενικά γεγονότα.

Τα παραπάνω πορίσματα και συμπεράσματα ενισχύονται και επιβεβαι-ώνονται μέσα από ηχητικά διαγράμματα ύστερα από επεξεργασία σε ανά-λογο πρόγραμμα υπολογιστή. Ωστόσο, δεν είναι αποδεκτό να παρουσια-στεί η εικόνα των ηχητικών διαγραμμάτων διότι αποτελούν προσωπικά δεδομένα των οποίων η οπτική παρουσίαση δεν ταιριάζει σε αυτό το βι-βλίο τη δεδομένη στιγμή. Θα ήταν σα να προβάλαμε την ακτινογραφία ενός ατόμου η οποία κανονικά αποτελεί ιατρικό απόρρητο.

Υποσημείωση: Όταν διενεργούμε μία συνέντευξη και δεν πάρουμε σαφή απάντηση σε κάποια ερώτηση, ειδικά σε μία ερώτηση-κλειδί όπως η συγκεκριμένη, μία παραγωγική τεχνική είναι να ακολουθούμε με κά-ποια συμπληρωματική ερώτηση που ίσως θα ξεκαθαρίσει τα αναπάντητα σημεία της προηγούμενης ή θα δώσει συνέχεια στο συγκεκριμένο θέμα. Για παράδειγμα, μόλις ολοκλήρωσε η μητέρα την απάντησή της ο δημο-σιογράφος θα μπορούσε να τη ρωτήσει: *"Πώς πιστεύεις ότι πέθαναν τα παιδιά σου;"*. Η ερώτηση μπορεί να τίθεται σε άλλο σημείο της συνέ-ντευξης, αλλά το σημείο αμέσως μετά την απάντηση-κλειδί θα ήταν πιο εύστοχο, όταν δηλαδή η μητέρα βρίσκεται "υπό την επήρεια" της προη-γούμενης απάντησης την οποία προφανώς σκέφτεται και διεργάζεται για αρκετά δευτερόλεπτα αφού την έχει ολοκληρώσει. Γενικά, όταν θέτουμε μία ερώτηση που κανονικά η απάντηση θα κατέληγε σε *"ναι"* ή *"όχι"* (recognition question) αλλά το αποτέλεσμα είναι διαφορετικό, μας βο-ηθάει να συλλέξουμε περισσότερες πληροφορίες αν ακολουθήσουμε με άλλη σχετική ερώτηση η οποία παρακινεί το συνομιλητή να περιγράψει και να εκφραστεί πιο ελεύθερα (free-recall question).

Ένα παράδειγμα σειράς ερωτήσεων είναι το παρακάτω:

~ **Δημοσιογράφος:** *"Ρ. ... (όνομα μητέρας), εσύ έχεις σχέση με το θάνατο των παιδιών σου;"*

~ **Μητέρα:** *"Ασαφής απάντηση μητέρας. "*

~ **Δημοσιογράφος:** *"Πώς πιστεύεις ότι πέθαναν τα παιδιά σου;"*

~ **Μητέρα:** *"Ασαφής απάντηση μητέρας. "*

~ **Δημοσιογράφος**: *"Πιστεύεις ότι κάποιος έχει σχέση με το θάνατο των παιδιών σου; "*

Η αναπνοή δραστηριοποιεί τις φωνητικές χορδές και καταλήγουμε στο αποτέλεσμα του ήχου, αλλά ο εγκέφαλος βρίσκεται πίσω από κάθε εντολή.

~ Πότε θα μιλήσουμε και πότε θα σωπάσουμε;

~ Αν μιλήσουμε, τι ακριβώς θα πούμε;

~ Ποιες σκέψεις θα φανερώσουμε και ποιες θα κρατήσουμε μόνο για τον εαυτό μας;

Όλα αυτά τα αποφασίζει ο εγκέφαλος, αλλά για να φτάσει στην τελική απόφαση υφίστανται διεργασίες οι οποίες βασίζονται σε πλήθος συναισθηματικών και ψυχολογικών παραγόντων. Αν εξετάσουμε λεπτομερώς το ζωτικό αυτό όργανο, θα δούμε πλευρές και σημεία που επηρεάζουν την κάθε λειτουργία μας με συγκεκριμένους τρόπους, και κάποιοι σχετίζονται με τη λογική και το συναίσθημα. Κάθε λεκτικό αποτέλεσμα αντικατοπτρίζει όλες αυτές τις διεργασίες και μπορεί να αναλυθεί ανάλογα, αλλά όπως αναφέρθηκε στην εισαγωγή, πάντα με κάποιον τρόπο και για κάποιον λόγο καταφεύγουμε στην αντικειμενικότητα που μας προσφέρει η ανατομία ώστε τα αποτελέσματα των πορισμάτων μας να είναι και αυτά όσο το δυνατόν πιο αντικειμενικά.

[ΠΡΟΣΩΠΙΚΗ ΠΑΡΕΝΘΕΣΗ: ΑΝΙΔΙΟΤΕΛΗΣ ΑΓΑΠΗ]

"Κοινός γαρ εστίν ουρανός πάσιν βροτοίς"
"Ίδιος είναι ο ουρανός για όλους τους ανθρώπους"
~ Ευριπίδης ~ [Ελένη]

Δεν είμαι μάνα, τουλάχιστον όχι ακόμα. Είμαι όμως άνθρωπος και κόρη.

Όταν προσεγγίζουμε ένα θέμα από επιστημονική σκοπιά και μέσα από την επαγγελματική μας ιδιότητα αφήνουμε στην άκρη την υποκειμενική ανθρώπινη πλευρά μας, τα συναισθήματα, και την επιρροή που μπορεί να έχουν στη μελέτη, ανάλυση, και επιστημονικά συμπεράσματα. Είναι κάτι που αρχικά διδασκόμαστε αλλά παίρνει χρόνο και προσπάθεια για να το εμπεδώσουμε και να το ασκήσουμε μέσα από την εμπειρία και τα λάθη μας.

Μια "προσωπική παρένθεση" δεν είναι αρκετή για να εκφράσω την ανθρώπινη πλευρά που κουβαλάω μέσα μου. Ίσως και η λέξη "παρένθεση" να υποβιβάζει αυτή την πλευρά. Ίσως και ο σκοπός του βιβλίου να μην το επιτρέπει. Ίσως όμως τα *"ίσως"* πολλές φορές να μας εμποδίζουν και να φτάνουμε στο σημείο να αγνοούμε το συναίσθημα και γι' αυτό λέμε ότι πολλές φορές αποτυγχάνουμε ως κοινωνία.

Μπορεί να μην είμαι μάνα, αλλά τα βιώματά μου με ωθούν και μου επιτρέπουν να μπω στη θέση μίας μάνας. Κάποιες φορές έχω κατηγορηθεί γι' αυτό. *"Έχεις παιδιά; Δεν έχεις! Πώς λοιπόν μπορείς να ασκήσεις κριτική σε ένα γονιό;"*, μου είπε θυμωμένη κάποτε η μητέρα ενός παιδιού το οποίο μου έδινε ενδείξεις ότι κακοποιούνταν από τον πατέρα του. Είναι βαρύ να κρίνεις κάποιον όταν δεν έχεις φορέσει τα παπούτσια του και δεν έχεις περπατήσει στα δύσβατα μονοπάτια της ζωής του. Ωστόσο, η ανιδιοτελής αγάπη δεν κρύβεται, όπως επίσης δεν κρύβεται και η απουσία της, και δε χρειάζεται να είναι κάποιος γονιός για να το αισθανθεί.

Ανιδιοτελής αγάπη... Χωράει στην αγκαλιά της τα πάντα: ευχάριστα και δυσάρεστα, σωστά και λάθη, μικρά και μεγάλα, πολλά και λίγα, σημαντικά και ασήμαντα, αλήθειες και ψέματα, ικανοποίηση και απογοήτευση, ευτυχία και πόνο. Βαστάει στα χέρια της τα πάντα. Χαϊδεύει, ενθαρρύνει, συγχωρεί, ξεχνάει, χαμογελάει, και πάντα κοιτάει μπροστά και περιμένει με άπλετη χαρά και ανυπομονησία όλα τα όμορφα που θα έρθουν.

Η ανιδιοτελής αγάπη δεν γκρεμίζει το μέλλον γιατί δε θέλει να σβήσει ποτέ αυτό το αξεπέραστο συναίσθημα. Θέλει να το κρατάει ζεστό, να το κλωσάει, να το ενδυναμώνει, και με κάθε βήμα να το κοιτάζει με στοργή και περηφάνια.

Αυτή η τόσο ιδιαίτερη αγάπη έχει ένα πολύ συγκεκριμένο βλέμμα. Με τα καλά που έρχονται φωτίζεται, ενώ με τα άσχημα σκοτεινιάζει. Είναι ένα βλέμμα που δεν κρύβεται πίσω από την κουρτίνα οποιασδήποτε προσπάθειας. Η απουσία του σημαίνει και υποδεικνύει μόνο ένα πράγμα: ότι λείπει και η ανιδιοτελής αγάπη.

14. ΜΗΤΡΟΤΗΤΑ

"Κι ένα τέταρτο μητέρας αρκεί για δέκα ζωές, και πάλι κάτι θα πε-
ρισσέψει που να το ανακράξεις σε στιγμή μεγάλου κινδύνου.
~ *Οδυσσέας Ελύτης* ~

Οι περισσότερες γυναίκες φτάνουν σε μια ηλικία που νιώθουν την ανάγκη
να γίνουν μητέρες. Πρόκειται για μία φυσιολογική διαδικασία ωρίμανσης
όταν *"χτυπάει το βιολογικό ρολόι"* αρκετά δυνατά για να το καταλάβουν.
Η αίσθηση μοιάζει με την έντονη επιθυμία για γλυκό όταν ξυπνάμε από το
μεσημεριανό ύπνο, με τη διαφορά ότι δε συμβαίνει ανά τακτά διαστήματα
ούτε συνδέεται με συγκεκριμένες καθημερινές πράξεις, αλλά αυτή η έντο-
νη αίσθηση επιθυμίας σε πλημμυρίζει ξαφνικά εκεί που δεν το περιμένεις,
και τότε ξέρεις. Είναι κάτι που δεν μπορείς να κρύψεις από τον εαυτό σου
ούτε να αρνηθείς την έντασή του, κι έτσι σε βάζει σε μια διαδικασία σκέ-
ψης και αν είναι δυνατόν εκπλήρωσης.

Είναι πανέμορφο συναίσθημα η επιθυμία και ανάγκη για μητρότητα.
Σε πλημμυρίζει με πρωτόγνωρους στόχους και γλυκά όνειρα, και παρόλο
που η ευθύνη που κουβαλάει είναι τεράστια, για κάποιον αξιοθαύμαστο
λόγο η φύση δεν της επιτρέπει να μας φοβίσει και να μας αποτρέψει. Οι
περισσότερες γυναίκες, ανεξαρτήτως ηλικίας, όταν ρωτηθούν κατά την
περίοδο της εγκυμοσύνης αν είναι έτοιμες να γίνουν μητέρες θα απαντή-
σουν *"όχι, ποτέ δεν είναι κανείς έτοιμος για κάτι τέτοιο"*. Είναι σα να ρω-
τάμε έναν τραγουδιστή αν είναι έτοιμος να βγει στη σκηνή πριν τη μεγά-
λη συναυλία του στην Επίδαυρο. Ποτέ δε νιώθει έτοιμος γιατί γνωρίζει
ότι η κάθε συναυλία έχει τις δικές της ιδιαιτερότητες και πιθανά απρόο-
πτα. Αν ακούσετε κάποιον τραγουδιστή να λέει ότι δεν έχει καθόλου άγ-
χος πριν βγει στη σκηνή και νιώθει πανέτοιμος, τότε να ξέρετε ότι ή λέει
ψέματα, ή το δηλώνει για να βοηθήσει τον εαυτό του να διαχειριστεί το
άγχος και τη νευρικότητα. Ωστόσο, το άγχος δεν τον αποτρέπει από τη δι-
εκπεραίωση της συναυλίας γιατί γνωρίζει πως μόλις πατήσει το πόδι του
στη σκηνή, αντικρίσει το κοινό, και ξεκινήσει τις πρώτες νότες, όχι μόνο
η νευρικότητα γρήγορα θα μειωθεί, αλλά μέχρι το τέλος του πρώτου τρα-

γουδιού θα έχει μεταμορφωθεί σε δημιουργική απόλαυση. Φυσικά αυτό του το διδάσκει η εμπειρία η οποία αποτελεί σημαντικό εφόδιο για την καταπολέμηση του άγχους σε τέτοιες περιστάσεις, και είναι ο λόγος που ο τραγουδιστής θα ξανανέβει στη σκηνή για να ξανανιώσει αυτή τη δημιουργική μεταμόρφωση συναισθημάτων η οποία καταλήγει να προκαλεί έντονη και απολαυστική ευφορία και με τον καιρό γίνεται εθιστική και οπλίζει την ανάγκη για περαιτέρω και συνεχή καλλιτεχνική ανάπτυξη και δημιουργικότητα.

Συγκρίνω την περίοδο που μία γυναίκα ετοιμάζεται να γίνει μητέρα με τη στιγμή που ετοιμάζεται να βγει ένας τραγουδιστής στη σκηνή. Ίσως να φαίνεται κάπως άστοχο ή υποβιβαστικό, αλλά το συγκεκριμένο παράδειγμα αποτελεί μία παραστατική μικρογραφία της περιόδου και των συναισθημάτων που οδηγούν στη μητρότητα και σε καμία περίπτωση άξονα σύγκρισης ως προς την ευθύνη που κουβαλούν οι δύο περιστάσεις. Ένας παρόμοιος και εύστοχος παραλληλισμός έχει αναφερθεί από τον Αμερικανό συγγραφέα Michael Levine: *"Το να έχεις παιδιά δεν σε κάνει περισσότερο γονιό από όσο το να έχεις πιάνο σε κάνει πιανίστα"*. Φυσικά, σε καμία περίπτωση δεν μπορούμε να βάλουμε στην ίδια ζυγαριά την ευθύνη που φέρει ένας καλλιτέχνης προς το κοινό και τους συνεργάτες του κατά τη διάρκεια μιας τρίωρης συναυλίας με την ευθύνη που σηκώνει στις πλάτες της μία γυναίκα που ετοιμάζεται να φέρει στον κόσμο ένα παιδί.

Η ευθύνη της μητρότητας είναι τεράστια και διαρκής, και σύμφωνα με τον Osho Rajneesh *"Τη στιγμή που γεννιέται ένα παιδί, γεννιέται επίσης και η μητέρα. Δεν υπήρχε πριν - η γυναίκα υπήρχε αλλά ποτέ η μητέρα. Η μητέρα είναι μια νέα ύπαρξη"*. Στην πραγματικότητα δε σταματάει ποτέ γιατί η μάνα δεν παύει ποτέ να νιώθει ως μάνα. Δεν αλλάζει ο ρόλος της με την ενηλικίωση του παιδιού ούτε ξεθωριάζουν τα συναισθήματα προς αυτό, απλά διαφοροποιείται η προσέγγιση και εκδήλωσή τους και αλλάζουν οι στόχοι τους. Η μητρότητα αποτελεί μία εξελικτική διαδικασία η οποία με το χρόνο περνά από στάδια, αναπτύσσεται μαζί με τις ανάγκες ανάπτυξης του παιδιού, παρακολουθεί και επεμβαίνει ή παρεμβαίνει ανάλογα, μαθαίνει διαρκώς μέσα από λάθη και επιτυχίες, και προσαρμόζεται χωρίς ποτέ να απομακρύνεται εντελώς. Δεν εμπεριέχει κάποιο χρονοδιάγραμμα ή δομή αρχής, μέσης, και τέλους, αλλά η πορεία της ελίσσεται πάντα με την αίσθηση της συνέχειας και του *"μπροστά"*.

Το πιο δύσκολο και μη διαχειρίσιμο γεγονός για μια μητέρα (και πατέρα, αλλά εδώ εστιαζόμαστε στη μάνα) είναι να χάσει το παιδί της. Πηγαίνει ενάντια στην πορεία της φύσης και την αλυσίδα σχέσεων. Η φύση και η ζωή μας μαθαίνουν ότι η φυσιολογική σειρά γεγονότων είναι να φύγει πρώτα η μάνα και όχι το αντίστροφο. *"Ο άνθρωπος γερνάει την ημέρα που χάνει τη μητέρα του"*, είπε ο Paul Claudel, ωστόσο όλοι γνωρίζουμε πως κάποτε θα έρθει η ανεπιθύμητη στιγμή. Όταν όμως η αλυσίδα σπάει και η σειρά ανακατατάσσεται, η ψυχή νιώθει τον έσχατο πόνο. Είναι πόνος που δεν περιγράφεται με λόγια αλλά τον προδίδει το βλέμμα όσο και αν προσπαθήσει να κρυφτεί. Η διαδικασία του πένθους θα αναλυθεί σε επόμενο κεφάλαιο, αλλά μέχρι να φτάσουμε εκεί ας σκεφτόμαστε το βλέμμα ανθρώπων που έχουν χάσει τα παιδιά τους. Σίγουρα όλοι έχουμε έρθει αντιμέτωποι με κάποια τέτοια εμπειρία είτε δια ζώσης, είτε μέσα από την τηλεοπτική οθόνη.

Σκεφτείτε για λίγο το βλέμμα αυτών των ανθρώπων και όλα όσα κουβαλάει. Προσπαθήστε να φέρετε στη μνήμη σας τα χαρακτηριστικά του και τα συναισθήματα που προβάλλει. Αναλογιστείτε το και είμαι σίγουρη ότι θα ανακαλύψετε τουλάχιστον ένα κοινό στοιχείο πίσω από κάθε τέτοιο βλέμμα, ένα στοιχείο που καθρεφτίζει και ενώνει τον αξεπέραστο και αδιανόητο πόνο αυτών των ανθρώπων.

[ΠΡΟΣΩΠΙΚΗ ΠΑΡΕΝΘΕΣΗ: ΜΑΝΑ ΚΑΙ ΚΟΡΗ]

"Η λέξη «ευτυχία» θα έχανε τη σημασία της αν δεν την εξισορροπούσε η λύπη"

~ *Carl Gustav Jung* ~ *[Ελβετός Ψυχίατρος, 1875-1961]*

Δεν είμαι μάνα, αλλά είμαι κόρη, και νιώθω ως η πιο τυχερή και ευλογημένη κόρη στον κόσμο. Έχω νιώσει τη μητρική παρουσία στον υπέρτατο βαθμό και θεωρώ τη μάνα που μου χάρισε την πνοή και την άπλετη αγάπη που ακολούθησε ως τη *δική μου Παναγία*.

Η αγκαλιά της είναι ξωκλήσι, τα λόγια της προσευχή, και όλα όσα μου έχει προσφέρει καντήλι που δεν μπορεί να σβήσει ούτε ο πιο ισχυρός άνεμος. Καίει πάντα δίπλα μου όπου και να βρίσκομαι, ζεσταίνει την καρδιά και τη σκέψη μου, φωτίζει τα όνειρά μου, και προστατεύει την ψυχή μου. Η ζωή μας κρατάει μακριά και μας χωρίζει ένας ωκεανός, αλλά η γέφυρα της αγάπης που μας ενώνει δεν αφήνει το καντηλάκι να τρεμοσβήνει όταν το χτυπούν τα κύματα της αχανούς θάλασσας.

Θυμάμαι πάντα τη μητέρα μου να μου λέει: *"Να περπατάς ξυπόλυτη όποτε βρίσκεις ευκαιρία!"*. Όταν ήμουν μικρή το έβρισκα χαριτωμένο. Στην εφηβεία το αγνοούσα. Αργότερα συνειδητοποίησα τι εννοούσε: *"Να είσαι ο εαυτός σου. Τόλμα να είσαι διαφορετική αν αυτή είναι η αλήθεια σου"*.

Οι φτερούγες της ήταν πάντα γύρω μου αλλά παράλληλα έκανε κάτι άλλο αξιοθαύμαστο. Παρόλο που μου είχε ιδιαίτερη αδυναμία, δεν την άφησε ποτέ να εμποδίσει τα όνειρά μου. Αντιθέτως, με παρακινούσε να τα κυνηγάω και να τα διεκδικώ ακόμα και αν αυτό σήμαινε ότι οι δρόμοι μας θα χώριζαν. Έτσι καταλήξαμε να ζούμε σε διαφορετικές ηπείρους, κάτι που την πόνεσε όταν με αποχωρίστηκε στα 17 μου χρόνια, ο καιρός δεν εξάλειψε τον πόνο, και η απόσταση δε σταμάτησε ποτέ να είναι ανυπόφορη. Ωστόσο, έβαλε στην άκρη τις δικές της επιθυμίες και στήριξε τις αποφάσεις μου όσο και αν την πλήγωναν, χωρίς το παραμικρό ίχνος εγωισμού. Πίστευε ότι η ζωή στην Αμερική θα μου πρόσφερε κάποιες ευκαιρίες που ίσως να μην είχα αν έμενα κοντά της, και μπροστά σ' αυτό παραμέρισε τις δικές της ανάγκες. Στερήθηκε την παρουσία μου για να μου δώσει ό,τι καλύτερο μπορούσε και ένιωθε πως θα με ωφελούσε μελλοντικά. Το θεωρώ μία τεράστια θυσία, το αναγνωρίζω, και τη θαυμάζω γι' αυτό.

Μεγαλώνοντας και νιώθοντας αυτή την υπέροχη μητρική παρουσία δίπλα μου νόμιζα ότι έτσι είναι όλες οι μητέρες. Είχα την εντύπωση πως αυτό είναι το προφίλ κάθε μάνας και δεν έμπαινα καν στη διαδικασία να σκεφτώ και να αναλύσω οποιοδήποτε άλλο ενδεχόμενο. Για ένα διάστημα κέρδιζε η παιδική και νεανική αφέλεια που προηγείται της εμπειρίας και ωριμότητας και που η αθωότητά της αφήνει την πιο γλυκιά γεύση στα χείλη.

Μέχρι που άκουσα από μια Αμερικανίδα φίλη μου ότι έπρεπε να βρει άμεσα δουλειά γιατί τον επόμενο μήνα θα έκλεινε τα 18 της χρόνια και θα ήταν αναγκασμένη να φύγει από το σπίτι και να ζήσει μόνη της χωρίς καμία βοήθεια ή οικονομική στήριξη από την οικογένειά της. Μου φάνηκε αδιανόητο! Η αλήθεια είναι ότι οι σχέσεις των Αμερικανών με τα παιδιά τους είναι απομακρυσμένες από τα Ελληνικά δεδομένα, και αυτό δεν είναι απαραίτητα "κακοποιητικό". Θέλουν να διδάξουν στα παιδιά τους την ανεξαρτησία με όλες τις ευθύνες που κουβαλάει, μόνο που το κάνουν κάπως απότομα και τα παιδιά πέφτουν στα βαθιά πολλές φορές όταν δεν είναι ακόμα έτοιμα να κολυμπήσουν.

Τελικά η ισορροπία είναι καλό να υπάρχει σε κάθε ζυγαριά...

Όταν μου έλεγε η μητέρα μου με το απλόχερα ανοιχτό μυαλό της να περπατάω ξυπόλυτη όποτε βρίσκω ευκαιρία, ίσως θα έπρεπε να είχε προσθέσει: *"Μόνο πρόσεχε να μην περπατάς ξυπόλυτη στ' αγκάθια".*

ΜΕΡΟΣ Γ'

Πάτρα, Μάρτιος 2022

Τ' αδέρφια όταν σμίγουνε, τριαντάφυλλα ανθισμένα''
~ Λαϊκή Παροιμία ~

15. Τρεις αδελφές - τρεις θάνατοι

Το τρίχρονο κοριτσάκι

Το δεύτερο παιδί της οικογένειας περιγράφεται ως ένα υγιέστατο κο-
ριτσάκι μέχρι που ξαφνικά διαγνώστηκε με λευχαιμία όταν ήταν τριών
ετών. Σύμφωνα με τις διηγήσεις των γονιών, το παιδί ξύπνησε ένα πρωί
με πρησμένους λεμφαδένες στη δεξιά πλευρά του λαιμού. Η παιδίατρος
διέγνωσε οξεία λεμφαδενίτιδα και συνταγογράφησε αντιβίωση αλλά η
αγωγή δε βοήθησε. Οι γονείς πήγαν το κοριτσάκι στο νοσοκομείο για πε-
ραιτέρω εξετάσεις όπου οι γιατροί διέγνωσαν οξεία λεμφοβλαστική λευ-
χαιμία. Ξεκίνησαν οι ανάλογες θεραπείες εντός του νοσοκομείου και οι
γιατροί διαβεβαίωσαν τους γονείς ότι η νόσος ήταν ιάσιμη, οι θεραπείες
αποτελεσματικές, και η πρόγνωση άριστη. Λίγες μόνο μέρες αργότερα η
μικρή αισθανόταν καλά και δεν έδινε κανένα δείγμα ως προς αυτό που θα
επακολουθούσε. Έπαιζε, έτρωγε κανονικά, ήταν ευδιάθετη, και η κλινική
της εικόνα άριστη. Πολύ σύντομα θα έπαιρνε εξιτήριο. Το μοιραίο συνέ-
βη Σάββατο μεσημέρι. Ο πατέρας είχε φύγει από το νοσοκομείο και πλάι
στη μικρούλα βρισκόταν μόνο η μητέρα της. Ενώ το κοριτσάκι κοιμόταν,
ξαφνικά πετάχτηκε, ανασηκώθηκε, δεν μπορούσε να αναπνεύσει, έβγαλε
ένα βρόγχο, κι έπεσε πίσω νεκρή. Η μητέρα έτρεξε να φωνάξει τους για-
τρούς που ύστερα από επίμονη προσπάθεια ανάνηψης δυστυχώς δεν κα-
τάφεραν να σώσουν το κοριτσάκι. Η καρδούλα του είχε σταματήσει να
χτυπάει. Ανακοπή.

Έτσι περιέγραψε το συμβάν η μητέρα. Η ιατροδικαστική έκθεση ανέ-
φερε ηπατική ανεπάρκεια και πνευμονικό οίδημα αλλά δεν κατέληξε σε
ξεκάθαρη αιτία θανάτου η οποία παραμένει μέχρι και σήμερα αδιευκρίνι-
στη. Η μικρούλα έφυγε. Η πνοή της πέταξε σα μεταξένιο πούπουλο με ένα
μόνο φύσημα χωρίς να γνωρίζουμε από πού προήλθε ο άνεμος που κα-
τέληξε σε καταιγίδα. Τα σκούρα σύννεφα που σκέπασαν τις ψυχές όσων
έμειναν πίσω παραμένουν θολά.

Το βρέφος

Λίγο καιρό μετά το θάνατο του τρίχρονου κοριτσιού γεννήθηκε το μωρά-

κι. Το μεγαλύτερο παιδί της οικογένειας είχε καταλήξει να είναι πάλι μο-
ναχοπαίδι όταν η ζωή της πρόσφερε το δώρο μιας ακόμα αδελφούλας. Η
μπέμπα, όπως την αποκαλούν οι γονείς στις συνεντεύξεις τους, ήταν ένα
υγιέστατο μωρό και τίποτα δεν προμήνυε αυτό που θα συνέβαινε εκείνο
το Κυριακάτικο πρωινό, έξι μήνες μετά τη γέννησή της. Κοιμόταν στην
κούνια της όταν η θεία της, αδελφή της μητέρας, πήγε στο παιδικό δω-
μάτιο να την ξυπνήσει για να φάει τη φρουτόκρεμα που ετοίμαζε η μη-
τέρα στην κουζίνα. Η θεία βρήκε το μωρό νεκρό στην κούνια του. Ήταν
ήδη παγωμένο. Το μετέφερε σοκαρισμένη στην κουζίνα όπου μητέρα και
θεία προσπάθησαν να το επαναφέρουν. Λίγα λεπτά αργότερα κατέφθασαν
ο πατέρας και το ασθενοφόρο. Το βρέφος μεταφέρθηκε στο νοσοκομείο
όπου και πιστοποιήθηκε ο θάνατός του.

Έτσι περιέγραψαν το συμβάν η θεία και η μητέρα. Η ιατροδικαστική
έκθεση κάνει λόγο για ένα σπανιότατο καρδιακό σύνδρομο, την αγενε-
σία φλεβόκομβου, το οποίο παρουσιάζεται ως η αιτία θανάτου. Η μπέμπα
έφυγε. Η πνοή της πέταξε εκείνο το ξημέρωμα χωρίς να αφήσει πίσω της
εξηγήσεις. Άφησε όμως κάτι άλλο: *ένα ματωμένο πανάκι που βρέθηκε αρ-
γότερα στην κούνια του μωρού.*

Το εννιάχρονο κορισάκι
Για δεύτερη φορά το μεγαλύτερο κορισάκι κατέληξε να είναι πάλι μονα-
χοπαίδι. Είχε δει και τις δύο αδελφές της *"εκεί που έπρεπε να τις δει, στο
τελευταίο αντίο"*, όπως είπε χαρακτηριστικά η μητέρα στην πρώτη συνέ-
ντευξη. Το άμοιρο παιδάκι ήταν ένα υγιέστατο κορισάκι που όταν έχασε
και τη δεύτερη αδελφούλα του είχε κλείσει τα οχτώ του χρόνια. Όλοι την
περιγράφουν ως ένα πανέξυπνο, κοινωνικό, και χαρισματικό παιδί που
λάτρευε τη ζωή. Και η ζωή την λάτρευε. Δυστυχώς η μοίρα είχε άλλα σχέ-
δια. Λίγες μόλις μέρες μετά το θάνατο του βρέφους, το κορισάκι βρέ-
θηκε στο νοσοκομείο και ξεκίνησε μία απερίγραπτη διαδρομή πόνου και
αγωνίας.

Ήταν βράδυ και το παιδάκι κοιμόταν με τη μητέρα του. Κάποια στιγμή
η μητέρα αντιλήφθηκε ότι το παιδί έτρεμε στον ύπνο του, *"κάτι σαν σπα-
σμοί, όπως κοιμόμαστε και τρέμουμε στον ύπνο μας"*, περιγράφει η ίδια.
Συμβαίνει και δεύτερη φορά και η μητέρα πηγαίνει το κορισάκι στο νο-

σοκομείο. Γίνονται όλες οι απαραίτητες εξετάσεις αλλά οι γιατροί δε βρίσκουν τίποτα. Όλα δείχνουν φυσιολογικά. Υποπτεύονται μήπως είναι κάποια ψυχολογική αντίδραση μετά το θάνατο και της δεύτερης αδελφής της. Τρεις μέρες αργότερα όλα δείχνουν να είναι καλά και ετοιμάζεται να πάρει εξιτήριο όταν η μητέρα φωνάζει τους γιατρούς και τους λέει ότι το παιδί έκανε εμετό. Ξανά εξετάσεις, δε βρίσκουν κάτι συγκεκριμένο, και την κρατούν προληπτικά για παρακολούθηση. Κυριακή μεσημέρι η μικρούλα κοιμάται και δίπλα της είναι μόνο η μητέρα. Ξαφνικά ξυπνάει, πετάγεται, βγάζει ένα βρόγχο και πέφτει λιπόθυμη. Η μητέρα φωνάζει τους γιατρούς οι οποίοι διαπιστώνουν ότι το παιδί έπαθε ανακοπή. Ύστερα από μία υπεράνθρωπη προσπάθεια ανάνηψης που διήρκησε 50-55 λεπτά καταφέρνουν να την επαναφέρουν. Ωστόσο, ο χρόνος που χρειάστηκε για να της ξαναχαρίσουν τη ζωή ήταν τόσος που το άτυχο παιδάκι έμεινε τετραπληγικό. Η αιτία της ανακοπής δε βρέθηκε. Οι γιατροί αποφάσισαν να της βάλουν απινιδωτή και βηματοδότη για να προλάβουν κάποιο άλλο μελλοντικό ενδεχόμενο.

Οι επόμενοι μήνες ήταν επώδυνοι για όλους. Η μικρούλα ήταν πλέον εγκλωβισμένη σε αναπηρικό αμαξίδιο, δεν μπορούσε να μιλήσει, να περπατήσει, να ζήσει τη ζωή όπως τη ζούσε πριν το φρικτό αυτό επεισόδιο. Μόνη στο σπίτι με τη μαμά και τον μπαμπά και με σύντροφο ένα χαμόγελο ή ένα γέλιο που πρόδιδε την προσπάθεια της να χαρεί, και ένα κλάμα που πρόδιδε τον πόνο της. Αυτά της είχαν απομείνει μαζί με τις σκέψεις που γύριζαν στο τρυφερό μυαλουδάκι της αλλά που δεν είχε τη δυνατότητα να εκφράσει. Άρχισαν φυσιοθεραπείες, εργασιοθεραπείες, και καθημερινές επισκέψεις σε ανάλογο χώρο. Σιτιζόταν μέσω γαστροτομής. Επίσης, παρουσίαζε κάποια επεισόδια με σπασμούς τα οποία είχαν εξηγηθεί ως επιληπτικές κρίσεις λόγω της εγκεφαλοπάθειας. Όμως παρά τα αναμενόμενα θέματα που αντιμετώπιζε, η κατάστασή της παρέμενε σταθερή, κι έτσι συνέχισε να είναι για εφτά μήνες.

Ώσπου ήρθε η μέρα που το κοριτσάκι πήγε στο νοσοκομείο για μαγνητική εξέταση ρουτίνας και δυστυχώς δεν ξαναγύρισε στο σπίτι.

Άρχισε να παρουσιάζει σοβαρά και παρατεταμένα επεισόδια με σπασμούς τα οποία οι γιατροί δεν ήταν σε θέση να αιτιολογήσουν διότι η μαγνητική είχε βγει καθαρή και δεν παρουσίαζε δείγματα επιληψίας, αλλά και γιατί δεν ήταν παρόντες όταν συνέβαιναν τα επεισόδια. Κάθε φορά που ξεκινούσε ένα επεισόδιο το κοριτσάκι ήταν με τη μητέρα του κι εκείνη φώναζε τους γιατρούς για να παρέμβουν αφού είχαν ήδη αρχίσει τα επεισόδια. Ένα από αυτά τα παράξενα επεισόδια αποδείχτηκε μοιραίο. Σάββατο απόγευμα, στο κρεβάτι του νοσοκομείου το παιδάκι κοιμόταν, δίπλα η μητέρα μιλούσε στο τηλέφωνο, όταν άρχισε να πέφτει το οξυγόνο του παιδιού, ξεκίνησαν οι σπασμοί, και το κοριτσάκι άφησε την τελευταία του πνοή. Οι γιατροί για άλλη μια φορά έκαναν υπερπροσπάθεια για να την επαναφέρουν αλλά η μικρή αυτή ψυχούλα πέταξε για πάντα.

Έτσι περιέγραψαν οι δύο γονείς όλη την πορεία της υγείας της μέχρι και το τελευταίο δευτερόλεπτο ζωής.

Οι τρεις αδελφούλες

Ο θάνατος του τρίτου παιδιού έκανε το ποτάμι να βράσει, να κοχλάσει, να φουσκώσει, να ξεχειλίσει, και να γίνει χείμαρρος - ένας θυελλώδης χείμαρρος κοινωνικών αντιδράσεων που μας φέρνει στο σήμερα. Σήμερα που κατηγορείται η μητέρα για το θάνατο της μεγαλύτερης κόρης της, έχει προφυλακιστεί, και αναμένονται τα πορίσματα των ιατροδικαστών και αρχών για την εξιχνίαση και των άλλων δύο θανάτων.

"Τρία κοριτσάκια που δεν πρόλαβαν να μεγαλώσουν", όπως χαρακτηριστικά είπε ένας από τους γιατρούς που έδωσε σκληρή μάχη για να κρατήσει στη ζωή το μεγαλύτερο κοριτσάκι. Τρία ονόματα που έχουν κολλήσει στα χείλη του κόσμου, χείλη που παραμένουν στεγνά από τον αποτροπιασμό αλλά που παρά το στέγνωμα καθημερινά μιλούν όλο και περισσότερο. Στεγνές, πικρές κουβέντες που για τόσο καιρό παρέμεναν βουβές και τώρα ηχούν αγανακτισμένες. Μήπως αν είχαν μιλήσει νωρίτερα; Μήπως θα είχαν καταφέρει να σώσουν τις δύστυχες αυτές ψυχούλες;

[ΠΡΟΣΩΠΙΚΗ ΠΑΡΕΝΘΕΣΗ: ΤΟ ΑΦΗΓΗΜΑ]

"Ο άνθρωπος μιλάει για να πάρει κάτι"
~ George Zipf ~ [Αμερικανός Γλωσσολόγος, 1902-1950]

Αναρωτιέμαι γιατί δυσκολεύτηκα τόσο πολύ να γράψω αυτές τις περιγραφές των γεγονότων σχετικά με τους τρεις θανάτους. Δυσκολεύτηκα αφάνταστα να αποτυπώσω στο χαρτί αυτές τις καθαρά αφηγηματικές περιγραφές. Αναρωτιέμαι γιατί οι τριπλά χαροκαμένοι γονείς δεν έδειξαν το παραμικρό ίχνος δυσκολίας όταν αφηγούνταν τα γεγονότα στην πρώτη τους συνέντευξη.

Εκείνοι που κανονικά θα περίμενε κανείς να κομπιάσουν και να διστάσουν από τον πόνο και το θρήνο που βιώνουν κατάφεραν να διηγηθούν τα πάντα με απόλυτη ψυχραιμία και συνοχή. Ενώ εγώ, που είμαι απέξω, αναγκάστηκα να σταματήσω πάμπολλες φορές γιατί έτρεμαν τα χέρια μου και ίδρωναν οι σκέψεις μου καθώς ταξίδευαν σε απρόσιτα μέρη.

Απρόσιτες περιγραφές... Το χέρι δυσκολεύεται να ακολουθήσει το νου που παλεύει να ξεμπερδέψει ένα αναμαλλιασμένο αφήγημα.

Αφήγημα...

Αφήγημα δύο γονιών που έχασαν και τα τρία τους παιδιά. Περιγράφουν και εξιστορούν το αδιανόητο που τα δικά μου δάχτυλα ήθελαν να αγγίξουν αλλά κάτι τα ανάγκαζε να σφίγγονται σε γροθιές για να το χτυπήσουν αλύπητα, να το ξαποστείλουν στο λαβύρινθο κάποιου μακρινού και ξεχασμένου εφιάλτη.

Λαβύρινθος... Μπαίνεις μέσα και δεν μπορείς να βγεις. Ανοίγεις πόρτες, ψάχνεις διαδρόμους, ποθείς να ξαναγυρίσεις στην αρχή, τρομάζεις, εγκλωβίζεσαι, διψάς για μια αχτίδα λογικής διεξόδου, αλλά το δωμάτιο στο οποίο καταλήγεις δεν έχει παράθυρα και η πόρτα πίσω σου ξαφνικά κλειδώνει. Ποιο χέρι γύρισε το κλειδί; Ποιος νους έχτισε όλα τα παράθυρα; Ποια καρδιά φρόντισε να σβήσει τα φώτα; Ποια ψυχή σχεδίασε με τέτοια αρχιτεκτονική μαεστρία αυτόν τον πολύπλοκο λαβύρινθο;

Αρχιτεκτονική μαεστρία... Μόνο που όταν λείπει το φως οι τοίχοι μουχλιάζουν, και ο μόνος τρόπος για να στεγνώσει η μούχλα είναι να ανοίξεις τα παράθυρα. Τα παράθυρα που δεν υπάρχουν... Τελικά η αρχιτεκτονική μάλλον δεν ήταν και τόσο αψεγάδιαστη.

Εν τω μεταξύ, τα αστεράκια θαμπώνουν μπροστά στην αβεβαιότητα των εξελίξεων και ψάχνουν για μία τραμπάλα που να μπορεί να λικνίσει και τα τρία μαζί καθώς παρακολουθούν το λεπτό δείχτη του ρολογιού να μετράει αδιάκοπα τα δευτερόλεπτα.

Δυστυχώς και παραδόξως οι τάφοι που αναπαύονται δε βρίσκονται δίπλα-δίπλα. Απλώνουν τα χέρια που έγιναν φτερούγες αλλά δεν μπορούν να αγγίξουν η μία την άλλη.

16. Κατηγορίες

"Όταν έχεις εξαλείψει το αδύνατο, αυτό που μένει, όσο απίθανο κι αν είναι, πρέπει να είναι η αλήθεια.
~ *Arthur Conan Doyle ~ [Άγγλος Συγγραφέας, 1859-1930]*

Δεν υπάρχει πιο βαριά κατηγορία από αυτή της ανθρωποκτονίας για το θάνατο του ίδιου σου του παιδιού. Πηγαίνει ενάντια σε κάθε λογική, σε όλα όσα μας διδάσκει η φύση, και είναι αυτό που λέμε *"δεν το χωράει ανθρώπου νους".*

Η έννοια της μάνας συνδέεται αυτόματα με τη στοργή, τη φροντίδα, και την ανιδιοτελή αγάπη.

Το χέρι της μάνας προστατεύει, δε σκοτώνει.

Η καρδιά της αγωνιά, δεν αδιαφορεί.

Οι παλμοί της χτυπούν για το αύριο, δεν το διακόπτουν.

Η σκέψη της τρέχει για να προλάβει το κακό, όχι για να το προσχεδιάσει.

Η σκιά της μένει πάντα δίπλα, δεν απομακρύνεται.

Τα όνειρά της χρωματίζουν το μέλλον, δεν το διαγράφουν.

Η ανάσα της αναβλύζει μύρο, όχι φαρμάκι.

Οι ρυτίδες της ζωγραφίζουν το πρόσωπό της, δεν το μουτζουρώνουν.

Η ματιά της αγκαλιάζει, δεν επιτίθεται.

Τα λόγια της παρηγορούν, δε βασανίζουν.

Ο νους της προλαμβάνει, δεν προκαλεί.

Η έγνοια της φωτίζει την ελπίδα, δεν την γκρεμίζει.

Τα σπλάχνα της κουβαλούν τη ζωή, όχι το θάνατο.

Μια σειρά αδιανόητων συμπτώσεων προκάλεσε τις υποψίες, και όταν αυτές πολλαπλασιάστηκαν, άρχισαν να βγαίνουν στην επιφάνεια συμπεριφορές, πράξεις, και γεγονότα που επιβάρυναν την κατάσταση. Οι θάνατοι τριών παιδιών από την ίδια οικογένεια, και μάλιστα μέσα σε τόσο σύντομο χρονικό διάστημα, αποτελούν από μόνοι τους τη σειρά συμπτώσεων που γέννησαν τις υποψίες. Στη συνέχεια άρχισαν να προστίθενται και τα παρακάτω τα οποία σίγουρα δε βοήθησαν.

Και στους τρεις θανάτους ήταν παρούσα η μητέρα, στους δύο από τους οποίους ήταν παρούσα μόνο εκείνη.

Σε κανέναν από τους τρεις θανάτους δεν είχε βρεθεί κάποια αξιόπιστη αιτία, είτε παθολογικά αίτια, γονιδιακά σύνδρομα, ατύχημα, ή ιατρική αμέλεια. Είναι δεδομένο ότι στις συγκεκριμένες ηλικίες των παιδιών δε γίνεται καν λόγος για αυτοκτονία. Επομένως, τι απομένει να διερευνηθεί;

Κανένα από τα παιδιά δεν είχε κάποιο πρόβλημα υγείας που να προμήνυε θάνατο.

Λέγεται ότι πριν από κάθε θάνατο είχαν προηγηθεί προβλήματα στις σχέσεις του ζευγαριού και ο πατέρας είχε φύγει. Σίγουρα ο πατέρας δεν ήταν παρών τη στιγμή των θανάτων, τουλάχιστον των δύο που συνέβησαν στο νοσοκομείο.

Βγήκαν στην επιφάνεια διάφορες πληροφορίες και λεπτομέρειες σχετικά με την προσωπική ζωή του ζευγαριού, προηγούμενες σχέσεις τους, κοινωνικές συμπεριφορές, την ανατροφή των παιδιών, εμμονές, επιθετικότητα, ιατρικά δεδομένα, οικογενειακές καταστάσεις, οικονομικά δεδομένα, και άλλα πολλά τα οποία περιγράφονται από το οικογενειακό, φιλικό, και κοινωνικό περιβάλλον. Είναι τόσες πολλές οι πληροφορίες, και οι περισσότερες τόσο προσωπικές, που δεν ανήκουν σε αυτό το βιβλίο, τουλάχιστον όχι τη δεδομένη στιγμή που οι υποθέσεις βρίσκονται ακόμα υπό διερεύνηση.

Η μητέρα συνελήφθη όταν βγήκε το πόρισμα των τοξικολογικών εξετάσεων της εννιάχρονης κόρης. Στο αίμα της μικρής βρέθηκε μία αναισθητική ουσία, *η κεταμίνη*, η οποία δεν είχε λόγο να υπάρχει. Μάλιστα, διαπιστώθηκε ότι η ποσότητα της κεταμίνης ήταν υπεραρκετή για να επιφέρει το θάνατο.

Το κοριτσάκι άφησε την τελευταία του πνοή ενώ βρισκόταν στο νοσοκομείο υπό παρακολούθηση λόγω ανεξήγητων επεισοδίων με σπασμούς. Εκείνο το μοιραίο απόγευμα δίπλα στη μικρή ήταν μόνο η μητέρα της. Η ποσότητα της κεταμίνης που βρέθηκε στο σώμα του παιδιού επέφερε το θάνατο το πολύ μέσα σε 20 λεπτά. Το τελευταίο εικοσάλεπτο το μόνο πρόσωπο που βρισκόταν δίπλα της ήταν η μητέρα. Κανένας από τους γιατρούς ή νοσηλευτές δεν είχαν μπει στο δωμάτιο εκείνο το χρονικό διάστημα. Κανένας τους δε χορήγησε κεταμίνη στο παιδί, σύμφωνα με τις μαρτυρίες τους, και δεν είχαν κανένα λόγο να τη χορηγήσουν. Από τη στιγμή που θα μπορούσε να είχε χορηγηθεί η κεταμίνη, σύμφωνα πάντα με το χρονικό πλαίσιο στο οποίο επιφέρει το θάνατο, και μέχρι τη στιγμή του θανάτου, το μόνο άτομο που βρισκόταν πλάι στο παιδάκι ήταν η μητέρα του.

Σύμφωνα με τις αρχές, βρέθηκε το φονικό όπλο και το χέρι που το χρησιμοποίησε. Η μεγάλη ποσότητα κεταμίνης οδήγησε τη μικρή στο θάνατο, και το μητρικό χέρι χορήγησε τη θανατηφόρα ουσία. Αυτό αποφάνθηκαν οι αρχές και προέβησαν στη σύλληψη της μητέρας.

Η είδηση ήταν τραγική. Ήχησε σα σκουριασμένη καμπάνα σε όλη την Ελλάδα και γρήγορα ταξίδεψε και στο εξωτερικό. Ο κόσμος πάγωσε, προσπαθούσε να διαχειριστεί το αδιαχείριστο, και τελικά επικράτησε ο θυμός. Οι αρχές συνέλαβαν τη μητέρα που οδηγήθηκε άμεσα στην Αθήνα, ενώ την ίδια ώρα κάτοικοι της Πάτρας συγκεντρώνονταν έξω από το σπίτι της. Φώναζαν, έβριζαν, χτυπούσαν την πόρτα και τα παράθυρα, έγραφαν λέξεις φρίκης στα παντζούρια, και καλούσαν επιτακτικά τα συγγενικά πρόσωπα της μητέρας που βρίσκονταν μέσα στο σπίτι να βγουν έξω για να δώσουν εξηγήσεις. Η σκηνή εξελίχτηκε σε θάλασσα οργισμένων αντιδράσεων που τα κύματά της χτυπούσαν μανιασμένα το σπίτι για ώρες, μέχρι τα ξημερώματα, και άφριζαν από την ανάγκη για δικαίωση. Όλες οι υποψίες που μέχρι τότε σέρνονταν και μόλυναν ολόκληρη την πόλη, με το άκουσμα της είδησης ενώθηκαν σε μια γροθιά που ξέσπασε με ανελέητα χτυπήματα. Τόσο καιρό έβραζαν στο καζάνι της κοινωνικής διασποράς συζητήσεων, άγγιζαν τα τοιχώματα και φούσκωναν, κόχλαζαν οι φουσκάλες στην επιφάνεια, αλλά δεν ξεχείλιζαν διότι χρειάζονταν κάτι απτό και συγκεκριμένο για να χυθούν. Και μόλις πήραν αυτό που περίμεναν τόσο καιρό, με μιας πλημμύρισαν τους δρόμους της πολυσυζητημένης πόλης λιθοβολώντας το σπίτι της δαχτυλοδειχτούμενης.

Η αναμενόμενη είδηση και εξέλιξη ικανοποίησε την ανάγκη της κοινωνίας, όσο τραγικό και ειρωνικό και αν ακούγεται.

17. Στο κελί

"Η πέτρα, το σίδερο, το ατσάλι δεν αντέχουν. Ο άνθρωπος αντέχει."
~ Νίκος Καζαντζάκης ~

Είναι άγριο μέρος η φυλακή... Η σύντομη προσωπική παρένθεση στο πρώτο μέρος του βιβλίου περιέγραψε την άγρια επίθεση ενάντια στις αισθήσεις κάποιου που την επισκέπτεται για πρώτη φορά. Μόνο που το κελί δεν είναι σημείο επίσκεψης για τον κρατούμενο αλλά τόπος διαμονής, και τις περισσότερες φορές η διάρκεια παραμονής είναι άγνωστη, ειδικά στην αρχή.

Μπαίνει μέσα στον κλειστοφοβικό χώρο αφού πρώτα τον έχουν ξεγυμνώσει από την οποιαδήποτε αίσθηση του "προσωπικού". Παραδίδει τα προσωπικά του αντικείμενα, αποχωρίζεται τα ρούχα του με την οικεία μυρωδιά του σπιτιού, έχουν ψάξει κάθε εκατοστό του σώματός του, και με τα απολύτως απαραίτητα παραμάσχαλα σέρνει τα πόδια του που αντιστέκονται μόλις αντικρίζουν τα κάγκελα και την ατσάλινη πόρτα. Γνωρίζει ότι μόλις μπει, το κλειδί θα το γυρίσει κάποιο άλλο χέρι και αυτό θα αποφασίσει αν και πότε θα ξεκλειδώνει η πόρτα που οδηγεί στην έξοδο.

Όταν δεν έχεις τον αυτοέλεγχο της εξόδου σου, χάνεις και τον αυτοέλεγχο πολλών πτυχών του εαυτού σου. Λένε ότι το σώμα μπορεί να είναι φυλακισμένο, αλλά η σκέψη δε φυλακίζεται. Εύκολα το ξεστομίζει όποιος βρίσκεται έξω από τα κάγκελα. *"Ούτε καν οι σκέψεις ενός φυλακισμένου δεν είναι ελεύθερες. Επανέρχονται συνέχεια στα ίδια πράγματα"*, είπε χαρακτηριστικά ο Ρώσος συγγραφέας και ιστορικός Aleksandr Solzhenitsyn.

Στη μητέρα παραχωρήθηκε μονόκλινο κελί για λόγους προστασίας. Ακόμα και οι κρατούμενοι έχουν όρια και δεν αποδέχονται τη φύση κάποιων εγκλημάτων. Είναι συχνό φαινόμενο η επίθεση κρατουμένων ενάντια σε καινούριους κρατούμενους που κατηγορούνται για βιασμό, παιδοκτονία, και παιδεραστία. Πολλοί αναρωτιούνται πώς είναι δυνατόν εγκληματίες να μην αποδέχονται τις εγκληματικές πράξεις κάποιων άλλων. Όλοι τους κάτι κακό δεν έχουν κάνει; Και όμως, οι κρατούμενοι έχουν τους δικούς τους κανόνες καθώς και όρια αποδοχής επιβιώνοντας σε μία κοινωνική δομή της οποίας τα βασικά χαρακτηριστικά είναι παρόμοια με κάθε άλλης: κανόνες, νόμοι, ιεραρχία, συνεργασία, υπακοή, παράβαση, επιβράβευση, και τιμωρία. Παρόλο που προτεραιότητες και στόχοι κάθε κρατούμενου είναι η αυτοσυντήρηση και επιβίωση σε μοναχικά πλαίσια (δεν υπάρχει κοινωνική εμπιστοσύνη στις φυλακές), τα παραπάνω βασικά κοινωνικά χαρακτηριστικά διασφαλίζουν αυτούς ακριβώς τους στόχους. Κάθε καινούριος κρατούμενος μαθαίνει τι να προσέχει περισσότερο, τι να αποφεύγει πάση θυσία, και τι να προσεγγίζει πάντα με την επιφυλακτικότητα που απαιτείται.

Ωστόσο, η ταξινόμηση εγκληματικών ενεργειών δεν προσφέρει σε όλους τους καινούριους κρατούμενους την ισότιμη ευκαιρία κατάλληλης και ομαλής προσαρμογής. Εγκλήματα και δολοφονίες διαπράττονται και μέσα στη φυλακή με πιο διαδεδομένα θύματα, όπως προαναφέρθηκε, τους βιαστές, παιδοκτόνους, και παιδεραστές. Έτσι, στην περίπτωση της μητέρας το μονόκλινο κελί ήταν απαραίτητη προϋπόθεση, όπως και ο μοναχικός προαυλισμός που της επιτρέπεται σε διαφορετικές ώρες από τους υπόλοιπους.

Αν προσπαθήσουμε να εισχωρήσουμε στην ψυχολογία ενός ανθρώπου ο οποίος έρχεται για πρώτη φορά σε επαφή με το χώρο και την έννοια της κράτησης, θα δούμε ότι το πρωταρχικό συναίσθημα που κυριαρχεί είναι ο φόβος. Δεν έχει σημασία αν είναι ένοχος ή αθώος. Αρχικά τον κατακλύζει ο φόβος όχι της κλεισούρας και απομόνωσης, αλλά της αβεβαιότητας ως προς τις συνθήκες επιβίωσης. Μιλάμε για συνθήκες επιβίωσης και όχι διαβίωσης, δηλαδή εντείνεται το ένστικτο αυτοπροστασίας και αυτοσυντήρησης μπροστά στην αβεβαιότητα ενός καινούριου περιβάλλοντος που κουβαλάει τη φήμη του σκληρού, του άγριου, του επιθετικού, και του επικίνδυνου. Η πρώτη επαφή με αυτό το περιβάλλον και ο φόβος που την κατακλύζει αμέσως αγριεύει τον άνθρωπο και τον βάζει σε θέση άμυνας. Ο φόβος γεννά την άμυνα, και αυτή με τη σειρά της διογκώνει το φόβο, και καταλήγει σε φαύλο κύκλο.

Επειδή όμως ο άνθρωπος είναι από φύση του προσαρμοστικό ον, γρήγορα καταλαβαίνει τι πρέπει να κάνει για να αυτοπροστατευτεί, και σύντομα επικεντρώνεται στις συνθήκες διαβίωσης. Στην αρχή αρνείται το φαγητό που η ιδέα του και μόνο του προκαλεί αηδία, αλλά γρήγορα συνειδητοποιεί ότι η πείνα νικάει, η αντοχή του είναι απαραίτητη, κι έτσι το αποδέχεται. Αρχίζει να αποζητά τρόπους επανασύνδεσης με τον έξω κόσμο και αναζητά τη συντροφιά της τηλεόρασης, δικαίωμα κάθε κρατούμενου, καθώς και τα επιτρεπόμενα τηλεφωνήματα. Παράλληλα, περιμένει με αγωνία τις ώρες επισκεπτηρίου για να ξαναμυρίσει έστω και για λίγο την αύρα της ελευθερίας που ακολουθεί τους επισκέπτες.

Κάποια στιγμή ξεκινάει το μαρτύριο της μοναξιάς και αποκοπής από όλα όσα εμπλούτιζαν την καθημερινότητά του και φυτρώνει η επιθυμία για απασχόληση. Μπορεί να ζητήσει βιβλία ακόμα και αν το διάβασμα δεν ήταν ποτέ πηγή ευχαρίστησης, ή να αρχίσει να γράφει, να ζωγραφίζει, να δημιουργεί. Πολλοί επιθυμούν την ανάθεση εργασίας όχι μόνο ως δείγμα καλής συμπεριφοράς που ενδέχεται να μειώσει την ποινή, αλλά επειδή πραγματικά το αισθάνονται ως καθημερινή ανάγκη. Ανάλογα με τις συνθήκες και περιστάσεις, μπορεί να αρχίσει δειλά η κοινωνικοποίηση με άλλους κρατούμενους και να δημιουργηθούν σχέσεις υποστήριξης και συμπαράστασης. Υπάρχει όμως κάτι που δεν αφήνει αυτές τις σχέσεις να αναπτυχθούν σε ουσιαστικές φιλικές διασυνδέσεις απόλυτης εμπιστοσύνης γιατί εξακολουθεί να παραμονεύει το απρόβλεπτο και το άγριο που χαρακτηρίζει το περιβάλλον τους. Πάντα, στο πίσω μέρος του μυαλού, παραμένει η υποψία και η επιφυλακτικότητα που δεν αφήνουν το ένστικτο της αυτοπροστασίας να ηρεμήσει. Η έννοια της ψυχικής γαλήνης και ισορροπίας λείπει από τον κρατούμενο με συνέχεια και διάρκεια, και οι κεραίες του βρίσκονται πάντα ενεργοποιημένες για να αντιμετωπίσει με ετοιμότητα οτιδήποτε απρόβλεπτο παραμονεύει στη γωνία. Το δέρμα με τον καιρό σκληραίνει, αλλά οι κεραίες δεν πέφτουν, και η ψυχή αγριεύει.

Η έννοια του σωφρονισμού στοχεύει στη συμπεριφορική βελτίωση και υποτίθεται ότι τα ανάλογα ιδρύματα αποτελούν κέντρα επίτευξης αυτού του στόχου. Είναι τεράστιο θέμα συζήτησης και ανάπτυξης η δομή και αποτελεσματικότητα του σωφρονιστικού μας συστήματος. Ας κρατήσουμε ότι είναι προτιμότερο να είμαστε "φτωχοί" και ελεύθεροι, παρά να πλουτίζουμε τις σκοτεινές πλευρές μας με οποιοδήποτε είδος ανέντιμου "πλούτου" επιθυμούν και προβάλλουν ως πειρασμό προς αναζήτηση και διεκπεραίωση. Δεν είναι τυχαία τα λόγια του Γερμανού συγγραφέα και ποιητή Friedrich Schiller:

~ *"Οι αλυσίδες είτε από ατσάλι είτε από μετάξι είναι πάντα αλυσίδες."*

[ΠΡΟΣΩΠΙΚΗ ΠΑΡΕΝΘΕΣΗ: Η ΠΟΛΗ ΤΩΝ ΑΝΕΜΩΝ]

"Σικάγο γίναμε..."

Είχε συννεφιά και με τυραννούσε ένας άσχημος πονοκέφαλος. Εκτός από "Πόλη των Ανέμων" ("Windy City"), κάτι που σίγουρα ισχύει για το Σικάγο, θα έπρεπε να το αποκαλούν και "Πόλη της Ιγμορίτιδας". Άνθρωποι που δεν είχαν ποτέ τους πρόβλημα το απέκτησαν μόλις ήρθαν εδώ. Εγώ είχα το προνόμιο να μεγαλώσω στη Θεσσαλονίκη που δεν πάει πίσω στην υγρασία και ήμουν κάπως συνηθισμένη, αλλά στο Σικάγο αποτελεί μόνιμη κατάσταση. Τα καλοκαίρια καυτά, με 35 και άνω βαθμούς Κελσίου και αφόρητη υγρασία. "Συννεφόκαμα" σε όλο του το μεγαλείο, και οι σποραδικές καλοκαιρινές βροχές δεν αποτελούν σε καμία περίπτωση ανάσα δροσιάς, παρά επιδεινώνουν την κατάσταση με την υγρασία της εξάτμισης που τις ακολουθεί. Χωρίς κλιματισμό δε ζεις. Οι χειμώνες παγωμένοι με βροχές και χιόνι, πολύ χιόνι, και πάλι αφόρητη υγρασία. Ο καιρός στεγνώνει όταν η θερμοκρασία πέφτει στους -15 με -30 Κελσίου και τα μυτερά παγοκρύσταλλα παραμονεύουν για μέρες στις άκρες κάθε μαρκίζας. Λιγότερη μεν υγρασία, αλλά πώς να χαρεί κανείς με τόσο κρύο; Άνοιξη και φθινόπωρο δε ζούμε καθώς ο καιρός αλλάζει από υπερβολικό κρύο σε ακραία ζέστη μέσα σε μια μέρα, και από τη θέρμανση καταφεύγουμε κατευθείαν στον κλιματισμό.

Κάτι που μου λείπει, πολλές φορές ενοχλητικά αλλά και νοσταλγικά σε σχέση με την Ελλάδα, είναι οι πρώτες μέρες της άνοιξης όταν στην Ελλάδα ανοίγουμε όλα τα παράθυρα και μπαίνει καθαρός αέρας στο σπίτι. Είναι εκείνος ο υπέροχος συνδυασμός αρωμάτων φρεσκάδας, πασχαλιάς, καθαρού ουρανού, και ήλιου μαζί, που σε κάνει να θέλεις να κινητοποιηθείς και να καθαρίσεις το σπίτι για να υποδεχτείς το καλοκαίρι με ανεμελιά. Οι συνθήκες της εσωτερικής ατμόσφαιρας στο Σικάγο είναι πάντα "τεχνητές" και οι μέρες που έχουμε τη δυνατότητα να ανοίξουμε τα παράθυρα έστω για ένα ίχνος καθαρού αέρα μετρημένες. Αν έχεις την ατυχία να εργάζεσαι σε εξωτερικό χώρο, ή σε εσωτερικό όπου δεν υπάρχει κλιματισμός, η κατάσταση γίνεται πραγματικά βασανιστική, ειδικά στη δεύτερη περίπτωση από Μάιο μέχρι Οκτώβριο.

Ο πονοκέφαλος εξελισσόταν σε ημικρανία καθώς έβλεπα τα σύννεφα να ετοιμάζονται να ξεσκάσουν σε μπόρα. Προσπαθούσα απεγνωσμένα να βρω πάρκινγκ στο κέντρο της πόλης (downtown Chicago) και ένιωθα ότι οι ουρανοξύστες κουνιόντουσαν πέρα-δώθε από την έντονη ζάλη της ημικρανίας. Ήταν εκείνη η χαρακτηριστική αίσθηση που σου ανακατεύει το στομάχι και το μόνο που θέλεις είναι να ξαπλώσεις σε ένα σκοτεινό και ήσυχο δωμάτιο, να μην κουνηθείς μέχρι να σου περάσει, και εύχεσαι ότι αν καταφέρεις να κοιμηθείς, όταν θα ξυπνήσεις θα σου έχει περάσει. Τα κορναρίσματα νόμιζα ότι θα μου έσπαγαν το κεφάλι στα δύο, και θέση για πάρκινγκ πουθενά. Για να είχα πάρει το τρένο ούτε λόγος.

Όταν είχα πρωτοέρθει στο Σικάγο και δεν είχα ακόμα αυτοκίνητο, αποφάσισα να πάρω για πρώτη φορά το τρένο μόνη μου, το subway (υπόγειος σιδηρόδρομος) όπως το λέμε. Ήταν σχετικά αργά, γύρω στις 11 το βράδυ, παγωνιά και χιόνι μέχρι το γόνατο, ήμουν εξαντλημένη ύστερα από οχτάωρα μαθήματα στο πανεπιστήμιο, και ονειρευόμουν το ζεστό μου κρεβατάκι. Καθόμουν αφηρημένη και μισοκοιμισμένη στο τρένο όταν αντιλήφθηκα πως είχαν περάσει 30 λεπτά και κανονικά θα έπρεπε να είχα φτάσει, αλλά δεν άκουγα το όνομα της στάσης μου. Άρχισε να με λούζει κρύος ιδρώτας όταν υποψιάστηκα πως είχα πάρει το τρένο προς λάθος κατεύθυνση, προς νότια αντί για βόρεια. "Νότια" στο Σικάγο σημαίνει οι χειρότερες γειτονιές όπου ούτε με το αμάξι δε θέλεις να βρεθείς και σε καμία περίπτωση μόνος σου. Αντιλήφθηκα ότι κατευθυνόμουν προς το Cabrini- Green, την περιοχή όπου γυρίστηκε η γνωστή ταινία "Candyman" με σκηνές στο University of Illinois. Ήταν απαγορευμένος προορισμός, μια συνοικία με κτίρια τύπου παλιές "εργατικές κατοικίες" όπου διέμενε φτωχός πληθυσμός Αφροαμερικανών και η εγκληματικότητα παραμόνευε κυριολεκτικά σε κάθε γωνία.

Έγραψα "διέμενε" διότι τα κτίρια έχουν πλέον γκρεμιστεί. Είχα περάσει μια φορά με αυτοκίνητο όταν ένας φίλος θέλησε να με ξεναγήσει στα "σκοτεινά μονοπάτια" της πόλης γιατί όπως μου είχε πει "Είναι αξέχαστη εμπει-

ρία που πρέπει μια φορά τουλάχιστον να τη ζήσεις για να την πιστέψεις", και είχε δίκιο. Όμως τότε είχαμε πάει μεσημέρι, οδηγούσε σε κεντρικούς δρόμους, και προσπάθησε να αποφύγει όσο το δυνατόν περισσότερα φανάρια γιατί αν είσαι σταματημένος, τότε σταματάει και η καρδιά σου μιας και νιώθεις τον κίνδυνο γύρω σου με το που πλησιάζεις στη γειτονιά. Σε κάθε γωνία έβλεπες ομάδες συμμοριών που κοιτούσαν κάθε "άγνωστο" αυτοκίνητο με καχυποψία και βρίσκονταν σε ετοιμότητα. Το ένιωθες τόσο έντονα που με είχε καταβάλει αληθινός τρόμος. Έβλεπες προφανή διακίνηση ναρκωτικών, πιστόλια στις τσέπες και όχι μόνο, αγριεμένα πρόσωπα που φώναζαν, έβριζαν, και έφτυναν, μαγνητόφωνα στους ώμους με εκκωφαντική μουσική, σκουπίδια στα πεζοδρόμια, γυναίκες κάθε ηλικίας με τους νταβατζήδες τους, και υποψιασμένες φάτσες έτοιμες να επιτεθούν με το παραμικρό.

Σε εκείνη τη συνοικία σταμάτησε τελικά το τρένο και έπρεπε να κατέβω. Ο σταθμός δε διέφερε από τις γειτονιές. Εκτός από τους άστεγους που έβρισκαν εκεί καταφύγιο τα βράδια και οι οποίοι είναι συνήθως ακίνδυνοι, υπήρχαν μαζεμένες παρέες οι οποίες μόνο το τρένο δεν περίμεναν. Πάγωσε το αίμα μου. Συνειδητοποίησα ότι ήμουν η μόνη λευκή και "έκανα μπαμ". Είχα το σάκο στον ώμο με το πορτοφόλι μου και πρόσεξα πολλά μάτια να τον σταμπάρουν. Φυσικά τότε δεν υπήρχαν κινητά τηλέφωνα, αλλά λίγα μέτρα πιο πέρα πήρε το μάτι μου έναν τηλεφωνικό θάλαμο. Τα πόδια μου είχαν καρφωθεί στο δάπεδο και φοβόμουν ότι αν κουνιόμουν θα τραβούσα περισσότερο την προσοχή, μια σκέψη εντελώς ανόητη εφόσον όλα τα βλέμματα είχαν ήδη στραφεί πάνω μου.

~ "Watcha doin' here babe? Are ya lost? Wanna get a ride?". (Τι κάνεις εδώ μωρό; Χάθηκες; Θέλεις να σε πάμε κάπου;)

Η φωνή είχε τη γνωστή προφορά του Νότιου Σικάγο με την αργκό που τη χαρακτηρίζει. Ήμουν 18 χρονών, μόνη μου σε σταθμό δίπλα στο Cabrini-Green, κόντευαν μεσάνυχτα, και περιτριγυρισμένη από τύπους με μεταλλικές θήκες στα δόντια που χαμογελούσαν και τις έδειχναν επιδεικτικά. Προσπαθούσα να σκεφτώ με όση ψυχραιμία μου είχε απομείνει ποια θα ήταν η σοφότερη κίνηση όταν αντιλήφθηκα ότι δε με πλησίαζε κανένας. Στέκονταν ακριβώς στο ίδιο σημείο όπου τους είχα πρωτοδεί, φοβιστικοί μεν, αλλά δεν έκαναν κάποια περίεργη κίνηση προς το μέρος μου. Χωρίς να τους κοιτά-

ζω προχώρησα με σταθερό βήμα προς τον τηλεφωνικό θάλαμο. Συνέχισαν να φωνάζουν διάφορα αλλά εξακολουθούσαν να μη με πλησιάζουν. Ευτυχώς είχα στην τσέπη μου ψιλά και τηλεφώνησα στον φίλο που μου είχε κάνει εκείνη την υπέροχη ξενάγηση. Ένα άλλο καλό εκείνης της εποχής ήταν ότι μαθαίναμε τα νούμερα απέξω και θυμόμουν το δικό του. Έμεινα ακίνητη δίπλα στο θάλαμο μέχρι που ήρθε να με πάρει. Με το που μπήκαμε στο αμάξι του ξέσπασα σε κλάματα ανακούφισης. Εκείνη ήταν η πρώτη και τελευταία φορά που πήρα το τρένο μόνη μου.

Αυτή την ιστορία μου έφερε στη σκέψη η τυραννική ημικρανία γιατί δεν είχα βρει ακόμα πάρκινγκ και καταριόμουν τη βραδιά που μου είχε στερήσει το θάρρος να ξαναπάρω το τρένο.

Περίπου 10 χρόνια μετά την περιπέτεια του τρένου έζησα μία χειρότερη. Μια ζεστή καλοκαιρινή βραδιά, γύρω στις 10, έβγαινα από το γυμναστήριο και κατευθυνόμουν προς το αμάξι μου που ήταν στη σκοτεινή πλευρά του πάρκινγκ και όχι μπροστά στην είσοδο, αλλά αριστερά του κτιρίου. Εντελώς ανέμελη και σε κατάσταση ευφορίας ύστερα από ένα τέλειο workout βιαζόμουν να πάω σπίτι για να φτιάξω το πρωτεϊνούχο σκεύασμα που συνήθιζα να πίνω αμέσως μετά τη γυμναστική. Ξαφνικά ένιωσα κάτι να μου τραβάει το σάκο από τον ώμο. Γύρισα απότομα το κεφάλι και είδα έναν Αφροαμερικανό που ήθελε να μου κλέψει το σάκο. Η πρώτη μου αντίδραση ήταν να αντισταθώ πιάνοντας το λουρί του σάκου με τα δυο μου χέρια. Είδα τα μεταλλικά δόντια να λαμπυρίζουν πίσω από τα χείλη του όταν μου είπε "Let go bitch!" (άφησέ τον σκύλα!). Ήμουν ακριβώς δίπλα στο αμάξι μου και το πείσμα δε με άφηνε να του δώσω το σάκο, όταν με έσπρωξε πάνω στην πίσω πόρτα και μου τράβηξε δυο γερές μαχαιριές στο δεξί μηρό, άρπαξε το σάκο, κι έγινε καπνός. Κάθε φορά που βλέπω τα δύο σημάδια από την κοφτερή λεπίδα σκέφτομαι πόσο ανόητο καταντάει μερικές φορές το πείσμα μας.

Η εγκληματικότητα στο Σικάγο είναι ακριβώς όπως φημίζεται και δυστυχώς τα τελευταία χρόνια χειροτερεύει λόγω έλλειψης αστυνομικής προστασίας. Οι δρόμοι έχουν γεμίσει με κάμερες και δε βλέπεις πια συχνά αστυνομία να περιπολεί για να κόβει κλήσεις. Οι αστυνομικοί παραπονιούνται για τις συνθήκες εργασίας και πολλοί έχουν αποχωρήσει πρόωρα. Παλαιότερα ήξερες ποιες γειτονιές να αποφεύγεις, αλλά τώρα το έγκλημα έχει πλέον διασκορπιστεί σε όλη την πόλη και τα προάστια και παραμονεύει παντού. Πάνε οι "χρυσές εποχές" του Cabrini–Green... Είναι τόσο συχνό φαινόμενο που πια δε φοβάσαι γιατί το έχεις συνηθίσει, και εφόσον δεν υπάρχουν συγκεκριμένοι τρόποι για να προφυλαχτείς, απλά εύχεσαι να μη σου τύχει. Μπορεί να καθόμαστε χαλαρά στο σπίτι και ξαφνικά να ακούσουμε πυροβολισμούς στο πεζοδρόμιο. Εντελώς μηχανικά κλείνουμε τις κουρτίνες για να μην ασχοληθούμε με το χάος που θα ακολουθήσει και τη φασαρία. Προσαρμόζεται ακόμα και στην εγκληματικότητα ο άνθρωπος όταν νιώθει αβοήθητος και αναγκασμένος να την αποδεχτεί. Όσο για τους εγκληματίες, οι ποινές και ο τρόπος που λειτουργεί πλέον το νομικό σύστημα δεν αποτελούν κίνητρα για να τους σταματήσουν.

Πέρσι τον Ιούνιο πήγαμε διακοπές στην Ελλάδα με το σύζυγό μου. Η μεγαλύτερη έγνοια μας όταν φεύγουμε για μεγάλο διάστημα είναι ποιος θα φροντίσει τα δύο σκυλάκια μας. Το ξενοδοχείο σκύλων δεν ήταν σε καμία περίπτωση καλή λύση για τόσες μέρες - τέσσερις εβδομάδες. Έχουμε κάποιους φίλους που προσφέρθηκαν, αλλά δεν μπορούσαν να πάρουν και τα δύο και προτιμούμε να μη χωρίζουν γιατί αγχώνονται όταν δεν είναι μαζί. Τελικά βρέθηκε η καλύτερη λύση. Η βοηθός μου από τη δουλειά δέχτηκε να μείνει στο σπίτι μας όσο θα λείπαμε. Ήταν η πιο ανακουφιστική λύση γιατί την εμπιστευόμαστε απόλυτα, θα πρόσεχε τα σκυλιά στο περιβάλλον τους όπου σίγουρα θα ένιωθαν πιο ήρεμα, και παράλληλα δε θα έμενε το σπίτι άδειο και εκτεθειμένο για ένα μήνα. Και το πιο ευχάριστο ήταν ότι κι εκείνη χάρηκε που θα έμενε για ένα διάστημα μόνη της - το χρειαζόταν, μας είχε πει. Όλα λοιπόν είχαν τακτοποιηθεί στην εντέλεια και μπορώ να πω ότι για πρώτη φορά ταξιδεύαμε απόλυτα ήσυχοι χωρίς να αγχωνόμαστε για τα σκυλάκια μας.

Φτάσαμε απόγευμα στη Θεσσαλονίκη στο σπίτι της μητέρας μου και πέσαμε για ύπνο εξαντλημένοι ύστερα από 24 σχεδόν ώρες ταξίδι. Με τη διαφορά ώρας, 8 ώρες μπροστά από το Σικάγο, πάντα δυσκολευόμαστε να ξυπνήσουμε τις πρώτες μέρες έως ότου να συνηθίσουμε. Σηκωθήκαμε κατά τις μία το μεσημέρι και η μητέρα μου είχε ετοιμάσει καφεδάκια. Κάτι μου φάνηκε παράξενο στον τρόπο που μιλούσε, σα να την απασχολούσε κάτι σοβαρό, ενώ συνήθως είναι μες στην τρελή χαρά όταν μας έχει στο σπίτι της.

Ήπιαμε δυο γουλιές καφέ όταν μας ξεφούρνισε τα νέα. Όσο κοιμόμαστv, είχε πάρει τηλέφωνο η θεία της βοηθού μου για να μας ενημερώσει ότι η κοπέλα δε θα μπορούσε να φροντίσει τα σκυλιά μας και θα έπρεπε να βρούμε κάποια άλλη λύση. Ο λόγος;

Το πρώτο βράδυ που θα έμενε στο σπίτι μας πήγε μαζί με μια φίλη της για να τη βοηθήσει να κουβαλήσουν τα πράγματά της. Μπήκαν στο γκαράζ του σπιτιού μας το οποίο βρίσκεται στην πίσω πλευρά, και μόλις πάρκαραν είδαν πέντε μασκοφόρους να εισβάλλουν μέσα στο γκαράζ. Ο ένας κρατούσε πιστόλι και το ακούμπησε στον κρόταφο της βοηθού μου. Ο άλλος κρατούσε μαχαίρι και το ακούμπησε στο λαιμό της φίλης της. Και οι άλλοι τρεις φώναζαν, άνοιξαν τις πόρτες του αυτοκινήτου, τις έσυραν έξω με βία, τις έσπρωξαν, μπήκαν στο αυτοκίνητο και έφυγαν με ιλιγγιώδη ταχύτητα. Οι κοπέλες είχαν μείνει πεσμένες στο δάπεδο σε απίστευτο σοκ. Εκτός από το αυτοκίνητο, είχαν χάσει και όλα τα προσωπικά τους αντικείμενα, κινητά τηλέφωνα, τσάντες, τα πάντα, και δεν είχαν τρόπο να ειδοποιήσουν την αστυνομία. Αφού συνειδητοποίησαν ότι δεν ήταν χτυπημένες και κατάφεραν να σηκωθούν, χτύπησαν κουδούνια γειτόνων και τελικά βρήκαν βοήθεια και καλέσθηκε η αστυνομία που τις μετέφερε στο τμήμα για κατάθεση.

Το αυτοκίνητο βρέθηκε δύο ώρες αργότερα σε νότια περιοχή (κοντά στο Cabrini–Green!) χάρη στο GPS tracker που είχαν στα κινητά τους οι κοπέλες, και μέσα βρίσκονταν οι τρεις από τους πέντε δράστες οι οποίοι συνελλήφθησαν και ήταν όλοι έφηβοι, 15-16 χρονών. Δυστυχώς δε βρέθηκε ούτε το πιστόλι, ούτε το μαχαίρι γιατί προφανώς τα είχαν οι άλλοι δύο που είχαν βγει από το όχημα και δεν πιάστηκαν. Η μία δράστης, δεκαεξάχρονη κοπέλα, ήταν η μόνη που προφυλακίσθηκε. Τους υπόλοιπους τους έστειλαν στα σπίτια τους γιατί ήταν κάτω των 16 και έτσι ορίζει ο νόμος. Όσο για τις άτυχες κοπέλες, οι οποίες ήταν τυχερές μέσα στην ατυχία τους εφόσον θα μπορούσαν να είχαν τραυματιστεί ή και πολύ χειρότερα, ακόμα παλεύουν να διαχειριστούν το σοκ της τραυματικής εμπειρίας.

Σκεφτείτε όμως και το σοκ που βιώσαμε με το σύζυγό μου μαθαίνοντας τα νέα. Είχε συμβεί κάτι τόσο φρικτό μέσα στο ίδιο μας το γκαράζ σε ανθρώπους που βρίσκονταν εκεί για να μας βοηθήσουν. Πραγματικά η πρώτη μου σκέψη ήταν ότι θα προτιμούσα να είχε συμβεί σε μένα. Εκτός από το σοκ, ένιωσα ενοχές. Με πήρε μέρες για να συνέλθω κάπως αλλά ακόμα δεν το έχω ξεπεράσει. Βρισκόμασταν στη Θεσσαλονίκη και βλέπαμε σε Αμερικάνικα κανάλια το σπίτι μας στο Σικάγο περιτριγυρισμένο από δημοσιογράφους και αστυνομικούς. Ήταν σουρεαλιστικό! Εκείνη την περίοδο υπήρχε μία έξαρση με τα car-jackings, όπως αποκαλούμε τέτοιου είδους κλοπές αυτοκινήτων, αλλά πάντα σκεφτόμαστε και νομίζουμε ότι δε θα συμβεί σ'εμάς.

Το έγκλημα είναι μέρος της ζωής μας και θα συνεχίσει να είναι. Διαμορφώνεται και εξελίσσεται όπως και οι αντιδράσεις και τα συναισθήματά μας προς αυτό, αλλά πάντα θα υπάρχει. Όταν όμως συμβαίνει στη διπλανή πόρτα μας συνταράσσει περισσότερο, μας κλονίζει, μας φοβίζει, και μας θυμώνει σε άλλο βαθμό. Όμως πολύ σύντομα σβήνει η θύμησή του και συνεχίζουμε όπως πριν. Το θέμα είναι να μη χτυπήσει τη δική μας πόρτα...

Τελικά δε βρήκα πάρκινγκ στο δρόμο και μπήκα να παρκάρω σε ένα από τα *"καλαμπόκια"*. Είναι δύο πανομοιότυπα κτίρια που μοιάζουν με καλαμπόκια και οι πρώτοι όροφοι έχουν θέσεις πάρκινγκ διαθέσιμες για ενοικίαση με την ώρα. Καθώς κατέβαινα ολομόναχη τις έρημες σκάλες - 10 ορόφους γιατί απεχθάνομαι τα ασανσέρ και αν είναι δυνατόν τα αποφεύγω - σκεφτόμουν όλα τα περιστατικά βίας που έχω βιώσει είτε προσωπικά, είτε ως μάρτυρας τα τελευταία 30 χρόνια. Δεν είναι και λίγα, και μάλιστα διαθέτει ποικιλία το "μενού". Αναρωτιόμουν γιατί με τράβηξε ο τομέας της εγκληματολογίας τη στιγμή που η ιδέα και μόνο οποιουδήποτε είδους βίας μου ανακατεύει το στομάχι. Όταν όμως αποτελεί μέρος της εργασίας μου όχι μόνο δε μου προκαλεί την αναμενόμενη αηδία, αλλά με απορροφά με εντελώς δημιουργικό και παραγωγικό τρόπο.

Σκέφτηκα τη μητέρα στην Πάτρα που στην πρώτη τηλεοπτική συνέντευξη εξηγούσε γιατί παρακολούθησε σεμινάρια εγκληματολογίας και πως όποιος ασχολείται με τον τομέα δε σημαίνει ότι είναι εγκληματίας. Αλήθεια είναι αυτό, αλλά βρίσκω το σχόλιό της τόσο άτοπο που με προβληματίζει. Ο λόγος είναι επειδή όσοι εργάζονται στο συγκεκριμένο τομέα ποτέ δε σκέφτονται με αυτόν τον τρόπο. Δεν έχω ακούσει ποτέ, μα ποτέ, κάποιον συνάδελφο να δικαιολογείται επειδή επέλεξε να εργαστεί στο χώρο. Ο τομέας της εγκληματολογίας είναι τόσο κοντά στο έγκλημα, αλλά και τόσο μακριά από εμπλεκόμενα προσωπικά συναισθήματα και σκέψεις αυτών που τον υπηρετούν. Τον εγκληματολόγο τον απορροφά η διερεύνηση, και ούτε έχει ούτε διαθέτει χρόνο για να αναλογιστεί αν και *πώς θα μπορούσε να χρησιμοποιήσει στοιχεία μιας υπόθεσης προς δικό του "όφελος" ή "προσωπική χρήση".* Ας πάρουμε για παράδειγμα έναν ιατροδικαστή. Είναι συχνή η ερώτηση προς ιατροδικαστές αν τρώνε κρέας ή αν εξαιτίας της δουλειάς τους είναι χορτοφάγοι. Ακούγεται αστείο, αλλά το έχω ακούσει πολλές φορές και μπορώ να κατανοήσω το συνειρμό όποιου ρωτάει. Στην πραγματικότητα τρώνε κρέας, και αν όχι, η επιλογή δε συνέβη εξαιτίας της εργασίας τους. Μάλιστα, εξηγούν ότι όταν διενεργούν μία νεκροτομή, το τελευταίο πράγμα στο μυαλό τους είναι προσωπικές αντιδράσεις ως προς αυτό που εκτελούν εκείνη τη στιγμή διότι οι κεραίες τους βρίσκονται προσανατολισμένες προς τη διερεύνηση και τους απορροφά πλήρως η μελέτη τέτοιων λεπτομερών στοιχείων που δεν έχουν το περιθώριο να αναλογιστούν οποιαδήποτε προσωπική σκέψη. Ακόμα και αργότερα αν σκέφτονται κάτι σχετικό με την πρόσφατη νεκροτομή, αυτό έχει να κάνει με επιστημονικά δεδομένα και απέχει εντελώς από συσχετισμούς με την καθημερινότητά τους.

Μα αυτό ακριβώς δεν εξήγησε και η μητέρα; Ναι, αυτό εξήγησε, αλλά ο προβληματισμός προέρχεται από το γεγονός ότι μπήκε στη διαδικασία να το εξηγήσει. Όπως προείπα, δεν υφίσταται τέτοιου είδους σκεπτικό από επαγγελματίες στον τομέα, και εκφράζοντάς το η μητέρα μου προκάλεσε την άμεση αντίδραση ότι λέει κάτι *"ξένο"*, κάτι που απέχει 180 μοίρες από αληθινούς και αυθεντικούς σχετικούς συλλογισμούς. Και δεν το είπε ως κάποιος άνθρωπος που απέχει εντελώς από τον τομέα εφόσον έχει ολοκληρώσει τα σεμινάρια εγκληματολογίας και έχει επαφή με το αντικείμενο έστω και στον ελάχιστο βαθμό που της επιτρέπουν κάποια εισαγωγικά μαθήματα. Μπορεί να πει κανείς ότι η σκέψη δεν ήταν δική της αλλά εξέφραζε όσα έχει ακούσει από τον περίγυρο. Και πάλι, ο τρόπος με τον οποίο αντιμετώπισε την απάντηση, και ακόμα περισσότερο το γεγονός ότι μπήκε στη διαδικασία να απαντήσει, μου προκαλεί την αίσθηση ότι η παρακολούθηση των σεμιναρίων δεν πήγαζε από αγνό ενδιαφέρον για το αντικείμενο, αλλά αποτελούσε μέρος ενός καλοσχεδιασμένου πλάνου.

Όταν παρακολουθείς σεμινάρια εγκληματολογίας και είσαι υποχρεωμένος να συντάξεις μία τελική εργασία, σίγουρα θα χρειαστεί εκτεταμένη έρευνα ως μέρος της μελέτης. Η χειριστική προνοητικότητα που εκπέμπει η προσωπικότητα της μητέρας θα μπορούσε άνετα να την οδηγήσει στη διεργασία και εκπλήρωση ενός σχεδίου το οποίο αργότερα ίσως να αποδεικνυόταν πολύ χρήσιμο. Ήξερε πολύ καλά το χειριστικό μυαλό της ότι αν κάποτε ο κόμπος έφτανε στο χτένι και οι αρχές προέβαιναν σε έλεγχο του υπολογιστή και τηλεφώνου της, οι οποιεσδήποτε αναζητήσεις εγκληματικής φύσεως θα ήταν απόλυτα δικαιολογημένες εφόσον μελετούσε και διενεργούσε έρευνα για την ολοκλήρωση των σεμιναρίων και της τελικής εργασίας.

Φυσικά μπορεί να κάνω λάθος, αλλά αυτή ήταν η πρώτη αντίδραση και διαίσθηση που μου προκάλεσε ο τρόπος με τον οποίο απάντησε στην ερώτηση για τα σεμινάρια. Υπάρχει το ενδεχόμενο να ένιωθε την ανάγκη για μια καινούρια δημιουργική απασχόληση μέσα στο πένθος της και στην προσπάθειά της να το διαχειριστεί. Κάποιοι άνθρωποι βρίσκουν τη δύναμη πιο γρήγορα από άλλους να σηκώνονται στα πόδια τους και να προχωρούν μπροστά ύστερα από έναν τραγικό χαμό προσφεύγοντας σε νέα ενδιαφέροντα που απασχολούν τη σκέψη τους πιο εποικοδομητικά. Έτσι και η χαροκαμένη μάνα ίσως βρήκε κάτι που την ενδιέφερε και θα τη βοηθούσε να ξεχαστεί μετά το θάνατο του παιδιού της: *σεμινάρια εγκληματολογίας...* Εξάλλου, όπως ανέφερε, ήταν δώρο του συζύγου της ο οποίος γνώριζε πόσο πολύ τα επιθυμούσε. Κι επίσης, όλοι γνωρίζουμε πως οι άνθρωποι μπορεί να βιώνουν και να διαχειρίζονται το πένθος τους με διαφορετικούς και ποικίλους τρόπους, και κάποιες φορές απρόβλεπτους ή εντελώς απομακρυσμένους από τα δικά μας δεδομένα. Είναι κάτι που το ακούμε διαρκώς από ειδικούς σε τηλεοπτικές εκπομπές και το έχουμε εμπεδώσει πλήρως.

Λένε ότι αν ρίξεις ένα penny από τον τελευταίο όροφο του Willis Tower, του ψηλότερου ουρανοξύστη στο Σικάγο με 110 ορόφους (παλαιότερα ονομαζόταν Sears Tower), και πέσει πάνω σ' ένα κεφάλι, είναι δυνατόν και πολύ πιθανό το ελαφρύ αυτό νόμισμα να επιφέρει ακαριαία το θάνατο λόγω του ύψους και της ταχύτητας με την οποία πέφτει. Όταν περπατάω κάτω από το επιβλητικό κτίριο σκέφτομαι ότι υπάρχουν τέτοια διαστροφικά μυαλά γύρω μας που δε θα δίσταζαν να προβούν στο μακάβριο και πιθανώς δολοφονικό πείραμα για να το επαληθεύσουν. Ευτυχώς τα παράθυρα του τελευταίου ορόφου είναι ερμητικά κλειστά και δεν ανοίγουν με τίποτα...

18. Η απάντηση-κλειδί μιλάει

*"Απάτη είναι ως γνωστόν η αποσιώπησις της αληθείας ή η παρά-
στασις ψευδών πραγμάτων ως αληθών. Έξ αυτού τούτου του ορισμού
αυτής συνάγεται ότι η απάτη δεν ανάγεται εις την ευφυΐαν του απατεώ-
νος, διότι πας άνθρωπος δύναται να παραστήση ψευδώς πράγματα ως
αληθή και αυτός ούτος ο βλάξ, αλλ' εις την ευπιστίαν του θύματος"*
~ Ευάγγελος Λεμπέσης ~

Έχοντας αναλύσει την απάντηση της μητέρας μέσα από μία πρώτη οπτι-
κοακουστική παρατήρηση, φτάσαμε σε κάποιες εξηγήσεις ως προς τις λέ-
ξεις και εκφράσεις που διαλέγει και χρησιμοποιεί, τον τρόπο που τις εκφέ-
ρει, καθώς και τους τρόπους που λειτουργούν και αντιδρούν το πρόσωπο,
το σώμα, και οι φωνητικές χορδές. Το επόμενο βήμα είναι η βοήθεια κά-
ποιων τεχνικών μεθόδων οι οποίες μας βοηθούν να δούμε τις μέχρι τώρα
παρατηρήσεις πιο συνολικά αλλά και από άλλες σκοπιές. Με τα επόμενα
βήματα είναι σα να παίρνουμε τα κομμάτια του παζλ που σχηματίσαμε με
την πρώτη ανάλυση και να τα ενώνουμε με διάφορους και διαφορετικούς
τρόπους, να τα χωρίζουμε και να τα ξαναενώνουμε.

ΤΕΧΝΙΚΗ Α': ΑΠΩΛΕΙΑ ΗΧΟΥ

Εάν παρακολουθήσουμε ξανά το βίντεο με την απάντηση της μητέρας
αλλά αυτή τη φορά χωρίς ήχο, χωρίς να την ακούμε αλλά μόνο να τη βλέ-
πουμε, θα επικεντρωθούμε στην όραση και θα νιώσουμε μόνο με τα μάτια
μας τα όσα εκφράζει. Μελετώντας τη "γλώσσα" προσώπου και σώματος
χωρίς ήχο σημειώνουμε τα συναισθήματα που προβάλλουν. Στη συνέχεια
τα συγκρίνουμε με όσα ειπώθηκαν κι εξετάζουμε αν συμβαδίζουν.
    Στη συγκεκριμένη περίπτωση παρατηρούμε την οπτική εικόνα της μη-
τέρας να προβάλλει τα εξής:
• Εκφράσεις ειρωνείας στην αρχή της απάντησης και ένα ίχνος ειρω-
    νικού και υποτιμητικού χαμόγελου.

- Αίσθηση αγανάκτησης σε όλη τη διάρκεια της απάντησης.
- Εκφράσεις και μορφασμούς επεξηγηματικότητας.
- Έντονη οπτική σύνδεση με το δημοσιογράφο.
- Ακατάπαυστη ομιλία.
- Εκφράσεις και συσπάσεις στο πρόσωπο που φανερώνουν εκνευρισμό έως και θυμό.
- Προβολή εκφοράς ερωτήσεων με ένταση. Ακόμα και χωρίς ήχο είναι προφανές όταν εκφέρει κάποια ερώτηση.
- Έντονες χειρονομίες που εκφράζουν εκνευρισμό, επιμονή, επεξηγηματικότητα, αγανάκτηση, και αυτοεπιβεβαίωση.
- Έντονες κινήσεις με όλο το σώμα, κυρίως τα χέρια, το κεφάλι, καθώς και ανύψωση φρυδιών που επίσης προβάλλουν τα παραπάνω.
- Μία γενική αίσθηση επιβολής και κυριαρχίας χωρίς κενά στην ομιλία, στις εκφράσεις, και στις χειρονομίες. Εάν δε γνωρίζαμε καθόλου το περιεχόμενο της ερώτησης και απάντησης ίσως να νομίζαμε ότι περιγράφει κάποιο συμβάν που την έχει εκνευρίσει και εξηγεί τα πάντα σχεδόν χωρίς ανάσα και σα να βιάζεται να καλύψει όλες τις περιγραφές χωρίς διακοπή.

ΤΕΧΝΙΚΗ Β': ΑΠΩΛΕΙΑ ΕΙΚΟΝΑΣ

Εάν ακούσουμε ξανά την απάντηση της μητέρας αλλά αυτή τη φορά χωρίς εικόνα, χωρίς δηλαδή να βλέπουμε το βίντεο, θα επικεντρωθούμε μόνο στην ακοή και θα νιώσουμε μόνο με τα αυτιά μας τα όσα εκφράζει. Είτε απομακρυνόμαστε από την οθόνη, είτε κλείνουμε τα μάτια, ακούμε προσεκτικά όσα λέει και σημειώνουμε τι εκφράσεις και αντιδράσεις θα περιμέναμε να δούμε στο πρόσωπο και σώμα σύμφωνα με όσα προβάλλει ο ήχος, ο τόνος, η χροιά, και η εκφορά του λόγου. Στη συνέχεια τα συγκρίνουμε με όσα είδαμε κι εξετάζουμε αν συμβαδίζουν.

Στη συγκεκριμένη περίπτωση ακούμε τα εξής:
- Στην αρχή η φωνή της ακούγεται κουρασμένη και εξασθενημένη.
- Όταν ξεκινάει τις ερωτήσεις ακούμε ένα εξασθενημένο ίχνος θλίψης και "κουρασμένου" πόνου.

- Οι προτάσεις ξεκινούν υποτονικά και ήρεμα αλλά η κατάληξη τους είναι πιο έντονη και εμφατική.

- Ακούμε κάποια σπασίματα φωνής όταν αναφέρει ότι είναι εκείνη που γέννησε τα παιδιά της και πώς θα ήταν δυνατόν να τους κάνει κακό και σε ένα σημείο ακούγεται αμυδρά σα να είναι έτοιμη να κλάψει ή να συγκρατήσει κάποιο δάκρυ.

ΣΥΓΚΡΙΣΗ ΑΠΟΤΕΛΕΣΜΑΤΩΝ ΤΕΧΝΙΚΩΝ Α' ΚΑΙ Β'

Συγκρίνοντας την "απώλεια ήχου" με την "απώλεια εικόνας" παρατηρούμε ότι οι εκφράσεις προσώπου και σώματος είναι πολύ πιο έντονες από τον τόνο της φωνής. Πρόσωπο και σώμα προβάλλουν έντονα συναισθήματα και αντιδράσεις όπως αγανάκτηση, εκνευρισμό, και επιμονή, ενώ η φωνή της μένει σε χαμηλά έως και υποτονικά επίπεδα. Γενικά, ο βαθμός έντασης που προβάλλουν οι δύο τεχνικές δεν ταιριάζουν. Αν σε αυτό προσθέσουμε και το περιεχόμενο της απάντησης, βλέπουμε οπτική ένταση, ακουστική υποτονικότητα με δείγματα συγκρατημένου εκνευρισμού, και λεγόμενα που εμπεριέχουν περιγραφή πόνου, πένθους, απώλειας, καθώς και παράπονο ως προς τη στάση του περίγυρου. Όταν υπάρχει τέτοια απόκλιση στις παρατηρήσεις, αυτό μπορεί να σημαίνει τα παρακάτω:

- Τα συναισθήματα που προσπαθεί να προβάλλει η μητέρα δεν είναι αυθεντικά.

- Νιώθει έντονα εκνευρισμένη και προσπαθεί να μην το δείξει στη φωνή της αλλά το σώμα της "μιλάει" πιο δυνατά και δεν καταφέρνει να το ελέγξει.

Συμπέρασμα:
Υπάρχει απόσταση και απόκλιση μεταξύ του λεκτικού περιεχομένου και όσων πραγματικά αισθάνεται ή σκέφτεται.

ΤΕΧΝΙΚΗ Γ': ΔΙΑΧΩΡΙΣΜΟΣ ΠΡΟΣΩΠΟΥ

Πρόκειται για μία δημοφιλή τεχνική σε ανακριτικές διαδικασίες κατά την οποία παγώνουμε το πρόσωπο της μητέρας καρέ-καρέ και στη συνέχεια το κόβουμε στα δύο, δηλαδή χωρίζουμε τις δύο πλευρές του προσώπου με κεντρικό άξονα τη μέση της μύτης. Εάν οι δύο πλευρές προβάλλουν διαφορετικές εκφράσεις και συναισθήματα, αυτό μας προσφέρει χρήσιμες πληροφορίες, όπως επίσης και το αντίθετο. Για παράδειγμα, αν σε ένα καρέ όπου η μητέρα εκφράζει λεκτικά συναισθήματα πόνου η μια πλευρά του προσώπου φαίνεται λυπημένη ενώ η άλλη πλευρά φαίνεται χαρούμενη, τότε ενδέχεται το συναίσθημα που προσπαθεί να προβάλλει να μην είναι αυθεντικό.

Στη συγκεκριμένη περίπτωση βρισκόμαστε σε μειονεκτική θέση διότι, με την εξαίρεση 2-3 δευτερολέπτων, βλέπουμε το πρόσωπο της μητέρας μόνο από το πλάι. Μπορούμε ωστόσο να διακρίνουμε κάποιες συγκεκριμένες εκφράσεις μεταξύ των δύο πλευρών του προσώπου που μας οδηγεί σε μία πιο γενική παρατήρηση.

Όταν εκφράζει λεκτικά συναισθήματα πόνου σχετικά με το πένθος της, η δεξιά πλευρά του προσώπου και το βλέμμα της προβάλλουν εξεταστικότητα ενώ η αριστερή δείχνει κάποια ίχνη που συμβαδίζουν με αυτά που λέει. Το ίδιο συμβαίνει όταν εκφράζει λεκτικά την απογοήτευσή της προς τον περίγυρο και όσους την κατηγορούν. Δηλαδή, ενώ η έκφραση της αριστερής πλευράς αλλάζει ανάλογα με αυτά που λέει κάθε δεδομένη στιγμή, η δεξιά πλευρά εξετάζει το δημοσιογράφο και προσπαθεί να "διαβάσει" τις αντιδράσεις του και να καταλάβει αν γίνεται πιστική.

Αυτή η παρατήρηση γίνεται με κάποια επιφυλακτικότητα εφόσον, όπως ειπώθηκε, δε βλέπουμε και τις δύο πλευρές του προσώπου από "ισότιμη" οπτική γωνία (en face) και η σύγκριση δε γίνεται όσο ξεκάθαρα θα θέλαμε. Ωστόσο, το έμπειρο μάτι ενός αναλυτή έχει τη δυνατότητα να διακρίνει κάποιες λεπτομέρειες και διαφορές ακόμα και από τη δεδομένη οπτική γωνία.

Ιδανικά, σε τέτοιου είδους συνεντεύξεις θα προτιμούσαμε πλάνα που να περιλαμβάνουν διάφορες οπτικές γωνίες, όμως πολλές φορές, αν όχι τις περισσότερες, δεν έχουμε το "ιδανικό πλάνο" στη διάθεσή μας και μαθαίνουμε να γινόμαστε εμείς ο "φακός" και να "εισχωρούμε" σε σημεία που δε φαίνονται όσο ξεκάθαρα θα επιθυμούσαμε. Σε τέτοιες περιπτώσεις πάντα τα συμπεράσματα τίθενται με την απαιτούμενη επιφύλαξη.

Συμπέρασμα:
Παρατηρούνται διαφορές στις εκφράσεις των δύο πλευρών του προσώπου σύμφωνα με τις οποίες η μητέρα δείχνει να ενδιαφέρεται ιδιαίτερα για τις σκέψεις και αντιδράσεις που προκαλούν τα λεγόμενά της στο δημοσιογράφο.

ΤΕΧΝΙΚΗ Δ': ΔΙΑΧΩΡΙΣΜΟΣ ΚΕΦΑΛΗΣ-ΣΩΜΑΤΟΣ

Με παρόμοιο τρόπο όπως περιγράψαμε στην προηγούμενη τεχνική, αυτή τη φορά χωρίζουμε το κεφάλι από το υπόλοιπο σώμα. Στη συνέχεια παρακολουθούμε το καθένα χωριστά εν κινήσει. Αν οι εκφράσεις του προσώπου δε συμβαδίζουν με τις κινήσεις του σώματος, τότε ενδέχεται τα λεγόμενα τη δεδομένη στιγμή να μην είναι αυθεντικά.

Στη συγκεκριμένη περίπτωση παρατηρούμε τα εξής:

Γενικές παρατηρήσεις σώματος
- Εκτός από το κούνημα του σώματος προς τα πίσω στην αρχή, στο υπόλοιπο μέρος της απάντησης ο κορμός παραμένει σχετικά σταθερός και στην ίδια θέση γέρνοντας ελάχιστα προς τα μπροστά.
- Σε αντίθεση με το σώμα, τα χέρια είναι ενεργά. Κάποιες φορές ακουμπάει εμφατικά τα δάχτυλα των δύο χεριών μεταξύ τους, και άλλες φορές κάνει έντονες χειρονομίες που δείχνουν επεξηγηματικότητα, περιγραφικότητα, αγανάκτηση, και εκνευρισμό. Είναι χαρακτηριστική η στιγμή που ακουμπάει και τραβάει ένα βραχιολάκι που φοράει στο χέρι και το αφήνει απότομα.

Γενικές παρατηρήσεις κεφαλιού
- Το κεφάλι παραμένει σε en face θέση προς την κατεύθυνση του δημοσιογράφου εκτός από κάποιες στιγμές που γυρίζει στο πλάι για να δείξει κάτι. Το κουνάει με τρόπο που προβάλλει επιμονή, επιβεβαίωση, επεξηγηματικότητα, αγανάκτηση, και εκνευρισμό.

Συμπεράσματα
Η μητέρα ασκεί περισσότερο έλεγχο στον κορμό του σώματος και το κεφάλι απ' ότι στα χέρια. Πολλοί άνθρωποι "μιλούν" με τα χέρια τους και οι έντονες χειρονομίες, ειδικά στον Ελληνικό λαό, είναι συνηθισμένο φαινόμενο. Ωστόσο, η σχεδόν άκαμπτη στάση του κορμού σε συνδυασμό με το σταύρωμα των χεριών δείχνουν προσπάθεια αυτοσυγκράτησης που ενδέχεται να συμβαίνει για τους παρακάτω λόγους:

- Δε νιώθει απόλυτα άνετη με τα όσα λέει.
- Φοβάται μήπως εκδηλώσει κάτι που δε θα έπρεπε και χάσει τον έλεγχο.
- Έχει προβάρει την απάντηση και μιλάει μηχανικά αντί για αυθόρμητα.
- Θέλει να δείξει αυτοπεποίθηση μέσα από ηρεμία και αυτοσυγκράτηση.
- Αισθάνεται αμηχανία.

Γενικό συμπέρασμα:
Απουσιάζει από την εκφορά της απάντησης το στοιχείο του αυθορμητισμού και υπερισχύει μία προσπάθεια ελέγχου ως προς τα λεγόμενά της.

ΜΕΤΑ ΤΗΝ ΑΠΑΝΤΗΣΗ

Οι πρώτες αντιδράσεις αμέσως μετά την ολοκλήρωση της απάντησης επίσης προσφέρουν σημαντικές πληροφορίες. Η απαντήσεις στα παρακάτω ερωτήματα βοηθούν στην ανάλυση:

- Ακολουθεί σιωπή;
- Φανερώνεται αμηχανία;
- Προβάλλεται ανάγκη επιβεβαίωσης;
- Ακολουθούν επαναλήψεις ή "υποσημειώσεις"; Ακολουθεί αλλαγή θέματος;
- Προβάλλονται συγκεκριμένα συναισθήματα;

Ας αναλύσουμε λοιπόν τα παραπάνω ερωτήματα στη συγκεκριμένη περίπτωση:

- Αμέσως μόλις τελειώνει την απάντηση η μητέρα καρφώνει με το βλέμμα της κατάματα το δημοσιογράφο για 3 δευτερόλεπτα. Χωρίς καμία απολύτως έκφραση ή τον οποιοδήποτε μορφασμό τον κοιτάει επίμονα. Το μόνο επιπλέον στοιχείο που παρατηρούμε είναι η έντονη κατάποση, μία φορά, τόσο έντονη που ταιριάζει με το είδος κατάποσης όταν βρισκόμαστε σε κατάσταση άγχους και στεγνώνει ο λαιμός και η στοματική κοιλότητα. Μάλλον θέλει και να δει την άμεση αντίδρασή του αλλά και να επιβληθεί, να του περάσει το μήνυμα ότι αυτά είχε να πει και τίποτα παραπάνω και είναι απόλυτη για όλα όσα εξέφρασε. Μάλιστα συνεχίζει το επίμονο βλέμμα ακόμα και όταν ο δημοσιογράφος ξεκινάει την επόμενη ερώτησή του προς τον πατέρα.

- Στη συνέχεια κουνάει το σώμα της πίσω-μπρος, σφίγγει έντονα τα χείλη και τρίβει το ένα με το άλλο όπως όταν θέλουμε να "στρώσουμε" το κραγιόν μας (άλλη μία ένδειξη ξηροστομίας και αμηχανίας). Κοιτάει σύντομα κάτω σκεπτική για 2 δευτερόλεπτα. Η έκφρασή της καθρεφτίζει ένα συλλογισμό σα να ξανασκέφτεται τα όσα είπε και αν ήταν ικανοποιητικά ή αν έκανε κάποιο λάθος. Στο τρίτο δευτερόλεπτο δείχνει στιγμιαία προβληματισμένη. Μοιάζει να μην προσέχει την επόμενη ερώτηση αλλά να έχει παραμείνει η σκέψη της σε όσα μόλις είπε.

- Ξανακοιτάει το δημοσιογράφο κατάματα ανεβοκατεβάζοντας το βλέμμα αρκετές φορές, αλλά τώρα, και επειδή μάλλον ο δημοσιογράφος (ο οποίος δε φαίνεται στο φακό) έχει στραφεί προς τον πατέρα, τον κοιτάζει εξεταστικά σε όλο το πρόσωπο και προσπαθεί να τον "διαβάσει" και να καταλάβει αν έχει πειστεί ή ικανοποιηθεί από την απάντησή της. Τον κοιτάζει εξεταστικά, στη συνέχεια το βλέμμα της γίνεται στιγμιαία απλανές στο κενό, και μετά το χαμηλώνει σκεπτική. Αυτή η συγκεκριμένη αλληλουχία αντιδράσεων του βλέμματος επαναλαμβάνεται 3 φορές ενώ συνεχίζει να ξεροκαταπίνει.

- Μόνο προς το τέλος της επόμενης ερώτησης δείχνει να στρέφει την προσοχή της προς αυτήν αλλά εξακολουθεί να κοιτάζει κάτω αφηρημένη ή καλύτερα απορροφημένη από τις δικές της σκέψεις μέχρι που σιγά-σιγά αρχίζει να συνδέεται με τη συνέχεια της συζήτησης.

- Συνολικά οι παραπάνω αντιδράσεις καλύπτουν χρόνο 12 δευτερολέπτων, ένα αρκετά μεγάλο διάστημα έως ότου να επανασυνδεθεί με τη συζήτηση. Εκτός από το εξεταστικό βλέμμα προς το δημοσιογράφο, η έκφρασή της περιλαμβάνει ένα συνδυασμό θυμού και αυτοεπιβεβαίωσης μαζί σα να σκέφτεται *"Θέλατε να απαντήσω; Την πήρατε την απάντηση!"*.

- Ωστόσο, υπάρχουν και σημάδια αμηχανίας τα οποία εκδηλώνονται μέσω των χεριών της. Τα χέρια της είναι σταυρωμένα μπροστά και τρίβει τους αντίχειρες μεταξύ τους με τρόπο που δείχνει ότι τη βασανίζει κάποια αμηχανία την οποία προσπαθεί να κρύψει αλλά τελικά την εκφράζει χωρίς να το καταλαβαίνει με τη "γλώσσα" του σώματος.

- Δεν προβαίνει σε αλλαγή θέματος εφόσον ο δημοσιογράφος συνεχίζει αμέσως με την επόμενη ερώτηση προς τον πατέρα αλλά δε δείχνει και να ήθελε να προσθέσει κάτι άλλο ή να κατευθύνει τη συζήτηση προς άλλο θέμα. Βρίσκεται υπό την επήρεια της απάντησής της και των σκέψεών της για όσα είπε. Γενικά θα λέγαμε ότι είναι αφηρημένη όταν ξεκινάει η επόμενη ερώτηση και βυθισμένη στη σκέψη και ανάλυση της απάντησής της καθώς και στην εξέταση των αντιδράσεων του δημοσιογράφου.

ΑΝΤΙΔΡΑΣΕΙΣ ΣΥΝΟΜΙΛΗΤΩΝ

Ένας άλλος παράγοντας που εξετάζουμε είναι οι όποιες αντιδράσεις, λεκτικές και σωματικές, και ο ρόλος οποιουδήποτε άλλου προσώπου συμμετέχει στη συζήτηση, σε αυτή την περίπτωση του πατέρα και του δημοσιογράφου, και καθ' όλη τη διάρκεια που η μητέρα απαντά.

Πατέρας
Ο πατέρας δυστυχώς δε βρίσκεται στο πλάνο του φακού παρά μόνο προς το τέλος της απάντησης όπου φαίνεται το πρόσωπό του που γυρίζει και

κοιτάζει προς τη μητέρα. Δεν τον ακούμε πουθενά να συμμετέχει λεκτικά. Θα ήταν πολύτιμο εάν είχαμε τη δυνατότητα να παρατηρήσουμε τις μη λεκτικές εκφράσεις και αντιδράσεις οι οποίες θα μας πρόσφεραν πληροφορίες για το πώς αισθάνεται ακούγοντας τα λεγόμενα της συζύγου του. Θα ήταν θεμιτό σε παρόμοιες συνεντεύξεις να παρουσιάζονται στο πλάνο όλοι οι συμμετέχοντες για να μπορεί ο φωνητικός αναλυτής να συγκρίνει και να αξιολογεί σιωπηλές αντιδράσεις. Η μόνη πληροφορία που μας δίνεται είναι η σιωπή του πατέρα και η απουσία οποιασδήποτε παρεμβολής στη συγκεκριμένη απάντηση.

Λαμβάνοντας υπόψη μας ότι σε προηγούμενες και επακόλουθες απαντήσεις της μητέρας υπήρξαν στιγμές που ο πατέρας συμμετείχε, συμπλήρωνε, ή επιβεβαίωνε τα λεγόμενά της, η παντελής σιωπή του σε αυτό το σημείο μπορεί να υποδηλώνει την επιθυμία του να απέχει από την οποιαδήποτε συνεισφορά σε μια τόσο σοβαρή και κρίσιμη ερώτηση.

Δημοσιογράφος
Η παρουσία του δημοσιογράφου κατά τη διάρκεια της απάντησης παραμένει εντελώς διακριτική. Δυστυχώς δε φαίνεται στην κάμερα, αλλά ξέρουμε ότι παραμένει σιωπηλός και δε διακόπτει καθόλου τη μητέρα. Της δίνει την ευκαιρία να εκφράσει ολόκληρη την απάντηση χωρίς παρεμβολές ώστε να την κατευθύνει όπου εκείνη στοχεύει. Η στάση του δημοσιογράφου στη συγκεκριμένη περίπτωση είναι εξαιρετικά βοηθητική διότι η ελευθερία έκφρασης που προσφέρει στη μητέρα μας δίνει την ευκαιρία να την παρατηρήσουμε ανεπηρέαστη από οποιεσδήποτε παρεμβολές και να δούμε πού ακριβώς ήθελε να κατευθύνει την απάντηση. Η απάντηση στη συγκεκριμένη ερώτηση θα μπορούσε να είχε στραφεί προς διάφορες κατευθύνσεις κι εδώ βλέπουμε όσα αναλύθηκαν στην πρώτη οπτικοακουστική παρατήρηση να συμβαίνουν χωρίς καμία καθοδήγηση κι επομένως η κατεύθυνση της απάντησης να ανήκει μόνο στη διάκριση της μητέρας. Έτσι αντικατοπτρίζονται ξεκάθαρα μόνο οι δικοί της στόχοι, γεγονός που είναι πολύτιμο ως προς την πιο αντικειμενική έκβαση συμπερασμάτων.

Γενικά, πολλές φορές σε συνεντεύξεις οι δημοσιογράφοι κάνουν το λάθος να παρεμβαίνουν και να διακόπτουν συχνότερα απ' ότι θα έπρεπε με αποτέλεσμα να χάνουμε σημαντικές πληροφορίες σχετικές με την εξωτερίκευση εσωτερικών διεργασιών του ομιλητή. Ειδικά σε συνεντεύξεις που αφορούν εγκληματολογικά ζητήματα, και μάλιστα σε παρόμοιες ερωτήσεις-κλειδιά, βοηθάει τον φωνητικό αναλυτή όταν ο δημοσιογράφος δεν εμπλέκεται καθόλου στην απάντηση και δίνει στον ομιλητή χώρο και χρόνο για να εκφραστεί ανεπηρέαστος. Πραγματικά αξίζουν "συγχαρητήρια" στο δημοσιογράφο για την εύστοχα διακριτική στάση που τήρησε.

Στο κεφάλαιο "Παρέμβαση Φωνητικού Αναλυτή" θα συσπειρωθούν όλες οι μέχρι τώρα αναλύσεις και θα καταλήξουμε σε συνολικά συμπεράσματα και πορίσματα. Μέχρι εδώ έγιναν οι απαραίτητες παρατηρήσεις, περιγραφές, και επεξηγήσεις που αποτελούν το πρώτο μέρος της φωνητικής ανάλυσης. Αργότερα, μέσα από τα παραπάνω θα συνθέσουμε το παζλ για να καταλήξουμε σε πιο συγκεκριμένες διαπιστώσεις.

Μία φωνητική ανάλυση παίρνει πολύ χρόνο γιατί η κάθε λέξη ή και η κάθε συλλαβή έχει τη σημασία της μαζί με όλα όσα τις ακολουθούν. Η κάθε παρατήρηση ξεχωριστά και η κάθε τεχνική πρέπει να συνδυαστεί με τις υπόλοιπες και με διάφορους τρόπους για να φτάσουμε σε ασφαλή κατάληξη. Είδατε, για παράδειγμα, πώς συνδυάστηκε η "Τεχνική Α'" με την "Τεχνική Β'" και αυτό αποτελεί ένα δείγμα συνδυαστικής επεξεργασίας των παρατηρήσεων. Με παρόμοιο τρόπο συνδυάζουμε όλα τα στοιχεία με όλους τους δυνατούς συνδυασμούς. Όση περισσότερη εμπειρία έχει ένας φωνητικός αναλυτής, τόσο πιο γρήγορα, άμεσα, και αυτόματα εκτελεί αυτή τη συνδυαστική επεξεργασία και αν κληθεί στο δικαστήριο να καταθέσει τα πορίσματα, παρουσιάζει τα τελικά συμπεράσματα και αποτελέσματα που θα ακολουθήσουν σε επόμενο κεφάλαιο. Δεν μπαίνει στη διαδικασία να εξηγήσει όλα τα στοιχεία της ανάλυσης που οδηγούν στα πορίσματα εκτός αν αυτό κριθεί απαραίτητο από τις δικαστικές αρχές και χρειάζονται περαιτέρω διευκρινίσεις.

19. Γονείς

"Αγαπήστε ο ένας τον άλλον αλλά μην κάνετε την αγάπη αλυσίδα να σας δένει. Αφήστε την καλυτέρα να σαλεύει ως θάλασσα ανάμεσα στα ακρογιάλια των ψυχών σας"
~ Kahlil Gibran ~

Η ΜΗΤΕΡΑ

"Αεί δε μήτηρ φιλότεκνος μάλλον πατρός· η μεν γαρ αυτής οίδεν όνθ', ο δ' οίεται"
"Πάντα η μητέρα αγαπάει τα παιδιά περισσότερο από ό,τι ο πατέρας. Διότι αυτή ξέρει, ενώ ο άντρας νομίζει"
~ Ευριπίδης ~

Κάποιοι αρνούνται να την αποκαλούν *"μητέρα"* ύστερα από όλα όσα έχουν βγει στην επιφάνεια. Ωστόσο, δεν παύει να είναι εκείνη που έδωσε ζωή στα τρία παιδιά, και αν αποδειχθεί ότι είναι επίσης εκείνη που έκοψε το νήμα της ζωής τους δεν αλλάζει το γεγονός της μητρότητας. Εν τω μεταξύ, η ίδια επιμένει στην αθωότητά της.

Παρουσιάζει ένα ιδιαίτερο ιστορικό ξεκινώντας με τον παππού της ο οποίος δολοφόνησε τη γιαγιά της. Οι γονείς της είναι χωρισμένοι και έχουν νέους συντρόφους. Έχει μία μικρότερη αδελφή και μοιάζουν σα δυο σταγόνες νερό, καθώς επίσης και οι δυο τους με τη μητέρα τους. Δε φαίνεται στον τηλεοπτικό φακό αλλά την έχουν αποκαλέσει "μικροκαμωμένη". Αυτό που φαίνεται στα 33 της χρόνια είναι τα έντονα χαρακτηριστικά του προσώπου της: βλέμμα σκληρό που επιμένει και καρφώνει, χείλη που σφίγγουν με πείσμα, χαμόγελο που δε φανερώνει αυθορμητισμό, και φρύδια που κουβαλούν σκέψεις και μυστικά. Της αρέσουν οι αλλαγές στην εμφάνισή της καθώς τη βλέπουμε σε φωτογραφίες με δραστικές αλλαγές στο χρώμα των μαλλιών της και το πάντα επιμελημένο μακιγιάζ της δείχνει ότι προσέχει την εικόνα της και κάνει προσπάθεια να είναι περιποιημένη ακόμα και όταν βρίσκεται στο νοσοκομείο πλάι στο άρρωστο παιδί της.

Πάντα ετοιμόλογη, μιλάει και απαντάει με ευφράδεια και συνοχή σε όλες τις ερωτήσεις των δημοσιογράφων. Οι απαντήσεις και εξηγήσεις βγαίνουν αβίαστα αλλά και με ένα ίχνος προβαρίσματος. Τα λόγια της ακούγονται κοφτά όταν εξηγεί, και πιο συρτά όταν "αισθάνεται". Τα εισαγωγικά στο τελευταίο ρήμα μπήκαν διότι κάτι που τη χαρακτηρίζει πολύ έντονα είναι η έλλειψη έκφρασης συναισθημάτων, και όταν εκφράζει οτιδήποτε σχετίζεται με συναισθηματικές καταστάσεις μοιάζει σα να το λένε χείλη που δεν ανήκουν στο πρόσωπό της. Η σκληρότητα δε φαίνεται μόνο στο βλέμμα αλλά είναι η γενική αύρα που ζωγραφίζει την προσωπικότητά της. Η ίδια ισχυρίζεται πως πάντα είχε την τάση να μην εκδηλώνεται δημόσια και να κρατάει τα συναισθήματά της για τον εαυτό της. Το ίδιο περιγράφουν και τα οικεία της πρόσωπα.

Τελείωσε Τεχνικό Λύκειο Νοσηλευτικής και έχει εργαστεί ως φροντιστής ηλικιωμένων ατόμων. Το ενδιαφέρον της για τον τομέα της εγκληματολογίας την ώθησε στην παρακολούθηση σχετικών σεμιναρίων στο πανεπιστήμιο λίγο καιρό πριν το θάνατο του τρίτου της παιδιού. Το συγκεκριμένο ενδιαφέρον φαίνεται και από την επιλογή των βιβλίων που της κρατούν συντροφιά τα οποία αφορούν μυστήριο και εγκλήματα. Της αρέσει να εφαρμόζει τις νοσηλευτικές τις γνώσεις εφόσον για κάποιο διάστημα είχε το ρόλο του "γιατρού" στην ομάδα ποδοσφαίρου που έπαιζε ο σύζυγός της. Της αρέσει και το ποδόσφαιρο και ήταν ο χώρος όπου γνώρισε το σύζυγό της ούσα εκείνη διαιτητής κι εκείνος ποδοσφαιριστής. Δε διστάζει να παρέχει ιατρικές συμβουλές σε ομάδες κοινωνικής δικτύωσης όπου συστήνεται ως νοσηλεύτρια. Στις ίδιες ή παρόμοιες ομάδες επίσης αναζητά συμβουλές για δικά της θέματα υγείας ή των παιδιών της.

Τη γνωρίσαμε όλοι μέσα από τις πολλαπλές συνεντεύξεις που έχει δώσει στα μέσα, με πρώτη την τηλεοπτική συνέντευξη που αναλύθηκε σε προηγούμενο κεφάλαιο. Υπήρξαν πολλές φορές μέχρι τώρα, ακόμα και ούσα προφυλακισμένη, που ένιωσε την ανάγκη να παρέμβει κατά τη διάρκεια εκπομπών και να συνεισφέρει τη δική της πλευρά. Δείχνει να αρέσκεται στην αυτοπροβολή καθώς και στην επιβολή. Ενοχλείται μόλις ακούει το παραμικρό που την ενοχοποιεί με οποιονδήποτε τρόπο, παρεμβαίνει άμεσα, και καταλήγει εκνευρισμένη όταν η επιβολή, η επιμονή, και η χειριστικότητά της δείχνουν να μην "πιάνουν τόπο". Έχει φτάσει στο σημείο να υψώνει φωνή σε δημοσιογράφο στην προσπάθειά της να αντικρούσει τα λεγόμενα.

Ως **μητέρα** τη γνωρίσαμε από διάφορες πλευρές:

- Ακούσαμε όσα έχει περιγράψει η ίδια, ο σύζυγός της, και η οικογένειά της, σύμφωνα με τα οποία ήταν μία στοργική και άψογη μητέρα που φρόντιζε τα παιδιά της στην εντέλεια.

- Ακούσαμε μαρτυρίες φίλων και γνωστών που έχουν περιγράψει ένα παρόμοιο προφίλ.

- Ακούσαμε μαρτυρίες άλλων που μίλησαν για κακοποιητική συμπεριφορά προς την πρωτότοκη κόρη και σχετικές καταγγελίες.

- Ακούσαμε μαρτυρίες νοσηλευτών που περιγράφουν μία αλλοπρόσαλλη κατάσταση κι ένα μπερδεμένο προφίλ. Περιλαμβάνει χαρακτηριστικά μάνας που νοιάζεται και ανησυχεί για την υγεία των παιδιών της σε συνδυασμό με χειριστικές συμπεριφορές ως προς τη νοσηλεία τους, όπως για παράδειγμα την απαίτησή της να χορηγεί η ίδια τα φάρμακα στο παιδί της αντί για τις νοσοκόμες. Κάποιοι ανέφεραν λεγόμενα της μητέρας που προκαλούν ερωτήματα όπως ότι το μεγαλύτερο κοριτσάκι ήταν εκείνο που βρήκε το βρέφος νεκρό στην κούνια, ενώ η ίδια ισχυρίζεται ότι το βρήκε η θεία. Μία επίσης αξιοσημείωτη αναφορά είναι η άρνηση της μητέρας να κάνει συνεδρίες, η ίδια και το παιδί της, με ψυχολόγο ύστερα από σύσταση γιατρού.

Ως **σύζυγο** επίσης τη γνωρίσαμε από διάφορες πλευρές:

- Και η ίδια και ο σύζυγός της ανέφεραν προβλήματα στη μεταξύ τους σχέση τα οποία όμως, όπως ισχυρίζονται και οι δύο, δεν επηρέασαν ποτέ τη φροντίδα και ανατροφή των παιδιών.

- Προηγούμενες σχέσεις της μίλησαν για απόπειρες αυτοκτονίας στο φόβο κάποιου χωρισμού. Επίσης περιέγραψαν κάποιες βίαιες δημόσιες αντιδράσεις και συμπεριφορές της μητέρας προς συγγενείς προηγούμενων συντρόφων.

Η προσωπικότητά της δείχνει μεθοδικότητα δίνοντας την εντύπωση ότι τίποτα δε λέγεται ή γίνεται τυχαία. Βάζει μακροχρόνιους στόχους με προνοητικά μέσα εκπλήρωσης. Κάποια από αυτά θα φανούν εν καιρώ όπως για παράδειγμα τα σεμινάρια εγκληματολογίας. Θα είναι φυσιολογικό να έχει προβεί σε διαδικτυακές αναζητήσεις που σχετίζονται με εγκληματικά θέματα εφόσον έπρεπε να κάνει έρευνα για τη διεκπεραίωση της τελικής της εργασίας.

Σήμερα, και ούσα προφυλακισμένη, εξακολουθεί να ελκύει την προσοχή με κάθε τρόπο. Της παρέχονται στενά μέτρα προστασίας με μονόκλινο κελί, ξεχωριστές ώρες προαυλίσματος, και "room service" από τους φύλακες που της ανάβουν το τσιγάρο. Ζήτησε από την πρώτη στιγμή τηλεόραση την οποία παρακολουθεί συνέχεια, όσες ώρες δε μιλάει στο τηλέφωνο. Οι κανόνες της επιτρέπουν να μιλάει στο τηλέφωνο από τις δώδεκα μέχρι τις τρεις το μεσημέρι, και παραμένει στο ακουστικό ολόκληρο το τρίωρο. Επικοινωνεί άφοβα με διψασμένους δημοσιογράφους και εξακολουθεί να επεμβαίνει σε όσα ακούγονται εις βάρος της. Τηλεόραση, τηλέφωνο, συνεντεύξεις, και τσιγαράκι χωρίς να χρειάζεται καν να πιάνει τον αναπτήρα. Οι ανάγκες της για προσοχή και αυτοπροβολή ικανοποιούνται πλήρως. Τρεις εβδομάδες μετά την προσαγωγή της θυμήθηκε να ζητήσει από τους δικούς της να της φέρουν φωτογραφίες των τριών παιδιών της. Η τηλεόραση, οι τηλεκάρτες, και τα τσιγάρα είχαν σειρά προτεραιότητας...

Ο ΠΑΤΕΡΑΣ

"Πατὴρ ο θρέψας κουχ ο γεννήσας πατήρ"
~ Μένανδρος ~

Έχει αλλάξει από την πρώτη φορά που τον γνωρίσαμε μέσα από την πολυσυζητημένη τηλεοπτική συνέντευξη του ζεύγους. Ωστόσο, κάτι που παραμένει σταθερό είναι η οπτική ψυχραιμία του.

Ενδέχεται μέσα του να βράζει αλλά καταφέρνει να καλύπτει την οποιοδήποτε νευρικότητα.

Είναι τρία χρόνια μικρότερος από τη σύζυγό του. Δε γνωρίζουμε πολλά για την οικογένειά του μιας και έχουν κρατηθεί μακριά από τα μέσα. Έγινε πατέρας πολύ μικρός, στα είκοσί του, και δέκα χρόνια μετά έχει χάσει και τα τρία του παιδιά. Παντρεύτηκε αφού γεννήθηκε το πρώτο του παιδί και όπως αναφέρει ο ίδιος *"το πρώτο του κοριτσάκι τον βοήθησε να ωριμάσει. Μεγάλωσαν μαζί".* Παρόλο που ο ίδιος δεν το παραδέχεται, έχει ακουστεί ότι η απρόσμενη εγκυμοσύνη τον οδήγησε πιεστικά στο γάμο.

Μελαχρινός, με νεανική και μοντέρνα παρουσία, επιλέγει μαύρα ρούχα με ιδιαίτερη προτίμηση στα δερμάτινα. Έκανε εντύπωση η εμφάνισή του όταν πήγε στο γραφείο της ανακρίτριας: δερμάτινο τζάκετ, γυαλιά ηλίου τύπου top gun, στενό μαύρο τζιν, και τζελ στο επιμελημένο μαλλί, η εμφάνιση θύμιζε περισσότερο rock star παρά πατέρα που έχει χάσει τρία παιδιά και η γυναίκα του κατηγορείται για τη δολοφονία του ενός. Περπατάει άνετα, σταθερά, χωρίς να βιάζεται, μπροστά από το δικηγόρο του, και επιδιώκει να μιλήσει στους δημοσιογράφους που ήξερε πως θα τον περίμεναν μπροστά στην είσοδο του κτιρίου. Είναι προετοιμασμένος για την προβολή, τη δημοσιότητα, και τις δηλώσεις, και όχι μόνο δε διστάζει, αλλά δείχνει να "γουστάρει".

Το ποδόσφαιρο και το τραγούδι έχουν κερδίσει το ενδιαφέρον του, αλλά όπως δηλώνει ο ίδιος όλη μέρα δουλεύει μεταφέροντας φαρμακευτικά προϊόντα για να μπορεί να ανταπεξέρχεται στα έξοδα της οικογένειας που από πενταμελής κατέληξε πάλι σε διμελής, αλλά πλέον με το ζεύγος χωρισμένο. Στην πρώτη τηλεοπτική συνέντευξη δεν αναφέρθηκε σε προβλήματα στη συζυγική του σχέση, αλλά αργότερα παραδέχτηκε διαπληκτισμούς, εξωσυζυγικές σχέσεις και από τις δύο πλευρές, και αποχωρίσεις από τη συζυγική στέγη. Άλλαξαν πολλά μετά την πρώτη εμφάνιση...

Βρισκόταν πλάι στη γυναίκα του και τη στήριζε με κάθε τρόπο. Περιέγραφε την άψογη μητέρα και νοικοκυρά αλλά δε μίλησε ποτέ για άψογη σχέση. Τα παιδιά ήταν πάντα φροντισμένα και πλημμυρισμένα από στοργή και αγάπη. Μπορεί ο ίδιος να αναγκαζόταν να λείπει πολλές ώρες από το σπίτι λόγω δουλειάς, αλλά ήξερε ότι δίπλα στα παιδιά ήταν πάντα η "μάνα-βράχος". Μόνο που σε ένα απόγευμα άλλαξαν όλα.

Η μητέρα συλλαμβάνεται και ο πατέρας αλλάζει άμεσα πλευρά. Σοκαρισμένος μεν, αλλά δεν κοντοστέκεται με δεύτερες σκέψεις. Εφόσον υπάρχουν ενδείξεις είναι αναγκασμένος να αποδεχτεί την κατηγορία ενάντια στη σύζυγό του και να ξεκαθαρίσει τη θέση του: Δεν είχε καταλάβει ή υποπτευθεί ποτέ τίποτα. Όλα έδειχναν την τέλεια μάνα. Δεν υπήρχε κανένα σημάδι προς τα παιδιά, και τονίζει "σου ξαναλέω, προς τα παιδιά" όταν δίνει συνέντευξη μόνος του πια. "Θέλω μισή ώρα στο κελί της. Θα τη σκοτώσω". Έκανε φτερά η συμπαράσταση, πάει, πέταξε. Εκείνος είναι καθαρός. Δε γνώριζε τίποτα.

Η απαγγελία της κατηγορίας κατέληξε πολύ γρήγορα και άμεσα στην απαγγελία του αφηγήματος:

~ *"Έν οἶδα ὅτι οὐδὲν οἶδα".*

Ο συντετριμμένος πια σύζυγος και πατέρας εκπροσωπείται από δικό του δικηγόρο, έχει περάσει στην απέναντι όχθη, και συνεχίζει τη ζωή του. Με καινούρια σχέση στην Αθήνα, που ίσως να μην είναι και τόσο καινούρια, δε διστάζει να κάνει δηλώσεις και να παρέχει συνεντεύξεις για να τονίζει όλα όσα δεν ήξερε αλλά κατάφερε να εμπεδώσει σε ένα απόγευμα.

Ίσως αν είδε, αν γνωρίζει, να νιώθει ντροπή και ενοχές. Αν δεν είδε, τότε δεν ήταν παρών, που επίσης τον γεμίζει με ενοχικές σκέψεις. Είναι θολό το τοπίο γύρω από τον τραγικό πατέρα, και η δημόσια συμπεριφορά του δεν το βοηθάει να καθαρίσει. Συνήθως αυτό συμβαίνει όταν προσπαθούμε να θολώσουμε τα νερά...

ΤΟ ΖΕΥΓΟΣ

"Ως ουδέν γλύκιον της πατρίδος ουδέ τοκήων γίνεται".
"Τίποτε γλυκύτερο δεν υπάρχει από την πατρίδα και από τους γονείς"
~ Όμηρος ~ [Οδύσσεια ι' 34]

"Εσύ στο χώμα κι εγώ στη φυλακή" είναι το μήνυμα που θέλει πλέον να περάσει ο σύζυγος οργισμένος και σοκαρισμένος από τις απρόσμενες εξελίξεις. Και η τραγική σύζυγος που χτυπιέται για την αθωότητά της παλεύει να δείξει ότι δεν ενδιαφέρεται για εκείνον μιλώντας μόνο για εκείνον. Παράδοξος τρόπος υποστήριξης της ανυπαρξίας κάποιου... Η καρδιά της χτυπάει μόνο για εκείνον, και η καρδιά του μόνο για τον εαυτό του.

Ποια καρδιά χτυπάει για τα τρία αγγελούδια που πέταξαν πριν την ώρα τους; Είναι *"ζεύγος"*, όχι *"γονείς"*.

ΝΑΡΚΙΣΣΟΙ

"Τι είναι ένας δανδής χωρίς το ναρκισσισμό του;
Βγάλε τα φτερά από μια πεταλούδα και είναι απλά μια κάμπια"
~ Nicolas Chamfort ~ [Γάλλος Συγγραφέας, 1740-1794]

Τοποθετείς έναν καθρέφτη μπροστά στο πρόσωπό της κι εκείνη επιμένει ότι δε δείχνει το δικό της πρόσωπο. Κάνεις το ίδιο μ' εκείνον κι επιμένει ότι δε δείχνει τίποτα ο καθρέφτης.

Ο νάρκισσος δεν παραδέχεται ποτέ σφάλμα του ακόμα κι αν προέρχεται από απροσεξία ή αμέλεια. Τα έχει κάνει όλα σωστά. Όταν κάτι πηγαίνει στραβά φταίνε οι άλλοι.

Για τη μητέρα φταίνε οι γιατροί. Έκαναν λάθος και σκότωσαν το παιδί της αλλά δεν τους κρατάει κακία γιατί όπως λέει *"τα λάθη είναι ανθρώπινα"*. Λατρεύει τόσο πολύ την εικόνα της που δε θέλει με κανένα τρόπο και για κανένα λόγο να την τσαλακώσει, ούτε σπαράζοντας για το χαμό των παιδιών της, ούτε εκφράζοντας οργή για το ιατρικό λάθος. Ξέρει όμως να εκφράζει την οργή της και μας το έχει δείξει κάθε φορά που κάτι δεν της αρέσει. *"Δεν την έχουν αφήσει να πενθήσει"* αλλά επιλέγει να "θρηνεί" μπροστά στην τηλεόραση έτοιμη να απαντήσει σε όλους και για όλα. Οι άλλοι φταίνε που δεν εκφράζει τον πόνο της. Οι άλλοι φταίνε που αναγκάζεται να βγαίνει στα κανάλια. Οι άλλοι φταίνε που μπήκε σε μονόκλινο. Οι άλλοι φταίνε που δεν ξαναπήγε στον ψυχίατρο. **Οι άλλοι** φταίνε για όλα.

Για τον πατέρα φταίει η ανάγκη του να δουλεύει από το πρωί μέχρι το βράδυ για να παρέχει στην οικογένεια. Δεν είδε, δε γνώριζε, ήταν απών γιατί έπρεπε να δουλεύει. Κι εδώ φταίνε οι καταστάσεις, **οι άλλοι.**

Όταν όμως βλέπουν τα φώτα να λάμπουν και τους προβολείς να πέφτουν πάνω τους ανασκουμπώνονται οι νάρκισσοι. Τότε ακούν, και μαθαίνουν, κι επεμβαίνουν για να είναι σίγουροι ότι θα λάμψουν όπως τους αρμόζει μπροστά στο φακό. Είναι εξοικειωμένοι με την τέχνη του photoshop. Μακιγιάρουν τις σκέψεις τους για να φαντάζουν φρέσκες και ρίχνουν μπόλικο άρωμα στα μπαγιάτικα ψέματα ξεστομίζοντάς τα με τόση ευκολία που κι οι ίδιοι ακόμα τα πιστεύουν.

Μετά λένε ότι τα βράδια δεν κοιμούνται καλά καθώς κρατάνε παραμάσχαλα τα πουπουλένια μαξιλαράκια τους που έχουν λεκιαστεί από τις μπογιές και τα κραγιόν.

Οι νάρκισσοι δεν κοιμούνται ποτέ αμακιγιάριστοι.

[ΠΡΟΣΩΠΙΚΗ ΠΑΡΕΝΘΕΣΗ: ΜΑΛΛΙΑ-ΚΟΥΒΑΡΙΑ]

"Να μην μπερδεύουμε το άυλον με το νάυλον"
~ Γέρων Παΐσιος ~

Τα είχε μπλέξει με ένα νάρκισσο. Όλοι το βλέπαμε εκτός από εκείνη. Ήταν αρκετά γοητευτικός άντρας, μια αρρενωπή παρουσία που δεν περνούσε απαρατήρητη στο χώρο. Τον γνώρισε σε ένα συνοικιακό μπαράκι στην περιοχή "Logan Square". Πρόκειται για μια "μεικτή" περιοχή του Σικάγο, και αυτό σημαίνει ότι συναντάς διάφορες εθνικότητες χωρίς να υπερισχύει το ποσοστό κάποιας συγκεκριμένης. Είναι επίσης μια ζωντανή γειτονιά με καφέ, μπαράκια, και εστιατόρια, μικρά μαγαζάκια με είδη που δε βρίσκεις αλλού και απέχουν από τις "κονσέρβες" των πολυκαταστημάτων, και γενικά υπάρχει "πεζή" κινητικότητα στους δρόμους. Δε συναντάς σε πολλές γειτονιές τέτοια κινητικότητα γιατί λόγω των μεγάλων αποστάσεων συνήθως μετακινούμαστε με το αυτοκίνητο και σπάνια τριγυρίζουμε με τα πόδια, και φυσικά το χειμώνα η παγωνιά το καθιστά απαγορευτικό. Εξάλλου δεν μας το επιτρέπει και ο χρόνος εφόσον η καθημερινότητα χαρακτηρίζεται από μόνιμη βιασύνη.

Το μπαράκι ήταν γωνιακό με τραπέζια στο πεζοδρόμιο για την απόλαυση εκείνης της σπάνιας ευχάριστης καλοκαιρινής βραδιάς. Τον προσέξαμε όλοι όταν πάρκαρε ακριβώς μπροστά στο πεζοδρόμιο, σε σημείο όπου απαγορευόταν η στάθμευση, και ακουγόταν η εκκωφαντική μουσική από την κόκκινη καμπριολέ BMW. Δε δίστασε καθόλου να την παρκάρει εκεί, άφησε το κάλυμμα ανοιχτό, και έκλεισε την πόρτα με δύναμη προχωρώντας με αυτοπεποίθηση προς την είσοδο. Έκανε αμέσως νόημα στην κοπέλα της υποδοχής και τακτοποιήθηκε σε τραπέζι δίπλα στο δικό μας. Δε φαινόταν να περιμένει παρέα, έπαιζε με το κινητό του, αλλά παράλληλα σήκωνε συχνά το βλέμμα και κοιτούσε εξεταστικά, έως και προκλητικά, τη φίλη μου. Κι εκείνη τσίμπησε.

Θυμάμαι ακριβώς τα πρώτα λόγια που της είπε:

~ *"Μάλλον οι φίλες σου ήθελαν να σε εκδικηθούν σήμερα και σου έκλεψαν το αντηλιακό".*

Όντως η κοπέλα είχε κοκκινίσει από τον ήλιο με το χαρακτηριστικό χρώμα που παίρνει η επιδερμίδα μιας φυσικής κοκκινομάλλας. Εκείνος συνέχισε λέγοντας:

~ *"Ευτυχώς μου αρέσει όταν οι φακίδες πυκνώνουν και γίνονται πιο έντονες".*

Η φίλη μου ένιωσε κατευθείαν όλη την προσοχή του στραμμένη πάνω της και με τόσο προσωπικό και παρατηρητικό τρόπο που κολακεύτηκε ανεπανόρθωτα. Οι μήνες που ακολούθησαν αποτέλεσαν ένα διαρκές βασανιστήριο το οποίο μάλλον νιώθαμε περισσότερο εμείς απ' ό,τι εκείνη εφόσον δεν αποφάσιζε να του δώσει τέλος.

Την *"έπαιζε"* στα χέρια του σαν μπαλάκι. Όποτε ήθελε το κρατούσε ζεστό στην παλάμη του, και όποτε επιθυμούσε το πετούσε με δύναμη στον τοίχο, στα πλακάκια, στο τραπέζι, όπου έβρισκε. Είχε καταλάβει ότι ήταν ελαστικό και δε μελάνιαζε εύκολα. Όσο δυνατά και αν τιναζόταν επανερχόταν γρήγορα στο αρχικό του σχήμα. Ήταν ανθεκτικό και εύπλαστο συνάμα. Ένα τέτοιο μπαλάκι είναι αυτό ακριβώς που επιζητά κάθε νάρκισσος για να ικανοποιεί τα κέφια του, να το χαϊδεύει όταν εκείνος θέλει, και να το χτυπάει αλύπητα όποτε το *"εγώ"* του αρέσκεται στην κακομεταχείριση κάποιας άλλης ψυχής. Κι εκείνη η ψυχή συνέχιζε να δέχεται τα χτυπήματα όχι μόνο χωρίς ενστάσεις, αλλά με μια παράδοξη επιθυμία για περισσότερα.

Την είχαν παγιδέψει τα αγκάθια του μέσα από τη χαρισματική γοητεία που εξέπεμπε τις πρώτες μέρες και που αποτέλεσε ένα γερό και ακαταμάχητο μαγνητικό υπόβαθρο. Δεν ήταν δυνατόν να μην την πονούσαν τα χτυπήματα, αλλά προφανώς η έλξη κέρδιζε και οι λιγοστές στιγμές επιφανειακής προσοχής και δοτικότητας φάνταζαν πιο ισχυρές από τις πολλαπλές επώδυνες δονήσεις. Όταν κάποια στιγμή ταρακουνήθηκε και οι κεραίες της άρχισαν να επεξεργάζονται τα σήματα, έκανε προσπάθεια για να τον αντιμετωπίσει, να του μιλήσει, να του παραπονεθεί, να τον συνετίσει, αλλά ήταν μονόδρομος. Αφού έγιναν *"μαλλιά-κουβάρια"*, την εκσφενδόνισε με μένος στην άλλη πλευρά του φράχτη όπου ευτυχώς εκείνη ξαναβρήκε το φυσικό ρυθμό της δικής της ανάσας.

Δεν είναι εύκολο να διαφωνείς ή να επιχειρηματολογείς με ένα νάρκισσο. Είναι σα να χτυπάς το κεφάλι σου στον ίδιο τοίχο χωρίς να καταφέρνεις ποτέ να τον ραγίσεις, και παρόλο που τον έχεις βάψει μαύρο με τα ίδια σου τα χέρια, εκείνος επιμένει ότι είναι άσπρος. Και θα συνεχίσει να επιμένει. Ο νάρκισσος δεν αλλάζει εφόσον έχει πείσει τον εαυτό του ότι είναι *"τέλειος"* σε όλα και πάντα φταίνε οι άλλοι για όλα. Αν τύχει ποτέ να τον συναντήσεις, ενδέχεται να μην καταλάβεις με τι έχεις να κάνεις διότι φροντίζει να καλύπτει τα αγκάθια του με βελούδινες θήκες στο χρώμα του δέρματος και δεν τα παίρνεις χαμπάρι. Όταν πια σε αγκυλώσουν, σε έχει ήδη πείσει ότι ανήκουν στο δικό σου σώμα και τρυπιέσαι μόνη σου.

Αν λοιπόν τύχει και τον συναντήσεις, και κάποιος δικός σου άνθρωπος προσπαθήσει να σου δείξει τα αγκάθια που λαμπυρίζουν στον ήλιο, κάνε ένα βήμα πίσω και σκέψου:

~ *"Μήπως αυτός ο άνθρωπος αγαπάει τόσο πολύ τον εαυτό του που η καρδιά του δεν έχει χώρο για κανέναν άλλο;"*

20. Τα σεμινάρια

*"Μη σε νοιάζει αν κάποιος γύρω σου μιλάει χαμηλόφωνα. Μονάχα
ο ένοχος φαντάζεται ότι γι' αυτόν μιλούν όλοι"*

~ Διονύσιος Κάτων ~

Έχει χάσει και το δεύτερο παιδί της όταν η χαροκαμένη μάνα αποφασίζει
να ξεκινήσει ένα από τα ενδιαφέροντά της, την παρακολούθηση σεμιναρί-
ων εγκληματολογίας. Πρόκειται για ένα πανεπιστημιακό πρόγραμμα που
προσφέρει την ευκαιρία μιας πρώτης επαφής με το αντικείμενο μέσα από
διαδικτυακά μαθήματα τα οποία καλύπτουν βασικές πτυχές του τομέα. Οι
συμμετέχοντες μαθαίνουν κάποιες κύριες και βασικές αρχές και έννοιες
της εγκληματολογίας, εξετάζουν παραδείγματα υποθέσεων, συμμετέχουν
σε διαδικτυακές συζητήσεις μεταξύ τους και υπό την καθοδήγηση των κα-
θηγητών, και ολοκληρώνουν τον κύκλο με την τελική τους εργασία. Ανα-
φερόμαστε σε έναν τομέα σε δύσκολο μαθησιακό επίπεδο που σίγουρα η
ολοκλήρωση σχετικών σεμιναρίων απαιτεί μελέτη με αρκετό χρόνο, ενέρ-
γεια, συνέπεια, και συγκέντρωση σε αυτή.

Μέσα από έρευνες και στατιστικές φαίνεται ότι τα τελευταία χρόνια
το ενδιαφέρον προς τη συγκεκριμένη επιστήμη έχει αυξηθεί. Μπορεί να
οφείλεται στην αύξηση της εγκληματικότητας καθώς και στην ανάδειξη
και εδραίωση κάποιων κλάδων και εξειδικεύσεων όπως για παράδειγμα
τη Δικαστική Ψυχολογία και τομείς που αφορούν το ηλεκτρονικό έγκλη-
μα. Το γεγονός ότι στο συγκεκριμένο κύκλο σεμιναρίων συμμετείχαν πε-
ρίπου 800 σπουδαστές είναι ενδεικτικό.

Αυτό που έχει προκαλέσει προβληματισμό είναι πώς μία μάνα που έχει
χάσει δύο παιδιά βρίσκει την ενέργεια, και προπαντός τη διάθεση, το δε-
δομένο χρονικό διάστημα να ασχοληθεί με ένα αντικείμενο που τη φέρνει
τόσο κοντά στην υπενθύμιση του θανάτου. Θα μπορούσε να ασχοληθεί με
εκατοντάδες άλλα ενδιαφέροντα που ίσως θα της πρόσφεραν την ευκαι-
ρία να *"ξεχαστεί"* και να απομακρύνει το νου και την καρδιά της από τον
πρόσφατο χαμό των παιδιών της, ως κάποια διαφυγή σε μια περίοδο που
πενθεί και πονάει. Η επιλογή της μας βάζει σε σκέψεις λόγω του χαρακτή-

ρα του αντικειμένου και των συνθηκών υπό των οποίων έλαβε χώρα.

Η ίδια έδωσε απάντηση στην πρώτη τηλεοπτική συνέντευξη όταν ρωτήθηκε από το δημοσιογράφο. Είπε ότι ήταν κάτι που την ενδιέφερε από καιρό και ο σύζυγός της που γνώριζε την επιθυμία της αποφάσισε να της κάνει δώρο τα σεμινάρια. Επίσης μπήκε στη διαδικασία να εξηγήσει, και εξαιτίας διαφόρων σχολίων που είχαν ακουστεί εις βάρος της από τον περίγυρο, ότι όποιος *παρακολουθεί τέτοιου είδους σεμινάρια δε σημαίνει πως έχει πρόθεση να σκοτώσει* ούτε το κάνει με σκοπό να συλλέξει πληροφορίες που θα τον βοηθήσουν στην τέλεση κάποιου εγκλήματος.

Εννοείται πως ο στόχος της εγκληματολογίας δεν είναι να διδάξει σε μελλοντικούς δράστες τα *"μυστικά της τέχνης τους"*.

Ο προβληματισμός όμως παραμένει. Αρκετές φορές όταν κάτι μας φαίνεται παράξενο μπορεί και να είναι. Υπάρχουν και φορές που η επιθυμία μας να είναι παράξενο το κάνει να είναι, ενώ στην πραγματικότητα η αντικειμενικότητα δείχνει το αντίθετο. Ενδέχεται η πεποίθηση για την ενοχή της να διαστρεβλώνει κάποια γεγονότα και να τα κατατάσσει ως ενδείξεις ενοχής. Ας απομακρυνθούμε για λίγο από οποιαδήποτε πεποίθηση και ας κοιτάξουμε το γεγονός πιο απλά και σύμφωνα με τα δεδομένα που έχουμε.

Η μητέρα έχασε δύο παιδιά. Πολύ σύντομα μετά το χαμό του δεύτερου ξεκίνησε σεμινάρια εγκληματολογίας γιατί πάντα την ενδιέφεραν. Λίγο μετά την έναρξη των σεμιναρίων το τρίτο παιδάκι υπέστη την ανακοπή και έμεινε τετραπληγικό. Η μητέρα συνέχισε την παρακολούθηση των σεμιναρίων και τα ολοκλήρωσε παραθέτοντας την τελική εργασία της. Μήπως υπάρχει κάτι σε αυτή την αλληλουχία που κάνει τον αρχικό προβληματισμό πιο έντονο;

Ας δεχτούμε ότι ένα γεγονός που ίσως για εμάς φαντάζει περίεργο ή παράδοξο - η συμμετοχή σε σεμινάρια εγκληματολογίας μετά το χαμό δύο παιδιών - προέρχεται όντως από αγνό ενδιαφέρον και ανάγκη για ενασχόληση τη δεδομένη στιγμή. Το γεγονός ότι τα σεμινάρια συνεχίζονται και ολοκληρώνονται κατά τη διάρκεια της επόμενης αδιανόητης κατάστασης και περιόδου, όταν το τρίτο κοριτσάκι κατέστη τετραπληγικό, ίσως ξεπερνάει τα όρια αποδοχής μας. Μιλάμε για μία κατάσταση που ανατρέπει ολοκληρωτικά τη ζωή και την καθημερινότητα, και αν σε αυτό προσθέσουμε τα συναισθήματα που συνεπάγεται, τότε μετατρέπεται σε ένα πανύψηλο βουνό που πρέπει να σκαρφαλώνεις κάθε μέρα, κάθε ώρα.

Φέρνεις ένα τετραπληγικό παιδί στο σπίτι, ένα παιδάκι που πριν ήταν υγιέστατο, και ξαφνικά πρέπει να φροντίζεις για την κάθε του κίνηση, την κάθε μπουκιά, την κάθε ανάσα, την κάθε ανάγκη του. Όλα εξαρτώνται από εσένα. Και μαζί με όλη την καινούρια έννοια και φροντίδα έχεις να διαχειριστείς το *"γιατί;"* και το *"πώς;"*. *"Πώς συνέβη αυτό σ' εμάς; Γιατί μας ακολουθεί τόσος πόνος; Γιατί έρχονται επάνω μας το ένα βάσανο μετά το άλλο;"*. Η ζωή σου έχει ανατραπεί με τον χειρότερο τρόπο - έχασες δύο παιδιά και το τρίτο που σου απέμεινε κατέστη τετραπληγικό. Και μέσα σε όλη αυτή την πρακτική και συναισθηματική δίνη εσύ μπορείς και συνεχίζεις κάτι που είχες ξεκινήσει επειδή έτρεφες κάποια επιθυμία και ενδιαφέρον γι' αυτό, χωρίς καν να αποτελεί κάτι που σκέφτεσαι να χρησιμοποιήσεις μελλοντικά (όπως ανέφερε η ίδια στη συνέντευξη), και καταφέρνεις να το ολοκληρώσεις.

Ή έχουμε να κάνουμε με μία άκρως δυναμική προσωπικότητα που ξεπερνάει τα όρια και τις αντοχές κάθε ανθρώπου, ή υποβόσκει κάποιο άλλο κίνητρο πίσω από αυτή την υπεράνθρωπη προσπάθεια και επιτυχία ολοκλήρωσης.

21. Παρέμβαση φωνητικού αναλυτή

"Those who hear not the music think the dancers mad"
"Αυτοί που δεν ακούν τη μουσική θεωρούν τους χορευτές τρελούς"
~ Friedrich Nietzsche ~

Σε αυτό τη σημείο γράφω καθαρά ως φωνητικός αναλυτής εκφέροντας συγκεκριμένη άποψη η οποία πηγάζει από όσα δεδομένα είχα μέχρι τώρα στη διάθεσή μου, και είναι ό,τι ακριβώς θα κατέθετα αν μου είχε ζητηθεί. Αναλύθηκε λεπτομερώς μία απάντηση της μητέρας. Αν προβούμε στην ανάλυση ολόκληρης της συνέντευξης θα καταλήξουμε με ένα ολόκληρο εγχειρίδιο φωνητικής ανάλυσης, το οποίο βέβαια θα είχε ενδιαφέρον αλλά δεν είναι ο στόχος αυτού του βιβλίου. Ωστόσο, έχω αναλύσει ολόκληρη τη συνέντευξη καθώς και επακόλουθες συνεντεύξεις και δηλώσεις, και οι παρακάτω παρατηρήσεις βασίζονται και στη συγκεκριμένη *"απάντηση-κλειδί"* που αναλύθηκε, αλλά και στο συνολικό προφίλ σύμφωνα με όλα όσα έχουν ακουστεί μέχρι τώρα από τη μητέρα.

"ΑΠΑΝΤΗΣΗ-ΚΛΕΙΔΙ": ΠΡΩΤΗ ΑΙΣΘΗΣΗ

Η πρώτη αίσθηση που προκαλεί η *"απάντηση-κλειδί"*, και σύμφωνα πάντα με όλα όσα αναλύθηκαν σε προηγούμενα κεφάλαια, μας οδηγεί στα εξής:

- Η μητέρα ολοφάνερα διαλέγει να μην προβεί σε ευθεία απάντηση, αρνητική ή καταφατική. Όχι μόνο αποφεύγει να απαντήσει ευθέως, αλλά καταφεύγει σε τακτικές οι οποίες στρέφουν την προσοχή του ακροατή προς άλλες κατευθύνσεις Αυτό, σε συνδυασμό με το περιεχόμενο, τη "γλώσσα" προσώπου και σώματος, και τις τεχνικές που έχουν ήδη αναλυθεί, φανερώνει ξεκάθαρη **υπεκφυγή** μαζί με **παραπλάνηση, επιβολή, κυριαρχία,** και **χειριστικότητα.**
- Διαφαίνεται στην απάντηση η **απουσία αυθορμητισμού.** Έχει σκεφτεί από πριν τι θα πει και πώς θα προσεγγίσει μία τέτοιου είδους

ερώτηση και έχει προετοιμαστεί ανάλογα.

- Το περιεχόμενο της απάντησης και τα λεγόμενά της δε συμβαδίζουν ούτε με τον τρόπο εκφοράς, ούτε με τις εκφράσεις του προσώπου, ούτε με τις σωματικές κινήσεις και αντιδράσεις, γεγονός που προβάλλει ύπαρξη **ανακρίβειας** και προκαλεί **αμφισβήτηση** ως προς την αυθεντικότητα των όσων λέει.

- Οι σωματικές αντιδράσεις φανερώνουν εκνευρισμό και επιθετικότητα τα οποία σε πολλά σημεία δε συμβαδίζουν με το περιεχόμενο, όταν μιλάει για την απώλεια και το πένθος. Αυτό επίσης φέρει το στοιχείο της **ανακρίβειας** καθώς και της **ανασφάλειας** και **αμηχανίας.**

- Απαξιώνει αμέσως την ερώτηση το οποίο επίσης προβάλλει **αποφυγή, παραπλάνηση, επιβολή, χειριστικότητα** και **άμυνα.**

- Στρέφει το περιεχόμενο της απάντησης στον εαυτό της, στο πένθος που βιώνει, και στις άδικες κατηγορίες του περίγυρου προς αυτήν. Εκτός που δεν απαντάει ευθέως στην ερώτηση, ο τρόπος που χειρίζεται την απάντηση προβάλλει στοιχεία **εγωκεντρισμού, ναρκισσισμού,** και πάλι **παραπλάνησης** και **χειριστικότητας.**

- Το επίμονα και επαναλαμβανόμενα εξεταστικό βλέμμα προς το δημοσιογράφο δείχνει την ανάγκη επιβεβαίωσης που για μια ακόμα φορά αποτελεί ένδειξη **ανακρίβειας** καθώς και **ενοχής, άμυνας,** και **ανασφάλειας.** Παράλληλα δηλώνει προσπάθεια **επιβολής** και **κυριαρχίας.**

- Καθ' όλη τη διάρκεια της απάντησης αγνοεί παντελώς την ύπαρξη του συζύγου της και δεν τον συμπεριλαμβάνει στα λεγόμενά της παρά αναφέρεται μόνο στον εαυτό της. Πάλι βλέπουμε σημάδια **εγωκεντρισμού** και **ναρκισσισμού,** ενώ παράλληλα αυτό μπορεί να φανερώνει **ενοχές.**

- Μιλάει απρόσωπα σχετικά με την ευτυχία που είχαν φέρει τα παιδιά στο σπίτι και παραμένει απομακρυσμένη από τους θανάτους αν και η ερώτηση αναφερόταν συγκεκριμένα σε αυτούς. Όλη αυτή η στάση κουβαλάει **αποφυγή, παραπλάνηση,** ενοχές και **απομάκρυνση** από τα γεγονότα. Ενώ στην υπόλοιπη συνέντευξη δε δίστασε να μιλήσει για τα γεγονότα των θανάτων και μάλιστα να δώσει περιγραφικές λεπτομέρειες, στο συγκεκριμένο σημείο τα αποφεύγει.

- Δεν εκφράζει τον πόνο και τη θλίψη που περιγράφει ούτε με τον τόνο της φωνής ούτε με τις εκφράσεις της. Το γεγονός ότι τα παραπάνω δε συμβαδίζουν είναι στοιχείο **ανακρίβειας**.

- Μιλάει συνεχόμενα χωρίς διακοπές γεγονός που φανερώνει **ετοιμότητα** και προσπάθεια **επιβολής,** αλλά παράλληλα προβάλλει **ανασφάλεια**. Αυτά ενισχύονται όταν απαντάει άμεσα η ίδια στις ερωτήσεις που θέτει.

"ΑΠΑΝΤΗΣΗ-ΚΛΕΙΔΙ": ΣΥΜΠΕΡΑΣΜΑΤΑ ΚΑΙ ΠΟΡΙΣΜΑΤΑ

Συνοψίζοντας τα παραπάνω και εξετάζοντας τους κοινούς παρονομαστές, καταλήγουμε σε κάποια γενικά συμπεράσματα και πορίσματα που προκύπτουν από την ανάλυση της απάντησης και περιλαμβάνουν τα εξής χαρακτηριστικά:

- Αποφυγή.
- Παραπλάνηση.
- Ανακρίβειες.
- Ενοχές.
- Άμυνα.
- Ανασφάλεια.
- Υπεκφυγή.
- Επιβολή.
- Κυριαρχία.
- Χειριστικότητα.
- Ετοιμότητα.
- Προετοιμασία.
- Συνειδητή απομάκρυνση από τα γεγονότα.
- Εγωκεντρισμό.
- Στοιχεία ναρκισσισμού.

Μαζί με τα παραπάνω παρατηρούμε την απουσία κάποιων στοιχείων τα οποία θα περιμέναμε να υπάρχουν σύμφωνα με το περιεχόμενο της απάντησης. Απουσιάζει η οποιαδήποτε εκδήλωση των παρακάτω:

• Οργής.
• Θλίψης.
• Πόνου.
• Πένθους.
• Ευθείας απάντησης.
• Σύνδεσης με το σύζυγο.
• Αυτοπεποίθησης.
• Αυθορμητισμού και παρορμητισμού.
• Σιωπηλών ή στοχαστικών στιγμών.
• Γενικής εκδήλωσης συναισθημάτων και αντιδράσεων που σχετίζονται με το πένθος και την απώλεια.

ΓΕΝΙΚΟ ΣΥΜΠΕΡΑΣΜΑ
Η απάντηση της μητέρας δεν πείθει τον ακροατή, προκαλεί αμφιβολίες, και γεννά ερωτήματα ως προς τη γνησιότητα και αυθεντικότητα του περιεχομένου της.

ΕΝΔΕΙΚΤΙΚΕΣ "ΦΡΑΣΕΙΣ-ΚΛΕΙΔΙΑ"

Υπάρχουν κάποιες πολύ συγκεκριμένες φράσεις που έχει εκφράσει η μητέρα σε διάφορες συνεντεύξεις και δηλώσεις της οι οποίες είναι αξιοσημείωτες και αποτελούν πλούσιο υλικό προς διερεύνηση και φωνητική ανάλυση. Χωρίς να γίνει λεπτομερής ανάλυση, μερικές ενδεικτικές *"φράσεις-κλειδιά"* είναι οι εξής:

Το ματωμένο πανάκι
Στη διάρκεια τηλεφωνικής συνομιλίας σε δημοφιλή τηλεοπτική εκπομπή εγκληματικού περιεχομένου ρωτήθηκε από τη δημοσιογράφο και τον ιατροδικαστή για το *"ματωμένο πανάκι"* που βρέθηκε στην κούνια του μωρού μετά τη διαπίστωση του θανάτου του και όταν επέστρεψαν οι γονείς

στο σπίτι από το νοσοκομείο. Της ζητήθηκε να περιγράψει πώς ακριβώς βρέθηκε το πανάκι στην κούνια και η μητέρα απάντησε:

~ *"Το πρώτο πράγμα που έκανα όταν φτάσαμε στο σπίτι από το νοσοκομείο ήταν να γονατίσω μπροστά στην κούνια. Γονατίσαμε μπροστά στην κούνια και είδαμε ένα πανάκι. Είπα: αχ, ένα πανάκι!"*

Η περιγραφή της μητέρας δείχνει αποστασιοποίηση όχι μόνο από το γεγονός αλλά και από το ίδιο το πανάκι που αποτελούσε ένα συναισθηματικό αντικείμενο εφόσον το κρατούσε συνέχεια το μωράκι, αλλά και ένα σημαντικό εύρημα. Αναφέρεται στο πανάκι σα να ήταν κάτι παράξενο, κάτι που το έβλεπε για πρώτη φορά, κάτι που δεν ανήκε στο χώρο. Θα περίμενε κανείς να αναφερθεί σε αυτό λέγοντας το παρακάτω ή κάτι ανάλογο:

~ *"Αχ, **το** πανάκι του μωρού!"* [**"το"** υπονοεί ένα γνώριμο, οικείο, και συγκεκριμένο αντικείμενο] και όχι:

~ *"Αχ, **ένα** πανάκι!"* [**"ένα"** υπονοεί κάποιο αόριστο και τυχαίο αντικείμενο άγνωστης προέλευσης]

Καρκίνος
Στην ίδια εκπομπή αναφέρθηκε από μάρτυρα ότι η μητέρα κατά τη διάρκεια παλαιότερης σχέσης, πριν παντρευτεί, είχε ισχυριστεί πως έπασχε από καρκίνο για να τραβήξει την προσοχή του τότε συντρόφου της. Μάλιστα, σύμφωνα πάντα με τη μαρτυρία, για να γίνει πιστευτή πλαστογράφησε ένα ιατρικό έγγραφο το οποίο ανήκε στη γιαγιά της η οποία έπασχε από καρκίνο, και άλλαξε το όνομα στο έγγραφο για να το παρουσιάσει ως δικό της. Η δημοσιογράφος ρώτησε τη μητέρα για τη γιαγιά της και αν έπασχε από καρκίνο και ακολούθησε η παρακάτω συνομιλία:

~Δημοσιογράφος: *"Η γιαγιά σου είχε καρκίνο; Από καρκίνο πέθανε η γιαγιά σου;"*

~Μητέρα: *"Μμμμμμμμ...."*

Το *"Μμμμμμ..."* ήταν καταφατικό αλλά το εξέφρασε με τρόπο που έδειχνε ότι δεν ήθελε να μπει στη διαδικασία της συγκεκριμένης συζήτησης και ήθελε να προσπεράσει το θέμα ενώ μέχρι εκείνη τη στιγμή ήταν λαλίστατη και απαντούσε λεπτομερώς στις προηγούμενες ερωτήσεις.

Αμυχές στη μύτη

Οι ιατροδικαστές παρατήρησαν δύο αμυχές στη βάση της μύτης του πρώτου κοριτσιού που έφυγε από τη ζωή και ξεκίνησαν να κάνουν λόγο για την πιθανότητα ασφυκτικού θανάτου. Πάλι στην ίδια εκπομπή η δημοσιογράφος ρώτησε τη μητέρα αν θυμόταν να είχε η μικρούλα γρατζουνιές στη μύτη πριν πεθάνει. Η μητέρα απάντησε ότι ύστερα από τόσο μεγάλο διάστημα δεν μπορούσε να θυμηθεί τη συγκεκριμένη λεπτομέρεια. Συνέχισε με μια λεπτομερή εξήγηση για το πώς θα μπορούσαν να είχαν προκληθεί οι γρατζουνιές εάν όντως υπήρχαν. Όταν επέμεινε η δημοσιογράφος και αναφέρθηκε ο ασφυκτικός θάνατος η μητέρα άλλαξε την απάντησή της λέγοντας:

~ *"Ο σύζυγός μου λέει ότι δε θυμάται να είχε η μικρή γρατζουνιές πριν πεθάνει. Εγώ θυμάμαι ότι τις είχε".*

Ενώ στην αρχή δήλωσε κατηγορηματικά ότι δε θυμόταν, μόλις ένιωσε πίεση άλλαξε την απάντηση και μάλιστα με έντονα κατηγορηματικό τόνο.

Ξαφνική επιθετικότητα

Έχει συμβεί σε διαφορετικές περιπτώσεις και με διαφορετικές δημοσιογράφους όταν η μητέρα στράφηκε εναντίον τους με λεκτική επιθετικότητα μόλις άκουσε κάτι που δεν της άρεσε ή την έκανε να αισθανθεί "στριμωγμένη". Ο τόνος της άλλαξε ξαφνικά από ουδέτερος σε επιθετικός με ένταση και επιβλητικότητα. Η ξαφνική αλλαγή τόνου και η ένταση με την οποία εκφράστηκε παρουσίασαν μία άλλη πλευρά της προσωπικότητάς της την οποία είχε καταφέρει να καλύψει μέχρι τότε, αλλά η ένταση και νευρικότητα που κρύβονταν μέσα της δεν μπόρεσαν να παραμείνουν εσωτερικευμένες. Φάνηκε πολύ καθαρά το *"άλλο της πρόσωπο".*

Τα παραπάνω παραδείγματα δείχνουν με ποιους τρόπους αντιδρά λεκτικά η μητέρα όταν περιγράφει κάτι που μπορεί να προκαλέσει υποψίες, όταν θέλει να αποφύγει κάποιο θέμα, και όταν αισθάνεται πίεση. Ένα επίσης αξιοσημείωτο μοτίβο της μητέρας, το οποίο συναντήσαμε και στην *"απάντηση-κλειδί"* που αναλύθηκε, είναι η επιλογή της να απαντάει με ερωτήσεις. Εφαρμόζει συχνά την τεχνική και κυρίως όταν της τίθενται "δύσκολες" ερωτήσεις. Ο όρος "δύσκολες" συμπεριλαμβάνει ερωτήσεις που απαιτούν περισσότερες αφηγηματικές λεπτομέρειες από αυτές που έχει ήδη προσφέρει καθώς και θέματα για τα οποία δε θέλει να επεκταθεί, και τα δύο δηλαδή παρόμοια με τα προηγούμενα παραδείγματα.

"Γλώσσα λανθάνουσα..."

Στην πρώτη τηλεοπτική συνέντευξη των γονιών η μητέρα εξήγησε για ποιον λόγο είχε βιντεοσκοπήσει το μεγαλύτερο κοριτσάκι κατά τη διάρκεια που συνέβαινε επεισόδιο σπασμών. Εξήγησε ότι της το είχαν ζητήσει οι γιατροί επειδή τα επεισόδια δε συνέβαιναν εν παρουσία τους και ήθελαν να δουν τι ακριβώς πάθαινε το κοριτσάκι. Η μητέρα είπε:

~ "Τράβηξα το βίντεο για να αποδείξω, ή μάλλον για να δείξω στους γιατρούς..."

Το παραπάνω παράδειγμα δείχνει ακριβώς την έννοια του ρητού: **"Γλώσσα λανθάνουσα τα αληθή λέγει"**. Η λέξη **"αποδείξω"** που χρησιμοποιήθηκε αρχικά φέρει το μήνυμα ότι η μητέρα έκανε κάτι επειδή δε γινόταν πιστευτή και ήθελε να εδραιώσει τους ισχυρισμούς της. Μόλις αντιλήφθηκε το νόημα που προβάλλει η λέξη, την άλλαξε λέγοντας **"δείξω"**. Η πρώτη εκδοχή είναι πιο πιθανό να αντικατοπτρίζει την αλήθεια των σκέψεών της. Ήθελε να αποδείξει, να γίνει πιστευτή, και να υπάρχει ντοκουμέντο για τους ισχυρισμούς της. Είναι μία από τις πιο ενδεικτικές φράσεις που έχει πει η μητέρα και που προκαλεί αμφιβολίες.

Βίντεο παιδιών

Τέλος, υπάρχει και κάτι άλλο που δημιουργεί έναν παράξενο προβληματισμό και δε σχετίζεται με δηλώσεις της μητέρας. Έχει παρουσιαστεί σε τηλεοπτικές εκπομπές ένα βίντεο το οποίο έχει τραβηχτεί μετά το θάνατο του πρώτου κοριτσιού και όταν πλέον έχει γεννηθεί το τρίτο κοριτσάκι. Στο βίντεο είναι το μεγαλύτερο κοριτσάκι με τη μικρή αδελφούλα της. Το μωράκι είναι ξαπλωμένο ανάσκελα και η αδελφή του παίζει μαζί του και κάνει κάτι ιδιαίτερα χαρακτηριστικό: Δυο-τρεις φορές ακουμπάει και κλείνει τη μύτη του μωρού. Είναι προφανές ότι πρόκειται για μια στιγμή χαρούμενου παιχνιδιού, αλλά η κίνηση του κοριτσιού προκαλεί μία περίεργη στιγμιαία εντύπωση, σα να έχει δει κάποιον άλλο να κάνει κάτι παρόμοιο. Μπορεί ο προβληματισμός να φαίνεται "τραβηγμένος" αλλά έχει να κάνει περισσότερο με την ενστικτώδη αίσθηση που προκαλεί στον τηλεθεατή αυτή η σύντομη αλλά τόσο χαρακτηριστική σκηνή. Ίσως να επηρεάζει τις αισθήσεις και την κρίση η πορεία των γεγονότων και να μην έχει κάποια ιδιαίτερη σημασία, αλλά το γεγονός ότι τραβάει την προσοχή και ερεθίζει τη σκέψη δεν περνάει απαρατήρητο.

ΚΑΠΟΙΕΣ ΓΕΝΙΚΕΣ ΠΑΡΑΤΗΡΗΣΕΙΣ ΣΥΝΟΛΙΚΟΥ ΠΡΟΦΙΛ

Η μητέρα έχει προσφέρει ως τώρα πλήθος συνεντεύξεων και τηλεφωνικών συνομιλιών με δημοσιογράφους. Παρόλο που και οι δύο γονείς αρχικά είχαν δηλώσει ότι η πρώτη τηλεοπτική συνέντευξη θα ήταν και η τελευταία, δε σταμάτησαν εκεί αλλά συνέχισαν να αποδέχονται ή και να καλωσορίζουν δημοσιογραφικές προσκλήσεις και να αυτοπροβάλλονται παρεμβαίνοντας κατά τη διάρκεια τηλεοπτικών εκπομπών, κυρίως η μητέρα. Αυτή η διαρκής ανάγκη για αυτοπροβολή και παρέμβαση σε συνδυασμό με τη συνεχή απουσία εκδήλωσης συναισθημάτων πόνου και θλίψης για τον χαμό των τριών παιδιών προβληματίζει.

Έχει αναφέρει αρκετές φορές η μητέρα ότι ο περίγυρος δεν την έχει αφήσει να θρηνήσει και οι κατηγορίες την απομακρύνουν όλο και περισσότερο από την ανάγκη της να νιώσει και να εκφράσει το πένθος της. Οι πράξεις της όμως δε συμβαδίζουν με αυτό διότι η ίδια διαλέγει να παρακολουθεί επίμονα όλα όσα προβάλλονται από τα μέσα και να επεμβαίνει άμεσα και επιθετικά σε οτιδήποτε τη βρίσκει αντίθετη. Εάν όντως ένιωθε την τεράστια ανάγκη να πενθήσει και το μόνο εμπόδιο είναι η δημοσιότητα που έχει λάβει το θέμα, θα επιδίωκε με κάθε τρόπο να μένει μακριά από τα ρεπορτάζ και τα φώτα για να εκπληρώσει την ανάγκη της να θρηνήσει όπως εκείνη χρειάζεται.

Επιπλέον, μιλάμε για τρεις θανάτους, και το πρώτο κοριτσάκι έφυγε πριν δύομιση χρόνια. Τότε δεν υπήρχε καμία δημοσιότητα, ούτε υποψίες, κατηγορίες, ή κακόβουλα κουτσομπολιά που να εμπόδιζαν τη μητέρα να πενθήσει. Μάλιστα, κατά την περίοδο του πρώτου "πένθους" γέννησε το τρίτο της παιδί, που μπορεί να ήταν μια παρηγοριά για την οικογένεια, αλλά δεν υπήρχαν εμπόδια που να συγκρατούσαν την ανάγκη της να πενθήσει. Έχει αναφέρει πως έπρεπε να παραμένει δυνατή για το άλλο κο-

ριτσάκι που είχε μείνει μόνο του, και έκανε προσπάθεια να φαίνεται χα-
ρούμενη για εκείνο. Σίγουρα σε μια τέτοια περίπτωση το παιδί που μένει
πίσω μπορεί να λειτουργήσει ως συναισθηματικό στήριγμα και μία από
τις πρώτες ερωτήσεις που θέτει ένας ψυχολόγος ή ψυχίατρος προς κά-
ποιον ασθενή που έχει βιώσει την απώλεια του παιδιού του είναι αν έχει
άλλα παιδιά γιατί η ύπαρξή τους μπορεί να βοηθήσει στη διαδικασία του
πένθους και να αποτελέσει στήριγμα. Επομένως, ναι, το μεγαλύτερο κο-
ριτσάκι ήταν ένα στήριγμα και ένας λόγος επιβεβαίωσης και υπενθύμισης
ότι η ζωή συνεχίζεται. Αυτό όμως δε σημαίνει ότι η ύπαρξη ενός άλλου
παιδιού πρέπει να αποτελεί εμπόδιο στις διεργασίες που συμπεριλαμβά-
νει το πένθος, και δεν αποτελεί σε καμία περίπτωση εμπόδιο. Ο άνθρω-
πος που νιώθει την ανάγκη να πενθήσει θα βρει τρόπους να εκφράσει τον
πόνο και τη θλίψη, θα τα μοιραστεί με τους οικείους του, και θα αναζητή-
σει διεξόδους έκφρασης του πένθους.

Ωστόσο, η μητέρα επιμένει ότι δεν είχε μέχρι τώρα την ευκαιρία να
πενθήσει κανένα από τα τρία της παιδιά και μεταφέρει τις ευθύνες γι' αυτό
στον περίγυρο. Δεν είναι ξεκάθαρο πώς ο περίγυρος αποτέλεσε εμπόδιο
μετά το χαμό του πρώτου και του δεύτερου παιδιού εφόσον όλη η δημο-
σιότητα βγήκε στην επιφάνεια μετά το θάνατο του τρίτου. Αυτές οι δηλώ-
σεις της μητέρας ακούγονται περισσότερο σαν δικαιολογίες και ενδείξεις
ναρκισσιστικής προσωπικότητας.

Οι διαδικασίες του πένθους και ο ναρκισσισμός θα αναλυθούν εκτενέ-
στερα σε επόμενα κεφάλαια. Προς το παρόν, αυτό που κρατάμε είναι η
παντελής απουσία εκδήλωσης συναισθημάτων που σχετίζονται με το πέν-
θος και όσα αυτό συνεπάγεται, και όχι μόνο η δημόσια εκδήλωση, αλλά η
παραδοχή από την ίδια τη μητέρα ότι δεν έχει καταφέρει να πενθήσει για
κανένα από τα παιδιά της. για λόγους που μόνο εκείνη γνωρίζει.

"Και τη νύχτα μ' αρέσει να ακούω τ' αστέρια.
Είναι σαν πεντακόσια εκατομμύρια μικρές καμπανούλες"
~ Antoine de Saint-Exupéry ~

[ΠΡΟΣΩΠΙΚΗ ΠΑΡΕΝΘΕΣΗ: ΜΗΤΡΙΚΗ ΓΛΩΣΣΑ]

"Άκουσα στον Άγιο Πέτρο της Ρώμης το Ευαγγέλιο σε όλες τις γλώσσες. Η Ελληνική αντήχησε άστρο λαμπερό μέσα στη νύχτα"
~ Johann Wolfgang Goethe ~

~ *"Σε ποια γλώσσα ονειρεύεσαι; Στα αγγλικά ή στα ελληνικά;"*
Με ρώτησε μια μέρα ο ανιψιός μου. Δεν το είχα σκεφτεί ποτέ μέχρι τότε και με βρήκε απροετοίμαστη. Πρέπει να είχαν περάσει περίπου 15 χρόνια από όταν είχα πρωτοέρθει στο Σικάγο. Οι συναναστροφές μου εκτός οικογένειας ήταν ως επί το πλείστον με Αμερικανούς. Στη δουλειά καθημερινά μιλούσα Αμερικάνικα. Δεν είχα αποκοπεί από την Ελληνική γλώσσα αλλά η πλειοψηφία της καθημερινότητάς μου δεν περιλάμβανε τη χρησιμοποίησή της.

Ήρθα για να ζήσω μόνιμα στο Σικάγο αμέσως μόλις τελείωσα το λύκειο στη Θεσσαλονίκη, στα 17 μου χρόνια. Ξεκίνησα κατευθείαν πανεπιστημιακές σπουδές και η εκμάθηση της αγγλικής αποτελούσε επιτακτική ανάγκη και προτεραιότητα. Όλη μέρα πάλευα με ένα λεξικό στο χέρι και μετάνιωνα που μεγαλώνοντας στην Ελλάδα είχα προτιμήσει να μάθω Γαλλικά. Η αλήθεια είναι πως όταν ζεις σε μια ξένη χώρα μαθαίνεις τη γλώσσα γρήγορα και ειδικά στην ηλικία που ήμουν και έχοντας την πίεση των σπουδών και την ανάγκη για κοινωνικότητα και φιλικές συναναστροφές. Ωστόσο, τα Ελληνικά δεν τα παράτησα. Στην αρχή δε γινόταν συνειδητά, αλλά καθώς μεγάλωνα και ωρίμαζα έκανα πιο επισταμένη προσπάθεια να συναντιέμαι με τη μητρική μου γλώσσα.

Στον ελεύθερο χρόνο μου επέλεγα Ελληνική λογοτεχνία, άκουγα Ελληνική μουσική, και το πιο σημαντικό ήταν ότι έγραφα πολύ, διαρκώς, όποτε έβρισκα ευκαιρία. Περίμενα με λαχτάρα τα δέματα που μου έστελνε ταχυδρομικώς η μητέρα μου με καινούρια βιβλία, κασέτες γραμμένες από το ραδιόφωνο, και νέες ποιητικές συλλογές. Άκουγα, διάβαζα, έγραφα, και δεν ήθελα με τίποτα να ξεχάσω και να αποκοπώ από τη γλώσσα που αγαπούσα τόσο πολύ.

Ως μέρος των σπουδών μου έχω μελετήσει αρκετές γλώσσες, αλλά σαν την Ελληνική δεν υπάρχει άλλη για μένα. Είναι η γλώσσα που μου μιλάει, που με κάνει να αισθάνομαι και να εκφράζομαι ελεύθερα και αβίαστα. Όταν με ρώτησε ο ανιψιός μου σε ποια γλώσσα ονειρεύομαι πραγματικά δεν μπορούσα να του απαντήσω, αλλά καθώς σκεφτόμουν την απάντηση συνειδητοποίησα ότι τη σκεφτόμουν στα Ελληνικά. Και όσο περισσότερο το σκεφτόμουν και το διεργαζόμουν τις επόμενες μέρες, τόσο περισσότερο ένιωθα τις Ελληνικές σκέψεις που πλημμύριζαν το μυαλό μου.

Έχοντας πια ζήσει 30 χρόνια στις Ηνωμένες Πολιτείες τα Αμερικάνικα είναι πλέον στη φύση μου και υπάρχουν και φορές που επικρατούν στη σκέψη μου. Μάλιστα, σε επισκέψεις μου στην Ελλάδα αρκετές φορές κομπιάζω σε συνομιλίες προσπαθώντας να βρω τη σωστή λέξη και παιδεύομαι όταν μου έρχεται μόνο στα Αμερικάνικα. Όταν αναφέρω σε Αμερικανούς πως έχω μεγαλώσει στην Ελλάδα και μου λένε *"Δε φαίνεται καθόλου στην προφορά σου! Μιλάς σα γνήσια Αμερικανίδα!"*, και παρόλο που τα πρώτα χρόνια έκανα προσπάθεια να μάθω τη σωστή Αμερικάνικη προφορά, μπορώ να πω ότι το σχόλιο με ενοχλεί λιγάκι παρόλο που αποτελεί κομπλιμέντο. Νιώθω θαρρείς και έχω απομακρυνθεί από τις ρίζες μου, θαρρείς και απορροφήθηκα από την Αμερικάνικη κουλτούρα ενώ θεωρώ την Ελληνική ανώτερη και πιο ποιοτική σε πολλά επίπεδα. Ίσως με έχει επηρεάσει αυτό που έγραψε ο Γάλλος συγγραφέας François Rochefoucauld: *"Η προφορά του τόπου όπου γεννηθήκαμε μένει στο πνεύμα και την καρδιά μας όσο και στην ομιλία μας"*. Η ιδέα της απομάκρυνσης από τη μητρική μου γλώσσα με στεναχωρεί προκαλώντας την αίσθηση ότι χάνω την ταυτότητά μου. Μου αρέσει να ακούω ανθρώπους που μιλούν Αμερικάνικα με την προφορά της μητρικής τους γλώσσας - μου φαίνεται χαρισματικό και αυθεντικό, αλλά και χαριτωμένο διότι ενισχύει την ιδιαιτερότητα της προσωπικότητάς τους.

Και όμως... Η μαγεία της μητρικής γλώσσας δεν έχει σβήσει και έχω καταλάβει ότι δεν είναι δυνατόν να σβήσει όταν και εφόσον την αγαπάς. Έχει να κάνει με το οικείο συναίσθημα των παιδικών μας χρόνων και των πρώτων λεκτικών εμπειριών μας. Έχει να κάνει με τις πρώτες λέξεις που ακούσαμε από τη μητέρα μας και τα πρώτα λόγια που εκφράσαμε και ανταλλάξαμε με την οικογένειά μας. **Η μητρική μας γλώσσα είναι το σπίτι της έκφρασής μας** και τα θεμέλια δεν γκρεμίζονται.

Όταν επεξεργάζομαι και αναλύω φωνητικά ή γραπτά ντοκουμέντα ως μέρος της δουλειάς μου, δε νιώθω ποτέ απομακρυσμένη από αυτά που είναι στην αγγλική, και η διαδικασία γίνεται εντελώς αβίαστα, αυθόρμητα, και χωρίς ιδιαίτερη σκέψη. Όταν όμως εξετάζω παρόμοια ντοκουμέντα στην ελληνική, νιώθω μία βαθύτερη σύνδεση με τη γλώσσα που επεξεργάζομαι. Θα το περιέγραφα ως σύνδεση με κάποιες επιπλέον διαστάσεις εσωτερικότητας, ενστίκτου, και αντανακλαστικών.

Πολλές φορές τα βράδια πριν με πάρει ο ύπνος σκέφτομαι ότι το πρωί πρέπει οπωσδήποτε να θυμηθώ σε ποια γλώσσα ονειρεύτηκα. Για κάποιο παράξενο λόγο ποτέ δε θυμάμαι την επόμενη μέρα. Εάν ισχύει η αντίληψη του Γάλλου ψυχιάτρου Jacques Lacan ότι *"Το υποσυνείδητο ξεδιπλώνεται μέσα από τα παιχνίδια της γλώσσας"*, και αν ακολουθήσουμε τις θεωρίες ψυχολογίας περί ονείρων και υποσυνείδητου, τότε ο διακεκριμένος ψυχίατρος, ο οποίος χαρακτηρίζεται ως ο πιο ανατρεπτικός ψυχαναλυτής μετά τον Freud, μάλλον μου δίνει την απάντηση.

22. Οικογένεια

Η ΘΕΙΑ

"Πρώτα πες στον εαυτό σου ποιος θέλεις να είσαι. Μετά να ενεργείς σύμφωνα μ' αυτό"

~ Επίκτητος ~

Είναι οχτώ χρόνια μικρότερη από τη μητέρα. Η μικρότερη αδελφή που ζει κάτω από τη σκιά της μεγαλύτερης. Νιώθει ασφάλεια όταν αισθάνεται την αδελφική επιβολή όπως ένα παιδάκι που χρειάζεται καθοδήγηση από το γονιό και την απολαμβάνει όταν την παίρνει παρόλο που συχνά παραπονιέται ότι νιώθει καταπίεση. Έτσι κι εκείνη έχει μάθει να ζει με την ανάγκη όχι απλά της καθοδήγησης αλλά της επιβολής. Στηρίζει την αδελφή της γιατί η ίδια έχει συνηθίσει να στηρίζεται από εκείνη. Όμως το στήριγμα δε βρίσκεται εκεί για προστασία αλλά για διαχείριση.

Δείχνει μεγαλύτερη από 25, αλλά ο τρόπος που κινείται στο χώρο προδίδει την ηλικία της καθώς και την άβουλη πλευρά της προσωπικότητάς της την οποία έχει μάθει να καλύπτει με άγαρμπο τρόπο. Ο λόγος της καθρεφτίζει την κυριαρχία που λαμβάνει από την αδελφή της και προσπαθεί να την κάνει δικιά της και να την ασκήσει προς τους άλλους. Εάν κλείσουμε τα μάτια νομίζουμε ότι μιλάει το ίδιο άτομο, αλλά μόλις τα ανοίξουμε βλέπουμε καθαρά την ανασφάλεια που λείπει από τη μεγαλύτερη.

Σε αντίθεση με την αδελφή της, οι ετοιμόλογες κουβέντες της δε συνοδεύονται από ευστροφία. Είναι το παπαγαλάκι που μένει πάντα στο κλουβί του γιατί κάποιος φρόντισε να του ψαλιδίσει τα φτερά. Προσπαθεί να δείξει ότι μπορεί να πετάξει αλλά μένει πάντα στο ίδιο σημείο, αυτό της από πάνω σκιάς.

Πάντα μερικά βήματα πίσω, έχει μάθει να ακολουθεί και να εκτελεί. Εκείνη πήγε το ματωμένο πανάκι του βρέφους στην αστυνομία. Δεν αναρωτήθηκε ή δε ρώτησε πώς βρέθηκε το αίμα στο πανάκι;

Κουβάλησε τα νερά και τις τηλεκάρτες στη φυλακή ενώ την κυνηγούσαν οι κάμερες. Δεν ήθελε ή δε δέχτηκε να κάνει δηλώσεις;

Η θεία ήταν παρούσα όταν έφυγε το βρέφος. Είπε ότι ο πατέρας έλειπε από το σπίτι γιατί ήταν στη δουλειά, όμως εκείνος είχε φύγει ύστερα από καυγά. Δεν ήξερε ή δεν μπορούσε να πει την αλήθεια; Αν δεν μπορούσε, τι άλλο γνωρίζει που δεν το λέει;

Θέλει να δείχνει σκληρή σαν την αδελφή της μα τα γόνατά της τρέμουν. Σε όλη της τη ζωή έχει κάνει υπερπροσπάθεια για να της μοιάσει αλλά είναι πλασμένη από άλλη ζύμη και δεν της βγαίνει. Κάποια στιγμή θα συνειδητοποιήσει τι έτρωγε όλα αυτά τα χρόνια και θα το φτύσει. Μέχρι τότε, θα κυνηγάει τη σκιά της.

Δεν είναι κακιά. Απλά έχει θαμπωθεί. Αυτό παθαίνει όποιος μεγαλώνει με ένα νάρκισσο όχι στο πλευρό, αλλά αρκετά βήματα μπροστά.

Η ΓΙΑΓΙΑ

> *"Όλοι οι άνθρωποι μοιάζουν μεταξύ τους... Οι μεγαλύτεροι των θνητών, μα κι οι πιο μικροί, αγαπάνε τα παιδιά τους. Άνισοι κοινωνικά, άλλοι είναι πλούσιοι κι άλλοι φτωχοί. Αλλά ολόκληρο το ανθρώπινο γένος αγαπάει τα παιδιά του"*
>
> *~ Ευριπίδης ~*

Είναι η γυναίκα που έδωσε ζωή στα προφυλακισμένα χέρια, η γιαγιά των τριών άμοιρων ψυχών. Στην αρχή δεν ήθελε να βγει στο φακό. Στη συνέχεια μπορεί και να της άρεσε.

Πονάει περισσότερο για όσα ξέρει παρά για όσα κατηγορείται. Έχει πει ότι η κόρη της δε θα μπορούσε να κάνει ποτέ κακό στα παιδιά της. Όταν το λέει, τα μάτια της πονούν από την άρνηση. Λέει αυτό που θα ήθελε να πιστεύει για την κόρη της, αυτό που θα ήθελε να πιστεύει κάθε μάνα, αλλά τα μάτια της πονούν γιατί έχουν δει.

Η ίδια θα έκανε τα πάντα για την κόρη της και αυτό κάνει και τώρα. Χέρι-χέρι με τη μικρότερη κόρη περπατούσαν τόσα χρόνια στη σκιά της μεγάλης και τώρα σέρνονται για να μην τη χάσουν. Είναι πιο δύσκολο αν χάσουν τη σκιά και μείνουν εκτεθειμένες στον ήλιο γιατί θα φανούν όλες οι μουτζούρες που μέχρι τώρα σκέπαζε η επιβολή της μεγαλύτερης κόρης.

Λάτρευε τα εγγόνια της τόσο όσο την άφηνε η μητέρα τους. Είχε να δώσει περισσότερη αγάπη αλλά δεν της δινόταν η άδεια. Θέλει να δείξει τον πόνο της για το χαμό τους αλλά πάλι εκείνη δεν την αφήνει. Έχει μάθει να χαρίζεται απλόχερα στη χειριστικότητα της πρωτότοκης κόρης, να καλύπτει τα λάθη της τα οποία έπαυσαν να είναι λάθη πριν από πολλά χρόνια και μεταμορφώθηκαν σε "ατυχίες".

Δεν ήταν πάντα έτσι. Γέννησε ένα νάρκισσο, τρυπήθηκε πολλές φορές από τα αγκάθια του, και έμαθε να τα γυαλίζει αντί να τα κόβει. Τα φοβάται τα αγκάθια, τόσο πολύ που τα έχει αγαπήσει εφόσον δεν έχει βρει τρόπο να τα αποφεύγει.

Έτσι γίνεται. Όταν νιώθουμε ότι κάτι κακό μας ανήκει, το προστατεύουμε για να προστατεύσουμε τον ίδιο μας τον εαυτό από όσους γνωρίζουν ότι μας ανήκει.

Υπάρχει βέβαια και το ενδεχόμενο ένας νάρκισσος να είναι σπόρος κάποιου άλλου. Μπορεί η γιαγιά που φροντίζει να κάνει ισιωτική μαλλιών πριν επισκεφτεί την προφυλακισμένη κόρη να κρύβει μέσα της κάποιες ναρκισσιστικές ρίζες. Εξάλλου, όπως με τις περισσότερες λαϊκές παροιμίες που πάντα αντανακλούν αλήθειες ζωής, η έννοια της παρακάτω δεν είναι τυχαία:

~ *"Δες μάνα και πάρε κόρη"*

[ΠΡΟΣΩΠΙΚΗ ΠΑΡΕΝΘΕΣΗ: Η ΑΓΑΠΗ ΚΕΡΔΙΖΕΙ]

Η μυρωδιά της οικογένειας, η γλυκιά.
αυτή που σου χαϊδεύει τη μύτη με μήλο και κανέλλα,
με ζεστούς λουκουμάδες λουσμένους στο μέλι,
ψητή γαλοπούλα γεμισμένη με κάστανα και σταφίδες.

Αυτή η μυρωδιά που σου ζεσταίνει τα ρουθούνια,
δροσίζει την ανάσα σου και κάνει τα μάτια να χαμογελούν.

Στο σπίτι της μάνας μαζεμένοι γύρω από το τραπέζι,
τρεις γενιές αγάπης, στοργής, και ευδαιμονίας.

Τσουγκρίζουν τα ποτήρια μετά την προσευχή
και καμαρώνουν οι τοίχοι από την ευτυχία.

Αυτή η οικογενειακή αίσθηση, η εγκάρδια, η σπιτικιά.
Η γνώριμη αγκαλιά, τα αδελφικά φιλιά, και τα χάδια.
Το οικείο γέλιο, η συμβουλή, το παίνεμα.
Τα φιλόξενα χέρια που μιλούν, και ρωτούν, και ανταλλάσουν.

Όλοι μαζί, το ίδιο αίμα,
οι ίδιες χαρές, οι ίδιες ανησυχίες.

Τα μυστικά μοιράζονται.
Το γλυκό σε ίσα κομμάτια.

Η αγάπη κερδίζει. -

23. Η σπιτονοικοκυρά

"Λόγω γαρ ήσαν ουκ έργω φίλοι"
"Γιατί ήταν φίλοι στα λόγια, όχι στην πράξη"
~ Ευριπίδης ~ [Άλκηστις]

Το ζεύγος μένει σε ένα ισόγειο διαμέρισμα και στον επάνω όροφο ζούσε
η ιδιοκτήτρια και σπιτονοικοκυρά η οποία απεβίωσε το Σεπτέμβριο του
2020. Ήταν μία μοναχική γυναίκα, συνταξιούχος φιλόλογος, που είχε χά-
σει το σύζυγό της και η ίδια αντιμετώπιζε κάποια κινητικά προβλήματα.
Μαρτυρίες αναφέρουν πως η σπιτονοικοκυρά είχε παραχωρήσει το δια-
μέρισμα στο ζεύγος και το πρώτο τους μωράκι υπό τη συμφωνία ότι θα
τη βοηθούσαν με κάποιες καθημερινές της ανάγκες που δεν είχε τη δυνα-
τότητα να διεκπεραιώνει λόγω των προβλημάτων της. Έτσι έχει ακουστεί
ότι το ζεύγος δεν πλήρωνε ενοίκιο. Επίσης έχει αναφερθεί από μαρτυρίες
ότι η ηλικιωμένη γυναίκα κάποια στιγμή άλλαξε τη συμφωνία και ζήτησε
ένα μικρό ενοίκιο επειδή δε λάμβανε τη βοήθεια που χρειαζόταν και είχαν
συμφωνήσει. Υπάρχουν κάποιες απορίες γύρω από τη συμφωνία και την
αλλαγή της τις οποίες δυστυχώς δεν μπορεί να απαντήσει και να λύσει η
ίδια η σπιτονοικοκυρά εφόσον δε βρίσκεται πλέον στη ζωή.

Οι υποψίες, που πολλαπλασιάζονται σαν τα παράσιτα, κάποια στιγμή
άρχισαν να αγγίζουν και το θάνατο της σπιτονοικοκυράς. Περιγράφεται
ένα θολό τοπίο σχετικά με τις συνθήκες θανάτου της καθώς επίσης και τη
διαχείριση των οικονομικών της.

Η μητέρα των τριών παιδιών έχει αναφέρει σε συνέντευξή της ότι η γυ-
ναίκα εκτός από κινητικά προβλήματα έπασχε και από καρκίνο στο ενδο-
μήτριο και αυτός ήταν ο λόγος της τελευταίας νοσηλείας της και η αιτία
θανάτου της. Άλλοι γνωστοί της γυναίκας ισχυρίζονται ότι δεν έπασχε
από καρκίνο. Έτσι η υπόθεση βρίσκεται πλέον στα χέρια των αρχών που
διερευνούν τυχόν κακοποίηση ή παραμέληση της ηλικιωμένης, τη διαχεί-
ριση των οικονομικών της, καθώς και τα ακριβή αίτια θανάτου της. Το γε-
γονός ότι η μοναχική γυναίκα είχε παραχωρήσει στον πατέρα πληρεξού-
σιο σύμφωνα με το οποίο μπορούσε να διαχειρίζεται τα οικονομικά της

έχει ενισχύσει τις υποψίες.

Είναι δύσκολη η μοναξιά και ειδικά στην ευαίσθητη τρίτη ηλικία, όταν ο άνθρωπος προσπαθεί να εμπιστευθεί το χέρι που του προσφέρει βοήθεια. Η άτυχη γυναίκα δεν ήταν πολύ μεγάλη - πέθανε στα 67 της χρόνια. Ο μοναχικός τρόπος ζωής της και η έλλειψη κοινωνικότητας που τη χαρακτήριζε δημιουργεί δυσκολίες στη χαρτογράφηση των συνθηκών διαβίωσής της. Πολλοί γείτονες αναφέρουν ότι δεν την είχαν δει ποτέ να βγαίνει από το σπίτι, τα παντζούρια ήταν μονίμως σφραγισμένα, και ούτε δεχόταν επισκέψεις εκτός από κάποιες κυρίες που τη φρόντιζαν το τελευταίο διάστημα. Έχουν αναφερθεί διάφορα τους τελευταίους μήνες τα οποία δε γνωρίζουμε αν ισχύουν ή αν αποτελούν μέρος κακόβουλου κουτσομπολιού και δημιουργίας εντυπώσεων. Υπάρχει η μαρτυρία φίλου της για κάποιες λίρες που είχε στην κατοχή της η γυναίκα και που δεν έχουν βρεθεί. Άλλη μαρτυρία μιλάει για μια φοβισμένη γυναίκα που δεν εμπιστευόταν τους ενοίκους της και αρνιόταν ακόμα και φαγητό μαγειρεμένο από τα χέρια τους. Είναι τόσο δύσκολο να γνωρίζουμε τι ισχύει και τι όχι εφόσον τα τελευταία χρόνια κολυμπούσε μόνιμα σε μοναχικά ύδατα.

Δεν είναι η πρώτη φορά που ακούμε για εκμετάλλευση μοναχικών ηλικιωμένων με σκοπό το οικονομικό όφελος. Μία μάνα που ενδέχεται να έχει σκοτώσει το ίδιο της το παιδί, ή και παιδιά, μάλλον δε θα δίσταζε να πράξει το αδιανόητο προς κάποια ξένη γυναίκα. Εάν αποκαλυφθεί κάτι τέτοιο μάλλον δε θα εκπλαγούμε.

Άφησε όμως πίσω της μια ανεκτίμητη συναισθηματική κληρονομιά η ηλικιωμένη γυναίκα. Πάντα έτρεφε ιδιαίτερη αδυναμία προς το μεγαλύτερο κοριτσάκι, εκείνο που έφυγε τελευταίο από τη ζωή μετά το θάνατο της ίδιας. Της άρεσε να περνάει χρόνο μαζί του, και το παιδάκι ανέβαινε συχνά στο δεύτερο όροφο για να την επισκεφτεί. Σίγουρα η γυναίκα με την τόση αγάπη που έτρεφε για εκείνο θα του πρόσφερε ζεστασιά και στοργή, κάτι που ίσως δεν απολάμβανε από τη δική του μητέρα.

Φαίνεται ότι το σπίτι της ήταν όαση χαράς και θαλπωρής για το κοριτσάκι και παρόλο που δε χάρηκε αρκετά αυτή την όαση, ήταν κάτι που μετά το θάνατό της ηλικιωμένης το κράτησε μέσα του για το υπόλοιπο της ζωής του και το πήρε μαζί του όταν πέταξε η ψυχούλα του. Αλλά και η ηλικιωμένη γυναίκα έλαβε χαρά από την παρουσία του κοριτσιού, και ειδικά εφόσον δεν είχε δικά της παιδιά για να τη μοιραστεί μ' εκείνα, και αυτό το συναίσθημα τη συνόδεψε στην τελευταία της κατοικία.

Τελικά οι δυο τους έμελλε να ξανασυναντηθούν πιο σύντομα απ' ότι περίμεναν...

[ΠΡΟΣΩΠΙΚΗ ΠΑΡΕΝΘΕΣΗ: ΤΡΙΤΗ ΗΛΙΚΙΑ]

"Δις παίδες οι γέροντες"
~ Αρχαιοελληνική Παροιμία ~

Η τρίτη ηλικία... Λένε ότι ο άνθρωπος ξαναγίνεται μωρό μόνο που χρειάζεται ακόμα περισσότερη στοργή και ζεστασιά. Μάλλον αυτό συμβαίνει γιατί έχει ζήσει, έχει δει, έχει ακούσει, έχει κρατήσει, έχει αφήσει, έχει κερδίσει, κι έχει χάσει, αλλά δεν έχει ξεχάσει. Ο Σλοβενός θεατρικός συγγραφέας Zarko Petan μεταδίδει αυτό ακριβώς το νόημα με μία συνοπτική αλλά εύστροφα περιεκτική φράση:

~ **"Ένας γέρος είναι ένα παιδί με παρελθόν."**

Η γιαγιά μου μια μέρα με κλείδωσε στην κουζίνα. Φώναζε ότι δεν την ταΐζαμε. Έπασχε από άνοια και το γνώριζα, αλλά είχα θυμώσει όταν το έκανε. Έμεινα δύο ώρες κλειδωμένη στην κουζίνα μέχρι να γυρίσει η μητέρα μου στο σπίτι. Δε σκεφτόμουν ότι μπορεί να κάνει κάτι επικίνδυνο, να γλιστρήσει, να χτυπήσει, αλλά μετρούσα τα λεπτά που έχανα από το αγαπημένο μου τηλεοπτικό σόου. Είχα καθησυχάσει τη μητέρα μου ότι θα τα κατάφερνα μόνη μου, κι εκείνη δεν είχε φανταστεί τα μέρη στα οποία θα ταξίδευε ο άρρωστος νους της γιαγιάς μου.

Όταν επέστρεψε και μας βρήκε δεν κατάλαβα αν είχε στεναχωρηθεί περισσότερο για μένα ή για τη γιαγιά, πράγμα που έτσουξε την ευαισθησία μου. Όταν το σκέφτομαι τώρα γελάω και κλαίω μαζί.

Γελάω όταν σκέφτομαι το σαρκαστικό ευφυολόγημα του Αμερικανού κωμικού George Burns:

~ *"Πρώτα ξεχνάς ονόματα, μετά ξεχνάς πρόσωπα, μετά ξεχνάς να ανεβάσεις το φερμουάρ, και στο τέλος ξεχνάς να το κατεβάσεις."*

Κλαίω με τη σκέψη: *"Ποιος ξέρει τι απωθημένα κουβαλούσε το μυα-*

λουδάκι της...;"

Δεν είμαι σίγουρη αν βρισκόταν σε στιγμές διαύγειας ή παραφροσύνης όταν μου απήγγειλε τους στίχους του Γιάννη Ρίτσου που πάντα φώτιζαν το πρόσωπό της με το πιο γαλήνιο χαμόγελο:

~ *"Είναι καλό το φεγγάρι, - δε θα φαίνεται που άσπρισαν τα μαλλιά μου.*
Το φεγγάρι θα κάνει πάλι χρυσά τα μαλλιά μου. Δε θα καταλάβεις."

Η τρίτη ηλικία, η τρίτη και τελευταία. Ευτυχώς ο άνθρωπος όταν πλέον πλησιάσει τα λημέρια της μαθαίνει να βρίσκει παρηγοριά και συντροφιά σε κάτι τόσο πλούσιο και απλόχερα δοτικό: την ομορφιά της ποίησης που η νεότητα πολλές φορές προσπερνάει με ανώριμη αδιαφορία ή παντελή άγνοια...

"Το γήρασμα του σώματος και της μορφής
είναι πληγή από φρικτό μαχαίρι.
Εις σε προστρέχω τέχνη της ποιήσεως
που κάπως ξέρεις από φάρμακα..."
~ Κωνσταντίνος Καβάφης ~

ΜΕΡΟΣ Δ'

Τίποτα δεν είναι ανεξήγητο

"Πέρας γαρ ουδέν μη διά γλώσσης ιόν"
~ Ευρυπίδης ~

24. Πένθος

"Βιάζεσαι να βγάλεις αμέσως απ᾽ το μάτι σου το σκουπιδάκι που σ᾽ ενοχλεί, αν όμως κάτι ενοχλεί την ψυχή σου, τη γιατρειά την αναβάλλεις για του χρόνου"

~ Οράτιος ~

Ορισμός: Πένθος είναι η φυσική διαδικασία και κατάσταση - σωματική, ψυχολογική, πνευματική, συναισθηματική, και συμπεριφοριακή - που έπεται μίας απώλειας.

Η απώλεια μπορεί να σχετίζεται με πρόσωπα, καταστάσεις, αλλαγές στον τρόπο ζωής, απόλυση από εργασία, εμφάνιση ασθένειας, στόχους και όνειρα, χωρισμό ή διαζύγιο, κατοικίδια, ακόμα και αντικείμενα. Επομένως το πένθος δεν είναι απαραίτητο να σχετίζεται με θάνατο. Αυτό που έχει σημασία και προκαλεί το πένθος είναι τα αισθήματα που νιώθουμε προς αυτό που χάσαμε.

Εξηγώντας το απλοϊκά, όσο πιο πολύ αγαπάμε κάτι, τόσο πιο βαριά πενθούμε όταν το χάνουμε. Βέβαια ένας θάνατος μπορεί να θεωρηθεί η πιο σοβαρή αιτία για να βυθιστεί ένας άνθρωπος στις πιο έντονες αντιδράσεις και καταστάσεις πένθους, και πόσο μάλλον όταν πρόκειται για το θάνατο του παιδιού του.

Έχουν ακουστεί πολλά για το πένθος τον τελευταίο καιρό από τα μέσα μαζικής ενημέρωσης. Οι περισσότεροι ειδικοί εξηγούν και συμφωνούν ότι ο κάθε άνθρωπος μπορεί να βιώσει το πένθος του διαφορετικά, και ότι οι δημόσιες αντιδράσεις δεν αποτελούν απαραίτητα δείκτη ως προς το μέγεθος και την ένταση του πένθους. Ωστόσο, έχει σχολιαστεί αμέτρητες φορές η παρατήρηση ότι οι χαροκαμένοι γονείς προβάλλουν έλλειψη πένθους και συσχετιζόμενων συναισθημάτων όταν εκφράζονται δημόσια σε συνεντεύξεις και δηλώσεις τους, γεγονός που έχει προβληματίσει.

Η ψυχολογία περιγράφει και αναλύει τα βασικά στάδια του πένθους συνοψίζοντάς τα σε πέντε φάσματα διεργασίας και αντιδράσεων. Έτσι καταλήγει στα **"Πέντε Στάδια του Πένθους"** και με την παρακάτω χρονική ακολουθία:

1. **Άρνηση:** *"Δεν έχει συμβεί κάτι τέτοιο, δε γίνεται. Αποκλείεται να έχει συμβεί σ' εμένα".*
2. **Θυμός:** *"Γιατί σ' εμένα; Τι έχω κάνει; Δε μου αξίζει κάτι τέτοιο".*
3. **Διαπραγμάτευση:** *"Αχ κάνε να γυρίσει ο χρόνος πίσω και θα τα κάνω όλα πιο σωστά".*
4. **Κατάθλιψη:** *"Δε μου έχει απομείνει τίποτα πια. Δεν αντέχω. Η ζωή για μένα τελείωσε".*
5. **Αποδοχή:** *"Ο χρόνος γιατρεύει. Η ζωή συνεχίζεται. Πρέπει να κοιτάμε μπροστά".*

Στη δημιουργία των σταδίων οδήγησε η παρατήρηση ότι η πλειοψηφία όσων πενθούν ακολουθεί τις παραπάνω διαδικασίες διαχείρισης του πένθους τους. Η περιγραφή και σειρά των σταδίων βοηθάει τους ψυχολόγους όταν καλούνται να διαχειριστούν ανθρώπους που βιώνουν πένθος. Δεν αποτελεί όμως ούτε αυστηρό κριτήριο, ούτε το μοναδικό. Υπάρχουν παραλλαγές αντιδράσεων, αλλαγές στη χρονική ακολουθία, κυκλικές αλληλουχίες αντιδράσεων που πηγαινοέρχονται από το ένα στάδιο στο άλλο πολλές φορές με απρόσμενη σειρά, ή και παντελής έλλειψη κάποιων από αυτών. Τα στάδια είναι ένας βοηθητικός δείκτης και όχι το απόλυτο κριτήριο για οποιαδήποτε διάγνωση, διαχείριση, και θεραπεία.

Οι παραπάνω παραλλαγές είναι ακόμα πιο σημαντικές όταν αφορούν τη δημόσια εξωτερίκευση του πένθους. Όταν κλείνει η πόρτα του σπιτιού μπορεί το πένθος να εκφράζεται με τις πιο έντονες αντιδράσεις, και όταν ανοίγει η πόρτα οι αντιδράσεις να εξαφανίζονται. Ακούσαμε πάμπολλες φορές τον τελευταίο καιρό ότι: *"Ο κάθε άνθρωπος πενθεί διαφορετικά".*

Στην προκειμένη υπόθεση οι εμπλεκόμενοι γονείς αποτελούν ένα από τα πιο ακραία παραδείγματα ανθρώπων που δεν εκδηλώνουν δημόσια το οποιοδήποτε συναίσθημα σχετίζεται με το πένθος.

Είτε μιλάμε για θλίψη, θυμό, κατάρρευση, θρήνο, απόγνωση, στεναχώρια, πόνο, κλάμα, αναστεναγμό, πικρία, παγωμάρα, οδύνη, συγκίνηση, απελπισία, και όλα όσα περιλαμβάνουν τα πρώτα τέσσερα στάδια, η δημόσια συμπεριφορά των γονιών απέχει από όλα αυτά. Εκφράζονται και συμπεριφέρονται θαρρείς και πέρασαν απευθείας από το γεγονός της απώλειας στην πλήρη αποδοχή της. Πουθενά δεν προβάλλουν ίχνη άσχημης ψυχικής διάθεσης σχετιζόμενα με τους θανάτους των παιδιών τους. Αυτό ισχύει και για τους δύο. Έχει ειπωθεί ότι *"Είναι άξιοι θαυμασμού που καταφέρνουν να εμφανίζονται στα μέσα μαζικής ενημέρωσης με τόση ψυχραιμία"*. Μάλιστα, η συγκεκριμένη φράση έχει ειπωθεί και από ανθρώπους που έχουν χάσει οι ίδιοι το παιδί τους, έχουν βιώσει άμεσα το πένθος που προκαλεί ένας τόσο τραγικός χαμός, και απορούν.

Δεν είναι η έλλειψη των σταδίων που προκαλεί απορία, ούτε τα στεγνά μάτια, ούτε η ψυχραιμία. Ναι, οι άνθρωποι μπορεί να βιώνουν το πένθος με διαφορετικούς τρόπους, αλλά πάντα υπάρχει κάτι κοινό που συνδέει τη διαφορετικότητα: **το βλέμμα πίσω από τα μάτια**. Είναι ένα βλέμμα που όσο και να θέλεις, όσο και να προσπαθείς, δεν κρύβεται. Μπορεί να μην κουβαλάει τη θλίψη, τον πόνο, και το θρήνο, αλλά σε κάθε περίπτωση κουβαλάει το απόλυτο κενό.

- Βλέμμα κενό.
- Βλέμμα βουβό.
- Βλέμμα παγωμένο.
- Ο απόλυτος κενός, βουβός, και παγωμένος πόνος του χαμού πίσω από ένα βλέμμα. Υπάρχει ένα εμφανές κενό στους δύο γονείς: *Η ανυπαρξία αυτού του κενού βλέμματος*.

Είπαμε στην αρχή απλοϊκά: *Όσο πιο πολύ αγαπάμε κάτι, τόσο πιο βαριά πενθούμε όταν το χάνουμε*. Μας κάνει να αναρωτηθούμε πόσο αγαπούσαν οι δύο γονείς τα παιδιά τους.

25. Συναισθησία

> *"Τα χρώματα είναι τα πλήκτρα, τα μάτια είν' η αρμονία, κι η ψυχή*
> *είναι το πιάνο με τις χορδές του. Ο καλλιτέχνης είναι το χέρι που παίζει*
> *τ' όργανο κι αγγίζοντας το 'να ή τ' άλλο πλήκτρο, δονεί την ψυχή"*
> ~ Wassily Kandinsky ~ [*Για το πνευματικό στην Τέχνη*]

Είναι ένα φαινόμενο, είναι μέρος της ανθρώπινης φύσης, και εξηγείται. Κάποιοι το έχουν και δεν το ξέρουν, κάποιο το έχουν και δεν το θέλουν, άλλοι το έχουν και το απολαμβάνουν, και μερικοί το έχουν αλλά ο χαρακτήρας τους δεν το αφήνει να αναπτυχθεί και να εκδηλωθεί και επομένως είναι σα να μην υπάρχει. Δεν είναι συναίσθημα αλλά σχετίζεται, και δεν είναι η έκτη αίσθηση.

~ *Ακούς τα χρώματα του ουράνιου τόξου; Τι σου λένε;* (όραση & ακοή)

~ *Βλέπεις τον ήχο της βροχής; Τι χρώμα έχει;* (ακοή & όραση)

~ *Μυρίζεις το φως; Έχει άρωμα γαρδένιας ή τριαντάφυλλου;* (όραση & οσμή)

~ *Γεύεσαι το άρωμα της πασχαλιάς; Είναι γλυκό ή αλμυρό;* (όσφρηση & γεύση)

~ *Νιώθεις το άγγιγμα της μελωδίας; Είναι σα βαμβάκι ή σαν καρφίτσα;* (ακοή & αφή)

Συναισθησία: Η νευρολογική ανάμειξη των αισθήσεων. Ένας άνθρωπος που χαρακτηρίζεται από συναισθησία (συναισθητικός) είναι δυνατόν, για παράδειγμα, να *"ακούει"* τις οσμές, να *"βλέπει"* τους ήχους, και να *"μυρίζει"* τις εικόνες. Το συχνότερο είδος συναισθησίας είναι το να βλέπει κάποιος ήχους, καθώς και να συνδυάζει αυτόματα αριθμούς ή γράμματα με συγκεκριμένα χρώματα.

Το αποτέλεσμα της ανάμειξης και εκδήλωσης είναι υποκειμενικό και δεν υπάρχει σωστό ή λάθος. Ωστόσο, αυτό που χαρακτηρίζει τους συναισθητικούς είναι ότι το αποτέλεσμα είναι πάντα ίδιο. Για παράδειγμα, αν για έναν συναισθητικό το όνομα *"Ελένη"* είναι πράσινο, το βλέπει πάντα πράσινο, και αν μία *"ΛΑ μινόρε"* συγχορδία στο πιάνο είναι μωβ, τη βλέπει πάντα μωβ ή σε κοντινή απόχρωση της ίδιας παλέτας ανάλογα αν η συγχορδία παίζεται σε ψηλή ή χαμηλή έκταση στο πιάνο.

Η συναισθησία είναι χάρισμα για όσους τη νιώθουν και τη "χρησιμοποιούν". Συμβαίνει αυτόματα, χωρίς σκέψη, και θα μπορούσαμε να περιγράψουμε το αποτέλεσμα ως τη διασύνδεση υπερδιεγερμένων αισθήσεων και ενστίκτου μαζί. Αισθήσεις και ένστικτο είναι όλα "στο κόκκινο" (*"στο κόκκινο"*: βλέπεις; όλοι χρησιμοποιούμε εκφράσεις που εμπεριέχουν την έννοια της συναισθησίας). Το νευρολογικό αυτό φαινόμενο δεν είναι κάποια ασθένεια. Αντιθέτως, προσφέρει μία επιπλέον διάσταση σε όσα νιώθουμε, σκεφτόμαστε, και αντιλαμβανόμαστε, αναζωογονώντας και ενισχύοντας την αντίληψη.

Παρόλο που από μόνο του το φαινόμενο της συναισθησίας δεν αποτελεί κριτήριο ένδειξης, ο φωνητικός αναλυτής που το νιώθει και το βιώνει είναι χρήσιμο να το συμβουλεύεται για να ενισχύει ή να καταρρίπτει κάποια πορίσματα που βασίζονται περισσότερο στην παρατήρηση και εμπειρία του.

Για παράδειγμα, αν κατά τη διάρκεια ανάλυσης μίας απάντησης ο αναλυτής συμπεραίνει ότι η απάντηση εμπεριέχει το συναίσθημα του φόβου, και καθώς το σκέφτεται παράλληλα δει το χρώμα *"πορτοκαλί"* που η δική του συναισθησία προσδίδει στη λέξη *"φόβο"*, δεν είναι κακό να το λάβει υπόψη του. Είναι μία δική του εσωτερική διεργασία που προσθέτει σε όλες τις υπόλοιπες. Ας μην ξεχνάμε ότι κατά τη διάρκεια της ανάλυσης ο φωνητικός αναλυτής συγκεντρώνει και αφουγκράζεται στο μεγαλύτερο δυνατό βαθμό όλες του τις αισθήσεις. Εκτός από τις γνώσεις, εμπειρία, και συγκεκριμένες τεχνικές, η σύνδεση με τις αισθήσεις γίνεται απίστευτα έντονη. Θα περίμενε κανείς ότι η ακοή είναι αυτό που υπερισχύει, αλλά και οι πέντε αισθήσεις παίζουν το ρόλο τους, η κάθε μία ξεχωριστά αλλά και συνδυαστικά.

Φυσικά αυτό έχει σχέση και με το είδος του ντοκουμέντου που μελετάει. Αν πρόκειται για ένα φωνητικό μήνυμα χωρίς εικόνα, σίγουρα η ακοή θα μπει μπροστά, αλλά όλες οι υπόλοιπες αισθήσεις ακολουθούν με διάφορους τρόπους και βοηθούν. Ακόμα και όταν κλείνουμε τα μάτια για να επικεντρωθούμε στον ήχο δείχνει ότι είμαστε σε επαφή με την όραση και τη διαχειριζόμαστε ανάλογα.

Η συναισθησία και τα αποτελέσματά της έχουν ιδιαίτερο ενδιαφέρον στη διαδικασία μιας ανάλυσης και συνήθως την ξεχνάμε ή την υποτιμούμε. Ξανατονίζοντας ότι από μόνη της δεν αποτελεί κριτήριο για συμπεράσματα, είναι ωφέλιμο να τη συμβουλευόμαστε και να την κρατάμε στο πίσω μέρος του μυαλού μας πάντα με την απαιτούμενη επιφύλαξη. Αν μη τι άλλο, όταν την αναγνωρίζουμε βοηθάμε την αντίληψη, τις αισθήσεις, και το ένστικτό μας να παραμένουν ακμαία, έντονα, και φρέσκα.

Εάν αναρωτιέσαι μήπως είσαι κι εσύ συναισθητικός, ρώτα τον εαυτό σου τι χρώμα είναι το όνομά σου. Έρχεται στο νου σου κάποιο συγκεκριμένο χρώμα χωρίς δεύτερη σκέψη; Μήπως αυτόματα βλέπεις ένα χρώμα να *"αναβοσβήνει"* μπροστά στα μάτια σου;

[ΠΡΟΣΩΠΙΚΗ ΠΑΡΕΝΘΕΣΗ: ΧΡΩΜΑΤΑ]

> *"Όταν έχεις να κάνεις με ανθρώπους, να θυμάσαι ότι δεν έχει να κάνεις με πλάσματα που κινούνται με βάση τη λογική, αλλά με πλάσματα που παρασύρονται από τα αισθήματά τους"*
> ~ *Dale Carnegie* ~ *[Αμερικανός Συγγραφέας, 1888-1955]*

Αυτή η υπόθεση μυρίζει λάσπη και φρεσκοσκαμμένο χώμα. Ακόμα και το χώμα που σκέπασε το πρώτο παιδάκι πριν δυόμισι χρόνια φέρνει μια νωπή οσμή στα ρουθούνια.

Το όνομα της μητέρας για μένα είναι κίτρινο.
Το όνομα του πατέρα για μένα είναι κόκκινο.

Το όνομα της μεγάλης κόρης για μένα είναι κόκκινο.
Το όνομα της μεσαίας για μένα είναι κίτρινο.
Το όνομα του βρέφους για μένα είναι πράσινο, κι ας έχει δυο καταγάλαζα μάτια, μπλε σαν τη θάλασσα.

Φαντάζει σαν μια ακραία σύμπτωση που το όνομα του βρέφους είναι πράσινο, διαφορετικό, σα να μην *"ανήκει"*.

Με τι χρώμα αναμειγνύεται το κίτρινο για να μας δώσει πράσινο;

Μήπως υπάρχει κάποιο συσχετιζόμενο άτομο που το όνομά του είναι μπλε;

Μπορεί κάποιος άλλος συναισθητικός να βλέπει εντελώς διαφορετικά χρώματα για το κάθε όνομα, αλλά ο συνδυασμός να έχει παρόμοιο ενδιαφέρον.

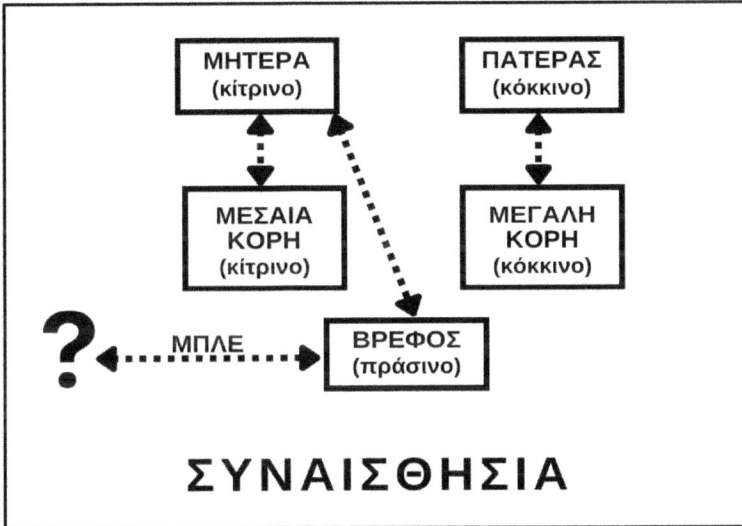

ΣΥΝΑΙΣΘΗΣΙΑ

26. *"Φόνισσα;"*

"Δεν συνηθίζω να επαινώ μια ψυχή που δύσκολα συγκινείται"
~ Σοφοκλής ~

Πέμπτη, 31 Μαρτίου 2022, στην Αθήνα:
Τη μέρα μετά τη σύλληψή της η μητέρα μεταφέρεται από τα κρατητήρια στην ανακρίτρια.

Οι σκηνές που εξελίσσονται κατά τη μεταγωγή της δεν έχουν προηγούμενο. Πλήθος αστυνομικών δυνάμεων περιστοιχίζουν τη μητέρα και τα μέτρα προστασίας είναι "στο κόκκινο". Η ίδια φοράει αλεξίσφαιρο γιλέκο, κουκούλα στο κεφάλι, μάσκα, και φυσικά χειροπέδες. Η αστυνομικός-συνοδός της την κρατάει σφιχτά από το μπράτσο, και οι υπόλοιποι αστυνομικοί δημιουργούν προστατευτική αλυσίδα γύρω από την κατηγορούμενη. Κινούνται γρήγορα προς το σκουρόχρωμο τζιπ όπου την επιβιβάζουν. Οι αρχές είχαν προβλέψει όσα θα συνέβαιναν.

Πλήθος κόσμου είχε συγκεντρωθεί από νωρίς για να κοιτάξει κατάματα τη μάνα που κατηγορείται για τη δολοφονία του πρωτότοκου παιδιού της, τη *"φόνισσα"*. Θέλουν να πάρουν έστω μια γρήγορη γεύση από τα μάτια που τόλμησαν να σκοτώσουν το σπλάχνο τους. Φωνάζουν οργισμένοι, βρίζουν και ωρύονται:
~ *" Γιατί το έκανες;;; "*
~ *" Σκότωσες και τα άλλα δύο;;; "*
~ *" Πώς μπόρεσες;;; "*
~ *" Έχεις ψυχή;;; "*
~ *" Να σαπίσεις στη φυλακή!!! "*
~ *" Τέρας, πουτάνα, φόνισσα!!! "*
Η *"φόνισσα"*...
Το *"τέρας"*...
Η *"μάνα"*...
"Η μάνα που έγινε η φόνισσα του ίδιου της του παιδιού;" Πώς να διαχειριστεί ο κόσμος μία τέτοια κατηγορία; Είναι δυνατόν να έμενε απών; Είναι δυνατόν να έμενε αμέτοχος; Είναι δυνατόν να παρακολουθούσε βου-

βός; Είναι λογική και κοινωνικά αποδεκτή η συμπεριφορά του;

Μπορεί η επιθετικότητα, η βία, και η αυτοδικία να μην είναι αποδεκτές κοινωνικές συμπεριφορές, και από ανθρωπιστική άποψη είναι απαράδεκτες και κατακριτέες, όμως από κοινωνιολογική άποψη είναι αιτιολογημένες και αναμενόμενες. Η κοινωνιολογία δεν επιβραβεύει το *"σωστό"* ούτε κατακρίνει το *"λάθος"*, αλλά εξετάζει, αναλύει, και αιτιολογεί τις ανθρώπινες συμπεριφορές.

Οι υποψίες που τόσο καιρό έβραζαν και ξαφνικά επιβεβαιώθηκαν είναι αναμενόμενο να ξεσπάσουν σε ακραίες αντιδράσεις. Η κοινωνία συμπάσχει με τον πόνο του συνανθρώπου και νιώθει την ανάγκη να βοηθήσει. Αντίστοιχα, αδυνατεί να μείνει αμέτοχη και αδιάφορη μπροστά σε αποκρουστικές ανθρώπινες πράξεις και ειδικά όταν αυτές πηγαίνουν εντελώς ενάντια σε έννοιες και θεσμούς που κατέχουν "ιερή" θέση στις ανθρώπινες σχέσεις. Η μητρότητα θεωρείται "ιερή" και πάντα συμπεριλαμβάνει συγκεκριμένα χαρακτηριστικά όπως την αγάπη, τη στοργή, τη φροντίδα, και την προστασία προς το παιδί. Θα ήταν αδύνατο και άξιο απορίας εάν η κοινωνία δεν αντιδρούσε και παρέμενε απαθής και αδιάφορη μπροστά στην είδηση ότι μια μάνα δολοφόνησε το παιδί της. Μπορεί οι αντιδράσεις να αξιολογηθούν ως ακραίες και κατακριτέες, αλλά από κοινωνιολογική άποψη είναι αιτιολογημένες.

Τι να ένιωθε άραγε η μητέρα εκείνα τα λίγα λεπτά της δημόσιας μεταγωγής της; Περπατούσε με σκυμμένο το κεφάλι αλλά κάποιες φορές σήκωνε το βλέμμα για να αντικρίσει το χάος που άκουγε και αισθανόταν γύρω της. Έχει τραβηχτεί μία φωτογραφία ακριβώς τη στιγμή που η μητέρα σηκώνει το βλέμμα και φαίνονται μόνο τα μάτια της πάνω από τη μάσκα. Προβάλλει ανάμεικτα συναισθήματα, κάτι σαν εκδικητικότητα και φθόνο μαζί, σα να θέλει να φωνάξει *"Θα σας δείξω εγώ τι εστί τέλειο έγκλημα"*, και *"Κοιτάξτε με, εδώ είμαι. Δεν κρύβομαι"*. Βγάζει κούραση και ταλαιπωρία αλλά όχι φόβο. Είναι βλέμμα σκοτεινό αλλά όχι κενό. Απαθές αλλά όχι βουβό. Ένα βλέμμα σκληρό και στιγμιαία επίμονο, σα να αναζητούσε το φακό του δημοσιογράφου και να ήθελε να χειραγωγήσει το πλήθος. Δε δείχνει να εκπλήσσεται από το οργισμένο πλήθος. Θέλει να απομακρυνθεί αλλά αν είχε την ευκαιρία ίσως να μη δίσταζε να κάνει δηλώσεις. Εξάλλου, από όταν πέθανε και το τρίτο κοριτσάκι επιδιώκει την αυτοπροβολή με συνεχείς και επιτακτικές δηλώσεις στα μέσα.

Ίσως το βλέμμα πάνω από τη μάσκα να κρύβει και κάποια ευχαρίστηση και ικανοποίηση για όλη την προσοχή που λαμβάνει. Είναι σίγουρα το πρόσωπο της ημέρας. Την παρακολουθεί πλήθος κόσμου που έχει πάει εκεί από νωρίς μόνο γι' αυτήν. Ξέρει ότι οι τηλεθεατές είναι επικεντρωμένοι στο θέμα με κομμένη την ανάσα, όχι μόνο στην Ελλάδα αλλά παγκοσμίως. Γνωρίζει ότι αποτελεί συζήτηση σε κάθε παρέα και πως η συγκεκριμένη φωτογραφία θα γίνει πρωτοσέλιδο, και ίσως να το απολαμβάνει. Αν έχουμε να κάνουμε με μια ένοχη ναρκισσιστική προσωπικότητα, ο τίτλος *"εγκληματίας του αιώνα"* όχι μόνο θα της είναι ευπρόσδεκτος, αλλά και μακάβρια απολαυστικός.

Ναρκισσιστική προσωπικότητα ή μια πονεμένη, τριπλά χαροκαμένη μάνα που τη σέρνουν άδικα οι κατηγορίες αντί να την αφήσουν να θρηνήσει; Φόνισσα ή θύμα της πίεσης που ασκεί τόσο καιρό η κοινή γνώμη; Ό,τι και να είναι, μόνο η αλήθεια της θα τη σώσει.

27. Οικογενειακή τραγωδία

"Ό,τι είναι παρελθόν, είναι πρόλογος"
~ William Shakespeare ~

Η είδηση εμφανίστηκε στα μέσα μαζικής ενημέρωσης στις αρχές της δημοσιότητας και η αλήθεια είναι ότι ήχησε σαν κεραυνός. Η οικογένεια διαμαρτυρήθηκε για την έκθεση προσωπικών δεδομένων, ωστόσο η είδηση δεν αποτελούσε κάποιο κρυφό ενδοοικογενειακό μυστικό εφόσον είχε δημοσιευτεί στο παρελθόν - στο μακρινό παρελθόν. Προφανώς γι' αυτό αισθάνθηκε εκτεθειμένη η οικογένεια. Το γεγονός είχε συμβεί πριν από πολλά χρόνια και η οικογένεια είχε προχωρήσει μπροστά κουβαλώντας την ελπίδα ότι το συμβάν είχε πια ξεχαστεί και ο τωρινός, πιο καινούριος περίγυρος δεν το γνώριζε καν. Όμως η δημοσιογραφική έρευνα το επανέφερε στην επιφάνεια.

Πριν από πολλά χρόνια ο παππούς της μητέρας των τριών άτυχων κοριτσιών είχε σκοτώσει τη σύζυγό του, τη γιαγιά της μητέρας.

Η είδηση ήταν βαριά. Ακολουθούσε την οικογένεια ένα τόσο τραγικό γεγονός που ναι μεν ανήκε στο παρελθόν και σε άλλη γενιά, αλλά τη δεδομένη στιγμή εξετάζονταν υποψίες για πιθανές δολοφονίες στην ίδια οικογένεια και κάποιες αρχικές αντιδράσεις δεν το θεώρησαν ως σύμπτωση. Είναι δυνατόν ένας άνθρωπος να κληρονομήσει δολοφονικές τάσεις;

Η απάντηση είναι: *εξαρτάται.* Εάν μια δολοφονία σχετίζεται με κάποια ψυχιατρική διαταραχή η οποία φέρει στοιχεία κληρονομικότητας, τότε θα μπορούσε η ιστορία να επαναληφθεί στο μέλλον. Πολλοί αναρωτιούνται αν γίνεται ένας δολοφόνος να μην *πάσχει* από ψυχιατρικά προβλήματα. Η αποτρόπαια πράξη της δολοφονίας κάνει τον απλό νου να σκεφτεί ότι ο δολοφόνος *"δε στέκει καλά"*, και ότι δεν είναι δυνατόν ένας *"νορμάλ"* άνθρωπος να διαπράξει κάτι τέτοιο. Ισχύει ότι κάποιες δολοφονίες σχετίζονται με ψυχιατρικά προβλήματα που φέρει ο δολοφόνος, και κάποια από αυτά χαρακτηρίζονται από γονιδιακές επιρροές και στοιχεία κληρονομικότητας. Ωστόσο, τα ψυχιατρικά προβλήματα δεν αποτελούν τη μόνη απάντηση για τις αιτίες δολοφονιών.

Είναι δύσκολο να κατανοήσει ένας *"καλός"*, τίμιος, ευσυνείδητος, συμπονετικός άνθρωπος που χαρακτηρίζεται από ενσυναίσθηση και καλοσύνη πώς είναι δυνατόν κάποιος που φέρει παρόμοια χαρακτηριστικά να καταλήξει στην αποτρόπαια πράξη.

Είναι πιθανόν αυτός ο *"αγνός νους"* να δικαιολογήσει περιπτώσεις όπου ο δολοφόνος βρισκόταν σε κίνδυνο και αμύνθηκε, ή ότι συνέβη κατά λάθος από απροσεξία, ή ακόμα και ότι παρασύρθηκε στα πλαίσια κάποιου έντονου διαπληκτισμού που κατέληξε στο ανεπανόρθωτο χωρίς όμως να υπήρχε πρόθεση. Όταν όμως η πράξη συνοδεύεται από δόλο και πρόθεση, ο ανθρώπινος νους καταλήγει στο συμπέρασμα πως κάτι δεν πήγαινε καλά με τον ψυχισμό του εγκληματία.

Σε αυτό το σημείο είναι απαραίτητο να παρουσιαστεί ένας πολύ σημαντικός διαχωρισμός ο οποίος δε γίνεται εύκολα κατανοητός αλλά αποτελεί σημαντικό στοιχείο ως προς την αιτιολόγηση και ταξινόμηση εγκληματικών πράξεων και από κοινωνιολογική σκοπιά, αλλά και από δικαστική. Όταν μιλάμε για *"ψυχιατρικά προβλήματα"* υφίσταται ένας πολύ βασικός διαχωρισμός:

Ψυχικές ασθένειες (ή νόσοι): Η κατηγορία περιλαμβάνει "ψυχιατρικά προβλήματα" που αποτελούν ασθένειες. Ο όρος "ασθένεια" εμπεριέχει το νόημα ότι με την κατάλληλη θεραπεία ο ασθενής μπορεί να βελτιωθεί ή να θεραπευτεί και να ζήσει μια πιο "φυσιολογική" καθημερινότητα. Αντίστοιχα, χωρίς την κατάλληλη θεραπεία ή με τη διακοπή της ο ασθενής παρουσιάζει το πρόβλημα. Στην πλειοψηφία τους οι ψυχιατρικές ασθένειες είναι μετρήσιμες και ένας ειδικός ψυχικής υγείας συστήνει συγκεκριμένη θεραπεία που ενδέχεται να συμπεριλαμβάνει φαρμακευτική αγωγή, ψυχοθεραπεία, ή και τα δύο. Ένα παράδειγμα ψυχικής ασθένειας είναι η *σχιζοφρένεια.*

Ψυχικές διαταραχές προσωπικότητας: Οι διαταραχές προσωπικότητας περιλαμβάνουν εδραιωμένα στοιχεία του χαρακτήρα τα οποία δεν είναι δυνατόν να βοηθηθούν από θεραπευτική αγωγή, να βελτιωθούν, ή να αλλάξουν, ή είναι πάρα πολύ δύσκολο να ανταποκριθούν σε αγωγή και ψυχοθεραπεία. Αποτελούν βαθιά ριζωμένους παράγοντες μιας προσωπικότητας που δεν τη χαρακτηρίζουν ως "άρρωστη" αλλά ως "διαταραγμένη" ή και "διαστροφική". Αυτοί οι παράγοντες τις περισσότερες φορές δημιουργούνται, πλάθονται, και αναπτύσσονται λόγω περιβαλλοντολογικών δυσλειτουργιών που πηγάζουν από την παιδική ηλικία αλλά μπορεί ένα μέρος τους να οφείλεται και σε γονιδιακούς παράγοντες, και συνήθως πρωτοεμφανίζονται κατά την εφηβική ηλικία. Ένα παράδειγμα διαταραχής προσωπικότητας είναι ο *ναρκισσισμός*.

Και οι δύο κατηγορίες αποτελούν ψυχικές διαταραχές που επηρεάζουν την ομαλή πορεία της καθημερινότητας του ατόμου, ωστόσο η δεύτερη πολλές φορές δεν είναι τόσο ευδιάκριτη όσο η πρώτη. Άτομα με διαταραγμένες προσωπικότητες συχνά μπορούν να καθοδηγούν τη συμπεριφορά τους με χειριστικούς τρόπους ώστε να μην ξεχωρίζουν στο πλήθος ως "ψυχικά άρρωστα". Κάποια βασικά χαρακτηριστικά τέτοιων ατόμων περιλαμβάνουν την έλλειψη ενσυναίσθησης, την αδιαφορία για πιθανές επιπτώσεις των πράξεών τους προς τους άλλους, την απουσία τύψεων, και άλλες συμπεριφορές που δε θεωρούνται συναισθηματικά και κοινωνικά αποδεκτές. Η υποστήριξη από ειδικούς ψυχικής υγείας είναι πάρα πολύ δύσκολη έως και αδύνατη διότι τα άτομα δεν αποδέχονται το πρόβλημα και χαρακτηρίζονται από το *"πείσμα του σωστού"*, δηλαδή ότι δεν κάνουν τίποτα λάθος.

Η κατανόηση των ψυχικών ασθενειών και διαταραχών αποτελεί μέρος ενός ολόκληρου πτυχίου στην ψυχολογία και δεν είναι δυνατόν να αναλυθεί με την απαιτούμενη λεπτομέρεια και κατηγοριοποίηση σε ένα κεφάλαιο. Σε κάποιους ανθρώπους παρουσιάζεται συνύπαρξη πτυχών και των δύο κατηγοριών, γεγονός που περιπλέκει τη διάγνωση, πρόγνωση, και θεραπεία. Κάτι που μπορεί να βοηθήσει με απλό τρόπο είναι αν σκεφτούμε τη διαφορά ανάμεσα στις λέξεις *"άρρωστος"* και *"αρρωστημένος"*, ή *"άρρωστο μυαλό"* και *"αρρωστημένο μυαλό"*. Είναι εκφράσεις που τις χρησιμοποιούμε, και αν σκεφτούμε πότε και πώς τις χρησιμοποιούμε διαφαίνεται η διαφορά.

Όταν ένας εγκληματίας διαγνωσθεί με ψυχική ασθένεια, υπάρχει περίπτωση το πόρισμα να αποτελέσει ελαφρυντικό παράγοντα και να εκτίσει την ποινή του σε ψυχιατρική δομή. Σε αντίθεση, οι διαταραχές προσωπικότητας συνήθως δε θεωρούνται αιτίες ελαφρυντικών και τα πορίσματα των ψυχιάτρων - πραγματογνωμόνων τις διαχωρίζουν από τις ασθένειες. Εάν σκεφτούμε ότι ο σκοπός μιας ποινής είναι ο σωφρονισμός και η θετική αλλαγή του ατόμου, και λαμβάνοντας υπόψιν ότι οι περισσότερες ψυχικές ασθένειες ανταποκρίνονται στην κατάλληλη θεραπεία, τότε βλέπουμε μία μελλοντική διέξοδο από το πρόβλημα. Πιο απλά, το άτομο έχει τη δυνατότητα, ευκαιρία, και ελπίδα να βελτιωθεί ψυχικά και συμπεριφοριακά και να επανενταχθεί στην κοινωνία. Όπως προαναφέρθηκε, οι διαταραχές προσωπικότητας δε φέρουν την ίδια πρόγνωση και ως αποτέλεσμα φέρουν τον κίνδυνο επανάληψης συμπεριφορών που δεν είναι αποδεκτές. Ένας καθηγητής ψυχολογίας σε πανεπιστήμιο του Σικάγο λέει με μία αίσθηση χιούμορ: *"Αν είναι να διαγνωστείς με ψυχική διαταραχή, ευχήσου να είναι σχιζοφρένεια και όχι ναρκισσισμός"*, δείχνοντας τις δυσκολίες που συνοδεύουν τις διαταραχές προσωπικότητας.

Ο διαχωρισμός των ψυχικών προβλημάτων μας βοηθάει να κατανοήσουμε πώς ένας άνθρωπος ο οποίος δε φανερώνει ξεκάθαρα και ηχηρά σημάδια διαταραγμένου ψυχισμού είναι δυνατόν να φτάσει στο σημείο διάπραξης μιας δολοφονίας. Οι διαταραχές προσωπικότητας δε διακρίνονται πάντα εύκολα στην καθημερινότητα. Κάποιες φορές χαρακτηρίζουμε ανθρώπους ως εκκεντρικούς, φοβικούς, ή χειριστικούς χωρίς όμως να αντιλαμβανόμαστε τη διάσταση που μπορεί να φέρουν οι συμπεριφορές τους και πόσο βαθιά εισχωρούν στον ψυχισμό τους. Αυτό βέβαια δε σημαίνει ότι ένας άνθρωπος που για παράδειγμα θεωρείται εκκεντρικός πάσχει από ψυχική διαταραχή και είναι εν δυνάμει εγκληματίας. Όταν όμως κάποιες συμπεριφορές ξεφεύγουν από τα αποδεκτά κοινωνικά πλαίσια του *"σωστού"* και του *"λάθους"* και επηρεάζουν τις σχέσεις και την ομαλή πορεία της καθημερινότητας ενός ατόμου, είναι σοφό να τις εξετάσουμε και να μην τις προσπεράσουμε. Αυτό είναι ιδιαίτερα σημαντικό για γονείς οι οποίοι μπορεί να είναι οι πρώτοι που θα παρατηρήσουν προβληματικά σημάδια στα παιδιά τους. Δυστυχώς, η άγνοια και η άρνηση, μαζί με το φόβο κοινωνικού στιγματισμού, αποτρέπουν πολλούς γονείς από τη βαθύτερη εξεταστική ματιά προς τα παιδιά τους και την αναζήτηση ανάλογης βοήθειας, καθοδήγησης, και στήριξης από ειδικούς ψυχικής υγείας.

Επαναφέροντας το θέμα στην είδηση του τραγικού συμβάντος στο παρελθόν της συγκεκριμένης οικογένειας, γεννιέται ο προβληματισμός αν και πώς ένα τέτοιο γεγονός θα μπορούσε να επηρεάσει επόμενες γενιές και αν θα μπορούσε να αποτελέσει υπόβαθρο για παρόμοιες πράξεις.

Μια ξεκάθαρη απάντηση δεν είναι δυνατή χωρίς σχετικές εξετάσεις όλων των συσχετιζόμενων μελών της οικογένειας και χωρίς να έχουμε γνώση για τον ψυχισμό του παππού που σκότωσε τη σύζυγό του. Αρχικά, χρειαζόμαστε στοιχεία για το ιστορικό του παππού και όλα όσα αυτό μπορεί να συμπεριλαμβάνει - την προσωπικότητα, το χαρακτήρα, τις σχέσεις, το ιατρικό ιστορικό, και οτιδήποτε χαρακτηρίζει το προφίλ του. Επίσης, συγκεκριμένα στοιχεία ως προς τη διάπραξη του εγκλήματος όπως το κίνητρο, ο τρόπος, η σχέση με τη σύζυγό του, είναι απαραίτητα. Στη συνέχεια, θα πρέπει να κάνουμε το ίδιο και με τα άτομα της επόμενης γενιάς και να συλλέξουμε όσες περισσότερες πληροφορίες μπορούμε για τα προφίλ τους καθώς και με ποιους τρόπους διαχειρίστηκαν το τραγικό γεγονός. Μετά φτάνουμε στο πρόσωπο που μας απασχολεί, τη μητέρα, και μέσα από διασυνδέσεις, συσχετισμούς, και τη σκιαγράφηση του προφίλ της ίσως να καταφέρουμε να δούμε κάποια εξελικτική επιρροή ή να την απορρίψουμε. Ολόκληρη η διαδρομή και το ιστορικό της οικογένειας θα πρέπει να μελετηθεί και να αναλυθεί για να διαπιστώσουμε αν κάπου υπάρχει ένας ψυχολογικός συνδετικός κρίκος με τη μητέρα. Μία σχετική μελέτη και εξέταση θα είχε ιδιαίτερο ενδιαφέρον, και ειδικά αν στο μέλλον επιβεβαιωθεί η ενοχή της μητέρας.

Ας εξετάσουμε έναν παράγοντα που θα μπορούσε να επηρεάσει επόμενες γενιές. Έχει ακουστεί από μαρτυρίες ότι ο παππούς σκότωσε τη γυναίκα του γιατί εκείνη ήθελε να χωρίσουν. Δεν είναι επιβεβαιωμένες οι μαρτυρίες, αλλά αν υποθέσουμε ότι ισχύει ένα τέτοιο σενάριο κατά το οποίο ο παππούς δεν αποδέχτηκε την απόρριψη και κατέληξε στη δολοφονική πράξη, θα έχει σημασία να εξετάσουμε πώς επικοινωνήθηκε το γεγονός στα παιδιά και στα εγγόνια του. Για παράδειγμα, ας πάρουμε την παρακάτω φράση η οποία θα μπορούσε να είχε χρησιμοποιηθεί στα πλαίσια μιας οικογενειακής συζήτησης:

~ *"Ο παππούς σκότωσε τη γιαγιά γιατί την αγαπούσε υπερβολικά και δεν ήθελε να τη χάσει."*

Η παραπάνω φράση θα χρησιμοποιούνταν στην περίπτωση που έπρεπε να δοθούν εξηγήσεις με τρόπο που θα απάλυνε το βάρος που κουβαλούσε η οικογένεια ή σε μια προσπάθεια κατανοητής εξήγησης προς τα παιδιά με απλά λόγια. Μόνο που η συγκεκριμένη φράση φέρει τον κίνδυνο ενός λανθασμένου μηνύματος. Μεταφέρει το μήνυμα ότι *"σκότωσε από υπερ-*

βολική αγάπη", και αυτό με τη σειρά του μπορεί να περάσει στη σκέψη ενός παιδιού ως *"όταν αγαπάμε κάποιον και θέλει να μας αφήσει τον σκοτώνουμε για να μη φύγει"*. Ίσως να ακούγεται ακραίος ο συνειρμός, αλλά συχνά το μυαλό ενός παιδιού απλοποιεί περίπλοκα μηνύματα δημιουργώντας μονόπλευρους συνειρμούς. Δεν είναι εύκολο να επεξεργαστεί το παιδικό μυαλό ένα τέτοιο συμβάν, και λαμβάνοντας υπόψιν ότι οι πιο συνηθισμένες ερωτήσεις παιδιών ξεκινούν με το *"γιατί;"* φαίνεται ξεκάθαρα ότι προσπαθούν να κατανοήσουν τους λόγους πίσω από όσα συμβαίνουν, μαθαίνουν, και παρατηρούν γύρω τους.

Βλέπουμε λοιπόν πώς το παράδειγμα μίας επεξηγηματικής φράσης στα πλαίσια οικογενειακής συζήτησης θα μπορούσε να εισχωρήσει στο μυαλό και τον ψυχισμό ενός παιδιού και να αφήσει τα αποτυπώματά της τα οποία ενδέχεται αργότερα, και ειδικά σε παρόμοιες περιστάσεις, να βγουν στην επιφάνεια και να καθοδηγήσουν τις σκέψεις και συμπεριφορές του.

Η αυθόρμητη πρώτη αντίδραση που εξέφρασαν κάποιοι στο άκουσμα της είδησης θα μπορούσε να χαρακτηρισθεί ως σπασμωδική. Είναι εύλογο το τραγικό ιστορικό να σοκάρει στο πρώτο άκουσμα, αλλά τα βεβιασμένα συμπεράσματα δεν προσφέρουν αντικειμενικά πορίσματα. Έχουν υπάρξει περιπτώσεις στη βιβλιογραφία με οικογενειακό ιστορικό εγκλημάτων που οφειλόταν είτε σε κληρονομικές ψυχικές ασθένειες, είτε σε δυσλειτουργικούς περιβαλλοντολογικούς παράγοντες.

Αντίστροφα, υπάρχουν και οι περιπτώσεις ανθρώπων που βίωσαν κακοποίηση στην παιδική ηλικία και το αρρωστημένο περιβάλλον τους έστρεψε ενάντια στην εκδήλωση και διάπραξη οποιασδήποτε κακοποιητικής συμπεριφοράς.

Κάποιες φορές το μαύρο παραμένει μαύρο. Άλλες φορές το μαύρο νιώθει την ανάγκη να ξεπλυθεί για να γίνει άσπρο. Βέβαια υπάρχει και το γκρίζο που εμφανίζεται με πολλές διαφορετικές αποχρώσεις και κάποιοι ζωγράφοι καταφέρνουν με φαντασία, ευρεσιτεχνία, και επιμονή να αναμειγνύουν το άσπρο με το μαύρο δημιουργώντας κάθε φορά μια διαφορετική απόχρωση του γκρίζου. Αυτές οι προσωπικότητες ή είναι ιδιαίτερα μεθοδικές, ή καταφέρνουν να μας πείθουν ότι δε βλέπουμε το ίδιο χρώμα.

"Το παρελθόν είναι φάρος, όχι λιμάνι"
~ Ρωσική παροιμία ~

28. Ανάκριση

"Quis, quid, ubi, quibus auxiliis, cur, quomodo, quando?"
"Ποιος, τι, πού, με τι, γιατί, πώς, πότε;"
~ Κοϊντιλιανός ~ [Ρωμαίος Ρήτορας, 35-96 μ.Χ.]

Πολλά μπορεί να φαντάζεται ο νους ότι ενδέχεται να συμβαίνουν *πίσω* από τις κλειστές πόρτες μιας ανακριτικής αίθουσας. Ταινίες και τηλεοπτικές σειρές έχουν προβάλλει ακραίες καταστάσεις με βία και ξυλοδαρμούς. Η ίδια η μητέρα μέσα από δηλώσεις της γιαγιάς και της θείας ύστερα από την πρώτη τους επίσκεψη στα κρατητήρια μετά τη σύλληψη ισχυρίστηκε ότι υπέστη βίαιες ενέργειες από αστυνομικούς. Είπε στα οικογενειακά της πρόσωπα, και σύμφωνα πάντα με τις μαρτυρίες τους, ότι την χτύπησαν στο πρόσωπο και τα πλευρά, της τράβηξαν τα μαλλιά, και ότι έφερε μελανιές στο σώμα. Μερικές ώρες αργότερα διέψευσε η ίδια τους ισχυρισμούς.

Στην πραγματικότητα, η ανάκριση αποτελεί μία εξαιρετικά *"λεπτή"* διαδικασία και ο χειρισμός της απαιτεί εξειδικευμένες τεχνικές και μεθόδους ανάλογα με την περίσταση. Στις Ηνωμένες Πολιτείες κατά τη διάρκεια σπουδών στη Δικαστική Ψυχολογία, Εγκληματολογία, και άλλες παρεμφερείς επιστήμες, διδάσκονται οι τεχνικές, αλλά όχι όλες. Υπάρχει ένα μέρος το οποίο μαθαίνεις μόνο αν προσληφθείς σε ανάλογο τμήμα των αρχών όπου το πρώτο εξάμηνο παρακολουθείς σεμινάρια που συμπεριλαμβάνουν όσα δε διδάσκονται στο πανεπιστήμιο - οι *"άγνωστες πτυχές"* της ανακριτικής διαδικασίας. Είναι τα *"μυστικά"* του επαγγέλματος στα οποία έχουν πρόσβαση μόνο όσοι επιλέγονται ύστερα από πολλαπλές και εντατικές συνεντεύξεις και αξιολογήσεις. Εννοείται πως θα ήταν αντιδεοντολογικό να συμπεριληφθούν οι οποιεσδήποτε σχετικές πληροφορίες σε αυτό το βιβλίο εφόσον αποτελούν εργασιακό απόρρητο του τομέα.

Κάθε ανάκριση συμπεριλαμβάνει κάποιους στόχους με απώτερο σκοπό να λάμψει η αλήθεια. Εάν η υπόθεση είναι *"δεμένη"*, δηλαδή οι αρχές έχουν συλλέξει αρκετά και ικανοποιητικά στοιχεία, τότε μια ομολογία κατά τη διάρκεια της ανάκρισης θεωρείται επιτυχία. Είναι η στιγμή που βγαίνει ο ανακριτής από την αίθουσα και δίνει "high five" στους συναδέλφους (χτυπούν τα χέρια) που συνήθως παρακολουθούν από το μονόπλευρο τζάμι-καθρέφτη. Όμως μια τέτοια επιτυχία δεν είναι δεδομένη όσο έμπειροι και να είναι οι ανακριτές. Ας μην ξεχνάμε ότι έχουν να κάνουν με ανθρώπους που οι εγκληματικές τους πράξεις συνήθως βασίζονται σε δολοπλοκίες, χειριστικότητα, και φυσικά μυστικότητα. Στόχος τέτοιων προσωπικοτήτων είναι να συνεχίσουν να παραπλανούν για να *"πέσουν στα μαλακά"*. Εάν είναι ένοχοι, αυτό που τους απασχολεί εκείνη την ώρα είναι η πιθανή ποινή και πώς θα καταφέρουν να την αποφύγουν ή να την ελαττώσουν.

Από την άλλη, το μάτι του έμπειρου ανακριτή ξέρει να χειρίζεται αυτές τις χειριστικές και παραπλανητικές προσωπικότητες. Ένα βλέμμα, μία κίνηση, μία λέξη, το παραμικρό μπορεί να προσφέρει τη χρήσιμη πληροφορία που χρειάζεται για να στρέψει τη διαδικασία προς την επιθυμητή κατεύθυνση.

Αν πάρουμε με τη σειρά την υπόδειξη του Κοϊντιλιανού *"Ποιος, τι, πού, με τι, γιατί, πώς, πότε;"*, αμέσως έχουμε τα βασικά στάδια μιας ανάκρισης που αφορά υπόθεση ανθρωποκτονίας.

Έτσι, εξηγώντας τα με όσο το δυνατόν πιο απλό και συνοπτικό τρόπο, ερευνούμε τα παρακάτω:

~ **Ποιος;**
- Εάν η υπόθεση είναι γερά "δεμένη" και έχουμε στα χέρια μας τον βασικό ύποπτο, τότε στοχεύουμε στην ομολογία για την ενοχή του.
- Διερευνούμε αν υπάρχουν άλλα εμπλεκόμενα πρόσωπα και ποια είναι.
- Εάν υπάρχουν αμφιβολίες για την ενοχή του, τότε θέλουμε να επιβεβαιώσουμε αν οι αμφιβολίες είναι βάσιμες.
- Εάν πιστεύουμε ότι ο εξεταζόμενος δεν είναι ο ένοχος αλλά γνωρίζει οτιδήποτε, τότε θέλουμε να μας δώσει τις πληροφορίες.
- Εάν αρχικά πιστεύουμε ότι είναι ένοχος αλλά κατά τη διάρκεια της ανάκρισης αντιληφθούμε ότι δεν ισχύει, τότε θα στραφούμε προς άλλες κατευθύνσεις.

~ Τι;
- Διερευνούμε μία συγκεκριμένη εγκληματική πράξη και θέλουμε να εξακριβώσουμε ότι ταυτίζεται με τον συλληφθέντα.
- Παράλληλα, θέλουμε να διαπιστώσουμε αν υπάρχουν επιπρόσθετες ενέργειες είτε συσχετιζόμενες με τη συγκεκριμένη, είτε επιπλέον εγκλήματα που ενδέχεται να βγουν στο φως.

~ Πού;
- Εξακριβώνουμε τον τόπο του εγκλήματος και αν ταυτίζεται με τα δεδομένα της υπόθεσης.
- Διερευνούμε αν υπάρχουν άλλες τοποθεσίες που σχετίζονται με την υπόθεση, για παράδειγμα αν το έγκλημα τελέστηκε κάπου αλλού από το σημείο όπου βρέθηκε το πτώμα.

~ Με τι;
- Εξακριβώνουμε το μέσο/όπλο του εγκλήματος και αν ταυτίζεται με τα δεδομένα.
- Διερευνούμε αν υπάρχουν άλλα μέσα που χρησιμοποιήθηκαν.

~ Γιατί;
- Συλλέγουμε πληροφορίες ως προς το κίνητρο, δηλαδή την αιτία που οδήγησε στο έγκλημα.
- Εξακριβώνουμε αν η εξήγηση ως προς το κίνητρο φέρει λογική ή αν χρειάζεται περαιτέρω διερεύνηση.
- Διαπιστώνουμε αν υπάρχουν περισσότερα κίνητρα.
- Πολλές φορές η εξέταση ως προς το κίνητρο αποτελεί το τελευταίο μέρος της ανακριτικής διαδικασίας.

~ Πώς;
- Εκτός από τη διερεύνηση ως προς το φονικό μέσο/όπλο, εξετάζουμε και με ποιον ακριβώς τρόπο χρησιμοποιήθηκε.
- Διερευνούμε άλλους τρόπους οι οποίοι έπαιξαν ρόλο στη διάπραξη του εγκλήματος όπως απειλές, άσκηση βίας πριν την τελική πράξη, εκβιασμοί, και βασανισμός.

~ Πότε;
- Διαπιστώνουμε την ακριβή ώρα του εγκλήματος και αν ταυτίζεται με τα δεδομένα.
- Διερευνούμε τη διάρκεια όλης της πράξης, από την αρχή οποιασδήποτε σχετικής ενέργειας μέχρι το τελικό αποτέλεσμα.
- Διερευνούμε αν υπάρχουν γεγονότα που προηγήθηκαν, για παράδειγμα ως προετοιμασία, απαγωγή, ή προηγούμενες απόπειρες.

Η ανάκριση στοχεύει στην αποκάλυψη της αλήθειας. Όσο *"δεμένη"* και να είναι μία υπόθεση, τα αποτελέσματα μιας ανάκρισης ενδέχεται να μας εκπλήξουν. Ας πάρουμε για παράδειγμα περιπτώσεις όπου υπήρξε ομολογία ενώ ο συλληφθέντας δεν ήταν ένοχος, δηλαδή **ψευδής ομολογία.** Φαίνεται παράδοξο να ομολογεί κάποιος για κάτι που δεν έχει τελέσει, όμως συμβαίνει.

Ενδέχεται να βρίσκεται υπό την επήρεια απειλών από τον πραγματικό εγκληματία και έτσι να αναγκαστεί να ομολογήσει από φόβο. Ένα άλλο ενδεχόμενο είναι η συγκάλυψη του ενόχου όπως έχει συμβεί με μητέρα η οποία "φορτώθηκε" το έγκλημα που είχε διαπράξει το παιδί της για να το γλιτώσει από τις συνέπειες. Υπάρχουν και άνθρωποι με διαταραγμένες προσωπικότητες οι οποίοι ομολογούν για να κερδίσουν τη "δόξα" του στυγνού εγκληματία. Επίσης, ένας ιδιαίτερα σοβαρός λόγος που στο παρελθόν έχει οδηγήσει σε ψευδείς ομολογίες αποτελεί η υπερβολική πίεση κατά τη διάρκεια της ανάκρισης μέσα από τεχνικές που συμπεριλαμβάνουν απειλές και ψυχολογική βία προκαλώντας στον εξεταζόμενο την αίσθηση του "αδιέξοδου". Τέτοιες περιπτώσεις αποδείχτηκαν με ανθρώπους οι οποίοι είχαν καταδικαστεί πριν τη δυνατότητα εξέτασης DNA, και αργότερα όταν έγινε επανεξέταση των στοιχείων φανερώθηκε η αλήθεια και το DNA αποκάλυψε πως δεν ήταν οι δράστες.

Σε κάθε περίπτωση, η ανάκριση οφείλει να ξεσκεπάσει όλες τις πιθανές πτυχές και ο ανακριτής να έχει στο πίσω μέρος του μυαλού του όλα τα ενδεχόμενα όσο σίγουρος και αν νιώθει για τα στοιχεία και δεδομένα, και όλη η διαδικασία να διενεργείται με την απαιτούμενη αντικειμενικότητα, χωρίς προκαταλήψεις και προσωπικές πεποιθήσεις, και φυσικά με το σεβασμό που δικαιούται κάθε εξεταζόμενος.

Η ΑΝΑΚΡΙΤΙΚΗ ΤΕΧΝΙΚΗ ΤΟΥ REID

Πρόκειται για μία ευρέως διαδεδομένη και εδραιωμένη τεχνική ανάκρισης που χρησιμοποιείται εδώ και πολλά χρόνια, από το 1955 όταν την πρωτοεφάρμοσε ο Αμερικανός ψυχολόγος John E. Reid, ο οποίος είχε εξειδικευτεί στην ανίχνευση ψεύδους και υπηρέτησε στο ανακριτικό τμήμα των αστυνομικών αρχών του Σικάγο. Παρόλο που η τεχνική θεωρείται αποτελεσματική, υπάρχουν μελέτες που αμφισβητούν κάποιες μεθόδους της, και ο κύριος λόγος αμφισβήτησης αποτελεί το γεγονός ότι βασίζεται στο εξής υπόβαθρο: ***Η διαδικασία ξεκινάει με την προβολή κατηγορίας,*** δηλαδή ο ανακριτής δηλώνει αμέσως στον εξεταζόμενο ότι όλα τα στοιχεία καταδεικνύουν πως είναι ένοχος και ο στόχος είναι να αποσπάσει την ομολογία. Ο ανακριτής αρχικά προσεγγίζει τον εξεταζόμενο με ήπιο τόνο, χωρίς πίεση, με σκοπό να τον κάνει να νιώσει άνετα, αλλά το κύριο μέρος της ανάκρισης συμπεριλαμβάνει πιο επίμονες και πιεστικές τεχνικές με κάποια "διαλείμματα" τα οποία στοχεύουν στη χαλάρωση του εξεταζόμενου επιμένοντας ωστόσο στο δεδομένο της ενοχής του. Χαρακτηρίζεται ως τεχνική χειραγώγησης μέσα από εναλλαγές *"μεγιστοποίησης - ελαχιστοποίησης"*. Πιο απλά, το αρχικό σκεπτικό δε βασίζεται στην ερώτηση *"Το έκανες;"*, αλλά στην ερώτηση *"Γιατί το έκανες;"*. Η μέθοδος συμπεριλαμβάνει τρεις βασικές φάσεις:

ΠΡΩΤΗ ΦΑΣΗ - ΜΕΛΕΤΗ ΚΑΙ ΑΝΑΛΥΣΗ ΔΕΔΟΜΕΝΩΝ: Ο ανακριτής εξετάζει στοιχεία και δεδομένα της υπόθεσης και τα συνδέει με τον ύποπτο.

ΔΕΥΤΕΡΗ ΦΑΣΗ - ΣΥΝΕΝΤΕΥΞΗ: Ακολουθεί συνέντευξη με τον ύποπτο και οι ερωτήσεις έχουν ουδέτερο και μη ενοχοποιητικό χαρακτήρα με σκοπό να κατανοήσει ο ανακριτής την προσωπικότητα, το χαρακτήρα, και την ψυχολογία του εξεταζόμενου. Κατά τη διάρκεια της συνέντευξης ο ανακριτής μελετάει και σκιαγραφεί το ψυχολογικό προφίλ του εξεταζόμενου, τη "γλώσσα" προσώπου και σώματος, και προσπαθεί να καταλάβει ποιες απαντήσεις δίνονται με ειλικρίνεια και ποιες περιλαμβάνουν τυχόν ενδείξεις εξαπάτησης. Εάν ο ανακριτής συμπεράνει ότι ο εξεταζόμενος είναι άμεσα συνδεδεμένος με την εγκληματική πράξη, τότε προχωρούν στην επόμενη φάση.

ΤΡΙΤΗ ΦΑΣΗ: ΕΝΝΕΑ ΒΗΜΑΤΑ ΑΝΑΚΡΙΣΗΣ: Ξεκινάει το κύριο μέρος της ανάκρισης μέσα από 9 συγκεκριμένα βήματα κατά τα οποία ο ανακριτής πράττει τα παρακάτω:

* **1ο βήμα - Δήλωση ενοχής:** Δηλώνει ξεκάθαρα στον εξεταζόμενο ότι όλα τα στοιχεία τον καθιστούν ένοχο, παραθέτει τα στοιχεία, και του δίνει την ευκαιρία να εξηγήσει *γιατί* διέπραξε την εγκληματική πράξη.

* **2ο βήμα - Ηθική δικαιολόγηση ενοχής:** Μεταφέρει την αιτία για την οποία διαπράχθηκε το έγκλημα σε κάποιο άλλο πρόσωπο ή περιστάσεις, ή και στο θύμα, προσφέροντας έτσι στον εξεταζόμενο μία *"δικαιολογία"* που τον οδήγησε στη διάπραξή του ("ελαχιστοποίηση"). Με αυτόν τον τρόπο μειώνει την πίεση και τη σοβαρότητα της πράξης βοηθώντας τον εξεταζόμενο να "απελευθερωθεί" και να μιλήσει.

* **3ο βήμα - Αποτροπή άρνησης:** Χρησιμοποιεί μεθόδους οι οποίες αποτρέπουν τον εξεταζόμενο να αρνηθεί την πράξη, δηλαδή δεν ενδίδει στην οποιαδήποτε άρνηση αλλά επιμένει στην ενοχή.

* **4ο βήμα - Καθοδήγηση κατηγορίας:** Αν ο εξεταζόμενος αρνείται την πράξη, ο ανακριτής εξακολουθεί να προβάλλει με περισσότερη έμφαση στοιχεία που οδηγούν στην ενοχή ("μεγιστοποίηση").

* **5ο βήμα - Ανάκτηση εμπιστοσύνης:** Σε αυτό το στάδιο, αν ο εξεταζόμενος αρνείται να μιλήσει και κρατάει παθητική στάση, ο ανακριτής συνεχίζει πιο "χαλαρά" δημιουργώντας μία ατμόσφαιρα εμπιστοσύνης που προβάλλει συνεργασία και κατανόηση ("ελαχιστοποίηση").

* **6ο βήμα - Παρουσίαση εναλλακτικών:** Αν ο εξεταζόμενος αρνείται να μιλήσει, ο ανακριτής προσφέρει εναλλακτικές αιτίες για τις οποίες μπορεί να διαπράχθηκε το έγκλημα.

* **7ο βήμα - Προσφορά διπλής επιλογής:** Αν οι προηγούμενες εναλλακτικές δε φέρουν αποτέλεσμα, τότε προσφέρει *δύο συγκεκριμέ-*

νες αιτίες στις οποίες μπορεί να οφείλεται η πράξη, αλλά η μία είναι πιο κοινωνικά αποδεκτή από την άλλη. Αν ο εξεταζόμενος επιλέξει μία από τις δύο τότε θεωρείται ότι ομολόγησε. Εάν σε αυτό το στάδιο δεν υπάρξει ομολογία, η ανάκριση συνεχίζεται.

- **8ο βήμα - Επανάληψη και επιβεβαίωση ομολογίας:** Αν ο εξεταζόμενος ομολογήσει, τότε ο ανακριτής εδραιώνει την ομολογία ζητώντας του να την επαναλάβει μπροστά σε επιπλέον μάρτυρες ενώ παράλληλα ζητάει και επιβεβαιώνει επιπρόσθετα στοιχεία που επιβεβαιώνουν την ενοχή μέσα από λεπτομερή περιγραφή της πράξης από τον εξεταζόμενο.

- **9ο βήμα - Καταγραφή ομολογίας:** Καταγράφεται η ομολογία με όλες τις λεπτομέρειες και ο εξεταζόμενος την υπογράφει.

Σχετικές έρευνες δείχνουν ότι παρόλο που η τεχνική του Reid είναι αρκετά αποτελεσματική, κάποιες φορές οδηγεί σε ψευδείς ομολογίες λόγω της ψυχολογικής πίεσης που προκαλεί στον εξεταζόμενο εφόσον από την αρχή αποκαλείται *"ένοχος"*. Το συγκεκριμένο πρόβλημα αυξάνεται σε περιπτώσεις ανάκρισης ανηλίκων, ατόμων με επικοινωνιακές και πνευματικές δυσκολίες, καθώς και σε άτομα που μιλούν διαφορετική γλώσσα και παρεμβάλλεται διερμηνέας. Λόγω του "πιεστικού" χαρακτήρα της μεθόδου πολλές χώρες πλέον χρησιμοποιούν τεχνικές οι οποίες ενθαρρύνουν το διάλογο χωρίς να προβάλλουν ενοχή και χωρίς να παρουσιάζονται όλα τα ενδεικτικά ή αποδεικτικά στοιχεία στο πρώτο στάδιο. Αυτές οι τεχνικές έχουν περισσότερο το χαρακτήρα *"ερευνητικής συνέντευξης"*, όπως την αποκάλεσε πρώτος ο Βρετανός ψυχολόγος και εγκληματολόγος Eric Shepherd το 1991, παρά *"ανάκρισης"*.

Ο κλάδος της Δικαστικής Ψυχολογίας έχει προσφέρει σημαντικές εξελίξεις στις ανακριτικές μεθόδους με στόχο τη διασφάλιση της ψυχολογικής ασφάλειας και ακεραιότητας των εξεταζόμενων χωρίς όμως να μειώνεται η αποτελεσματικότητα της διαδικασίας. Σύγχρονες μελέτες έχουν αναδείξει ότι η ψυχολογική πίεση, εκτός από ψευδείς ομολογίες, καταλήγει σε αντιδράσεις αντίστασης, παθητικής απόσυρσης, και αμυντικής συμπεριφοράς χωρίς παραγωγικά αποτελέσματα.

Ο τομέας της Φωνητικής Ανάλυσης συνεισφέρει σημαντική βοήθεια σε ανακριτικές διαδικασίες. Όπως αναλύθηκε σε προηγούμενα κεφάλαια η "*απάντηση-κλειδί*" της μητέρας, με παρόμοιο τρόπο αναλύεται ολόκληρο το περιεχόμενο ανακρίσεων, και ο πιο συνηθισμένος στόχος είναι η εύρεση τυχόν ψευδών δηλώσεων (deception detection). Χρησιμοποιούμε τεχνικές όπως αυτές που ήδη εξηγήσαμε αλλά και πιο εξειδικευμένες μεθόδους που προσεγγίζουν με ιδιαίτερο τρόπο το συγκεκριμένο προφίλ του κάθε υπόπτου. Έχει ιδιαίτερο ενδιαφέρον όταν ο φωνητικός αναλυτής διενεργεί "τυφλή ανάλυση", όταν δηλαδή δεν του παρέχονται λεπτομέρειες και πληροφορίες σχετικές με την υπόθεση και εξετάζει το ανακριτικό περιεχόμενο με άλλο βαθμό αντικειμενικότητας, πράγμα που συνεπάγεται και μεγαλύτερο βαθμό δυσκολίας.

Ένας φωνητικός αναλυτής μπορεί να είναι και παρών κατά τη διάρκεια της ανάκρισης ή ακόμα και να διεκπεραιώσει την ανάκριση. Άλλες φορές ακολουθούνται συνδυαστικές διαδικασίες, δηλαδή παρακολουθεί μέρος της ανάκρισης, συμμετέχει, και αργότερα εξετάζει τη μαγνητοσκόπηση. Ένα από τα πιο βασικά προσόντα ενός φωνητικού αναλυτή αποτελεί **η *προσοχή στη λεπτομέρεια,*** και ειδικά η παρατήρηση κάθε ήχου, κάθε συλλαβής, κάθε λέξης, του τρόπου εκφοράς, και πάντα σε συνδυασμό με τη μελέτη της ψυχολογικής κατάστασης του ατόμου. Όλα τα στοιχεία που αναφέρθηκαν σε προηγούμενα κεφάλαια όπως η "γλώσσα" προσώπου και σώματος, η λειτουργία των φωνητικών χορδών και της αναπνοής, και η επιλογή λέξεων και εκφράσεων μπαίνουν κάτω από το μικροσκόπιο του αναλυτή για να καταφέρει να καταλήξει σε όσο το δυνατόν πιο συγκεκριμένα, ασφαλή, και αντικειμενικά συμπεράσματα και πορίσματα.

Για να επιτευχθούν τα παραπάνω, ας σκεφτούμε πόσες φορές χρειάζεται να ακούσει και να ξανακούσει τα μέρη μιας συνέντευξης ή ανάκρισης. Οι ώρες που απαιτούνται είναι ατελείωτες και πάντα η δεύτερη, η τρίτη, ή η εικοστή επανεξέταση προσφέρει καινούριες πληροφορίες. Ευτυχώς, όπως με κάθε εργασία, η εμπειρία με τον καιρό ισορροπεί την απαιτητικότητα της χρονοβόρας διαδικασίας.

[ΠΡΟΣΩΠΙΚΗ ΠΑΡΕΝΘΕΣΗ: Η ΠΡΩΤΗ ΦΟΡΑ]

"Η κουκουβάγια, το πουλί της γνώσης και της σοφίας, πετάει το σούρουπο"
~ Friedrich Hegel ~ *[Γερμανός Φιλόσοφος, 1770-1831]*

Θυμάται σα χθες την πρώτη επίσημη φωνητική ανάλυση που της ανατέθηκε. Αφορούσε μία υπόθεση ενδοοικογενειακής κακοποίησης μιας νεαρής γυναίκας από το σύζυγό της. Η Felicia είχε ολοκληρώσει την πρακτική της στη Δικαστική Ψυχολογία και πλέον εργαζόταν κανονικά στον τομέα όταν έφτασε η στιγμή να παρουσιαστεί για πρώτη φορά στη δικαστική αίθουσα ως ειδικός πραγματογνώμονας. Η περιγραφή της εμπειρίας της σίγουρα θα φανεί οικεία σε όσους έχουν βρεθεί στη θέση της, ακόμα και πραγματογνώμονες από άλλους τομείς.

"Ξύπνησα χαράματα για να ετοιμαστώ στην εντέλεια. Έπρεπε να προβάλλω κύρος και αξιοπιστία παρά το νεαρό της ηλικίας μου. Γνώριζα πολύ καλά ότι η πλευρά που δε θα συμφωνούσε με τα πορίσματά μου θα ορμούσε να με κατασπαράξει. Είναι κάτι αναπόφευκτο που με τον καιρό σου σκληραίνει το δέρμα, αλλά στις αρχές τσούζει την ευαίσθητη επιδερμίδα. Τα χέρια μου έτρεμαν καθώς έριχνα μια τελευταία ματιά στις σημειώσεις μου, και μόλις άρχισα να κατευθύνομαι προς το αμάξι μου κατάλαβα ότι έτρεμαν και τα γόνατά μου. Σε πολύ λίγο θα ερχόμουν αντιμέτωπη με τα αιμοβόρα λιοντάρια που όταν πρόκειται για το τομάρι τους δεν υπολογίζουν ούτε στοιχειώδεις τρόπους συμπεριφοράς, ούτε το σφυράκι του δικαστή.

Μόλις αντίκρισα την επιβλητική είσοδο του δικαστικού μεγάρου, η πρώτη σκέψη ήταν να το βάλω στα πόδια, αλλά το πείσμα μου κέρδισε. Πέρασα τον απαραίτητο έλεγχο από την πλευρά που περνούν οι δικηγόροι και δε χρειάζεται να περιμένουν στην ατελείωτη ουρά, κάτι που με άγχωσε μιας και θα έφτανα πιο γρήγορα στην αρένα του τρίτου ορόφου, αλλά παράλληλα με ικανοποίησε η "ιδιαίτερη μεταχείριση". Ανέβηκα από τις σκάλες για να αποφύγω την κλειστοφοβική αίσθηση που μου προκαλούν τα ασανσέρ και αντίκρισα την αίθουσα ακριβώς μπροστά μου. Κοντοστάθηκα στιγμιαία, πήρα μια βαθιά ανάσα, ίσιωσα την κορμοστασιά μου, και σκέφτηκα "ή τώρα ή ποτέ". Μου είχαν κρατήσει ειδική θέση στην πρώτη σειρά και κάθι-

σα περιμένοντας υπομονετικά.

Είχα δουλέψει ολόκληρα εικοσιτετράωρα επί ένα μήνα γι' αυτή την υπόθεση. Οι σημειώσεις μου ξεπερνούσαν τις 200 σελίδες και η σύνοψη των πορισμάτων ήταν γύρω στις 20. Μου είχαν παραθέσει το πρώτο μέρος της κατάθεσης που είχε παραχωρήσει η σύζυγος εναντίον του συζύγου της που ήταν βιντεοσκοπημένη και διαρκούσε περίπου δυόμισι ώρες. Την είχα μελετήσει εκατοντάδες φορές και πραγματικά ένιωθα αυτοπεποίθηση για την εγκυρότητα των αποτελεσμάτων μου.

Όταν φοράω τα ακουστικά και ακούω μόνο τον ήχο (τεχνική απώλειας εικόνας) η συγκέντρωση είναι τόσο έντονα απορροφητική που νομίζω ότι ξεχνάω να αναπνεύσω. Δεν υπάρχει τίποτα και κανένας γύρω μου παρά μόνο η φωνή που μελετάω. Αρχικά ακούω ολόκληρο το περιεχόμενο χωρίς διακοπές για να αποκτήσω μια πρώτη συνολική εικόνα. Μετά ξανακούω με κάποιες διακοπές και σποραδικές σημειώσεις. Στη συνέχεια σταματάω μετά από κάθε φράση και σημειώνω παρατηρήσεις, και μετά πάλι από την αρχή σταματώντας σε κάθε λέξη και ήχο. Χωρίς διάλειμμα, ξανακούω συνεχόμενα όλο το περιεχόμενο τουλάχιστον τρεις φορές και ολόκληρη η διαδικασία επαναλαμβάνεται από την αρχή. Δε θυμάμαι πόσες ώρες χρειάστηκαν με το υλικό των δυόμισι ωρών, αλλά αν κάνουμε τα μαθηματικά μπορεί να πλησίασα ένα συνεχόμενο εικοσιτετράωρο για την πρώτη προσέγγιση. Διότι τις επόμενες μέρες η διαδικασία συνεχίζεται με επανεξετάσεις και συνδυαστικές τεχνικές, γράφονται λεπτομερείς σημειώσεις, και φυσικά στο τέλος πρέπει να συνταχθεί η τελική έκθεση.

Αφού συνταχθεί η επίσημη έκθεση, τότε και μόνο τότε μπορώ να αφήσω το μυαλό μου να διεργαστεί το περιεχόμενο από πιο ανθρώπινη υποκειμενική σκοπιά. Μέχρι τότε οφείλω να έχω ανοιχτές μόνο τις κεραίες της επιστήμης και να προσπερνώ αυστηρά οποιαδήποτε συναισθήματα προκαλούνται, και εννοώ προσωπικά συναισθήματα. Η μελέτη συμπεριλαμβάνει και εξέταση συναισθημάτων αλλά των εμπλεκομένων, όχι τα δικά μου τα οποία δεν επιτρέπεται να προβάλλονται και να επηρεάζουν την ανάλυση. Δεν είναι εύκολο αν μια υπόθεση αγγίζει κάποια προσωπική χορδή αλλά μαθαίνεις να την αποσιωπείς. Αργότερα, όταν πια έχω τελειώσει την έκθεση, προσπαθώ να αποφεύγω τη σκέψη της, αλλά αν όντως έχει γρατζουνιστεί κάποια χορδή της ευαισθησίας μου ο συλλογισμός είναι σχεδόν αναπόφευκτος. Το δυσκολότερο είναι ότι δεν μπορώ να μοιραστώ σκέψεις, συναισθήματα και σχολιασμούς με το σύντροφό μου - εργασιακό απόρρητο!

Εκτός αν δουλεύω με ομάδα, κάτι που δεν είναι σύνηθες στο αρχικό στάδιο της ανάλυσης, πρόκειται για μοναχική εργασία και με πηγαίνει σε μονοπάτια στοχαστικού επιστημονικού συλλογισμού. Όταν έρχομαι σε άμεση επαφή με εμπλεκομένους είναι άλλη ιστορία, αλλά το ηχογραφημένο ή βιντεοσκοπημένο υλικό με μεταφέρει σε απομονωμένη διάσταση. Κάτι σα συγγραφέας, αλλά αντί για τα δικά μου, προσπαθώ να καταλάβω, να ερμηνεύσω, και να αποτυπώσω των αλλωνών.

Πίσω στη δικαστική αίθουσα, ήρθε η σειρά μου να πάρω το βήμα και ύστερα από τα απαραίτητα διαδικαστά ξεκίνησα την εξήγηση των πορισμάτων. Δεν ξέρω πώς ακριβώς συνέβη, αλλά μετά τις πρώτες δύο προτάσεις άρχισα να αισθάνομαι μια αναπάντεχη αυτοπεποίθηση και σιγουριά και να νιώθω ότι η φωνή μου πρόβαλε επιβολή και σταθερότητα. Όλες οι γνώσεις, η πρακτική, και η μελέτη έβγαιναν στην επιφάνεια και υποστήριζαν τα λεγόμενά μου και τον τρόπο εκφοράς τους. Πίστευα πραγματικά σε όσα εξέφραζα γιατί είχα δουλέψει σκληρά για να τα συμπεράνω, και όλη αυτή η εντατική δουλειά και προετοιμασία μου πρόσφεραν αυτόματα και αβίαστα την αυτοπεποίθηση που τόσο απεγνωσμένα χρειαζόμουν και μέχρι τότε αμφισβητούσα. Η αναπνοή μου λειτουργούσε άμεσα συνδεδεμένη με το διάφραγμα, οι φωνητικές χορδές πάλλονταν και εφάπτονταν αβίαστα, και το ηχόχρωμά μου ήταν καθαρό χωρίς ίχνος τρεμάμενων φωνηέντων. Δεν υπήρχαν κενά στις σκέψεις μου ούτε στην εκφορά τους. Μπορούσα να καταλάβω ότι το περιεχόμενο γινόταν απόλυτα κατανοητό, έφερε περιεκτικότητα και συνοχή, και δε φαινόταν να προκαλεί αμφιβολίες. Όσο πιο πολύ το ένιωθα, τόσο περισσότερο αυξανόταν η αίσθηση σιγουριάς, μέχρι που κάποια στιγμή ένιωσα "σπουδαία". Το "σπουδαία" δεν το εννοώ με υπεροφία αλλά με περηφάνια. Ένιωσα περήφανη για τις σπουδές μου, τους κόπους μου, τις ατελείωτες ώρες δουλειάς και τα ξενύχτια, τις γνώσεις μου, και όλα όσα είχα κάνει για να καταφέρω να φτάσω ως εκεί. Το μόνο που μου έλειπε ήταν η εμπειρία, αλλά τα απρόσμενα θετικά συναισθήματά μου πρόσφεραν αμέσως ώθηση να συνεχίσω, και δε σταμάτησα ποτέ. Και τώρα νιώθω σα να κάνω φωνητική ανάλυση στον εαυτό μου...

Αλήθεια, είναι δυνατόν να αναλύσουμε με αντικειμενικότητα τα δικά μας *λόγια; Μάλλον λίγο δύσκολο γιατί είναι σα να προσπαθούμε να κάνουμε ψυχοθεραπεία στον εαυτό μας, πράγμα που δεν καταλήγει στη θεμιτή αντικειμενικότητα. Ωστόσο, ύστερα από 25 χρόνια, κοιτάζοντας πίσω και αναπολώντας εκείνη την πρώτη φορά, νιώθω ότι είμαι αντικειμενική με τον εαυτό μου γιατί η εμπειρία με έχει αλλάξει και εξελίξει. Εκείνο το εικοσιπεντάχρονο κορίτσι που μόλις είχε ολοκληρώσει τις σπουδές του και βούτηξε κατευθείαν στα βαθιά είναι μεν το ίδιο, αλλά η οπτική γωνία από την οποία παρακολουθεί και κατανοεί τον κόσμο έχει διαφοροποιηθεί. Αυτό κάνει η εμπειρία και είναι για καλό."*

Η Felicia έχει πλέον πλούσια εμπειρία στον τομέα αλλά ποτέ δεν ξεχνάει εκείνη την "πρώτη φορά" και πόσο σημαντική ήταν η αυτοπεποίθηση που της πρόσφερε. Οι πρώτες εμπειρίες επηρεάζουν την πορεία και ειδικά ως προς τη σιγουριά που νιώθουμε και χτίζουμε για ό,τι κάνουμε. Έχει συνεισφέρει τις υπηρεσίες της σε αμέτρητες υποθέσεις και αρκετές φορές η συμβολή της έπαιξε ουσιαστικό ρόλο και ήταν καταλυτική στη διενέργεια πολύπλοκων ερευνών και σε εξιχνιάσεις δύσκολων εγκλημάτων. Κάτι άλλο που γνωρίζω για τη Felicia και τη θαυμάζω γι' αυτό είναι η δίψα της για συνεχή έρευνα και μάθηση. Ο τομέας της εξελίσσεται διαρκώς με νέες έρευνες και συλλογή στατιστικών στοιχείων, με ανανεωμένες τεχνικές μεθόδους, και με εξελιγμένα διαγνωστικά μέσα που προσφέρουν όλο και περισσότερη αντικειμενικότητα ως προς τα πορίσματα.

Κάθε φωνητικός αναλυτής οφείλει να προχωράει μαζί με τις προοδευτικές εξελίξεις και την ανάπτυξη της επιστήμης του και ειδικά στις μέρες μας που η τεχνολογική ανάπτυξη καλπάζει με γοργούς ρυθμούς. Για παράδειγμα, τα ηχητικά διαγράμματα του παρελθόντος έχουν αντικατασταθεί από πρωτοποριακά ηλεκτρονικά προγράμματα που συμπληρώνουν και ενισχύουν την αναντικατάστατη αξία της οπτικοακουστικής παρατήρησης και δεν αφήνουν περιθώρια για αστοχίες και λάθη. Οι κλασικές "παραδοσιακές" τεχνικές εξακολουθούν να αποτελούν το "gold standard" αλλά η τεχνολογία βοηθάει στην επιβεβαίωσή τους και ο συνδυασμός όλων των διαθέσιμων μέσων παρέχει στα συμπεράσματα μία σφαιρική και ολοκληρωμένη διάσταση.

29. Ανίχνευση ψεύδους

"Αλλ' ουδέν έρπει ψεύδος εις γήρας χρόνου"
"Κανένα ψέμα δεν αντέχει στο χρόνο"
~ Σοφοκλής ~

Όλοι γνωρίζουμε τον "πολύγραφο", τον "ανιχνευτή ψεύδους", ένα ειδικό μηχάνημα που εξετάζει και αναδεικνύει αν κάποιος λέει την αλήθεια ή όχι (polygraph testing). Ο πολύγραφος συνδέεται στο άτομο με τη βοήθεια καλωδίων και στη συνέχεια, κατά τη διάρκεια απαντήσεων σε ερωτήσεις, καταγράφει σε ανάλογο πρόγραμμα στον υπολογιστή τον τρόπο και βαθμό συγκεκριμένων αντιδράσεων και λειτουργιών όπως τους καρδιακούς παλμούς, την αρτηριακή πίεση, την αναπνοή, το βαθμό εφίδρωσης, και σε κάποιες περιπτώσεις συσπάσεις ειδικά στα άκρα καθώς και φωνητικές διακυμάνσεις. Τα αποτελέσματα βασίζονται στη θεωρία ότι οι παραπάνω αντιδράσεις και λειτουργίες φέρουν συγκεκριμένα επίπεδα και χαρακτηριστικά όταν κάποιος λέει ψέματα, τα οποία διαφέρουν από αυτά της αλήθειας, και αυτό οφείλεται σε συγκεκριμένο είδος άγχους και φόβου που προκαλεί στο σώμα η σκέψη, διεργασία, έκφραση, και εκφορά ψέματος.

Η διαδικασία ξεκινάει με το στάδιο της προετοιμασίας κατά το οποίο ο εξεταστής καθοδηγεί με συγκεκριμένες πληροφορίες και οδηγίες τον εξεταζόμενο πριν συνδεθεί στον πολύγραφο. Στη συνέχεια γίνεται η σύνδεση και συνήθως πρώτα τίθενται ερωτήσεις στις οποίες ο εξεταζόμενος θα απαντήσει με αντικειμενική αλήθεια, όπως για παράδειγμα *"Ποια είναι η ημερομηνία γέννησής σας;"* ή *"Ποιο είναι το ονοματεπώνυμό σας;"*, ή *"Τι καιρό έχει σήμερα;"*. Αργότερα τίθενται ερωτήσεις των οποίων οι απαντήσεις θα μπορούσαν να αμφισβητηθούν, καταγράφονται όλες οι αντιδράσεις, και συγκρίνονται με εκείνες των αρχικών αντικειμενικών απαντήσεων. Η διαδικασία είναι πολύπλοκη και απαιτεί ειδική προετοιμασία από τον εξεταστή αναλόγως με την περίσταση, και η παραπάνω περιγραφή είναι εντελώς περιληπτική και απλοποιημένη.

Οι πολύγραφοι έχουν βοηθήσει στις έρευνες αρκετών υποθέσεων αλλά τα αποτελέσματά τους δε θεωρούνται πάντα έγκυρα και δεν αποτελούν σε καμία περίπτωση μοναδικό κριτήριο. Οι στατιστικές δείχνουν ότι η εγκυρότητά τους βρίσκεται στο 70-85% σε περιπτώσεις ενοχής, αλλά πέφτει στο 50- 70% σε περιπτώσεις αληθινών καταθέσεων οι οποίες χαρακτηρίστηκαν ως ψευδείς με αποτέλεσμα να ενοχοποιηθούν αθώοι άνθρωποι. Εάν χρησιμοποιηθούν, τα πορίσματα τους θα συνδυαστούν και με άλλες τεχνικές καθώς και όλα τα υπόλοιπα στοιχεία, αλλά και τότε δεν είναι σίγουρο αν θα γίνουν αποδεκτά από το δικαστήριο. Συνήθως στις μέρες μας και στις περισσότερες χώρες τα δικαστήρια δεν αποδέχονται τα πορίσματα του πολύγραφου ως έγκυρα στοιχεία πραγματογνωμοσύνης.

Στον τομέα της Δικαστικής Ψυχολογίας επικρατεί η άποψη ότι η "ανθρώπινη ανίχνευση ψεύδους" είναι πιο έγκυρη από τη "μηχανική". Με τον όρο "ανθρώπινη" εννοούμε ότι η διαδικασία διενεργείται χωρίς χρήση μηχανημάτων αλλά μέσα από τεχνικές συνέντευξης και ανάκρισης τις οποίες εκτελεί και αξιολογεί ειδικά εκπαιδευμένος ψυχολόγος-ερευνητής. Είναι δυνατόν ένας ειδικός να ανιχνεύσει ανακρίβειες, ψέματα, και πλαστές μνήμες κατά τη διάρκεια συνέντευξης; Ποιος είναι ο βαθμός εγκυρότητας τέτοιων τεχνικών και αποτελεσμάτων; Τα τελευταία 60 χρόνια έχουν ολοκληρωθεί πολλαπλές και εκτεταμένες έρευνες σχετικές με την ανθρώπινη ικανότητα ανίχνευσης ψεύδους και η επιστημονική κοινότητα καταλήγει σε διχασμένες απόψεις.

ΟΡΙΣΜΟΣ ΨΕΥΔΟΥΣ: Ψεύδος ή εξαπάτηση είναι η επιτυχής ή ανεπιτυχής προσπάθεια κάποιου ανθρώπου να δημιουργήσει σε κάποιον άλλο μία πεποίθηση η οποία ο ίδιος γνωρίζει ότι είναι αναληθής. Η διαδικασία του ψεύδους γίνεται συνειδητά, από πρόθεση, και είναι κάτι συνηθισμένο στην ανθρώπινη επικοινωνία.

Όλοι λέμε ψέματα και συχνά σε καθημερινή βάση, αλλά ο στόχος τους τα διαχωρίζει ως προς το βαθμό σοβαρότητας και τις επιπτώσεις που μπορεί να επιφέρουν. Τα λεγόμενα *"κοινωνικά ψέματα"* αποτελούν μια συνηθισμένη συμπεριφορά η οποία κάποιες φορές φέρει θετικά αποτελέσματα στις διαπροσωπικές σχέσεις. Ως παράδειγμα, εάν μία συνάδελφος μας ρωτήσει αν είναι ωραίο το καινούριο της κούρεμα, το να απαντήσουμε *"ναι, ωραίο είναι"* δε θα προκαλέσει κάποια σοβαρή επίπτωση. Αντιθέτως, και εφόσον δε ζήτησε τη γνώμη μας πριν το επιλέξει, ένα τέτοιο *"κοινωνικό ψέμα"* μπορεί να αποτρέψει πιθανή αρνητική επίπτωση στη σχέση με τη συνάδελφο.

PAUL EKMAN ΚΑΙ "ΜΙΚΡΟΕΚΦΡΑΣΕΙΣ"

Ο Αμερικανός ψυχολόγος Paul Ekman, μία ευφυής προσωπικότητα που ολοκλήρωσε το λύκειο και ξεκίνησε τις πανεπιστημιακές τους σπουδές στα 15 του μόλις χρόνια στο University of Chicago, είναι γνωστός για τη συμβολή του στις έρευνες ανίχνευσης ψεύδους. Έχει ιδιαίτερο ενδιαφέρον το γεγονός ότι όταν πρωτοξεκίνησε να μελετάει την ανθρώπινη συμπεριφορά ως προς το ψέμα, ορκίστηκε ότι για να είναι οι μελέτες του όσο το δυνατόν πιο αντικειμενικές και να μπορέσει να εισχωρήσει στο μυαλό και ψυχισμό ενός ψεύτη, ήταν απαραίτητο ο ίδιος να σταματήσει να λέει ψέματα, ακόμα και τα πιο απλά *"κοινωνικά ψέματα"*. Αναφέρει ότι στην αρχή δεν ήταν καθόλου εύκολο και τον εξέπληξε η συνειδητοποίηση της συχνότητας με την οποία κατέφευγε σε μικρά καθημερινά ψέματα. Άρχισε να νιώθει την ένταση της πίεσης που προκαλούν τα κοινωνικά ψέματα σε καθημερινή βάση και η προσπάθεια αποφυγής τους αποτελούσε δίλημμα εφόσον καταλάβαινε πώς η αλήθεια θα μπορούσε να επηρεάσει τις διαπροσωπικές του σχέσεις. Ωστόσο, όταν άρχισε να τολμά και να ξεστομίζει μόνο αλήθειες, περιγράφει ένα συναίσθημα απόλυτης απελευθέρωσης που άρχισε να τον πλημμυρίζει, και όσο περισσότερο το έκανε, τόσο πιο εύκολο γινόταν, και τόσο πιο έντονη ήταν η αίσθηση κοινωνικής και ατομικής ελευθερίας που του πρόσφερε. Ο Ekman, στα 88 του πια χρόνια, ισχυρίζεται ότι τήρησε την υπόσχεσή του, και όσοι τον γνωρίζουν το επιβεβαιώνουν.

Με αυτή λοιπόν τη βάση, ξεκίνησε να μελετάει τις εκφράσεις του προσώπου και άρχισε να παρατηρεί κάποιες πολύ μικρές συσπάσεις σε διάφορα σημεία του προσώπου τις οποίες δεν παρατηρεί εύκολα ένα μη εκπαιδευμένο μάτι. Ονόμασε αυτές τις συσπάσεις **"μικροεκφράσεις"** και μελετώντας όλους τους μύες του προσώπου κατέληξε ότι υπάρχουν 50 μύες οι οποίοι έχουν τη δυνατότητα με διάφορους συνδυασμούς να δημιουργήσουν 3000 διαφορετικές μικροεκφράσεις. Συνεχίζοντας τη μελέτη των μικροεκφράσεων συμπέρανε ότι η κάθε μία αντικατοπτρίζει κάποιο συναίσθημα, ή κάποια εσωτερική αντίδραση που πολλές φορές "κρύβο-νται" πίσω από αυτό που εξωτερικεύει ένας άνθρωπος και η αναγνώρισή τους μπορεί να μας δείξει τι πραγματικά νιώθει ή σκέφτεται τη δεδομένη στιγμή.

Η θεωρία των μικροεκφράσεων έχει μελετηθεί εκτενώς από ειδικούς στο αντικείμενο της ανίχνευσης ψεύδους και ο Ekman ακολουθείται από πολλούς υποστηρικτές αλλά αντιμετωπίζει και πολλούς δύσπιστους συνα-δέλφους. Η τεχνική των μικροεκφράσεων χρησιμοποιείται από κάποιους ειδικά εκπαιδευμένους ερευνητές, ωστόσο τα πορίσματα δεν αποτελούν σε καμία περίπτωση μοναδικό κριτήριο στη διερεύνηση μιας υπόθεσης, και αν η παρουσίασή τους από πραγματογνώμονα γίνει αποδεκτή από το δικα-στήριο θα συνδυαστεί οπωσδήποτε με επιπλέον μεθόδους και στοιχεία.

ΠΑΛΑΙΑ ΚΑΙ ΞΕΠΕΡΑΣΜΕΝΑ ΚΡΙΤΗΡΙΑ ΑΝΙΧΝΕΥΣΗΣ ΨΕΥΔΟΥΣ

Οι παρακάτω παλαιότερες τεχνικές συμπεριλάμβαναν κάποια κριτήρια ως προς την ανίχνευση ψεύδους τα οποία από μόνα τους πλέον θεωρού-νται μη αξιόπιστα και ξεπερασμένα, αλλά μπορούν να χρησιμοποιηθούν συνδυαστικά με άλλες τεχνικές.

Έλλειψη σταθερότητας στο βλέμμα.

Υπερβολική κινητικότητα.

Έντονη εκδήλωση - λεκτική και σωματική - νευρικότητας και άγχους.

Έντονη κατάποση και ξηροστομία.

Σφίξιμο ή δάγκωμα χειλιών.

Ο λόγος που οι παραπάνω αντιδράσεις έπαψαν ύστερα από περισσό-τερες έρευνες να αποτελούν ενδείξεις ψεύδους όταν λαμβάνονται υπό-ψιν μεμονωμένα είναι διότι πολλοί άνθρωποι όταν έρχονται αντιμέτωποι με περιστάσεις στις οποίες πρέπει να ισχυριστούν την αλήθεια τους, αυ-τές οι περιστάσεις είναι από μόνες τους πιεστικές και προκαλούν άγχος και νευρικότητα που ενδέχεται να ερμηνευτούν εσφαλμένα ως αποτέλε-σμα ψευδών δηλώσεων. Για παράδειγμα, το περιβάλλον ενός αστυνομικού τμήματος ή μιας δικαστικής αίθουσας για κάποιους ανθρώπους είναι στρεσογόνο και δε λειτουργούν σε αυτό με την άνεση και ηρεμία που θα ένιωθαν κάτω από άλλες συνθήκες. Το περιβάλλον προκαλεί άγχος πριν καν αρχίσει η κατάθεση και οι ανάλογες αντιδράσεις μπορεί να καθοδηγήσουν τους ερευνητές στο εσφαλμένο συμπέρασμα ότι ο εξεταζόμενος εκφράζει ανακρίβειες. Ένα άλλο παράδειγμα που έχει αφαιρέσει την υπερβολική κινητικότητα από τη λίστα ενδείξεων ψεύδους είναι το γεγονός ότι η συγκεκριμένη συμπεριφορά έχει αναδειχτεί μέσα από έρευνες εδώ και πολλά χρόνια, και οι *"επαγγελματίες απατεώνες"* έχουν μάθει να κοντρολάρουν τις σωματικές αντιδράσεις τους, να κάθονται σε σταθερή στάση, να κρατούν τα χέρια σταυρωμένα για να αποφεύγουν αμήχανες κινήσεις, και το κριτήριο έχει πάψει να είναι έγκυρο. Με άλλα λόγια, οι *"επαγγελματίες ψεύτες και απατεώνες"* μελέτησαν τις έρευνες για να μάθουν τι πρέπει να αποφεύγουν.

ΑΝΑΝΕΩΜΕΝΑ ΚΑΙ ΑΠΟΔΕΚΤΑ ΚΡΙΤΗΡΙΑ ΑΝΙΧΝΕΥΣΗΣ ΨΕΥΔΟΥΣ

Καινούριες μελέτες έχουν αναδείξει πιο συγκεκριμένα και έγκυρα χαρακτηριστικά για την ανίχνευση ψεύδους, και πολλά από αυτά δεν μπορούν να τα αποφύγουν οι "επαγγελματίες απατεώνες" όσο και αν τα μελετήσουν διότι κάποια βασίζονται σε μη διαχειρίσιμες αντιδράσεις, και άλλα προέρχονται από αντανακλαστικά. Τα παρακάτω θεωρούνται ως τα πιο έγκυρα σύμφωνα με αναγνωρισμένες μελέτες στον τομέα της ψυχολογίας και κοινωνιολογίας.

- **Μάτια:** Οι κόρες των ματιών διαστέλλονται όταν κάποιος λέει ψέματα.
- **Φωνή:** Παρατηρούνται διακυμάνσεις στον τόνο της φωνής. Πιο συγκεκριμένα, ο τόνος ανεβαίνει πιο ψηλά όταν κάποιος λέει ψέματα και πολλές φορές "σπάει" ο ήχος, προκαλείται απρόβλεπτο τραύλισμα, τα φωνήεντα τρέμουν, και ο τόνος χάνει τη σταθερότητα.
- **Κινήσεις χεριών:** Οι ψεύτες δε συνοδεύουν τα λόγια τους με ανάλογες κινήσεις των χεριών. Αυτό δε συμβαίνει τόσο στην προσπάθεια

να κοντρολάρουν τις αντιδράσεις τους, αλλά επειδή δεν υπάρχει δια-σύνδεση μεταξύ σκέψης και σώματος. *Δηλαδή, η σκέψη δημιουργεί μία πλαστή ιστορία την οποία το σώμα δυσκολεύεται να ακολουθή-σει αυθόρμητα και αβίαστα.*

- **"Σενάρια" χωρίς λογική:** Οι ψεύτικες ιστορίες μπορεί στη ροή του λόγου να χάσουν τη λογική σειρά που συνοδεύει τις αληθινές. Οι πε-ριγραφές μπορεί να παρουσιάσουν σημεία που δε δείχνουν λογική σειρά και ακολουθία γεγονότων ή ακόμα και στοιχεία που ακούγο-νται εντελώς παράλογα.

- **Αποστασιοποίηση:** Σε πολλές περιπτώσεις οι ψεύτες φαίνονται αποστασιοποιημένοι από τα γεγονότα που περιγράφουν και ακούγο-νται σα να μη συνέβησαν σε εκείνους αλλά σε κάποιον τρίτο. Ένας προφανής λόγος είναι το γεγονός ότι όντως δεν συμμετείχαν στα πε-ριγραφόμενα γεγονότα ή δε συνέβησαν όπως τα περιγράφουν εφό-σον είναι αναληθή. Ένας άλλος λόγος είναι μία εσωτερική υποσυ-νείδητη συνειδησιακή σύγκρουση διότι γνωρίζουν ότι το ψέμα δεν είναι αποδεκτό και απομακρύνουν τον εαυτό τους από αυτό παρου-σιάζοντας απρόσωπη απομακρυσμένη, ή και αδιάφορη συμπεριφο-ρά. Επίσης, στην αποστασιοποίηση συμβάλλει και ο φόβος ότι ενδέ-χεται να μη γίνουν πιστευτοί.

- **Διάρκεια και λεπτομέρειες περιγραφής:** Οι ψεύτες μιλούν για μι-κρότερη διάρκεια και περιγράφουν γεγονότα με λιγότερες λεπτο-μέρειες. Αυτό συμβαίνει για δύο λόγους: Ο πρώτος είναι διότι φο-βούνται μήπως πουν κάτι που δεν πρέπει, που θα τους προδώσει. Ο δεύτερος είναι διότι ο εγκέφαλος κουράζεται και φορτίζεται (Theory of "Cognitive Load") όταν πρέπει να δημιουργήσει ψευδή γεγονό-τα, ενώ η περιγραφή αληθινών γεγονότων δεν απαιτεί "δημιουργική σκέψη" και εκφράζεται πιο αβίαστα και ξεκούραστα.

- **Κενά και σιωπηλές στιγμές:** Το ψέμα απαιτεί σκέψη και για τη δη-μιουργία του, αλλά και για την αποτελεσματικότητά του. Αυτό κα-θυστερεί τη σκέψη και οι ψεύτες κάνουν παύσεις στη μέση προτάσε-ων και παρουσιάζουν στιγμές δισταγμού στη ροή του λόγου.

- **Αλλαγές δηλώσεων:** Είναι αναμενόμενο όταν κάποιος περιγράψει αναληθή γεγονότα, την επόμενη φορά που θα του ζητηθεί να ξανακαταθέσει κάποιες λεπτομέρειες να διαφέρουν από τις προηγούμενες. Η αλήθεια είναι μία και όταν την εκφράζουμε υπάρχει μόνο η εκδοχή της. Το ψέμα είναι αναληθές δημιούργημα και η σκέψη δεν μένει πάντα πιστή στην περιγραφή πλαστών γεγονότων με τον ίδιο ακριβώς τρόπο. Είναι εύκολο να διαφύγουν κάποιες λεπτομέρειες οι οποίες θα προδώσουν τις ανακρίβειες. Ωστόσο, πρέπει να σημειωθεί ότι μπορεί να γίνει και το ακριβώς αντίθετο, δηλαδή ο ψεύτης να έχει "παπαγαλίσει" ένα σενάριο και να το επαναλαμβάνει με τέτοιο πανομοιότυπο τρόπο που προδίδει την αποστήθιση μιας πλαστής περιγραφής.

- **Πιστοποίηση λεπτομερειών:** Οι ψεύτες έχουν την τάση να παρουσιάζουν λεπτομέρειες οι οποίες δεν είναι δυνατόν να εξακριβωθούν. Μπορεί να υπάρχουν πολλά σημεία στη διήγησή τους τα οποία δεν μπορούν να επιβεβαιωθούν από κάποιον άλλο, και αυτό συνδυάζεται με το επόμενο χαρακτηριστικό.

- **Χωρίς άλλοθι:** Οι στατιστικές δείχνουν ότι οι ψεύτες εμπλέκονται πιο συχνά σε περιστατικά στα οποία δεν υπήρχαν άλλοι μάρτυρες ή δεν είναι σε θέση να παρουσιάσουν κάποιο άλλοθι.

Έχει ενδιαφέρον η γνωστή τεχνική κατά την οποία ο ανακριτής ζητάει από τον εξεταζόμενο να διηγηθεί τα γεγονότα με αντίστροφη σειρά, ξεκινώντας από το τέλος και φτάνοντας στην αρχή. Οι ψεύτες παρουσιάζουν δυσκολία στην αντίστροφη αφήγηση και συχνά πέφτουν σε λάθη και αντιφάσεις, κάτι που καθιστά την τεχνική ως αρκετά αποτελεσματική. Η διεργασία του εγκεφάλου είναι παρόμοια με αυτή ενός μεθυσμένου που δυσκολεύεται να μετρήσει ανάποδα, από το είκοσι μέχρι το μηδέν, ή να πει τα γράμματα της αλφάβητου αντίστροφα, ξεκινώντας με το ωμέγα.

Όλες οι παραπάνω ενδείξεις θεωρούνται από πολλούς επιστήμονες υποκειμενικά κριτήρια, και η αλήθεια είναι ότι δεν αποτελούν αδιάσειστα στοιχεία ούτε αποδείξεις ψεύδους ή απάτης. Υπάρχουν τόσες παράμετροι που είναι δυνατόν να επηρεάσουν τις αντιδράσεις ενός ατόμου κατά τη διάρκεια μιας συνέντευξης, κατάθεσης, ή ανάκρισης, που όποιος ακολουθεί τις παραπάνω τεχνικές με "τυφλή" εμπιστοσύνη είναι τουλάχιστον αφελής. Η εξατομικευμένη διαφορετικότητα κάθε ανθρώπου, οι πολιτισμικές διαφορές και επιρροές του περιβάλλοντος στο οποίο ζει, οι εμπειρίες που επηρεάζουν τον τρόπο διαχείρισης του άγχους και φόβου, η προσωπικότητα και ο χαρακτήρας, όλα αποτελούν παράγοντες που δεν μας επιτρέπουν να κατατάσσουμε τις όποιες αντιδράσεις σε συγκεκριμένες και αντικειμενικά επιλεγμένες κατηγορίες χωρίς δεύτερη σκέψη. Αποτελούν βοηθητικά ενδεικτικά στοιχεία όταν εφαρμόζονται με συνέπεια, δηλαδή εφόσον εξετάσουμε, αναλύσουμε, κατανοήσουμε, και λάβουμε υπόψιν μας τους παράγοντες που συνθέτουν το συνολικό προφίλ ενός ανθρώπου με τις διαφορετικότητες που συμπεριλαμβάνει.

Και πάλι, η υποκειμενικότητα παραμένει, επομένως η διαδικασία ανίχνευσης ψεύδους και τα πορίσματα είναι απαραίτητο να συνδυαστούν με όσο το δυνατόν περισσότερα αντικειμενικά στοιχεία μπορούμε να συλλέξουμε και να αποτελέσουν πιθανούς δείκτες και σε καμία περίπτωση απόλυτα συμπεράσματα. Μία πραγματογνωμοσύνη ανίχνευσης ψεύδους μπορεί να προσφέρει χρήσιμες πληροφορίες, αλλά η ιδανική προσέγγιση θα ήταν να χρησιμοποιηθούν όλες οι διαθέσιμες μέθοδοι και από τουλάχιστον δύο διαφορετικούς πραγματογνώμονες. Εάν σε μία υπόθεση χρησιμοποιηθούν ο πολύγραφος (με τις διαφορετικές τεχνικές που περιλαμβάνει), η θεωρία των μικροεκφράσεων, τα αποδεκτά κριτήρια ανίχνευσης ψεύδους που προαναφέρθηκαν, και όλα με εξέταση από διαφορετικούς πραγματογνώμονες, τότε τα αποτελέσματα θα φέρουν μεγαλύτερο βαθμό αξιοπιστίας. Δυστυχώς στα περισσότερα ερευνητικά συστήματα υφίσταται ένα τεράστιο εμπόδιο: η έλλειψη χρόνου και προσωπικού που απαιτείται για να ακολουθηθούν τέτοιες διαδικασίες, και είναι λυπηρό το γεγονός ότι λόγω των ελλείψεων έχουν καταδικαστεί αθώοι άνθρωποι και κάποιοι ένοχοι ζουν ελεύθεροι ανάμεσά μας.

Είναι σημαντικό να σημειωθεί ότι όλες οι μέθοδοι και τεχνικές που αναφέρθηκαν αποτελούν ένα εντελώς βασικό και συνοπτικό επίπεδο στον τομέα της ανίχνευσης ψεύδους. Υπάρχουν τόσες πολλές μελέτες και έρευνες καθώς και διαφορετικές απόψεις και προσεγγίσεις, που η παρουσίασή τους απαιτεί ένα ολόκληρο ξεχωριστό βιβλίο. Έγινε μία απλή αναφορά στις πιο διαδεδομένες πρακτικές με όσο το δυνατόν πιο απλό και κατανοητό τρόπο. Επίσης, βγαίνουν συνεχώς στην επιφάνεια καινούριες μελέτες οι οποίες βρίσκονται υπό έρευνα. Το σίγουρο είναι ότι ο συγκεκριμένος τομέας χρειάζεται βαθύτερες έρευνες από διάφορες πλευρές και προσεγγίσεις γιατί υπάρχουν πολλά "σκοτεινά" σημεία και άπλετα περιθώρια για ανάπτυξη και εξέλιξη. Η Φωνητική Ανάλυση φέρει ιδιαίτερο ενδιαφέρον ως προς την ανίχνευση ψεύδους, οι έρευνες για την προσφορά της έχουν εντατικοποιηθεί τα τελευταία χρόνια, και οι μέχρι τώρα μελέτες δείχνουν ότι αποτελεί μία επιστήμη που έχει τη δυνατότητα να συνεισφέρει περισσότερη αντικειμενικότητα στις έρευνες.

ΜΗΤΕΡΑ ΚΑΙ ΠΟΛΥΓΡΑΦΟΣ

Στην υπόθεσή μας η μητέρα ζήτησε μετά την προφυλάκισή της να εξεταστεί με τη μέθοδο του πολύγραφου, κάτι που μέχρι στιγμής δεν έχει γίνει δεκτό. Το αίτημά της δημιουργεί αμέσως την εντύπωση ότι για να το ζητάει σημαίνει πως είναι αθώα. Αν είναι ένοχη, για ποιο λόγο θα έπαιρνε ένα τέτοιο ρίσκο και μάλιστα με δική της πρωτοβουλία; Έχοντας παρακολουθήσει τις συνεντεύξεις και δημόσιες δηλώσεις της θα τολμήσω να εκφέρω την άποψή μου - μία καθαρά προσωπική άποψη βασισμένη σε μελέτες άλλων περιπτώσεων και στις προσωπικές μου παρατηρήσεις - και να προβώ σε μια πρόβλεψη. **Εάν** η μητέρα είναι ένοχη, υπάρχει μεγάλη πιθανότητα αν πάρει το τεστ να το περάσει. Τα χαρακτηριστικά της προσωπικότητάς της όπως έχουν παρουσιαστεί από τις εμφανίσεις και δηλώσεις της ταιριάζουν με προφίλ ανθρώπων που κατάφεραν να "εξαπατήσουν" τον πολύγραφο.

Η απουσία δημόσιας εκδήλωσης συναισθημάτων, η "απομάκρυνση" από τα γεγονότα στις περιγραφές της, η ανάγκη για αυτοπροβολή και επικέντρωση στο "εγώ", η ψυχρότητα με την οποία εξιστορεί τα γεγονότα των θανάτων, και η σταθερή αμυντική στάση για την προστασία της δημόσιας "εικόνας" της, όλα αποτελούν στοιχεία της προσωπικότητάς της και του τρόπου με τον οποίο διαχειρίζεται όσα συμβαίνουν και τα οποία προβάλλουν ένα ιδιαίτερο χαρακτηριστικό: Δείχνει να τα πιστεύει, να τα νιώθει πραγματικά, και να αποτελούν την "αλήθεια" της. **Εάν** είναι ένοχη, αυτή η "αλήθεια" που για όλους εμάς θα αποδειχτεί ως ψέμα, για εκείνη είναι "αληθινή", και αποτελεί την αλήθεια που θα αναδείξει και ο πολύγραφος.

30. Ομολογία

"Αυτό δε το σιγάν ομολογούντος εστί σου"
"Αυτή η σιωπή σου είναι ομολογία"
~ *Ευρυπίδης* ~ *[Ιφιγένεια εν Αυλίδι]*

Μόνο η πραγματική αλήθεια της μπορεί να σώσει τη μητέρα από τον ίδιο της τον εαυτό. Μόνο η ίδια μπορεί να λυτρώσει τον εαυτό της, είτε είναι φόνισσα, είτε μια πονεμένη μάνα που αντικρίζει κατάματα την αδικία.

Σε κάθε εγκληματολογική έρευνα και διαδικασία το ιδανικό σενάριο είναι να υπάρξει ομολογία. Ειδικά όταν υπάρχει σύλληψη, και παρόλο που οι ενέργειες ανεύρεσης όλων των αποδειχτικών στοιχείων δε σταματούν, μια ομολογία είναι πάντα επιθυμητή και διευκολύνει το έργο των αρχών. Αν η προανάκριση δεν καταλήξει σε ομολογία, δημιουργείται μία ατμόσφαιρα αναμονής και ανυπομονησίας. Συνήθως οι περισσότεροι δράστες *"σπάνε"* με την πρώτη ανάκριση. Η μητέρα δεν ομολόγησε.

Υπάρχει το αναμφισβήτητο στοιχείο της κεταμίνης που βρέθηκε στο σώμα του παιδιού, και τα γεγονότα δείχνουν ότι μόνο η μητέρα θα μπορούσε να την είχε χορηγήσει. Εκείνη ήταν δίπλα στο παιδί όταν χορηγήθηκε η ουσία, και μόνο εκείνη. Τουλάχιστον αυτό υποδεικνύουν οι καταθέσεις όλων των γιατρών και του νοσηλευτικού προσωπικού που βρίσκονταν στο νοσοκομείο το δεδομένο χρονικό διάστημα. Έχουν καταθέσει πολλοί γιατροί και νοσηλευτές, και τα λεγόμενά τους στέκονται απέναντι στους ισχυρισμούς ενός ανθρώπου, της μητέρας, η οποία επιμένει ότι δε χορήγησε στο παιδί της τη φονική ουσία.

~ *"Τότε πώς βρέθηκε η κεταμίνη στο σώμα του παιδιού;"*, ρωτάει η ανακρίτρια και αναρωτιέται μαζί και το Πανελλήνιο.

Η μητέρα επιμένει ότι δεν έχει ιδέα και ότι μάλλον έγινε κάποιο ιατρικό λάθος κατά τη διάρκεια προσπάθειας ανάνηψης του παιδιού. Θα συνεχίσει να επιμένει και τις επόμενες μέρες.

Εάν είναι όντως ένοχη, δε θα *"σπάσει"* εύκολα η μητέρα, ίσως και ποτέ.

Ας δεχτούμε προς το παρόν ότι είναι ένοχη. Το μέχρι τώρα προφίλ της και η συμπεριφορά της όπως έχουν αναδειχτεί από τα μέσα μαζικής ενημέρωσης, μαρτυρίες κοντινών της προσώπων, και από τις συνεντεύξεις και δηλώσεις της, μας δείχνουν τα εξής:

Απώλεια συναισθημάτων: Είναι απομακρυσμένη από τα όποια συναισθήματά της. Ακόμα και όταν κάποιος επιλέγει να μην εκφράσει δημόσια αυτό που αισθάνεται, υπάρχουν άλλα σημάδια εκτός από τα λεκτικά που αντικατοπτρίζουν τον εσωτερικό του κόσμο. Αλλαγές στο βλέμμα, μικρά "σπασίματα" φωνής, στέγνωμα λαιμού, αναστεναγμοί, σιωπηλές στιγμές, και τρέμουλο χεριών μπορεί να είναι κάποια από αυτά. Η μητέρα όσες φορές μίλησε δημοσίως, και το έχει κάνει πολλές φορές, δεν πρόβαλε το παραμικρό ίχνος συναισθηματισμού, ούτε καν όταν αναφερόταν στα τρία κοριτσάκια που έχασε. Τα μόνα συναισθήματα που έχει προβάλλει είναι εκνευρισμός και επιθετικότητα, και αυτά όταν ένιωθε την ανάγκη να αμυνθεί για να υποστηρίξει τα λεγόμενά της ή να δικαιολογήσει κάποιες πράξεις της.

Επικέντρωση στο "εγώ": Μιλάει σχεδόν συνέχεια για τον εαυτό της με τρόπο που προβάλλει εγωκεντρικότητα. Ακόμα και στην *"ερώτηση-κλειδί"* για το αν έχει σχέση με το θάνατο των παιδιών της αφιερώνει το μεγαλύτερο μέρος της απάντησης στην απουσία βοήθειας και συμπαράστασης του κόσμου προς εκείνη και το πένθος της. Χρησιμοποιεί τη λέξη *"εγώ"* αμέτρητες φορές, και δεν είναι τόσο ο αριθμός αλλά ο τρόπος που τη σφηνώνει σε διάφορες απαντήσεις. Στρέφει το ενδιαφέρον προς εκείνη, και το κάνει τόσο αβίαστα που γίνεται ολοφάνερο ότι στο πίσω μέρος του μυαλού της πρωταρχική σημασία έχει ο εαυτός της και τίποτε άλλο, ούτε καν τα παιδιά της που έφυγαν, αλλά ούτε ο σύζυγός της με τον οποίο υποτίθεται ότι μοιράζεται το πένθος της.

Χαρακτηριστικά "σκληρότητας": Προβάλλει ένα σκληρό και άκαμπτο χαρακτήρα και δε διστάζει να το δείξει στο μέγιστο κάθε φορά που ακούει οτιδήποτε δεν της αρέσει ή δεν τη βολεύει. Και ο τόνος της φωνής της, και το βλέμμα της, και τα λεγόμενά της συνοδεύονται από αυτή την αίσθηση σκληρότητας και ψυχρότητας. Απαντάει σε όλες τις ερωτήσεις άμεσα, με άνεση, χωρίς να διστάζει ή να κομπιάζει, ακόμα και όταν οι ερωτήσεις αφορούν τις πιο δύσκολες καταστάσεις όπως τις στιγμές θανάτου και ταφής των παιδιών της. Όταν αυτό συμβαίνει με τέτοια συνέπεια

καταλήγει στην προβολή ενός αδίστακτου και τοξικού χαρακτήρα.
Αυτοπροβολή: Θέλει και επιδιώκει να είναι στο επίκεντρο. Το γεγο-
νός ότι πριν την προφυλάκισή της πολλές φορές παρενέβη σε εκπομπές
την ώρα που οι δημοσιογράφοι μιλούσαν για εκείνη και έσπευσε άμεσα
να αναιρέσει τα προβαλλόμενα καταρχάς σημαίνει ότι παρακολουθούσε
ανελλιπώς και διαρκώς την εξέλιξη της υπόθεσης. Ήταν στημένη μπρο-
στά στην τηλεόραση και πανέτοιμη να επέμβει οποτεδήποτε ένιωθε ότι
έπρεπε να υποστηρίξει τον εαυτό της και την πλευρά της. Όταν κάποιος
δεν επιθυμεί την αυτοπροβολή, όχι μόνο δεν επιδιώκει να βρίσκει τρό-
πους για να την τροφοδοτεί, αλλά νιώθει την ανάγκη να σιωπεί και να
μη βλέπει, και να απομακρύνεται από οτιδήποτε τον βγάζει στο φως της
δημοσιότητας. Αντιθέτως, για τη μητέρα η δημοσιότητα δείχνει να είναι
τροφή, βασική ανάγκη, ακόμα και εθισμός ή εμμονή. Μοιάζει να κάθε-
ται διαρκώς μπροστά στην οθόνη σε αναμμένα κάρβουνα και να προσμέ-
νει με ανυπομονησία τη στιγμή που θα της δοθεί η οποιαδήποτε ευκαιρία
να επέμβει. Η εμφάνιση της ευκαιρίας την εξιτάρει και η αυτοπροβολή
της προσφέρει ικανοποίηση. Θα μπορούσαμε να πούμε ότι αυτή η διαρ-
κής ανάγκη για αυτοπροβολή εμπεριέχει στοιχεία ναρκισσισμού. Θα είχε
ενδιαφέρον και θα ήταν ενδεικτικό να μάθουμε αν οι δικηγόροι της την
έχουν συμβουλέψει να μένει μακριά από τα μέσα και δημόσιες δηλώσεις
κι εκείνη αγνοεί τις συμβουλές και καθοδήγησή τους.
Αδιαφορία: Μιλάει και συμπεριφέρεται σα να είναι όλα λυμένα μέσα
στο μυαλό της. Έχασε τρία παιδιά, δεν έχουν βρεθεί τα ακριβή αίτια θα-
νάτου, αλλά εκείνη δείχνει ικανοποιημένη με τα μέχρι τώρα πορίσματα.
Έχουμε μία μητέρα που έχει χάσει τρία παιδιά και κατηγορείται για το
θάνατο του ενός, ενώ υπάρχουν υποψίες εγκληματικών ενεργειών και για
τα άλλα δύο. Η ίδια ισχυρίζεται ότι είναι αθώα. Εάν όντως είναι αθώα
και υπάρχουν ενδείξεις δολοφονιών, κανονικά θα έπρεπε να ουρλιάζει και
να ψάχνει απεγνωσμένα απαντήσεις για το ποιος σκότωσε τα παιδιά της.
Ποια μάνα θα αδιαφορούσε να μάθει πώς και ποιος σκότωσε το παιδί της
όταν βγαίνουν στην επιφάνεια υποψίες και στοιχεία; Πόσο μάλλον όταν
τα παιδιά είναι τρία. Δε δείχνει να την απασχολεί ιδιαίτερα η ουσία του
θέματος, αυτό που όλοι μας ψάχνουμε και νιώθουμε τόσο έντονα την ανά-
γκη για απαντήσεις. Εμείς που είμαστε απέξω. Δεν την ενδιαφέρει πραγ-

ματικά να μάθει. Πότε κάποιος αδιαφορεί για τις απαντήσεις; Όταν τις γνωρίζει. Μήπως αυτό συμβαίνει και η ίδια γνωρίζει και έχει όλες τις απαντήσεις;

Μία τέτοια προσωπικότητα δύσκολα *"σπάει"* όταν είναι ένοχη, και σε επόμενο κεφάλαιο θα εξηγηθούν περισσότερα ως προς αυτό.

Αν εξετάσουμε την παγκόσμια βιβλιογραφία και τα προφίλ δολοφόνων που σχετίζονται με σειρά εγκλημάτων, παρατηρούμε δύο βασικές διαφοροποιήσεις όταν υπάρχει ομολογία.

Υπάρχουν δολοφόνοι κατά συρροή οι οποίοι ομολόγησαν άμεσα μετά τη σύλληψή τους λόγω των ναρκισσιστικών προσωπικοτήτων τους. Γνώριζαν ότι οι αρχές τους αναζητούσαν επίμονα και για μεγάλο διάστημα και ότι βρίσκονταν στο επίκεντρο εντατικών ερευνών αλλά και της δημοσιότητας. Έτσι, "με χαρά" ομολόγησαν για να κατακτήσουν τη "φήμη" που τους άρμοζε. Υπάρχουν τέτοιου είδους διαταραγμένες προσωπικότητες που ποθούν να αποκτήσουν τον τίτλο του *"εγκληματία του αιώνα"*, αλλά φυσικά δεν παραδίδονται στις αρχές. Όσο περισσότερο δυσκολεύουν τις έρευνες και καταφέρνουν να παραμένουν απαρατήρητοι, τόση περισσότερη "δόξα" τους κυριεύει όταν τελικά συλλαμβάνονται και ομολογούν.

Υπάρχουν δολοφόνοι κατά συρροή οι οποίοι ομολόγησαν άμεσα μετά τη σύλληψή τους περισσότερο για καθαρτικούς λόγους. Είχαν κουραστεί από την επαναλαμβανόμενη δολοφονική δράση τους, την οποία όμως δεν ήταν σε θέση να σταματήσουν λόγω διαταραγμένης προσωπικότητας, και η σύλληψη μαζί με την ομολογία έβαλε τέλος σε αυτό που δεν μπορούσαν να διακόψουν από μόνοι τους, και τους πρόσφερε την ανακούφιση που επιζητούσαν.

Φυσικά κάποιοι δεν έχουν ομολογήσει ποτέ παρά τα αδιάσειστα στοιχεία εις βάρος τους τα οποία συμπεριλαμβάνουν ακόμα και βιντεοσκοπημένα ντοκουμέντα που φανερώνουν ξεκάθαρα τις πράξεις τους. Πολλοί από αυτούς είναι το είδος νάρκισσου που δεν παραδέχεται ποτέ σφάλμα ακόμα και αν αυτό οδηγεί σε δημοσιότητα και προβολή. Οι *πεισματικοί νάρκισσοι* που τα έχουν κάνει όλα τέλεια, δεν μπορεί να τους κατηγορήσει κανείς για τίποτα, και όταν κάτι πηγαίνει στραβά πάντα ευθύνονται οι άλλοι.

[ΠΡΟΣΩΠΙΚΗ ΠΑΡΕΝΘΕΣΗ: ΕΝΟΧΗ ΨΥΧΗ]

"Τα μυστικά της θάλασσας ξεχνιούνται στο ακρογιάλι"
~ Γιώργος Σεφέρης ~

Δεν μπορεί... Κάποιο λιμάνι θα υπάρχει για την ένοχη ψυχή.

Όταν θαλασσοδέρνεται για μήνες και για χρόνια, τσούζει τ' αλάτι τη ματιά, κουράζεται το σώμα.
Παλεύει τ' ανυπότακτα κύματα της φουρτούνας, κι η νύχτα απομακρύνεται απ' της στεριάς τα φώτα.

Ο φάρος δε διακρίνεται στη γνώριμη ακτή της, το πυροφάνι δε σκορπά της σωτηρίας τη λάμψη.
Ο άνεμος στη λύσσα του και η σανίδα τρίζει, κι αυτή γραπώνει τα σχοινιά, τα δάχτυλα ματώνουν.
Τραχιά σχοινιά στο άγγιγμα, όμως τα χέρια αντέχουν.

Μαδάει το κύμα το κορμί, μ' αυτό ρουφά τ' αλάτι.
Βουτά βαθιά να βρει το χθες, παλεύει με τα φύκια.

Όμως το χθες της σάλπαρε μέσα σε άλλη βάρκα πού 'χε κατάλευκα πανιά, σημαία στο κοντάρι,
σημαία που ανέμιζε της νύχτας τις ορέξεις, το γέλιο της ανεμελιάς με του κορμιού τα πάθη,
και προσπερνώντας άθικτη της ενοχής τη δίνη, τη μύτη κράταγε ψηλά καθώς μας χαιρετούσε.

Κι όταν προβάλλει η αυγή κι ο ήλιος τσουρουφλίζει το σώμα που μαστίγωνε ολονυχτίς η μπόρα,
σινιάλα στέλνει ο άνεμος στο διπλανό καράβι, να την αρπάξει απ' τα μαλλιά μήπως και τη γλυτώσει.
Όμως το πείσμα της νικά το φως της σωτηρίας, τα βλέφαρα σκεπάζουνε το βλέμμα της αλήθειας,

κι αφήνουν μια χαραματιά στης άρνησης τον τοίχο.

Για πες μας, ένοχη ψυχή, πότε θα βρεις λιμάνι;
Πότε θ' ανοίξεις τα πανιά που ο άνεμος γυρεύει;
Πότε θα φτάσεις στη στεριά να κυλιστείς στην άμμο, να σπάσεις μ' ένα βότσα-
λο το κύμα της αλήθειας;

Ένοχη ψυχή...
Πέτρινο τείχος έχτισες στου ωκεανού τα βάθη, και τα λιθάρια κρύβουνε το πο-
θητό λιμάνι.

Μα ο φάρος δε σε πρόδωσε, καρτερικά προσμένει. Σου στέλνει σήματα ζωής,
δειλά αναβοσβήνει.
Μια άγκυρα που σκούριασε εύκολα τη σηκώνεις. Δέσ' την γερά στην κουπα-
στή μη σπάσει η αλυσίδα.
Το φαναράκι της ψευτιάς άσ' το να ναυαγήσει, κι άρπαξε το σωσίβιο που πλέ-
ει στην αλήθεια.
Ύψωσε τώρα τα πανιά πριν έρθει νηνεμία, και πάψε ν' αφουγκράζεσαι το
ψέμα σα νησίδα.

Κι όταν πλησιάσεις τη στεριά,
όταν γερά πατήσεις τα πέλματά σου στο βυθό κι ο φόβος ξαποστάσει,
λύσε τα φύκια απ' τα μαλλιά και πλέξε μια κορδέλλα,
δέσε την άκρη της σφιχτά κόμπο στο ένα χέρι,
σήκωσε τ' άλλο σου ψηλά,
χαιρέτα τη φουρτούνα.

Και μόλις νιώσεις την ακτή τα πόδια να στηρίζει,
στην άμμο ξάπλωσε γυμνή να κάψει τις πληγές σου ο ήλιος
που του χάρισες τις τρεις αθώες ψυχές σου.
Με μια κραυγή αγκάλιασε τα θύματα του πάθους
μπας και ξεπλύνεις τις πληγές του πιο μοιραίου λάθους.

31. Στη Θεσσαλονίκη

"Ο τα νυν ιδών πάντα εώρακεν, όσα τε εξ αϊδίου εγένετο και όσα εις το άπειρον έσται. Πάντα γαρ ομογενή και ομοειδή"
"Όποιος είδε τα τωρινά, τα είδε όλα, και αυτά που γίνονταν ανέκαθεν και όσα θα γίνουν στο άπειρο μέλλον. Γιατί όλα είναι ίδια κι όμοια"
~ Μάρκος Αυρήλιος ~

Η υπόθεση της Πάτρας φέρνει στο νου μία παλαιότερη υπόθεση με παρόμοια χαρακτηριστικά. Το 1985 καταδικάστηκε μητέρα για τη δολοφονία των δύο της παιδιών και την απόπειρα ανθρωποκτονίας του τρίτου. Τα περιστατικά έλαβαν χώρα στη Θεσσαλονίκη και είχαν συγκλονίσει το Πανελλήνιο.

Η *"Μήδεια της Θεσσαλονίκης"* όπως είχε αποκαλεσθεί τότε η μάναδολοφόνος δηλητηρίαζε τα παιδάκια της με βαρβιτουρικά χάπια. Τα δύο πρώτα, ηλικίες 7 και 6 χρόνων, έφυγαν από τη ζωή μέσα σε διαστήματα λίγων μηνών το ένα από το άλλο. Και τα δύο είχαν νοσηλευτεί με αόριστα συμπτώματα που οδηγούσαν σε πιθανότητα επιληψίας, αλλά οι γιατροί, και παρόλο που τους προβλημάτιζε η διάγνωση, δεν είχαν φανταστεί ότι υπήρχε ενδεχόμενο εμπλοκής της μητέρας. Όταν νοσηλεύτηκε και το τρίτο παιδάκι, στάθηκε τυχερό στην ατυχία του διότι συνέβη κάτι το οποίο πρόδωσε τη μητέρα.

Το κοριτσάκι ήταν τριών ετών και νοσηλευόταν με αόριστα συμπτώματα υπνηλίας και κατάπτωσης, όπως και τα δύο προηγούμενα. Κάποια στιγμή άρχισε να βήχει σα να πνίγεται και ο γιατρός που έσπευσε να βοηθήσει παρατήρησε ότι το παιδάκι στην προσπάθειά του να βήξει έβγαλε από το στόμα ένα χάπι το οποίο προκάλεσε περιέργεια εφόσον η αγωγή με χάπια δεν αποτελούσε μέρος της θεραπείας του. Ύστερα από ανάλυση του χαπιού στο τοξικολογικό εργαστήριο ανακαλύφθηκε ότι ήταν βαρβιτουρικό και η πορεία των γεγονότων εξελίχθηκε με γρήγορους ρυθμούς και κάτω από νέο πλέον πρίσμα. Οι έρευνες κατέστησαν τη μητέρα ύποπτη και στη συνέχεια ομολόγησε. Έτσι καταδικάστηκε για τους θανάτους των δύο πρώτων παιδιών και την απόπειρα προς το τρίτο.

Τα αποτρόπαια εγκλήματα προκάλεσαν οργή και αντιδράσεις. Στα πρωτοσέλιδα εφημερίδων η δολοφόνος παρουσιαζόταν με σκληρούς χαρακτηρισμούς όπως *"Σύγχρονη Μήδεια"* και *"Φρικτή Φόνισσα"*. Τις πράξεις της δεν τις χωρούσε ανθρώπου νους και όλοι επιζητούσαν την απάντηση στο βασανιστικό *"γιατί;"* που θα πρόσφερε κάποιου είδους εξήγηση για το αδιανόητο. Στην αρχή η μητέρα αρνούνταν τις κατηγορίες, αλλά σύντομα ομολόγησε και κατέθεσε τις σχετικές εξηγήσεις. Δημοσιογράφοι που είχαν την ευκαιρία να συνομιλήσουν μαζί της περιγράφουν μία σκληρή και άκαμπτη προσωπικότητα η οποία αιτιολογούσε τις πράξεις της δίχως δισταγμό και με απάθεια. Ολόκληρο το Πανελλήνιο περίμενε ανυπόμονα να ακούσει τους ισχυρισμούς και τις επεξηγήσεις της, κι εκείνη μίλησε και πρόσφερε τις απαντήσεις.

Η αδίστακτη παιδοκτόνος ήθελε *"να ζήσει ελεύθερη και να αποδεσμευτεί από τη μίζερη ζωή της"*, όπως ανέφερε χαρακτηριστικά. Είχαν υπάρξει έντονοι διαπληκτισμοί με το σύζυγό της ο οποίος ανακάλυψε εξωσυζυγικές σχέσεις της γυναίκας του, κάτι που είχε υποπέσει και στην αντίληψη των γειτόνων τους. Η ίδια όμως αρνήθηκε τέτοιου είδους σχέσεις και οι εξηγήσεις της κατέληξαν σε αλλοπρόσαλλους ισχυρισμούς. Σε κάποια συνέντευξη ανέφερε ότι τα παιδιά της έπασχαν από επιληψία και δεν άντεχε να τα βλέπει να υποφέρουν. Έτσι, αποφάσισε να τα *"σώσει"* από τη βασανιστική ασθένεια με σκοπό να βάλει τέλος και στη δική της ζωή όταν πια θα αφαιρούσε τη ζωή και από το τρίτο της παιδί. Κάποιος άλλος ισχυρισμός της περιέγραφε ένα *"μίζερο οικογενειακό περιβάλλον"* με το σύζυγο να την καταπιέζει αφόρητα κι εκείνη να θέλει να *"γλυτώσει"* τα παιδιά και τον εαυτό της από την πιεστική κατάσταση. Το μόνο σίγουρο είναι ότι οι πράξεις της ήταν αποτέλεσμα καλοσχεδιασμένου πλάνου με ξεκάθαρη πρόθεση.

Έχει ενδιαφέρον ο τρόπος με τον οποίο ενήργησε το νοσοκομείο σε συνεργασία με τις αρχές όταν βρέθηκε και αναλύθηκε το χάπι που κόντεψε να σκοτώσει και το τρίτο παιδί. Η τοξικολογική εξέταση ανέδειξε με σιγουριά το είδος του φαρμάκου και ο μόνος άνθρωπος που βρισκόταν πάντα δίπλα στο παιδί και που θα μπορούσε να το είχε χορηγήσει ήταν η μητέρα. Ωστόσο, οι αρχές έκριναν ότι για να προχωρήσουν στην κατηγορία χρειάζονταν περισσότερα και πιο συγκεκριμένα στοιχεία που θα *"έδεναν"* την υπόθεση, και με αυτό το σκεπτικό καταστρώθηκε το ανάλογο σχέδιο. Αρχικά, δεν ανέφεραν τίποτα στη μητέρα για την εύρεση και ανάλυση του χαπιού, και το κοριτσάκι συνέχισε να νοσηλεύεται. Ωστόσο, οι αρχές ανέθεσαν σε δύο αστυνομικούς να παίξουν το ρόλο των νοσοκόμων και να παραμείνουν στο δωμάτιο του παιδιού. Πραγματικά, οι δύο "νοσοκόμες" για μερικές μέρες παρευρίσκονταν στο δωμάτιο σε μόνιμη βάση, μαζί με το παιδάκι και τη μητέρα που παρέμενε πάντα στο πλευρό του, γεγονός που δεν άφηνε περιθώρια για επαναχορήγηση χαπιών. Σε σύντομο χρονικό διάστημα η κλινική εικόνα του παιδιού βελτιώθηκε, τα συμπτώματα υπνηλίας που του προκαλούσαν τα βαρβιτουρικά εξαφανίστηκαν, κι έγινε πλέον προφανές πως η πηγή της "ασθένειάς" του δεν τροφοδοτούσε πια το κορμάκι του.

Οι μεθοδικές και καλοσχεδιασμένες κινήσεις των αρχών σε συνεργασία με το νοσοκομείο κατάφεραν να φανερώσουν τις μυστικές πτυχές του γρίφου και να επιβεβαιώσουν τις υποψίες. Το κοριτσάκι γλίτωσε και παράλληλα έφερε στο φως όλες τις αποτρόπαιες πράξεις της μητέρας του μαζί με τα αίτια νοσηλείας και θανάτου των άλλων δύο παιδιών. Οι αρχές επενέβησαν άμεσα με πανέξυπνο και αποτελεσματικό τρόπο, και σε συνδυασμό με την παρατηρητικότητα και κινητοποίηση του γιατρού που βρήκε το χάπι κατάφεραν τουλάχιστον να σώσουν το τρίτο παιδάκι από την αρρωστημένη πλεκτάνη της μάνας-δολοφόνου. Η παιδοκτόνος έκτισε ποινή φυλάκισης μέχρι πρόσφατα που αποφυλακίστηκε.

Οι ομοιότητες των περιστατικών με την υπόθεση της Πάτρας είναι προφανείς. Μια "μητέρα" κατάφερε να ξεγελάσει γιατρούς και νοσηλευτικό προσωπικό κατά τη διάρκεια νοσηλείας και θανάτων δύο παιδιών. Δεν είχε υποψιαστεί κανείς το παραμικρό κι εκείνη ενεργούσε ανενόχλητη κυριολεκτικά "κάτω από τη μύτη τους". Παρόλο που η κλινική εικόνα και τα συμπτώματα των παιδιών προβλημάτιζαν τους γιατρούς, ο νους τους δεν άγγιξε την πιθανότητα εμπλοκής της μητέρας. Μάλιστα, το δεύτερο παιδάκι είχε μεταφερθεί σε νοσοκομείο του Λονδίνου για περαιτέρω εξετάσεις όπου άφησε την τελευταία του πνοή, αλλά ούτε εκεί γεννήθηκαν υποψίες εναντίον της μητέρας. Το ιστορικό και η πορεία των γεγονότων στα περιστατικά της Θεσσαλονίκης δείχνουν ότι το τρομαχτικό "σενάριο" έχει λάβει χώρα στο παρελθόν και η επανάληψη παρόμοιου σεναρίου δεν αποτελεί κάτι απομακρυσμένο από πιθανή πραγματικότητα. Ενδέχεται η ιστορία να έχει επαναληφθεί σε κάποιο άλλο μέρος της Ελλάδας, αρκετά μακριά από τη Θεσσαλονίκη, πολύ πιο νότια...

Στην περίπτωση που αποδειχθεί ότι όσα συνέβησαν στις τρεις αδελφούλες της Πάτρας προήλθαν από το μητρικό χέρι, οι υποθέσεις που τις χωρίζουν 37 χρόνια παρουσιάζουν πολλά κοινά χαρακτηριστικά, αλλά συγκριτικά τα πρόσφατα περιστατικά *"κερδίζουν τον τίτλο"* του πιο αποτρόπαιου και ειδεχθούς πλάνου. Φυσικά όλα είναι εξίσου βαριά εφόσον αφορούν δολοφονίες παιδιών, απλά η περίπτωση της Πάτρας περιλαμβάνει περισσότερους θανάτους και εκτεταμένα διαστήματα νοσηλείας και εισαγωγών σε διάφορα νοσοκομεία καθιστώντας την *"μοναδική"*.

Εάν ισχύει και επιβεβαιωθεί η ενοχή και για τους τρεις θανάτους, τότε πραγματικά θα αξίζει στη συγκεκριμένη *"μάνα"* ο τιμητικός τίτλος: *"Η Εγκληματίας του Αιώνα"*. Εάν έχει διαπράξει τα εγκλήματα, ας σκεφτεί ότι η ομολογία της θα οδηγήσει στο ανάλογο *"βραβείο"*, και η επακόλουθη *"δόξα"* θα ικανοποιήσει στο μέγιστο τις ναρκισσιστικές της ανάγκες. Ίσως αποτελέσει και αυτό ένα κίνητρο ομολογίας...

32. Αποδείξεις

"Είμαι ιδεαλιστής. Πιστεύω τα πάντα.
Απλώς ψάχνω για τις αποδείξεις"
~ Carl Sandburg ~ [Αμερικανός ποιητής, 1878-1967]

Η μητέρα κατηγορείται και από τη στιγμή της προφυλάκισής της πλήθος κόσμου πανηγυρίζει, συμπεριλαμβανομένων δημοσιογράφων και διαφόρων ειδικών. Αυτό που όλοι τους επιθυμούσαν, η *"απόδειξη"*, τώρα πια υπάρχει και η *"φόνισσα"* δεν μπορεί πια να κρύβεται. Ή τουλάχιστον έτσι πιστεύουν. Τα πράγματα όμως δεν είναι τόσο απλά.

Η κατηγορία και η προφυλάκιση δε συνιστούν σε καμία περίπτωση ενοχή, και οι "αποδείξεις" ακόμα δεν υφίστανται. Αυτό που έχουμε είναι *"ενδείξεις".* Αν και όταν βρεθούν αρκετά και σημαντικά στοιχεία που να βασίζουν την κατηγορία τότε οι ενδείξεις μπορεί να μετατραπούν σε αποδείξεις.

Ένδειξη: Το σύνολο των ενεργειών και μεθόδων μέσω των οποίων είναι δυνατόν να *πιθανολογήσουμε* την εξέλιξη ή την έκβαση μιας υπόθεσης.

Απόδειξη: Το σύνολο των ενεργειών και μεθόδων μέσω των οποίων είναι δυνατόν να σχηματιστεί η *πεποίθηση* για την αλήθεια μιας υπόθεσης.

Η ένδειξη σχετίζεται με πιθανότητα, ενώ η απόδειξη με πεποίθηση. Οι ενδείξεις μας καθοδηγούν προς μία κατεύθυνση, ενώ οι αποδείξεις μας οδηγούν στο τελικό πόρισμα. Επομένως, οποιοδήποτε πόρισμα δεν μπορεί να βασίζεται σε ενδείξεις.

Πολλοί υποστηρίζουν ότι στη συγκεκριμένη υπόθεση υπάρχουν ήδη αποδείξεις και τα γεγονότα στα οποία βασίζεται η κατηγορία από μόνα τους την αποδεικνύουν. Ας υποθέσουμε ότι ένας άνθρωπος βρίσκεται πυροβολημένος και ο ιατροδικαστής επιβεβαιώνει πως όντως υπάρχει μία σφαίρα στο κεφάλι του που προκάλεσε το θάνατο. Όμως οι αρχές δε βρίσκουν το όπλο. Υπάρχουν επίσης κάποιες μαρτυρίες ότι το μόνο άτομο που βρισκόταν μαζί του πριν τον πυροβολισμό ήταν η σύζυγός του. Εκείνη όμως ισχυρίζεται ότι δεν τον πυροβόλησε, δεν έχει όπλο, και την ώρα του φονικού κοιμόταν και δεν είδε ποιος το έκανε. Υπάρχει η σφαίρα που είναι αναμφισβήτητο στοιχείο ως προς τον τρόπο και την αιτία θανάτου, αλλά το φονικό όπλο δεν έχει βρεθεί. Μάρτυρες οι οποίοι δε βρίσκονταν μπροστά στο σκηνικό κατηγορούν τη σύζυγο κι εκείνη επιμένει ότι είναι αθώα. Είναι δυνατόν το γεγονός της παρουσίας της στο σπίτι να πιστοποιεί ότι εκείνη έπραξε το έγκλημα; Θα πρέπει σίγουρα να βρεθεί το όπλο και να ιχνηλατηθεί η πορεία του. Θα πρέπει να ερευνηθούν και να αποκλειστούν άλλα ενδεχόμενα εφόσον η σύζυγος ισχυρίζεται πως είναι αθώα. Μπορεί το σενάριο να οδηγεί στην πιθανότητα ενοχής της συζύγου, αλλά χωρίς ενδελεχή έρευνα και συλλογή στοιχείων το σενάριο από μόνο του δεν αποτελεί απόδειξη. Αν, για παράδειγμα, ο απέναντι γείτονας καθόταν στο μπαλκόνι του επί ώρες και δεν είδε κανέναν να μπαίνει ή να βγαίνει από την οικία του φονικού, και η σύζυγος επιβεβαιώνει ότι βρισκόταν στο σπίτι, η μαρτυρία του γείτονα αποτελεί μία ένδειξη αλλά δεν είναι αρκετή για να αποτελέσει απόδειξη.

Στην υπόθεσή μας βρέθηκε το φονικό όπλο, η κεταμίνη, και επομένως η αιτία θανάτου: *το κοριτσάκι πέθανε από χορήγηση υπερβολικής δόσης κεταμίνης*. Επίσης η ώρα θανάτου έχει προσδιοριστεί εφόσον η συγκεκριμένη ουσία έχει μικρά περιθώρια δράσης που δεν ξεπερνούν τα 20 λεπτά. Η μητέρα βρισκόταν μόνη της πλάι στο παιδί όταν είδε πως κάτι δεν πήγαινε καλά και ειδοποίησε τους γιατρούς οι οποίοι καταθέτουν ότι το παιδάκι ήταν ήδη νεκρό όταν έφτασαν στο δωμάτιο. Η αλληλουχία των γεγονότων όντως οδηγεί στο συμπέρασμα ότι το μόνο άτομο που θα μπορούσε να είχε χορηγήσει την κεταμίνη ήταν η μητέρα. Ωστόσο, υπάρχει κάτι που δυσκολεύει το πόρισμα της υπόθεσης: *η μητέρα δεν έχει ομολογήσει και επιμένει στην αθωότητά της*. Έχει βρεθεί με σιγουριά το φονικό όπλο, αλλά το φονικό χέρι παραμένει υπό αμφισβήτηση διότι εφόσον η μητέρα δεν ομολογεί, την ακολουθεί το τεκμήριο της αθωότητας και είναι στην ευθύνη των αρχών να ερευνήσουν σε περισσότερο βάθος για να μετατραπούν οι ενδείξεις σε αποδείξεις ή να καταρριφθούν.

Όπως κάθε κατηγορούμενος, η μητέρα δικαιούται και έχει στο πλευρό της δικηγόρους υπεράσπισης οι οποίοι προβάλλουν άλλα ενδεχόμενα και διερευνούν την υπόθεση από οποιαδήποτε πιθανή σκοπιά θα μπορούσε να καθιστά τη μητέρα αθώα.

Μπορεί κάποια πράγματα να φαντάζουν απλά και δεδομένα, αλλά η πραγματικότητα στις δικαστικές αίθουσες δεν είναι καθόλου απλή. Πολλές φορές οι συνήγοροι υπεράσπισης μας εκπλήσσουν ανοίγοντας τους ορίζοντές μας προς κατευθύνσεις που δεν είχαμε φανταστεί και έχουν υπάρξει πάμπολλες δίκες με ανατροπές και απρόβλεπτα αποτελέσματα.

ΓΝΩΣΤΙΚΕΣ ΠΡΟΚΑΤΑΛΗΨΕΙΣ

Στην εγκληματολογία, και ύστερα από εκτενείς και χρόνιες μελέτες, έχουν παρατηρηθεί κάποια προβλήματα ως προς τη διενέργεια ερευνητικών διαδικασιών και σχετίζονται με συγκεκριμένες παραμέτρους οι οποίες ονομάζονται "**Γνωστικές Προκαταλήψεις**" ("**Cognitive Biases**"). Αυτό συμβαίνει όταν ο τρόπος επεξεργασίας και ερμηνείας στοιχείων και πληροφοριών γίνεται με κάποια μονομέρεια, κάτι που επηρεάζει την αντικειμενικότητα των πορισμάτων. Τα αποτελέσματα των πολυετών μελετών που αφορούν μεγάλο αριθμό υποθέσεων παρουσιάζουν δύο βασικά προβλήματα: το πρώτο αφορά την αρχική αξιολόγηση στοιχείων που έχουν συγκεντρωθεί. Το δεύτερο αφορά τη χρησιμοποίηση αυτών των στοιχείων ως προς την αξιολόγηση ενός υπόπτου ή κατηγορούμενου.

Στη διαδικασία της αρχικής αξιολόγησης έχει παρατηρηθεί ότι κάποιοι ερευνητές προβαίνουν σε αυτή πιστεύοντας εξ αρχής στην ενοχή ενός υπόπτου. Ως αποτέλεσμα, η αξιολόγηση διενεργείται από την αρχή με ένα μονομερές σκεπτικό και ερευνητικό υπόβαθρο και αυτό επηρεάζει την αντικειμενικότητα που απαιτείται. Κανονικά, για να είναι ένας ερευνητής όσο το δυνατόν πιο αντικειμενικός, οφείλει να προσεγγίζει μια υπόθεση σκεπτόμενος και τις δύο πλευρές, δηλαδή ότι ο ύποπτος που διερευνάται ενδέχεται να είναι ένοχος ή αθώος, και μέσα από αξιόπιστες και δίκαιες τεχνικές να οδηγήσει την αλήθεια στο φως. Αν από την πρώτη στιγμή πιστεύει στην ενοχή του, η διαδικασία έρευνας και ανάκρισης καθοδηγείται από αυτή την πεποίθηση και είτε συνειδητά είτε ασυνείδητα τα πορίσματα οδηγούνται προς την ενοχή. Με άλλα λόγια, η προκατειλημμένη σκέψη στρέφει τα συμπεράσματα προς τη συγκεκριμένη κατεύθυνση και αγνοούνται ή παραβλέπονται στοιχεία που θα μπορούσαν να οδηγήσουν στην αθώωση. Όχι μόνο δίνεται περισσότερη έμφαση σε ενοχοποιητικά στοιχεία, αλλά πολλές φορές αυτά διογκώνονται λόγω της προϋπάρχουσας πεποίθησης για την ενοχή. Πρόκειται για ένα πολυσυζητημένο φαινόμενο και εξαιτίας αυτού έχουν καταδικαστεί αθώοι άνθρωποι που αργότερα απαλλάχτηκαν από τις κατηγορίες ύστερα από πιο αντικειμενική επανεξέταση των στοιχείων. Επίσης, τέτοιου είδους προκαταλήψεις στα πρωταρχικά στάδια της έρευνας προκαλούν υπερδιόγκωση της αυτοπεποίθησης των ερευνητών και τα πορίσματα καταλήγουν σε μονόδρομο.

Είναι προτιμότερο όταν εξετάζει υπόπτους και στοιχεία ο ερευνητής να γέρνει προς την αθώωση μέχρι να αποδειχτεί το αντίθετο, παρά να γέρνει προς την ενοχή. Αυτό το μονοπάτι προσφέρει πιο ξεκάθαρη σκέψη και κριτική ματιά.

Κάτι άλλο που μπορεί να επηρεάσει την αντικειμενικότητα των πορισμάτων είναι η επιθυμία να βρεθεί ο ένοχος και να κλείσει η υπόθεση. Οι στατιστικές δείχνουν ότι συμβαίνει συχνά είτε για πρακτικούς λόγους, όπως υπερβολικό φόρτο εργασίας, είτε λόγω βιασύνης και έλλειψης υπομονής, αλλά και ως αποτέλεσμα άσκησης πίεσης από ανωτέρους ή ακόμα και από την κοινωνία. Σε κάθε περίπτωση, οι **προσδοκίες**, οι προϋπάρχουσες **πεποιθήσεις** και **προκαταλήψεις,** και η **βιασύνη** επιβάλλεται να απουσιάζουν από την έρευνα και οι ειδικοί ερευνητές να λαμβάνουν την κατάλληλη εκπαίδευση ώστε να αναγνωρίζουν την πιθανότητα ύπαρξής τους και να αποφεύγονται τέτοιου είδους αστοχίες. Πρέπει να σημειωθεί ότι τα παραπάνω προβλήματα στην πλειοψηφία των περιπτώσεων δεν προέρχονται από δόλο αλλά από άγνοια και έλλειψη ανάλογης εκπαίδευσης.

ΓΝΩΣΤΙΚΕΣ ΠΡΟΚΑΤΑΛΗΨΕΙΣ ΣΤΗΝ ΥΠΟΘΕΣΗ ΠΑΤΡΑΣ

Στην υπόθεση της Πάτρας έχουν παρατηρηθεί το τελευταίο δίμηνο κάποια φαινόμενα ενδεικτικά ως προς γνωστικές προκαταλήψεις. Δε γνωρίζουμε ακριβώς με ποιους τρόπους διενεργούν τις έρευνες οι αρχές και όλα τα στοιχεία που έχουν συλλέξει. Επομένως, δεν μπορούμε σε αυτό το στάδιο να εντοπίσουμε αν τυχόν γνωστικές προκαταλήψεις έχουν παίξει το ρόλο τους στις επίσημες έρευνες.

Αυτό που βλέπουμε και γνωρίζουμε είναι ο τρόπος παρουσίασης της υπόθεσης από τα μέσα μαζικής ενημέρωσης που φυσικά συμπεριλαμβάνουν δημοσιογράφους αλλά και διαφόρους ειδικούς και πραγματογνώμονες από τον ιατρικό, νομικό, και ψυχιατρικό τομέα. Μέσα από τις τηλεοπτικές παρουσιάσεις, συζητήσεις, και σχολιασμούς συχνά προβάλλονται δείγματα μονομερούς σκέψης.

- **Προκατάληψη της αγκύρωσης:** Όταν βασιζόμαστε στις πρώτες πληροφορίες που έρχονται στο φως και εστιαζόμαστε σ' αυτές χωρίς να δίνουμε ιδιαίτερη σημασία σε επακόλουθα στοιχεία, η πορεία που ακολουθεί φέρει τον κίνδυνο της μονομέρειας. Από τη στιγμή που βρέθηκε η κεταμίνη στο σώμα του μικρού παιδιού και προφυλακίσθηκε η μητέρα, πολλές γνώμες έχουν επικεντρωθεί σε αυτό το στοιχείο και δεν ασχολούνται με άλλες πληροφορίες που βγαίνουν στο φως οι οποίες ενδεχομένως να φανερώνουν κάποια άλλη άποψη ή πιθανό σενάριο. Έχουμε ακούσει αρκετές φορές σε συζητήσεις που παρουσιάζουν νέα δεδομένα οι δημοσιογράφοι να επανέρχονται στη σκέψη: *"Μα εφόσον βρέθηκε η κεταμίνη δεν υπάρχει αμφιβολία για την ενοχή της μητέρας".*

- **Προκατάληψη της εστίασης:** Έχοντας κατά νου το πόρισμα που επιθυμούμε, εστιαζόμαστε μόνο στα στοιχεία που εξυπηρετούν και ενδυναμώνουν τη συγκεκριμένη κατεύθυνση και αγνοούμε άλλα που τα βρίσκουμε αντίθετα με τις πεποιθήσεις μας. Για παράδειγμα, αν πιστεύουμε ότι η μητέρα είναι ένοχη, όταν φανερώνονται στοιχεία που το στηρίζουν τότε τα παρουσιάζουμε με μεγάλη έμφαση, ενώ προσπερνάμε επιφανειακά οτιδήποτε δε στηρίζει την πεποίθησή μας. Το έχουμε παρατηρήσει σε εκπομπές και ειδικότερα με στοιχεία τα οποία θα μπορούσαν να ερμηνευτούν με διαφορετικούς τρόπους, αλλά η ερμηνεία τους γίνεται με βάση την κατεύθυνση προς την ενοχή.

- **Προκατάληψη της αιτίας-αποτελέσματος:** Όταν είμαστε πεπεισμένοι για ένα συγκεκριμένο αποτέλεσμα, για παράδειγμα την ενοχή, ερμηνεύουμε στοιχεία που δεν έχουν ιδιαίτερη σχέση με την ουσία της υπόθεσης με τέτοιο τρόπο ώστε να *"ταιριάζουν".* Διαστρεβλώνουμε δηλαδή στοιχεία που κανονικά δεν παίζουν άμεσο ρόλο για να ενισχύσουμε την πορεία προς το αποτέλεσμα που επιθυμούμε. Ως παράδειγμα, αν ένα συγγενικό πρόσωπο βρέθηκε σε πασχαλινό τραπέζι και χόρευε λίγες μόνο εβδομάδες μετά το θάνατο του παιδιού, καταλήγουμε στο συμπέρασμα ότι δεν ένιωθε πένθος και πόνο και μέσα από διάφορους συνειρμούς ότι δεν αγαπούσε το παιδί και άρα υπάρχει ενοχή. Ένα τέτοιο σκεπτικό δεν αποτελεί αντικειμενική προσέγγιση των γεγονότων και κανονικά δεν έχει θέση στη δημοσιογραφική παρουσίαση και συζήτηση.

- **Προκατάληψη της επιβεβαίωσης:** Δε δεχόμαστε να ακούσουμε στοιχεία που τα βρίσκουμε αντίθετα με τις πεποιθήσεις μας. Αν δηλαδή πιστεύουμε στην ενοχή, αρνούμαστε να εξετάσουμε, ή ως δημοσιογράφοι να προβάλλουμε, πληροφορίες που καταδεικνύουν ή ενισχύουν την αντίθετη πλευρά. Παρακολούθησα πρόσφατα γνωστή τηλεπαρουσιάστρια δημοφιλούς εκπομπής να διακόπτει καλεσμένο ο οποίος ανέλυε κάποια άλλη πιθανή σκοπιά της υπόθεσης, και μάλιστα η διακοπή έγινε με ειρωνεία, επικριτικότητα, και υποτιμητικότητα, ενώ η ίδια συνέχισε να προβάλλει με περισσότερη έμφαση τα στοιχεία ενοχής.

- **Προκατάληψη της κοινωνικής συναίνεσης:** Όταν η γνώμη της πλειοψηφίας συμπίπτει με τη δική μας, τότε αδυνατούμε ακόμα περισσότερο να εξετάσουμε οποιαδήποτε άλλη εκδοχή, και παράλληλα δημιουργείται μία αλληλοϋποστήριξη πεποιθήσεων. Στην υπόθεση της Πάτρας ένα μεγάλο μέρος του κοινωνικού συνόλου έχει στραφεί εναντίον της μητέρας, κάτι που επιβεβαιώνει τις πεποιθήσεις κάποιων εκπομπών και η παρουσίαση δεδομένων ενισχύεται ανάλογα.

- **Προκατάληψη της εξουσίας:** Έχουμε την τάση να θεωρούμε αξιόπιστους όσους έχουν κάποια θέση ισχύος ή εξειδικευμένες γνώσεις χωρίς όμως να εξετάζουμε τις πηγές ή τα κίνητρά τους. Αυτό ενισχύεται όταν η γνώμη τους συμβαδίζει με τη δική μας. Αν ένας ιατροδικαστής παραθέτει με απόλυτη αυτοπεποίθηση μία γνώμη που στηρίζει την ενοχή, δίνουμε περισσότερη βάση σε αυτόν από κάποιον άλλο που έχει αντίθετη άποψη ή που το επαγγελματικό του προφίλ δεν είναι τόσο *"ισχυρό"*, ακόμα και αν αυτά που εξηγεί έχουν βάση.

Είναι ολοφάνεροι κάποιοι κοινοί παρονομαστές στις παραπάνω περιπτώσεις με βασικό υπόβαθρο την πρόωρη μονομερή πεποίθηση για την ενοχή της κατηγορουμένης. Ένα βιαστικό αρχικό συμπέρασμα μπορεί να επηρεάσει ολόκληρη την πορεία που ακολουθεί, η αρχική πεποίθηση να μας "τυφλώσει", και ως αποτέλεσμα να αδυνατούμε να εξετάσουμε άλλες πιθανότητες. Τέτοια φαινόμενα μπορεί να φέρουν μικρότερο βαθμό επικινδυνότητας στο δημοσιογραφικό χώρο απ' ότι στο πεδίο των αρχών, ωστόσο οι αναπόφευκτες κοινωνικές αλληλεπιδράσεις είναι δυνατόν να επηρεάσουν την πολυμέρεια και αντικειμενικότητα που απαιτούν οι επίσημες έρευνες.

"ΕΛΑΣΤΙΚΟΤΗΤΑ" ΣΤΟΙΧΕΙΩΝ

Πολλές φορές στην πορεία μίας έρευνας παρουσιάζονται στοιχεία που φέρουν το χαρακτηριστικό της *"ερμηνευτικής ελαστικότητας"*, όπως ονομάζεται στη δικαστική ψυχολογία και εγκληματολογία. Αυτό συμβαίνει όταν ο τρόπος ερμηνείας ενός στοιχείου είναι δυνατόν να γίνει με διάφορους τρόπους και από διαφορετικές σκοπιές. Όση περισσότερη ερμηνευτική ελαστικότητα φέρει ένα στοιχείο, τόσο περισσότερο αυξάνονται οι πιθανότητες ερμηνευτικού σφάλματος. Για παράδειγμα, τα αποτελέσματα μιας εξέτασης DNA φέρουν χαμηλότερο βαθμό ερμηνευτικής ελαστικότητας (μικρές πιθανότητες λάθους). Αντιθέτως, η έλλειψη εκδήλωσης συναισθημάτων πένθους από τη μητέρα μπορεί να ερμηνευτεί με διαφορετικούς τρόπους και επομένως φέρει υψηλότερο βαθμό ερμηνευτικής ελαστικότητας. Σε αυτή την περίπτωση, και για να αποφύγουμε λανθασμένα πορίσματα, το συγκεκριμένο στοιχείο συμπεριφοράς της μητέρας θα πρέπει να αναλυθεί από όλες τις πιθανές σκοπιές και πηγές προέλευσής του, και να συνδυαστεί με άλλα στοιχεία πριν μας οδηγήσει σε οποιοδήποτε συμπέρασμα. Σε τέτοιες περιπτώσεις οφείλουμε να εξετάζουμε όλες τις δυνατές ερμηνείες πριν καταλήξουμε σε οποιοδήποτε τελικό πόρισμα.

Βλέπουμε ότι υπάρχουν πολλές παράμετροι που επηρεάζουν μία έρευνα και χρειάζεται να λαμβάνουμε υπόψιν μας πριν να αρκεστούμε σε συγκεκριμένη πεποίθηση. Όλα τα στοιχεία που έχουμε μέχρι τώρα αποτελούν ενδείξεις οι οποίες πρέπει να μελετηθούν, να διερευνηθούν εις βάθος, και να συνδυαστούν μεταξύ τους καθώς και με οποιαδήποτε νέα στοιχεία προκύπτουν. Και όλη αυτή η διαδικασία απαιτεί εξέταση όλων των πιθανών πλευρών μέσα από αντικειμενικότητα και χωρίς προϋπάρχουσες μονομερείς πεποιθήσεις και προκαταλήψεις. Είναι το προφίλ που σκεφτόμαστε όταν περιγράφουμε τον τρόπο με τον οποίο ενεργεί ένας δικαστής, και οι ερευνητές οφείλουν να ακολουθούν τα ίδια βήματα που χαρακτηρίζουν την έννοια της *δικαιοσύνης.*

Προς το παρόν, το μόνο που μπορούμε να κάνουμε ως κοινωνία είναι να περιμένουμε υπομονετικά τα αποτελέσματα των ερευνών και να είμαστε προετοιμασμένοι για κάθε ενδεχόμενο έχοντας κατά νου και τα λόγια του Βιτσέντζου Κορνάρου: *"Εύκολα το πιστεύουμε εκείνο που μας αρέσει".*

Εν τω μεταξύ, και οι δύο πλευρές, κατηγορία και υπεράσπιση, εργάζονται σκληρά για τον ίδιο στόχο: *την αποκάλυψη της αλήθειας.*

33. Κίνητρο

"Όλες οι ανθρώπινες πράξεις έχουν ως αίτιο ένα από τα εξής επτά:
τύχη, φύση, παρόρμηση, συνήθεια, λογική, πάθος, πόθο"
~ Αριστοτέλης ~

Έχουμε ακούσει τον χαρακτηρισμό *"Μήδεια"* από δημοσιογράφους και ειδικούς στην προσπάθεια να προσεγγίσουν μία μητρική προσωπικότητα η οποία καταλήγει να δίνει τέλος στη ζωή που η ίδια έφερε στον κόσμο. Η Μήδεια, χαρακτήρας της ομώνυμης τραγωδίας του Ευριπίδη, χάρισε τη ζωή στα δύο παιδιά της και η ίδια αποφάσισε να τους τη στερήσει. Είναι ασύλληπτο πόσες φορές οι αρχαίες τραγωδίες και η μυθολογία επιβεβαιώνονται και επαναλαμβάνονται στη σημερινή κοινωνία μέσα από καθημερινές πράξεις .

Η τραγική φιγούρα της μυθολογίας σκότωσε τα παιδιά της, Φέρητα και Μέρμερο, τα οποία είχε αποκτήσει με τον Ιάσονα. Ο λόγος του αποτρόπαιου εγκλήματος ήταν καθαρά εκδικητικός και αποτέλεσμα της εγκατάλειψης από τον Ιάσονα ο οποίος την παράτησε και προχώρησε τη ζωή του συνάπτοντας νέα σχέση με τη Γλαύκη, κόρη του βασιλιά Κρέοντα, με σκοπό να την παντρευτεί.

Αν εξετάσουμε το παρελθόν της Μήδειας πριν από τις δύο παιδοκτονίες, θα δούμε ότι η εγκληματική συμπεριφορά της είχε ξεκινήσει πολύ νωρίτερα όταν τεμάχισε τον ίδιο της τον αδελφό και σκόρπισε τα μέλη του στη θάλασσα στην προσπάθειά της να καθυστερήσει τον πατέρα της ο οποίος την καταδίωκε επειδή είχε φύγει με τον εραστή της. Στη συνέχεια κατάφερε να πείσει τις κόρες του Πελία να δολοφονήσουν τον πατέρα τους επειδή ο Ιάσονας αναζητούσε κάποιον τρόπο για να τον εκδικηθεί. Μάλιστα, τις έπεισε με ιδιαίτερα ύπουλο και χειριστικό τρόπο καθώς τις παραμύθιασε με την προτροπή να τεμαχίσουν το σώμα του πατέρα τους και στη συνέχεια να το βράσουν ισχυριζόμενη ότι με αυτή την πράξη θα του ξαναχάριζαν τη νεότητα. Προφανώς οι μέθοδοι πειθούς που χρησιμοποίησε αποδείχτηκαν αποτελεσματικές εφόσον οι δύο κόρες προέβησαν στη διάπραξη του αποτρόπαιου εγκλήματος. Επίσης, πριν φτάσει στην τελική εκδίκηση προς τον Ιάσονα με τη διπλή παιδοκτονία, προέβη σε μια ακόμα εξίσου αποτρόπαια πράξη κατά της νέας συντρόφου του Γλαύκης. Αποφάσισε να της στείλει ένα μακάβριο και δολοφονικό γαμήλιο δώρο, ένα δηλητηριασμένο χιτώνα, ο οποίος περιέλουσε τη Γλαύκη με φλόγες μόλις τον φόρεσε. Υπήρχε ένα εκτεταμένο ιστορικό αποτρόπαιων εγκληματικών ενεργειών πριν η δίψα για εκδίκηση την οδηγήσει στην έσχατη πράξη εναντίον των ίδιων της των παιδιών, και βλέπουμε ότι τα κίνητρα υπερίσχυαν των οποιωνδήποτε επιπτώσεων.

Όταν εξετάζουμε το προφίλ και παρελθόν ενός δολοφόνου, αρκετές φορές διαπιστώνουμε ένα ιστορικό που περιλαμβάνει και άλλες διαφόρων ειδών εγκληματικές ενέργειες που είχαν προηγηθεί, ακόμα και επιπλέον δολοφονίες. Από πιο ελαφριά παραπτώματα όπως μικροκλοπές, μέχρι σοβαρά ενδεικτικές πράξεις όπως βασανισμούς ζώων, οι δολοφονικές τάσεις και πράξεις συχνά σέρνουν από πίσω τους ένα βεβαρημένο εγκληματικό ιστορικό ξεκινώντας ακόμα και από την παιδική ή εφηβική ηλικία. Το ιστορικό δεν αποτελεί από μόνο του κίνητρο για παρόμοιες ή χειρότερες μελλοντικές ενέργειες, αλλά αποτελεί μία βάση που αν την εξετάσουμε μπορεί να βοηθήσει στην κοινωνιολογική, ψυχολογική, και εγκληματολογική προσέγγιση και αξιολόγηση επακόλουθων περιστατικών και, ακόμα σημαντικότερο, στην πρόληψή τους.

Κίνητρο: Η ψυχολογική διεργασία ενός ανθρώπου η οποία τον οδηγεί στην εκτέλεση ή παράλειψη μίας ενέργειας. Θα μπορούσαμε επίσης να πούμε ότι το κίνητρο είναι η *αιτία* λόγω της οποίας κάποιος προβαίνει σε μια ενέργεια, ή αντιστρόφως την αποφεύγει. Το κίνητρο εξηγεί τους λόγους πίσω από μία ανθρώπινη συμπεριφορά και οδηγεί σε κάποιο στόχο με γενικό υπόβαθρο τον παράγοντα της ικανοποίησης η οποία αποτελεί ανάγκη κάθε ανθρώπινης ύπαρξης.

Εδώ είναι χρήσιμο να κατανοήσουμε τη διαφορά των δύο παρακάτω λέξεων που συχνά τις θεωρούμε ταυτόσημες: *Κίνητρο* και *αφορμή*. Ένας απλός τρόπος είναι να σκεφτόμαστε ότι η αφορμή έρχεται μετά το κίνητρο. Τα βαθύτερα αίτια μίας πράξης είναι το κίνητρο, και όταν μας δοθεί η ευκαιρία τότε έχουμε την αφορμή. Για παράδειγμα, ένας σύζυγος ζηλεύει παθολογικά τη σύζυγό του και μια μέρα την βλέπει να φοράει μία πολύ κοντή φούστα και της δίνει ένα χαστούκι. Το κίνητρο της πράξης του ήταν η ζήλια, και η αφορμή για το χαστούκι η εικόνα της γυναίκας του με την κοντή φούστα. Η αφορμή *"ξύπνησε"* το κίνητρο και προέβη στην πράξη. Ένας άλλος βοηθητικός διαχωρισμός είναι πως συχνά τα κίνητρα προέρχονται από εσωτερικούς παράγοντες και διεργασίες, ενώ οι αφορμές προβάλλονται και δίνονται από εξωτερικούς παράγοντες.

Πηγή ενός κινήτρου αποτελεί η ανάγκη εκπλήρωσης κάποιου στόχου. Αξιοσημείωτη είναι η θεωρία του Αμερικανού ψυχολόγου Abraham Maslow ο οποίος ταξινομεί με τη μορφή πυραμίδας την ιεραρχία των ανθρώπινων αναγκών τοποθετώντας στη βάση τις πιο βασικές μας ανάγκες (οξυγόνο, τροφή, νερό, ύπνο) και καταλήγοντας στην κορυφή με την αυτοπραγμάτωση και την υπέρβαση, δηλαδή την εκπλήρωση του "ιδανικού" εαυτού μας σε πνευματικό επίπεδο. Αν δεν εξασφαλίσουμε τις ανάγκες που βρίσκονται στη βάση της πυραμίδας, αδυνατούμε να συνεχίσουμε στις ψηλότερες. Για παράδειγμα, αν δεν έχουμε τροφή, θα προσπαθήσουμε πρώτα να ικανοποιήσουμε αυτή τη βασική ανάγκη πριν ασχοληθούμε με την εύρεση στέγης, και στη συνέχεια θα νιώσουμε έτοιμοι να ασχοληθούμε με την ανάγκη για κοινωνικότητα, μάθηση, και παιδεία. Επιβίωση - ασφάλεια - κοινωνική ζωή - πνευματικοί στόχοι... Πρώτα ικανοποιούμε βασικές σωματικές ανάγκες, μετά εξασφαλίζουμε ένα ασφαλές περιβάλλον διαβίωσης, στη συνέχεια αναπτύσσουμε κοινωνικές και διαπροσωπικές σχέσεις, και ακολουθεί η εκπλήρωση πνευματικών αναγκών που μας οδηγούν στη γνώση του κόσμου αλλά και του ίδιου μας του εαυτού. Έτσι η ζωή συνεχίζεται στην προσπάθειά μας να εκπληρώνουμε στόχους και όνειρα, να βελτιωνόμαστε, και να αποζητούμε τον "ιδανικό" εαυτό μας με απώτερο στόχο να τον υπερβούμε, να ξεπεράσουμε τα όριά μας, και να ακουμπήσουμε το *"τέλειο"*.

Ο Αμερικανός ψυχοθεραπευτής William Glasser, και ακολουθώντας την πυραμίδα του Maslow, υπογραμμίζει ότι *"Μας παρακινούν πέντε βασικές ανάγκες: Επιβίωση, Αγάπη (και Αποδοχή), Ισχύς, Ελευθερία, Ηδονή"*, επιβεβαιώνοντας την παλαιότερη θεωρία του Joseph Roux σύμφωνα με την οποία *"Η λογική καθοδηγεί μόνο ένα μικρό κομμάτι του ανθρώπου και τα υπόλοιπα υπακούν στα αισθήματα - αληθινά ή ψεύτικα - και σε πάθη - καλά ή κακά."*

ΠΥΡΑΜΙΔΑ ΙΕΡΑΡΧΙΑΣ ΑΝΘΡΩΠΙΝΩΝ ΑΝΑΓΚΩΝ
ΤΟΥ ABRAHAM MASLOW

Όσον αφορά το δικαιικό σύστημα, μέρος της διερεύνησης μιας ανθρωποκτονίας αποτελεί και η ανεύρεση του κινήτρου, δηλαδή ποια αιτία κατηύθυνε και οδήγησε το φονικό χέρι στην καταδικαστέα πράξη. Το πόρισμα ως προς το κίνητρο επηρεάζει τη βαρύτητα της ποινής και γι' αυτό υπάρχει διαχωρισμός σε δολοφονίες που προέρχονται από *δόλο ή πρόθεση*, και από *απροσεξία ή αμέλεια*. Στην πρώτη περίπτωση δόλου ή πρόθεσης, οι έρευνες οφείλουν να εξετάσουν και να συμπεράνουν δύο περιπτώσεις. Εάν η πράξη τελέστηκε *"εν βρασμώ ψυχικής ορμής"*, αυτό σημαίνει ότι ο/η δράστης βρισκόταν υπό την επήρεια συναισθηματικής υπερδιέγερσης, όπως σύγχυση, δεν την είχε προμελετήσει, έδρασε στιγμιαία και αιφνίδια χωρίς να προηγούνται σκέψεις και πλάνο, και η ποινή είναι πιο ελαφριά. Εάν η πράξη τελέστηκε σε *"ήρεμη ψυχική κατάσταση"* σημαίνει ότι υπήρχε διαδικασία προμελέτης και σχεδιασμού, και σε αυτή την περίπτωση επιβάλλεται βαρύτερη ποινή.

Σε κάθε περίπτωση, η αιτία που ώθησε στη δολοφονία μπορεί να αποτελέσει ελαφρυντικό ή επιβαρυντικό παράγοντα τα οποία επηρεάζουν την ποινή αναλόγως. Μερικά παραδείγματα ελαφρυντικών παραγόντων συμπεριλαμβάνουν την επίδραση σοβαρής απειλής, την απόγνωση λόγω ένδειας, την αμυντική θέση λόγω κακοποιητικής επιβολής, τον υποβιβασμό σε σχέσεις εξάρτησης, και ιστορικό ανάρμοστης συμπεριφοράς ή αδικίας από το θύμα προς το δράστη τα οποία προκάλεσαν θυμό, οργή, και ως αποτέλεσμα βίαιη αντίδραση. Μία άλλη περίπτωση ελαφρυντικού παράγοντα αποτελεί η διάγνωση συγκεκριμένων ψυχιατρικών ασθενειών, όπως για παράδειγμα η σχιζοφρένεια, σύμφωνα με τις οποίες ο δράστης δεν είχε πλήρη συνείδηση των πράξεών του καθώς και των επιπτώσεων. Στην τελευταία περίπτωση, ο/η δράστης ενδέχεται να εκτίσει την ποινή του σε ανάλογη ψυχιατρική δομή.

Υπάρχουν και δύο περιπτώσεις που ονομάζονται *"νόμιμη άμυνα"* στις οποίες οι δράστες απαλλάσσονται από οποιαδήποτε ποινή. Και οι δύο αφορούν καταστάσεις στις οποίες τα θύματα είχαν πρώτα επιτεθεί στους δράστες με σκοπό να τους σκοτώσουν ή να τους βιάσουν και οι δολοφονίες προήλθαν καθαρά από θέση άμυνας. Εδώ το κίνητρο έχει να κάνει με το ένστικτο και την ανάγκη για αυτοπροστασία και αυτοσυντήρηση.

Το κίνητρο που κρύβεται πίσω από κάθε δολοφονική ενέργεια διερευνάται από τις αρχές εφόσον επηρεάζει την πορεία και κατάληξη των δικαστικών διαδικασιών. Έχουν υπάρξει και περιπτώσεις στις οποίες δεν ξεκαθαρίστηκε το ακριβές κίνητρο αλλά τα υπόλοιπα στοιχεία ήταν αρκετά για τη σωστή και δίκαιη έκβαση της τελικής απόφασης.

Μια απορία αιωρείται από τη στιγμή που η υπόθεση της Πάτρας προβλήθηκε σε όλα τα τηλεοπτικά κανάλια και σίγουρα αποτελεί εύλογο ερώτημα στα χείλη κάθε ανθρώπου που κουβαλάει έστω και λίγη ενσυναίσθηση ή ακόμα και απλή λογική. Το μη αναμενόμενο είναι φυσιολογικό να προξενήσει απορίες ειδικά όταν αφορά συναισθηματικά κομμάτια μιας κοινωνίας σαν την Ελληνική.

Αναφερθήκαμε στην ανιδιοτελή αγάπη και τη μητρότητα, και όταν αυτά συσχετίζονται με μια Ελληνίδα μάνα αρκετές φορές μπορεί να εκφράζονται και με κάποια υπερπροστατευτική υπερβολή. Από το πιο απλό *"φόρεσε τη ζακέτα σου γιατί κάνει κρύο"* μέχρι το πιο σύνθετο *"να προσέχεις με ποιους κάνεις παρέα"*, η φωνή και η ψυχή της Ελληνίδας μάνας πάντα θέλουν να προλάβουν και να προστατέψουν. Γεωγραφικά συμβαίνει σε πολλά μέρη, αλλά υπάρχει κάτι ιδιαίτερο ως προς το προφίλ της μάνας στη χώρα μας που έχει αποτελέσει μέχρι και περιεχόμενο σε Αμερικάνικες κωμωδίες και τηλεοπτικές σειρές. Αν σκεφτούμε από ποιον έχουμε πάρει τις περισσότερες συμβουλές στη ζωή μας που να σχετίζονται με την προστασία και ακεραιότητα μας, σίγουρα η μητρική παρουσία θα έχει την πρωτιά.

Πώς είναι δυνατόν μία μάνα να σκοτώσει το παιδί της, και αν το έκανε, ποιος μπορεί να είναι ο λόγος; Ποια είναι τα συνήθη κίνητρα δολοφονιών και θα μπορούσε κάποιο από αυτά να παίξει το ρόλο του σε μια σχέση "μάνας-κόρης"; Ποιο θα μπορούσε να είναι το κίνητρο στη συγκεκριμένη υπόθεση;

Στην περίπτωση της Μήδειας κίνητρο αποτέλεσε η απόρριψη και στόχος η εκδικητικότητα. Ο σύντροφός της την εγκατέλειψε για μία άλλη γυναίκα, κι εκείνη αισθάνθηκε ζήλια και αποφάσισε να τον εκδικηθεί για την πράξη του σκοτώνοντας τα παιδιά του. Δεν άντεξε την απόρριψη ούτε την έπεισε η ρητορική επιχειρηματολογία του Ιάσονα όταν προσπάθησε να προβεί σε διαπραγματεύσεις μαζί της. Για να καταλήξει σε μια τόσο αποτρόπαια και ακραία ενέργεια, θα είχε σκεφτεί τρόπους εκδίκησης οι οποίοι θα του προκαλούσαν όσο το δυνατόν περισσότερο πόνο. Το μυαλό της όμως κατέληξε σε μια πράξη της οποίας κανονικά ή ιδέα και μόνο, και σύμφωνα με το προφίλ της μητρότητας όπως το αντιλαμβανόμαστε, θα έπρεπε να προξενήσει πολύ περισσότερο πόνο σ' εκείνη και να την αποτρέψει από την εκπλήρωσή της. Κανονικά η πληγή της συγκεκριμένης εκδικητικής πράξης θα ήταν για κάθε μάνα πολύ βαθύτερη από αυτήν του συντρόφου της. Το χέρι της Μήδειας όμως δε σταμάτησε με αυτή την ιδέα και μας κάνει να αναρωτιόμαστε αν ένιωθε τα συνήθη μητρικά συναισθήματα προς τα παιδιά της ή αν η ζήλια και ανάγκη για εκδίκηση υπερίσχυαν αυτών. Προφανώς το πάθος υπερίσχυσε και η ζήλια την τύφλωσε.

Στο παρελθόν έχουμε συναντήσει άπλετες περιπτώσεις ζήλιας που οδήγησαν σε ανθρωποκτονίες. Τα πιο συνήθη κίνητρα είναι οικονομικά, αλλά σε σχέσεις ζευγαριών η ζήλια αποτελεί βασικό κίνητρο που δίνει ώθηση στη διάπραξη εγκληματικών πράξεων. Ως παράδειγμα, η βιβλιογραφία παρουσιάζει πάμπολλες περιπτώσεις δολοφονίας από απατημένους συντρόφους ή πρώην, και των δύο φύλων, που σκότωσαν είτε τον ίδιο το σύντροφο, ή το καινούριο άτομο που παρουσιάστηκε στο προσκήνιο, ή και τους δύο. Κάποιες φορές υπάρχουν παιδιά που μένουν χωρίς τον ένα γονιό και σκεφτόμαστε "Καλά δε σκέφτηκε καν τα παιδιά του/της;".

Όμως η ζήλια της Μήδειας, η ανικανότητά της να αποδεχτεί την απόρριψη, και ο τρόπος με τον οποίο εκδικήθηκε ξεπέρασε κάθε όριο. Ωστόσο, το γεγονός και μόνο ότι η δημιουργία της ιστορίας ήταν προϊόν ανθρώπινου νου υποδεικνύει πως δεν αποτελεί κάτι που δεν θα μπορούσε ποτέ να *"χωρέσει ανθρώπου νους"*. Και όσοι έχουμε βρεθεί στη θέση να παρακολουθήσουμε την τραγωδία και παραμείναμε ως το τέλος επίσης υποδεικνύει πως είχαμε τη συναισθηματική δυνατότητα να διαχειριστούμε τις εξελίξεις της πλοκής. Μα βέβαια μπορέσαμε, εφόσον πρόκειται για μία φανταστική ιστορία. Θα μπορούσαμε να διαχειριστούμε κάτι παρόμοιο αν συνέβαινε στην πραγματικότητα στη διπλανή πόρτα; Θα ήταν δυνατόν μία σημερινή μάνα να φτάσει στα δολοφονικά επίπεδα της Μήδειας;

Έχουν παρουσιαστεί στα μέσα μαζικής ενημέρωσης κάποιες πληροφορίες για την υπόθεση της Πάτρας σύμφωνα με τις οποίες δημιουργείται ένα χρονοδιάγραμμα ως προς τους θανάτους των τριών παιδιών το οποίο προκαλεί έντονους προβληματισμούς. Σύμφωνα πάντα με δημοσιογραφικά ρεπορτάζ τα οποία βασίζονται σε μαρτυρίες, πριν από κάθε θάνατο ο πατέρας είχε εγκαταλείψει τη συζυγική στέγη ή στο ελάχιστο είχε υπάρξει έντονος και σοβαρός διαπληκτισμός ανάμεσα στο ζευγάρι. Ο σύζυγος αποχωρούσε και ξαφνικά χανόταν ένα παιδί... Σύμπτωση ή προβολή πιθανού κινήτρου;

Εάν τα παραπάνω συμβάντα δεν ήταν συμπτώσεις και όντως αποτέλεσαν κίνητρα που ώθησαν τη μητέρα στη δολοφονία των παιδιών της σε ήρεμη ψυχική κατάσταση, η αιτία μπορεί να ήταν η ελπίδα επανασύνδεσης με το σύντροφό της ή η επιθυμία για εκδίκηση. Υπάρχει περίπτωση ο θάνατος παιδιού σε μία οικογένεια να αποτελέσει αιτία για να επανασυνδεθεί ένα απομακρυσμένο ζευγάρι στην προσπάθεια κοινής συναισθηματικής διαχείρισης του πένθους τους. Στην εκδοχή της εκδίκησης, όσο ασύλληπτο και αν ακούγεται, έχουν υπάρξει σχετικές περιπτώσεις στην παγκόσμια βιβλιογραφία. Και τα δύο κίνητρα περιλαμβάνουν δράστες με διαταραγμένες προσωπικότητες και κάποιες φορές ψυχιατρικά σύνδρομα τα οποία θα αναλυθούν σε επόμενα κεφάλαια.

Ένα άλλο κίνητρο που προβάλλεται μέσα από τη βιβλιογραφία αφορά περιστατικά στα οποία μητέρες έδωσαν τέλος στις ζωές των παιδιών τους για να γλιτώσουν είτε οι ίδιες είτε εκείνα από το βάσανο κάποιας βαριάς χρόνιας ασθένειας. Πρόκειται για παιδιά που έπασχαν από ανίατες ασθένειες και οι μητέρες αποφάσισαν πως έπρεπε να τα "ανακουφίσουν" μια και καλή, ή να ανακουφίσουν τον εαυτό τους από το "βάρος" της φροντίδας τους.

Εάν η συγκεκριμένη μητέρα είναι ένοχη είτε για το θάνατο της μεγαλύτερης κόρης για τον οποίο σήμερα κατηγορείται, είτε και για των άλλων δύο παιδιών, το ακριβές κίνητρο δεν έχει ακόμα εξακριβωθεί και βρίσκεται υπό διερεύνηση. Η σκέψη και μόνο ότι υπάρχει κίνητρο που είναι δυνατόν να ωθήσει ένα μητρικό χέρι σε τέτοια εγκληματική πράξη προκαλεί στον ανθρώπινο νου αποτροπιασμό και ανατριχίλα, και η διαχείριση της καταλήγει σε άβατα μονοπάτια ακραίας συναισθηματικής έντασης και συνειδησιακής σύγκρουσης.

Έχει ιδιαίτερο ενδιαφέρον το γεγονός ότι σε κάποιο σημείο της πρώτης τηλεοπτικής συνέντευξης που έδωσαν οι δύο γονείς η μητέρα εξηγεί:

~ "Και ξεκαθαρίζω και τονίζω πάλι, δε σημαίνει ότι μια οικογένεια όταν έχει τα προβλήματά της, δε σκοτώνει τα παιδιά της. Για κανένα λόγο, ούτε για να φέρει τον άντρα πίσω, ούτε για να φέρει τη γυναίκα πίσω, ούτε τίποτα από όλα αυτά που έχω ακούσει".

Αναφέρεται σε δύο πολύ συγκεκριμένα παραδείγματα, η περιγραφή της είναι σα να εξηγεί ακριβώς τους λόγους που θα μπορούσαν να οδηγήσουν σε μία τέτοια πράξη, και μας κάνει να αναρωτηθούμε αν πρόκειται για κάτι τυχαίο. Επέλεξε αυτά τα δύο σενάρια επειδή τα είχε ακούσει από κάποιους που την κατηγορούν, ή ήταν μία εντελώς τυχαία επιλογή; Η ίδια λέει "ούτε τίποτα από όλα αυτά που έχω ακούσει", πράγμα που σημαίνει πως έχει ακούσει πολλά και διάφορα, αλλά τη δεδομένη και εξαιρετικά σημαντική στιγμή δημόσιας έκθεσης επιλέγει να παραθέσει αυτά τα δύο πολύ συγκεκριμένα παραδείγματα. Μήπως τελικά εξέφρασε τον τρόπο με τον οποίο σκέφτεται και πράττει αποκαλύπτοντας έτσι το κίνητρο και την αλήθεια;

Όταν στη ροή του λόγου παραθέτουμε παραδείγματα για να εξηγήσουμε ή να στηρίξουμε τα λεγόμενά μας, η επιλογή των παραδειγμάτων, ειδικά όταν δεν τα έχουμε σκεφτεί από πριν, αντικατοπτρίζει τον τρόπο που σκεφτόμαστε, τα βιώματά και ακούσματά μας, τις εμπειρίες μας, αλλά και τον τρόπο με τον οποίο πράττουμε. Ενδέχεται η "αλήθεια" της μητέρας να νιώθει την ανάγκη να μιλήσει πριν από εκείνη. Ενδέχεται βέβαια και να είναι μια εντελώς τυχαία επιλογή ή επηρεασμένη από τις κατηγορίες που αιωρούνται. Εξάλλου, η ίδια ισχυρίζεται το τελευταίο...

[ΠΡΟΣΩΠΙΚΗ ΠΑΡΕΝΘΕΣΗ: ΜΗΔΕΙΑ]

"Η γυναίκα από τη φύση της φοβάται και αποφεύγει τη βία και το σίδερο. Αλλά όταν δει τ' άδικο στο κρεβάτι της, δεν υπάρχει άλλη καρδιά που να διψάει περισσότερο για αίμα."

~ Ευρυπίδης ~ [Μήδεια]

Η Μήδεια... Μία πολυσυζητημένη προσωπικότητα που έχει αναλυθεί από ψυχολόγους, ψυχιάτρους, εγκληματολόγους, φιλολόγους, ιστορικούς, αλλά και από τον κοινό λαό. Είναι σίγουρο ότι η τραγική ηρωίδα τράβηξε όλη την προσοχή που ενδεχομένως επιζητούσε, και σε διάρκεια αιώνων. Βρίσκει κάθε τόσο τρόπο να ξεπετάγεται στην επιφάνεια και να αποτελεί το επίκεντρο σχολιασμού και συσχετισμών, πάντα με αρνητικό υπόβαθρο, αλλά αυτό μάλλον δεν την απασχολεί. Εφόσον δεν την απασχόλησε τότε που δρούσε με τόση μεθοδικότητα, προνοητικότητα, και μακάβρια ευφυΐα χωρίς να υπολογίζει τις επιπτώσεις των ενεργειών της, μάλλον απολαμβάνει την υστεροφημία της απ' όπου και αν την παρακολουθεί. Ίσως να ήταν και αυτό μέρος του ειδεχθούς πλάνου της, συνειδητά ή υποσυνείδητα, να παραμείνει στην ιστορία ως η *"εγκληματίας και παιδοκτόνος των αιώνων"*.

Έλειπε το μητρικό ένστικτο από τη Μήδεια, ή υπήρχε, αλλά κάτι άλλο πιο ισχυρό το επισκίαζε;

Υπάρχει κάτι πιο ισχυρό από το μητρικό ένστικτο που δύναται να ωθήσει ένα χέρι στην ασύλληπτη πράξη; *"Μα πρόκειται για ένα μύθο"*, θα ισχυριστούν πολλοί. Και ο Αίσωπος μύθους έπλασε, οι οποίοι όμως έχουν αποτελέσει διαχρονικά διδάγματα, εξακολουθούν να επιβεβαιώνονται, και τα μηνύματά τους αντικατοπτρίζουν τόσες πλευρές της καθημερινότητάς μας που ακόμα διδάσκονται και θεωρούνται πολύτιμα παραδείγματα. Επίσης, οι μύθοι δε φυτρώνουν από μόνοι τους. Τους γεννάει η ίδια η ζωή, ο ίδιος ο άνθρωπος τους δίνει σάρκα και οστά, και τους μεταδίδει από γενιά σε γενιά. Μαθαίνουμε και παραδειγματιζόμαστε από τους μύθους και γι' αυτό η πλειοψηφία αυτών ακολουθεί το χρόνο και πάντα βρίσκει τρόπο να προσαρμόζεται σε καινούρια δεδομένα και καταστάσεις. Η ουσία τους δεν αλλάζει με τον καιρό, απλά εμπεριέχει την ευελιξία που απαιτεί η διαχρονικότητα.

Επομένως, ναι, η ιστορία της Μήδειας είναι ένας μύθος, και μάλιστα εξαιρετικά ακραίος, αλλά η ιστορία και η βιβλιογραφία έχουν επιβεβαιώσει την ενσάρκωσή του σε πραγματικά γεγονότα. Κάθε κίνητρο είναι σαν ένας μοχλός που τον αρπάζουμε και τον χειριζόμαστε ανάλογα με τους στόχους μας, και όπως πολύ εύστοχα ανέφερε ο Ναπολέων Βοναπάρτης, *"Ο εγωισμός και ο φόβος, ιδού οι δύο μοχλοί που κινούν τους ανθρώπους"*. Με μία φράση μας δίνει τις δύο βαθύτερες ρίζες από τις οποίες φυτρώνουν τα κίνητρα: *Εγωισμός και φόβος*.

Αν κοιτάξουμε λίγο πιο πίσω, θα ανακαλύψουμε ότι κάτι έλειπε από την παιδική ηλικία της Μήδειας, και αυτό ήταν η μητρική αγάπη που κι εκείνη χρειαζόταν όσο όλοι μας. Ο γνωστός και σεβαστός Έλληνας ψυχίατρος Δημήτριος Σούρας έχει δηλώσει πάμπολλες φορές με έμφαση: *"Πίσω από κάθε παιδί (ή άνθρωπο) ψάξε γονιό"*, αναφερόμενος στη βαρύτητα που έχουν όλα όσα παίρνουμε ή στερούμαστε από τους γονείς μας και όσα βιώνουμε από τη στιγμή που γεννιόμαστε. Η ύπαρξη ή έλλειψη κάποιων στοιχείων και βιωμάτων επηρεάζει και σημαδεύει την εξέλιξη του ανθρώπινου χαρακτήρα και της συμπεριφοράς του. Με κάποια χαρακτηριστικά γεννιόμαστε, και κάποια άλλα αποτελούν εξελικτικές διαμορφώσεις ανάλογα με το περιβάλλον στο οποίο μεγαλώνουμε.

Δε βίωσε μητρική στοργή η Μήδεια. Αυτό δεν αποτελεί δικαιολογία αλλά αιτιολογία, και σίγουρα δε σημαίνει ότι όποιος δε λαμβάνει μητρική στοργή καταλήγει σε εγκληματικές πράξεις. Κοινωνικές επιστήμες όπως η ψυχολογία και η κοινωνιολογία δε στοχεύουν στη δικαιολόγηση πράξεων και συμπεριφορών αλλά στην κατανόηση και αιτιολόγησή τους.

Αν πάρουμε τη θεωρία περί εγωισμού και φόβου ως τους βασικότερους μοχλούς κινήτρων, μπορούμε να εξηγήσουμε γιατί η Μήδεια δεν εκδικήθηκε τον Ιάσονα διαπράττοντας μια εγκληματική πράξη άμεσα προς εκείνον. Στράφηκε στα παιδιά του (και δικά της) και τον εκδικήθηκε μέσω αυτών, κάτι που υποδεικνύει ότι ο φόβος και ο εγωισμός υπερίσχυε της ζήλιας. Αν το κίνητρο ήταν μόνο η ζήλια, θα μπορούσε να τον εκδικηθεί με τρόπους που δε θα στερούσαν και από εκείνη κάτι τόσο πολύτιμο όσο τα ίδια της τα παιδιά. Πιο βαθιά λοιπόν από τη ζήλια υπήρχαν ο εγωισμός και ο φόβος που δημιουργεί η απόρριψη. Αν, για παράδειγμα, σκότωνε τον Ιάσονα, αυτό δε θα εξυπηρετούσε τον εγωισμό της - τον ήθελε δικό της και έπρεπε να εξακολουθήσει να ζει για να τον *"έχει"*. Φοβόταν να τον χάσει στερώντας του τη ζωή, και προτίμησε να τον κρατήσει ζωντανό στερώντας του τα παιδιά του. Ήθελε να τον πονέσει για να ικανοποιήσει τον εγωισμό της, και όχι να τον εξαφανίσει, κάτι που θα έτρεφε τον φόβο της. Επομένως, η ζήλια προήλθε από την απόρριψη η οποία προκαλεί φόβο και ταΐζει τον εγωισμό. **Εγωισμός και φόβος...**

Πηγαίνοντας πίσω στην έλλειψη μητρικής στοργής, πολλές φορές η αδυναμία να δεχτούμε την απόρριψη πηγάζει από κάποιο είδος απόρριψης που νιώσαμε από τη μητρική παρουσία. Στην ευαίσθητη παιδική ηλικία αποζητάμε την ουσιαστική μητρική παρουσία και όσα αυτή προσφέρει. Αποτελεί βασική ανάγκη την οποία όμως δε ζητάμε όπως θα ζητούσαμε ένα ποτήρι νερό, αλλά η φύση μας πιστεύει ότι είναι πάντα πλάι μας ως κάτι δεδομένο. Όταν λείπει από ένα παιδί, δε γυρίζει να πει στη μητέρα του *"Μήπως μπορείς να μου δώσεις λίγη περισσότερη στοργή γιατί σήμερα δε μου έφτασε;"*. Προκαλούνται εσωτερικές υποσυνείδητες διεργασίες οι οποίες με τον καιρό διαμορφώνουν την προσωπικότητα του παιδιού ανάλογως, και ένα από τα χαρακτηριστικά στα οποία ενδέχεται να οδηγήσουν είναι και η αδυναμία διαχείρισης και αποδοχής της απόρριψης.

Όταν μιλάμε για έλλειψη μητρικής στοργής και ουσιαστικής μητρικής παρουσίας, αυτό μπορεί να συμπεριλαμβάνει διαφόρων ειδών καταστάσεις και επίπεδα και δεν είναι απαραίτητο να υφίστανται ακραίες και οφθαλμοφανείς κακοποιητικές συμπεριφορές. Ακόμα και μία μάνα που κάνει στο παιδί της όλα τα χατίρια για να το "ξεφορτώνεται" και να μην ασχολείται με την πειθαρχία του αποτελεί παράδειγμα κακοποιητικής συμπεριφοράς. Η απουσία ζεστασιάς και αγκαλιάς, η ψυχρότητα, η ψυχολογική απομάκρυνση, όλα αυτά αφήνουν τα αποτυπώματά τους. Ο εκ γενετής χαρακτήρας του ανθρώπου μπορεί να τον βοηθήσει να διαχειριστεί και να ξεπεράσει τυχόν κενά, ή να τον σπρώξει προς παρόμοια μονοπάτια με αυτά που ακολουθούσε η μητέρα του.

Πίσω από το **"Σύνδρομο της Μήδειας"** το οποίο αφορά μητέρες που εργαλειοποιούν τα παιδιά τους και φτάνουν σε ακραίες συμπεριφορές εναντίον τους για να αποκρούσουν την απόρριψη (φόβος) και να τροφοδοτήσουν το ναρκισσισμό τους (εγωισμός) θα πρέπει να εξετάσουμε αν και τι υπόβαθρο υπάρχει που ίσως αιτιολογεί το αποτέλεσμα. Δεν μπορούμε να αψηφούμε ή να υποτιμούμε τη διερεύνηση του οικογενειακού περιβάλλοντος και παρελθόντος σε τέτοιες περιπτώσεις αν πραγματικά επιθυμούμε να κατανοήσουμε και να αιτιολογήσουμε κάτι που *"δεν το χωράει ανθρώπου νους".*

Παρόλο που δε συμφωνώ με όλους τους τρόπους χειρισμού της συγκεκριμένης υπόθεσης από τα μέσα μαζικής ενημέρωσης, η δημοσιογραφική έρευνα έχει φέρει στην επιφάνεια έναν πλούτο χρήσιμων πληροφοριών και στοιχείων. Επιβάλλεται να διεξαχθεί βαθιά έρευνα και από τις αρχές σε οικογενειακό επίπεδο, να ανατρέξουν σε στοιχεία του παρελθόντος συσχετιζόμενα με το οικογενειακό περιβάλλον, και να αξιοποιηθούν τα ευρήματα αναλόγως και σε συνεργασία με ειδικούς στους τομείς της ψυχολογίας, ψυχιατρικής, και κοινωνιολογίας. Η **Δικαστική Ψυχολογία** είναι ένας διαδεδομένος τομέας στις Ηνωμένες Πολιτείες και κάνει, μεταξύ άλλων, ακριβώς αυτό. Στην Ελλάδα έχει αρχίσει να εμφανίζεται στο προσκήνιο αλλά χρειάζεται περισσότερη υποστήριξη, ανάδειξη, και αξιοποίηση.

34. Η άλλη πλευρά: υπεράσπιση

"Σε όλη μας τη ζωή εξιδανικεύουμε τα κίνητρα και υποβαθμίζουμε τα γεγονότα"
~ Boris Vian ~ [Γάλλος Συγγραφέας, 1920-1959]

Πάντα υπάρχουν δύο πλευρές σε κάθε υπόθεση, και φυσικά κάθε κατηγορούμενος έχει το δικαίωμα υπεράσπισης. Η μητέρα έχει πλέον προφυλακιστεί και βρίσκεται υπό τη νομική υποστήριξη δύο δικηγόρων οι οποίοι έχουν παρουσιάσει συγκεκριμένη υπερασπιστική γραμμή.

Προς το παρόν η μητέρα κατηγορείται για το θάνατο του εννιάχρονου κοριτσιού και τα ιατροδικαστικά και τοξικολογικά στοιχεία έχουν αναδείξει την ουσία κεταμίνη ως το φονικό όπλο. Η κατηγορία βασίζεται στο γεγονός ότι η κεταμίνη επιφέρει το θάνατο το πολύ σε 20 λεπτά, και τα τελευταία 20 λεπτά που το κοριτσάκι ήταν εν ζωή μαζί του βρισκόταν μόνο η μητέρα. Όταν φώναξε τους γιατρούς για να τους ενημερώσει πως το παιδί δεν ήταν καλά, το άτυχο κοριτσάκι είχε ήδη καταλήξει και οι υπεράνθρωπες προσπάθειες των γιατρών για ανάνηψη αποδείχτηκαν μάταιες.

Η πλευρά της υπεράσπισης υποστηρίζει ότι έγινε κάποιο ιατρικό λάθος κατά τη διάρκεια της ανάνηψης και πως η κεταμίνη χορηγήθηκε από τους γιατρούς. Σύμφωνα όμως με τις μαρτυρίες των γιατρών δε χορηγήθηκε ποτέ η ουσία. Επίσης, η ποσότητα της κεταμίνης που βρέθηκε στο σώμα του κοριτσιού ήταν πολύ μεγαλύτερη από τη δοσολογία που χορηγείται σε παιδιά όταν χρειάζεται, επομένως ακόμα και στην περίπτωση που είχε χορηγηθεί δε θα δινόταν σε τόσο μεγάλη ποσότητα. Ωστόσο, η μητέρα επιμένει ότι είναι αθώα, ότι δε χορήγησε εκείνη την κεταμίνη, και εφόσον ανιχνεύθηκε στις τοξικολογικές εξετάσεις ο μόνος τρόπος που θα μπορούσε να είχε χορηγηθεί είναι από τους γιατρούς. Όπως είπε χαρακτηριστικά και πολύ ψύχραιμα σε συνέντευξή της: *"Δεν πιστεύω ότι έγινε από δόλο. Έκαναν κάποιο λάθος οι γιατροί και τα λάθη είναι ανθρώπινα".*

Ιατρικά λάθη γίνονται και δεν είναι κάτι πρωτοφανές. Βέβαια οι μαρτυρίες όλων των γιατρών και του νοσηλευτικού προσωπικού που ήταν παρόντες στην προσπάθεια ανάνηψης δηλώνουν ότι ουδέποτε χορήγησαν τη συγκεκριμένη ουσία. Έτσι γεννιούνται τα ερωτήματα αν είναι δυνατόν τόσοι άνθρωποι να λένε όλοι ψέματα ή να μη θυμούνται σωστά ή να έκαναν όλοι λάθος χωρίς κανείς τους να το καταλάβει. Βρισκόμαστε αντιμέτωποι με τις μαρτυρίες και καταθέσεις πολλών ανθρώπων που υποστηρίζουν το ίδιο πράγμα ενάντια στην κατάθεση της μητέρας που ισχυρίζεται κάτι άλλο.

Δυστυχώς είχα μία άκρως θλιβερή προσωπική εμπειρία στο παρελθόν σύμφωνα με την οποία τα παραπάνω ερωτήματα θα μπορούσαν να ισχύουν διότι τα έχω βιώσει. Πριν μερικά χρόνια έμαθα μία πληροφορία που μέχρι και σήμερα εύχομαι να μην την είχα ακούσει ποτέ. Πρώην φίλη μου και βοηθός γιατρού μου εκμυστηρεύτηκε ότι στο νοσοκομείο που εργαζόταν είχε γίνει κάποιο σοβαρό ιατρικό λάθος εξαιτίας του οποίου ένας ασθενής έχασε τη ζωή του. Ήταν περίπου 9:00μ.μ. όταν μου διηγήθηκε το περιστατικό και λίγο αργότερα, στις 10:00 το βράδυ, θα πήγαινε στο νοσοκομείο για έκτακτη "μυστική" συνάντηση με την εμπλεκόμενη ιατρική ομάδα με σκοπό να βρούνε δικαιολογία και λύση για να καλύψουν το περιστατικό. Είχα μείνει άναυδη όταν το άκουσα. Πολλές φορές ακούμε διάφορα, αλλά όταν κάτι συμβαίνει δίπλα μας και επιβεβαιώνει καταστάσεις που δε θα θέλαμε ποτέ να πιστέψουμε ότι συμβαίνουν, τότε μας συγκλονίζει γιατί η σκοτεινή αλήθεια φανερώνεται στο δικό μας φως και μας τυφλώνει επώδυνα. Ολόκληρη ιατρική ομάδα θα έκανε μυστικό συμβούλιο για να καλύψει το θάνατο ενός ανθρώπου, ο οποίος θάνατος προήλθε από υπαιτιότητα των γιατρών. Προσπάθησα να κρατήσω την ψυχραιμία μου και να συγκρατήσω το θυμό μου και τη ρώτησα αν έχει ξανασυμβεί κάτι τέτοιο. Η απάντησή της με άφησε άφωνη:

~ "Ωωω καλά... Έχουμε ολόκληρο κατάλογο με χρήσιμες δικαιολογίες για ώρα ανάγκης και μέχρι στιγμής μας έχουν βγάλει ασπροπρόσωπους!".

Εάν δεν το είχα ακούσει με τα ίδια μου τα αυτιά από κοντινό μου πρόσωπο δε θα μπορούσα να πιστέψω ότι τέτοιες απάνθρωπες και καταδικαστέες ενέργειες αποτελούν για κάποιους "συμβούλια" ρουτίνας. Το περιστατικό συνέβη στην Αμερική.

Ναι, γίνονται ιατρικά λάθη και προφανώς μπορούν να καλυφθούν και όλοι οι εμπλεκόμενοι να "ορκιστούν" στο ίδιο αφήγημα. Χωρίς να θέλω να κατηγορήσω τους γιατρούς στην τωρινή υπόθεση, απλά αναφέρω ότι μία τέτοιου είδους κάλυψη δεν είναι απαραίτητο να αποτελεί σενάριο επιστημονική φαντασίας. Έχει συμβεί και στα καλύτερα νοσοκομεία, όπως επίσης μου έχουν γνωστοποιηθεί υποθέσεις στις οποίες πραγματογνώμονες κατέθεσαν αναληθή στοιχεία ή διαστρεβλωμένα πορίσματα για να καλύψουν συναδέλφους τους. Ωστόσο, η υπόθεση της Πάτρας περιλαμβάνει τρεις θανάτους με αδιευκρίνιστα αίτια καθώς και μία ανακοπή για την οποία επίσης δεν έχει βρεθεί η αιτία. Εάν υποθέσουμε πως ο τελευταίος θάνατος προήλθε από ιατρικό λάθος, τι συνέβη με τους άλλους δύο και τι προκάλεσε την ανακοπή που κατέστησε τη μεγαλύτερη αδελφούλα τετραπληγική; Όταν εξετάζουμε ολόκληρη την εικόνα και όλα τα στοιχεία συνολικά, το τοπίο θολώνει και απομακρύνεται από την πιθανότητα ιατρικού λάθους. Ή μήπως το τοπίο ξεκαθαρίζει και πλησιάζει την πιθανότητα εγκληματικών ενεργειών;

Πραγματικά δεν πιστεύω πως είναι πλέον δυνατόν να βλέπουμε τις τρεις υποθέσεις μεμονωμένα. Έχει ακουστεί πολλές φορές τον τελευταίο καιρό από ειδικούς ότι *"ένας θάνατος στην ίδια οικογένεια μπορεί να είναι τυχαίος, δύο θάνατοι είναι ύποπτοι, αλλά τρεις θάνατοι είναι εγκληματικές ενέργειες".* Οι γονείς ανέφεραν σε συνέντευξή τους την πιθανότητα ενός σπάνιου γονιδιακού συνδρόμου που ίσως να εξηγεί τους τρεις θανάτους. Ωστόσο, οι μέχρι τώρα γονιδιακοί έλεγχοι βγήκαν αρνητικοί. Εάν υποθέσουμε ότι ο τρίτος θάνατος οφείλεται σε ιατρικό λάθος, πώς εξηγούνται οι άλλοι δύο καθώς και το πρώτο περιστατικό ανακοπής της μεγαλύτερης κόρης; Η υπεράσπιση οφείλει να απαντήσει όλα τα ερωτήματα για τους τρεις θανάτους και το σχεδόν θανατηφόρο επεισόδιο.

Πιστεύω πως είναι μακρύς ο δρόμος, και το έργο της υπεράσπισης κουβαλάει τεράστια ευθύνη, είναι βαρύ, και ιδιαίτερα πολύπλοκο.

Αξίζει να σημειωθούν κάποια σχόλια σχετικά με τον έναν από τους δύο δικηγόρους που εκπροσωπούν τη μητέρα και που έχει μιλήσει αρκετές φορές δημοσίως μέχρι τώρα. Χειρίζεται μία από τις πιο δύσκολες και περίπλοκες υποθέσεις που έχουν βγει στο φως και μάλιστα από την πλευρά η οποία κατηγορείται. Η θέση του είναι λεπτή ειδικά όταν η κοινή γνώμη έχει την άδικη τάση να στρέφεται εναντίον συνηγόρων σε ειδεχθή εγκλήματα. Ο συγκεκριμένος συνήγορος έχει παρουσιάσει μία αξιοπρεπέστατη στάση στα μέσα, τέτοια στάση που έχει κερδίσει το σεβασμό και των δημοσιογράφων αλλά και του κόσμου. Είναι από τις λίγες φορές που συμβαίνει αυτό και οφείλεται στον ψύχραιμο αλλά και εμπεριστατωμένο λόγο του. Είναι άδικο όταν η κοινή γνώμη ταυτίζει ένα συνήγορο με τον εντολέα του. Το λειτούργημά του αναβλύζει από το αναφαίρετο δικαίωμα κάθε κατηγορουμένου για υπεράσπιση και η θέση του συνηγόρου, ειδικά σε μία υπόθεση τέτοιας κοινωνικής εμβέλειας, είναι δυσχερής σε κοινωνικό επίπεδο.

Υφίσταται και μία *"άλλη πλευρά"* η οποία δε σχετίζεται με την υπεράσπιση σε νομικό επίπεδο, αλλά κυρίως με τον τομέα της ψυχολογίας. Και οι δύο γονείς, αλλά ειδικά η μητέρα, έχουν κατηγορηθεί για την παντελή έλλειψη εκδήλωσης συναισθημάτων που να υποδηλώνουν τον πόνο και το πένθος που θα συνόδευε το χαμό τριών παιδιών. Εάν προσπαθήσουμε να αναλύσουμε και να εξηγήσουμε αυτή την έλλειψη αντιδράσεων από ψυχολογική σκοπιά ενδέχεται να υπάρχει ερμηνεία.

Ας πάρουμε για παράδειγμα τη μητέρα η οποία παρουσιάζεται δημόσια με απόλυτη ψυχραιμία και χωρίς ίχνος θρήνου. Έχει αναφερθεί από νοσηλευτικό προσωπικό ότι μετά το θάνατο του μεγαλύτερου παιδιού της στο νοσοκομείο η μητέρα κρατούσε μία παρόμοια στάση. Ακόμα και ο τρόπος με τον οποίο ειδοποίησε τους γιατρούς όταν αντιλήφθηκε ότι κάτι δεν πήγαινε καλά με το κοριτσάκι φάνηκε υποτονικός και απαθής. Όταν κάποιος έχει ήδη χάσει δύο παιδιά και το τρίτο βρίσκεται σε κατάσταση τετραπληγίας, μπορεί να επέλθει μία έντονη ψυχολογική κούραση ως προς την εκδήλωση πένθους. Αυτό συμβαίνει πολλές φορές και με ανθρώπους μεγάλης ηλικίας που έχουν δει πολλά τα μάτια τους και έχουν βιώσει το χαμό κοντινών τους προσώπων, και φτάνουν στο σημείο μιας απαθούς "ηρεμίας" είτε διότι έχουν πλέον συμφιλιωθεί με το θάνατο, είτε γιατί έχουν πραγματικά κουραστεί να πενθούν εμφανώς. Δε σημαίνει ότι μέσα τους η καρδιά δεν πονάει, αλλά η δημόσια εκδήλωση του πόνου καταντάει κουραστική, ψυχοφθόρα, ακόμα και άσκοπη. Το εξηγεί πολύ σοφά ο Βρετανός θεατρικός συγγραφέας Noël Coward:

~ *"Θα καταλάβεις ότι έχεις γεράσει όταν τίποτα δεν θα σε εντυπωσιάζει πια."*

Κάτι παρόμοιο μπορεί να συμβεί και σε ένα γονιό που έχει χάσει δύο παιδιά και φτάνει στο ακραίο σημείο να βιώσει και το χαμό του τρίτου και τελευταίου. Ενδέχεται η "παγωμάρα" που βλέπουμε στο φακό να αποτελεί μέρος μιας τέτοιας εσωτερικής διαδικασίας και να είναι δικαιολογημένη.

Ωστόσο, η έλλειψη του χαρακτηριστικού *"κενού βλέμματος"* που αναφέρθηκε σε προηγούμενο κεφάλαιο γεννάει υποψίες και αμφιβολίες.

Ένα άλλο παράδειγμα σχετίζεται με τις ζωγραφιές του μεγαλύτερου παιδιού οι οποίες αναλύθηκαν στον αέρα από ειδικούς παιδοψυχολόγους που εξετάζουν ιχνογραφήματα. Μία από τις ζωγραφιές απεικονίζει ένα δέντρο με μία κούνια στην οποία κάθεται ένα παιδάκι. Έγινε πολύς λόγος για το συγκεκριμένο δέντρο και το συμβολισμό του επειδή ο κορμός του καταλήγει σε ένα κλαδί που το σχήμα του μοιάζει με κρεμάλα. Είναι όντως κάπως σοκαριστική η εικόνα του δέντρου με τον κορμό και το κλαδί σε σχήμα "Γ", παραπέμποντας σε σχήμα κρεμάλας, κάτι που συνήθως δεν το βλέπουμε σε ζωγραφιές παιδιών αυτής της ηλικίας. Αναφέρθηκε λοιπόν από τους ειδικούς ότι η συγκεκριμένη ζωγραφιά κρύβει από πίσω της έναν παιδικό ψυχισμό που κουβαλάει φόβο και άλλα αρνητικά συναισθήματα, και πραγματικά έγινε πολύς λόγος για το θέμα.

Ωστόσο, πριν λίγες μέρες ένα ρεπορτάζ στην Πάτρα ανέδειξε ότι ακριβώς απέναντι από το σπίτι του παιδιού υπάρχει ένας παιδικός σταθμός. Οι τοίχοι στην πρόσοψη του σταθμού είναι στολισμένοι με ζωγραφιές που συμπεριλαμβάνουν ένα μεγάλο δέντρο με παρόμοιο σχήμα. Η εικόνα που αντίκριζε αυτό το παιδάκι καθημερινά και ακριβώς απέναντι από το σπίτι του ήταν ένα ζωγραφισμένο δέντρο με κορμό και κλαδί σε σχήμα κρεμάλας. Είναι πιο πιθανό η ζωγραφιά του να απεικόνιζε αυτό που έβλεπε παρά να ήταν δημιούργημα της φαντασίας του.

Ένα τελευταίο παράδειγμα που παρουσιάζει την άλλη πλευρά των γεγονότων σχετίζεται με κριτική που δέχτηκαν οι γονείς από δημοσιογράφους και εκπομπές επειδή μετά το θάνατο του βρέφους επισκέπτονταν γυμναστήριο για προπονήσεις με προσωπικό γυμναστή. Προέκυψε λοιπόν το ερώτημα: *"Πώς είναι δυνατόν δύο γονείς να έχουν διάθεση και ενέργεια για γυμναστική και προπονήσεις αμέσως μετά το θάνατο του παιδιού τους;"*. Μπορεί να είναι εύλογο το ερώτημα, όμως η άλλη πλευρά, και μέσα από την επιστήμη της ψυχολογίας, θα μπορούσε να απαντήσει ότι ένα από τα καλύτερα "φάρμακα" κατά της κατάθλιψης είναι η σωματική άσκηση. Θα μπορούσε η συγκεκριμένη δραστηριότητα να αποτελούσε μέρος σύστασης και στοχευμένης προσπάθειας για τη διαχείριση και καταπολέμηση της κατάθλιψης που συνεπάγεται μία απώλεια.

Πολλές φορές βγάζουμε συμπεράσματα τα οποία *"βολεύουν"* τα πορίσματα που επιδιώκουμε, και εμβαθύνουμε τις αναλύσεις μας ανάλογα ενώ η απάντηση μπορεί να προέρχεται από κάτι εντελώς διαφορετικό, πολύ πιο απλό και προφανές, και να μην πηγάζει από το βάθος κάποιας εξειδικευμένης ψυχολογικής ανάλυσης.

Ο υπερταλαντούχος ηθοποιός Anthony Hopkins το 1991 υποδύθηκε το ρόλο του κατά συρροή δολοφόνου Dr. Hannibal Lecter στο ψυχολογικό θρίλερ *"The Silence of the Lambs"*. Είναι χαρακτηριστική η ατάκα του προς την πράκτορα του FBI Clarice Starling, το ρόλο της οποίας υποδύεται η εξίσου ταλαντούχα Jodie Foster. Παρουσιάζει ιδιαίτερο ενδιαφέρον εφόσον η συμβουλή προέρχεται από τα χείλη του ίδιου του εγκληματία, και μάλιστα ενός ευφυέστατου και πολυμήχανου δολοφόνου ο οποίος καθοδηγεί την ερευνήτρια για την εξιχνίαση μίας εξαιρετικά δύσκολης υπόθεσης:

"Βασικές αρχές, Clarice. Απλότητα. Διάβασε Μάρκο Αυρήλιο. Για κάθε πράγμα να ρωτάς:

~ *Τι είναι αυτό καθεαυτό;*

~ *Ποια είναι η φύση του;*

~ *Τι κάνει ακριβώς αυτός ο άνθρωπος που ψάχνεις;"*

"Απλότητα", τονίζει ο στυγερός δολοφόνος, και με τρεις βασικές ερωτήσεις αναδεικνύει όλη την ουσία των ερευνητικών διαδικασιών.

35. Αθώωση

"Ως πρόβατον επί σφαγήν"
~ Καινή Διαθήκη ~ (Πράξεις Αποστόλων η' 32)

Η εκδοχή να αθωωθεί η μητέρα δεν αποτελεί σενάριο επιστημονικής φαντασίας όσο και αν πολλοί θεωρούν δεδομένη την ενοχή της. Η σκέψη γεννά κάποια ερωτήματα:

- Τι θα μπορούσε να καταστήσει τη μητέρα αθώα;
- Πώς θα ένιωθε και θα αντιδρούσε το μεγάλο μέρος του κοινωνικού συνόλου που είναι πεπεισμένο για την ενοχή της;
- Πώς θα συνέχιζε τη ζωή της η μητέρα σε αυτή την περίπτωση και τι αντίκτυπο θα είχε στην πορεία της η γνώμη και αντιμετώπιση της κοινωνίας;

Εάν οι απαντήσεις στα δύο τελευταία ερωτήματα συμπεριλαμβάνουν αρνητικές διαστάσεις, αυτό κανονικά οφείλει να μην επηρεάσει την τελική απόφαση της δικαιοσύνης. Με άλλα λόγια, η οποιαδήποτε απόφαση δεν πρέπει να βασίζεται σε τέτοιου είδους μελλοντικούς προβληματισμούς διότι μία τέτοια αντιμετώπιση θα επηρέαζε την αντικειμενικότητα της απόφασης. Όταν ο/η δικαστής χτυπάει το σφυράκι του για τελευταία φορά μετά την ανακοίνωση της τελικής απόφασης, το σφυράκι του έχει την υποχρέωση να αντικατοπτρίζει τη δίκαιη εκδίκαση και να απέχει από οποιεσδήποτε επιρροές κοινωνικών αντιδράσεων και πεποιθήσεων, και η φωνή της κοινής γνώμης να απουσιάζει από το κάδρο της διαδικασίας.

Οι δικαστικές αίθουσες συχνά περιλαμβάνουν εκπλήξεις, και ειδικά όταν δεν έχει υπάρξει ομολογία. Η υπεράσπιση παρουσιάζει απρόσμενες πτυχές, επεμβαίνει με ενστάσεις, και ενισχύει το σκεπτικό της με πραγματογνώμονες που μπορεί να εξετάσουν στοιχεία και να προβάλουν απόψεις και εκδοχές από εντελώς διαφορετική σκοπιά αναδεικνύοντας καινούριους ορίζοντες. Κάποιες φορές αυτοί οι ορίζοντες είναι τόσο γερά οριοθετημένοι που προκαλούν προβληματισμούς και δεύτερες σκέψεις, και αυτές με τη σειρά τους οδηγούν σε αμφιβολίες. Η δημιουργία αμφιβολιών ως προς την ενοχή αποτελεί έναν θεμιτό και αποτελεσματικό στόχο για την υπεράσπιση, και πολλές υπερασπιστικές γραμμές ξεκινούν και κινούνται με βάση ένα τέτοιο πλαίσιο.

Ήδη αναφέραμε ότι αποτελεί ευθύνη των αρχών και των κατηγόρων να μετατρέψουν τις ενδείξεις σε αποδείξεις εφόσον κάθε κατηγορούμενος ακολουθείται από το τεκμήριο της αθωότητας, δηλαδή θεωρείται αθώος μέχρι να αποδειχτεί ένοχος. Εάν η κατηγορούμενη εξακολουθήσει να κρατάει την παρούσα στάση και δεν ομολογήσει, και παρόλο που η απουσία ομολογίας δεν αποτελεί κριτήριο για αθώωση, η πλευρά της κατηγορίας θα πρέπει να "δέσει" τόσο γερά την υπόθεση με τρανταχτές αποδείξεις για να αντικρούσει την όποια υπερασπιστική γραμμή. Πάντως το αποτέλεσμα της ενοχής δεν είναι δεδομένο αυτή τη στιγμή.

Για να καταλήξει η απόφαση στην ενοχή θα πρέπει να αποδειχτεί ότι η μητέρα χορήγησε την κεταμίνη στο κοριτσάκι. Η ιχνηλάτηση της πορείας της κεταμίνης και η επιβεβαίωση ότι η ουσία έφτασε στα χέρια της μητέρας αποτελεί ένα σημαντικό σημείο στην αλυσίδα των γεγονότων. Είναι πιθανόν ηλεκτρονικά ίχνη να πιστοποιήσουν την αναζήτηση, εύρεση, και απόκτηση της κεταμίνης από τη μητέρα. Εάν όμως δε στοιχειοθετηθεί αυτή η πτυχή, τότε θα παραμείνει η αμφιβολία για την πιθανότητα ιατρικού λάθους. Η χορήγηση της κεταμίνης, και σύμφωνα με τα τοξικολογικά πορίσματα, είναι κάτι αναμφισβήτητο. Όμως χρειάζεται να αποδειχτεί με ορατά και επιβεβαιωμένα στοιχεία ποιο χέρι τη χορήγησε, και όχι με εικασίες.

Η κοινωνία είναι θυμωμένη και αγανακτισμένη ως προς διάφορες πλευρές της υπόθεσης, και ένα μεγάλο μέρος έχει πειστεί για την ενοχή της μητέρας. Εν τω μεταξύ, αναμένουμε όλοι και τα αποτελέσματα των ερευνών για τους άλλους δύο θανάτους. Εάν η μητέρα αθωωθεί, αυτό το μεγάλο μέρος του κοινωνικού συνόλου θα αντιδράσει. Μπορεί να υπάρξει αρνητική κινητοποίηση προς τις αρχές και τους δικαστικούς φορείς. Ο θυμός και η οργή που εκφράστηκε αμέσως μετά τη σύλληψη της μητέρας θα ξεσπάσει με εντονότερες διαστάσεις. Μπορεί ο κόσμος να δηλώνει ότι έχει εμπιστοσύνη στη δικαιοσύνη, αλλά αν η τελική απόφαση βρεθεί ενάντια στις πεποιθήσεις του, θα δυσκολευτεί να τη διαχειριστεί. Ωστόσο, όπως και σε άλλες περιπτώσεις, οι έντονες αντιδράσεις με τον καιρό ξεθυμαίνουν και ο καθένας επιστρέφει στην καθημερινότητά του εφόσον το θέμα δεν τον αφορά άμεσα. Η άμεσα επηρεαζόμενη θα συνεχίσει να είναι η μητέρα. Δε γνωρίζουμε πώς φαντάζεται ένα τέτοιο γεγονός, δηλαδή την αθώωσή της και την επιστροφή στην ελευθερία, αλλά σίγουρα το επιθυμεί. Η επιστροφή όμως δε θα είναι εύκολη και η επανένταξή της στο κοινωνικό περιβάλλον θα συμπεριλαμβάνει διαφοροποιημένες διαστάσεις από εκείνες που βίωνε πριν προφυλακισθεί. Ενδέχεται να υπάρξει απομόνωση, επιθετικές αντιδράσεις από τον περίγυρο, περιθωριοποίηση, και σίγουρα το στίγμα θα την ακολουθεί. Δυστυχώς οι περιπτώσεις ανθρώπων που προφυλακίσθηκαν ή καταδικάστηκαν λανθασμένα και αργότερα αποδείχθηκε η αθωότητά τους μας δείχνουν ότι η μετέπειτα ελευθερία τους δεν ήταν και τόσο απελευθερωτική. Η κοινωνία έχει την τάση να στιγματίζει πριν καν αποφανθεί η δικαιοσύνη, ένα μεγάλο μέρος καταλήγει στα δικά του συμπεράσματα, και ένα αντίθετο αποτέλεσμα δεν ξεπλένει εύκολα το στίγμα. Δεν είναι δίκαιο αλλά αποτελεί μέρος της ανθρώπινης φύσης και σε μια τέτοια περίπτωση θα υπάρξουν κοινωνικές αντιδράσεις.

Ένας άνθρωπος που βρίσκεται σε αυτή τη θέση και ξαναντικρίζει την κοινωνία κατάματα προσπαθώντας να βρει μια φυσιολογική ροή στην καθημερινότητα και να ξαναχτίσει τη ζωή του χρειάζεται υποστήριξη. Αισθάνεται εκτεθειμένος και ανυπεράσπιστος απέναντι στα καχύποπτα ή και οργισμένα βλέμματα που συχνά φτάνουν και σε ακραίες συμπεριφορές επιθετικότητας. Αν πραγματικά εμπιστευόμαστε τη δικαιοσύνη, *πραγματικά* όμως, χρειάζεται να μάθουμε να αντιμετωπίζουμε τέτοιους ανθρώπους με δικαιοσύνη. Δεν έχουμε δικαίωμα να συνεχίζουμε την εκδίκασή τους ή την τιμωρία τους. Ας κρατάμε στο πίσω μέρος του μυαλού μας το ενδεχόμενο της αθώωσης και μέχρι ποιο σημείο φτάνουν τα όρια της κρίσης μας και των πράξεών μας. Υπάρχει περίπτωση η μητέρα να μην έπραξε αυτά για τα οποία κατηγορείται και η τελική απόφαση να καταλήξει σε αυτό το συμπέρασμα.

Στην περίπτωση αθώωσης ας σκεφτούμε: Πώς έχει νιώσει μια μητέρα που έχει κατηγορηθεί άδικα για τη δολοφονία του παιδιού της και τόσο καιρό ήταν αδίκως προφυλακισμένη; Πώς θα αισθανθεί μετά την αθώωση; Εκτός από την αναμενόμενη ανακούφιση, τι άλλο μπορεί να νιώσει μια τέτοια μάνα που μάλιστα έχει χάσει και τα τρία της παιδιά; Ας σκεφτούμε λοιπόν έστω για μια στιγμή την πιθανότητα ότι δεν έχει διαπράξει κανένα έγκλημα. Ας προσπαθήσουμε να διανοηθούμε τι Γολγοθά έχει περάσει όλο αυτό το διάστημα και τι θα χρειαστεί αυτός ο άνθρωπος όταν αφεθεί ελεύθερος.

Είναι η περίπτωση που η κοινωνία θα έχει την υποχρέωση να γίνει στήριγμα για μια τριπλά χαροκαμένη μάνα που κατηγορούνταν λανθασμένα για το χαμό των παιδιών της. Θα είναι μία τραγική φιγούρα και μια δίκαιη κοινωνία θα οφείλει να της συμπαρασταθεί.

Εάν θέλουμε να θεωρούμαστε ενεργά και σκεπτόμενα μέλη του κοινωνικού συνόλου, είμαστε υποχρεωμένοι να παραδεχόμαστε και να αποδεχόμαστε τυχόν εσφαλμένες πεποιθήσεις μας όταν προκύπτει κάποιο τέτοιο σενάριο, και να υψώνουμε το ανάστημά μας με το ίδιο σθένος που στήριζε τη λανθασμένη πεποίθηση, οι αντιδράσεις μας να χαρακτηρίζονται από ευελιξία, και να προσαρμοζόμαστε σε απρόβλεπτες καταστάσεις αντιμετωπίζοντάς τες με **δικαιοσύνη.**

"Κάθε νιφάδα σε μια χιονοστιβάδα πιστεύει ότι δεν είναι δικό της το φταίξιμο", έγραψε πολύ εύστοχα ο Πολωνός γνωμικογράφος Stanislaw Jerzy Lec. Η ψυχολογία του όχλου συχνά μας παρασύρει προς άδικα μονοπάτια. Δεν μπορούμε να έχουμε και την πίτα ολόκληρη, και το σκύλο χορτάτο.

Εάν και εφόσον εμπιστευόμαστε την Ελληνική δικαιοσύνη, τότε οφείλουμε να είμαστε προετοιμασμένοι για όλες τις πιθανές εκδοχές πορισμάτων και να τις αποδεχτούμε με ηθική συνείδηση και έμπρακτη κοινωνική αξιοπρέπεια.

[ΠΡΟΣΩΠΙΚΗ ΠΑΡΕΝΘΕΣΗ: ΕΞΩ ΑΠΟ ΤΑ ΚΑΓΚΕΛΑ]

"Τα μάτια των άλλων, η φυλακή μας. Οι σκέψεις τους, τα κλουβιά μας"
~ Virginia Woolf ~ [Βρετανίδα Συγγραφέας, 1882-1941]

Μοιάζει όντως με χιονοστιβάδα που κατρακυλάει απότομα, τη βλέπεις να έρχεται κατά πάνω σου, αλλά τα αντανακλαστικά δεν είναι σε θέση να λειτουργήσουν με αποτελεσματικότητα. Θέλεις να κινηθείς γρήγορα προς τα δεξιά ή προς τα αριστερά, να χαμηλώσεις το κεφάλι καλύπτοντάς το με τα χέρια σου, να ξεγλιστρήσεις προς κάποια ασφαλή κατεύθυνση, αλλά η τεράστια μπάλα που ορμάει στοχευμένα προς το μέρος σου καλύπτει ολόκληρο το κάδρο της περιφερειακής σου ορατότητας και αντιλαμβάνεσαι αμέσως πως δεν υπάρχει διαφυγή. Σαν ένα κρυστάλλινο ποτήρι που σου πέφτει από το χέρι, το βλέπεις να παραδίνεται στη βαρύτητα, αλλά όση αμεσότητα και να καταβάλλεις δεν πρόκειται να το σώσεις. Μέσα σε κλάσματα δευτερολέπτου παίρνεις την απόφαση να αφήσεις τη βαρύτητα να νικήσει ενώ σκέφτεσαι πού βρίσκεται η πιο κοντινή πετσέτα για να σκουπίσεις το κόκκινο κρασί και τουλάχιστον να προλάβεις τους λεκέδες από το χαλί. Αυτό το "τουλάχιστον" δείχνει την απόγνωση της στιγμής και την αποδοχή του συμβιβασμού.

Έτρεμαν τα χέρια της καθώς μάζευε τα λιγοστά πράγματά της από το κελί και ξεκολλούσε τις φωτογραφίες από τον τοίχο. Η απερίγραπτη ανυπομονησία της ελευθερίας μαζί με το αίσθημα δικαίωσης ήταν σα να διαγράφουν τα τελευταία 8 χρόνια που είχε ζήσει εγκλωβισμένη στο κλειστοφοβικό κελί για ένα έγκλημα που δεν είχε διαπράξει. Η ανακοίνωση της αθώωσης κατάφερε με μια κίνηση να σβήσει 8 χρόνια από τον πίνακα της απελπισίας και της αδικίας. Οι ώρες που ακολούθησαν την αθωωτική απόφαση μέχρι να ολοκληρωθούν οι γραφειοκρατικές διαδικασίες φάνηκαν βουνό μπροστά στα προηγούμενα χρόνια. Είναι εκείνη η αίσθηση ανυπομονησίας που μοιάζει να κοκαλώνει τους δείχτες του ρολογιού και μετατρέπει το κάθε λεπτό σε αιωνιότητα.

Κι έφτασε η πολυπόθητη στιγμή που της ανακοίνωσε η φύλακας-αστυνομικός ότι μπορούσε να μαζέψει τα πράγματά της. Το ξεκλείδωμα της ατσάλινης πόρτας ήχησε σαν ψαλμωδία που ακούμπησε την καρδιά της με prestissimo τέμπο. Ξαφνικά ένιωσε αποσυντονισμένη από την πραγματικότητα. Οι ψαλμωδίες ξετυλίγονται αργά και χαλαρά κουβαλώντας μια μυστική αίσθηση αρμονίας και ηρεμίας. Ο ήχος του κλειδιού ήταν σίγουρα ψαλμωδία, αλλά έτρεχε με βιαστικούς παλμούς που προκαλούσαν τον ίλιγγο του αποπροσανατολισμού. Εντελώς ξαφνικά και απρόβλεπτα αισθάνθηκε εκτεθειμένη. Τα χέρια έτρεμαν, οι πατούσες είχαν κολλήσει στο δάπεδο, και ένιωσε πως το κλειδί που άνοιξε την πόρτα και της χάριζε επιτέλους την ελευθερία, της είχε κλειδώσει τα γόνατα και τα συναισθήματα. Είχε παγώσει. Οι σκέψεις της κοιτούσαν έξω από τα κάγκελα με ταραχή και πανικό.

Ήταν εντελώς απρόβλεπτη η αίσθηση ασφάλειας που ένιωσε ξαφνικά να της προσφέρουν οι λερωμένοι τοίχοι του κελιού και η σκουριασμένη σιδεριά στο υποτυπώδες παράθυρο. Προσπαθούσε να ατενίσει το μέλλον και της φαινόταν σαν ένας χαώδης ορίζοντας γεμάτος σύννεφα. Ξεχώριζε τη φιγούρα του κάθε σύννεφου καθώς τα έβλεπε να κινούνται και να ενώνονται σα μια τεράστια χιονοστιβάδα που ετοιμάζεται να προσγειωθεί πάνω της με στόχο μόνο εκείνη. Άρχισε να διακρίνει βλέμματα πίσω από τα σύννεφα, άλλα οικεία και άλλα άγνωστα, που την εξέταζαν με καχυποψία και ερωτηματικά. Μερικά πρόβαλαν μίσος που κουβαλούσε προσωπικό βάρος και εκδικητικότητα από μάτια που αντίκριζε για πρώτη φορά. Οι ματιές άρχισαν να μετατρέπονται σε βέλη που τρυπούσαν τα σύννεφα και εστίαζαν κατά πάνω της. Βέλη επιθετικά, με ξεκάθαρο στόχο και συντονισμένη προσπάθεια εξόντωσης.

Ζαλίστηκε και κάθισε στην άκρη του μεταλλικού κρεβατιού. Ακούμπησε το ξεφτισμένο στρώμα και μόλις το άγγιγμα μετατράπηκε σε χάδι ταρακουνήθηκαν οι σκέψεις της και σήκωσε απότομα το χέρι φέρνοντάς το στο λαιμό. Το στόμα της είχε στεγνώσει και κατάπινε με δυσκολία ανύπαρκτα σάλια. Ήθελε να δει το πρόσωπό της στον καθρέφτη όμως δεν υπήρχε καθρέφτης στο κελί. Αποτελούσε απαγορευμένο αντικείμενο για λόγους ασφαλείας. Και τώρα, όλοι οι περιοριστικοί "λόγοι ασφαλείας" που έπνιγαν την καθημερινότητα της για 8 χρόνια ξαφνικά μεταμορφώθηκαν σε "δίχτυ ασφαλείας" το οποίο σε λίγο δε θα υπήρχε κάτω από τα πόδια της. Η έξοδος από το κελί θα απαιτούσε να σηκώνει η ίδια το βάρος όλων των αποφάσεών της και να πλέξει το δικό της δίχτυ ασφαλείας που γνώριζε πολύ καλά ότι θα χρειαζόταν για να προστατευθεί από τα σύννεφα, τις ματιές, τα βέλη, και την πελώρια χιονοστιβάδα που παραμόνευαν έξω από τα κάγκελα.

Είχε παραισθήσεις. Η πιο πολυπόθητη στιγμή που ξεπερνούσε τα όρια κάθε ανυπόμονης προσμονής είχε μετατραπεί σε εφιαλτικές παραισθήσεις. Η ίδια γνώριζε πως είναι αθώα. Το γνώριζε από την πρώτη στιγμή που ο περίγυρος την κατηγορούσε, το φώναξε, το ούρλιαξε, το έκλαψε, το επικοινώνησε με όλους τους δυνατούς τρόπους. Είναι τόσο βασανιστικό να γνωρίζεις την αλήθεια σου και να μην την πιστεύει κανένας. Γίνεσαι αιχμάλωτος της αλήθειας σου ενώ έχουν σφραγίσει όλες τις πόρτες. Είναι η κλειστοφοβική αίσθηση της απόλυτης απελπισίας που όταν περνάει το πρώτο σοκ μουδιάζουν τα πάντα και νιώθεις τον σκελετό σου να κινείται μηχανικά χωρίς να καταλαβαίνεις τι ακριβώς σου συμβαίνει και αν ποτέ θα ξανανιώσεις τη ζεστασιά στο δέρμα σου. Όταν φωνάζεις την αλήθεια σου αλλά δεν την ακούει κανείς οι χορδές χάνουν την ελαστικότητά τους, ταλαντεύονται χωρίς ρυθμό, μέχρι που κάποια στιγμή στεγνώνουν και βουβαίνονται. Ακόμα και η απελπισία παγώνει.

Άφησε την πόρτα να κλείσει μόνη της καθώς στεκόταν στο προαύλιο του κτιρίου. Τα ρουθούνια της ρούφηξαν τη μυρωδιά του φθινοπώρου και δάκρυσε. Μόνο που δεν ήξερε αν το δάκρυ της έσταξε για τη χαρά της ελευθερίας που απλωνόταν μπροστά της ή για όλα όσα είχε χάσει και φοβόταν ότι δε θα τα έβρισκε όπως κι εκεί που τα είχε αφήσει. Είχε ακούσει στην τηλεόραση ότι πλησίαζε ένας πολύ βαρύς χειμώνας...

36. Ιατροδικαστικές εκθέσεις

"Φησίν σιωπών"
"Μιλάς με τη σιωπή σου"
~ Ευριπίδης ~ [Ορέστης]

Πολύς κόσμος αναρωτιέται: *"Γιατί τώρα;".* Γιατί επανεξετάζονται και ξανασυντάσσονται οι ιατροδικαστικές εκθέσεις για τους θανάτους των δύο πρώτων παιδιών; Οι ιατροδικαστές δεν έκαναν σωστά τη δουλειά τους την πρώτη φορά;

Η εισαγγελέας έχει αναθέσει σε δύο μη εμπλεκόμενους ιατροδικαστές να επανεξετάσουν όλα τα στοιχεία των δύο πρώτων θανάτων και να συντάξουν εκθέσεις εκ νέου. Τα ερωτήματα του κόσμου είναι εύλογα εφόσον όλη αυτή η διαδικασία από μόνη της υποδηλώνει ότι έχουν προκύψει αμφιβολίες για τις πρώτες εκθέσεις και ίσως κάτι να μην έγινε σωστά την πρώτη φορά.

Η ιατροδικαστής που εξέτασε το πρώτο κοριτσάκι κατέληξε σε ηπατική ανεπάρκεια και πνευμονικό οίδημα. Ωστόσο, και τα δύο από μόνα τους δεν αποτελούν αιτίες θανάτου αλλά θα έπρεπε να είχε βρεθεί τι τα προκάλεσε, πράγμα που δεν έγινε.

Η ιατροδικαστής που εξέτασε το βρέφος, και σε συνεργασία με την παθολογοανατόμο, κατέληξε στο συμπέρασμα ότι το βρέφος έπασχε από ένα σπανιότατο καρδιακό σύνδρομο, την αγενεσία φλεβόκομβου, το οποίο προκάλεσε το θάνατο. Ωστόσο, πολλοί εξειδικευμένοι παιδοκαρδιολόγοι αμφισβητούν το πόρισμα και ισχυρίζονται πως το συγκεκριμένο σύνδρομο δεν επιφέρει ξαφνικό θάνατο.

Τα ιατροδικαστικά αποτελέσματα για το θάνατο του μεγαλύτερου κοριτσιού οδηγούν σε δολοφονική ενέργεια και είναι αυτά που οδήγησαν τη μητέρα στην προφυλάκισή της. Λαμβάνοντας υπόψη τις αμφιβολίες για τις προηγούμενες εκθέσεις η εισαγγελέας ορθώς αποφάσισε μα γίνει επανεξέταση με την υποψία πλέον ότι ενδέχεται και οι προηγούμενοι θάνατοι να προήλθαν από εγκληματικές ενέργειες.

ΤΥΧΟΝ ΛΑΘΗ

Όταν έφυγε το πρώτο κοριτσάκι, και παρόλο που η κλινική του εικόνα δεν προμήνυε το τραγικό τέλος, δεν υπήρχαν υποψίες. Προφανώς η ιατροδικαστής δεν είχε στο πίσω μέρος του μυαλού της το ενδεχόμενο εγκληματικής ενέργειας και καθοδηγήθηκε από την απουσία υποψίας. Κατέγραψε τα ευρήματα ηπατικής ανεπάρκειας και πνευμονικού οιδήματος αλλά δεν προχώρησε στην αιτιολόγησή τους. Όσοι δεν είμαστε ιατροδικαστές αναρωτιόμαστε γιατί άφησε αυτή την εκκρεμότητα, αλλά είναι κάτι που μόνο η ίδια μπορεί να απαντήσει. Η απορία όμως γεννά το ερώτημα εάν μία πιο εμπεριστατωμένη ιατροδικαστική έκθεση θα μπορούσε να είχε αποτρέψει τους επόμενους δύο θανάτους.

Ένα άλλο στοιχείο που δεν εξετάστηκε είναι δύο αμυχές που έφερε το κοριτσάκι στη βάση της μύτης. Η ιατροδικαστής προφανώς συμπέρανε ότι δεν ήταν κάτι αξιοσημείωτο και δεν προχώρησε σε περαιτέρω διερεύνηση, ενώ τώρα εξετάζεται η πιθανότητα δημιουργίας των αμυχών κατά την πράξη ασφυκτικού θανάτου.

Μετά το θάνατο του πρώτου παιδιού οι γονείς δεν έμειναν ικανοποιημένοι από τα πορίσματα της ιατροδικαστικής έκθεσης και προέβησαν σε μήνυση κατά παντός υπευθύνου. Έτσι στάλθηκε εντολή να μεταφερθούν τα όργανα του παιδιού στα Ιωάννινα για επανεξέταση. Είναι τραγικό και φρικιαστικό, αλλά τα όργανα μεταφέρθηκαν οδικώς από τον ίδιο τον πατέρα διότι η αστυνομία αδυνατούσε να προβεί άμεσα στη μεταφορά και ήταν ο μόνος τρόπος να πραγματοποιηθεί χωρίς καθυστέρηση. Έχει ειπωθεί από επίσημα χείλη ότι το πρωτόκολλο δεν επιτρέπει τέτοιου είδους κινήσεις αλλά αυτή ήταν η διαδικασία που ακολουθήθηκε για να μεταφερθούν τα όργανα εγκαίρως.

Ο θάνατος του βρέφους επήλθε στην κούνια του και όλα τα στοιχεία και οι περιγραφές γύρω από το συμβάν βασίζονται στις μαρτυρίες της μητέρας και της θείας που ήταν παρούσες. Από τη στιγμή που κάλεσαν ασθενοφόρο μέχρι και τη σύνταξη της ιατροδικαστικής έκθεσης γεννιούνται κάποια ερωτηματικά ως προς το χειρισμό της υπόθεσης:

- Η αστυνομία δεν ερεύνησε άμεσα το χώρο στον οποίο συνέβη το τραγικό γεγονός. Το νεκρό βρέφος μεταφέρθηκε στο νοσοκομείο όπου διαπιστώθηκε ο θάνατός του, αλλά οι αρχές αντί να κάνουν αυτοψία στο χώρο, ζήτησαν από τους γονείς να μην πειράξουν οτιδήποτε στο δωμάτιο του μωρού και επισκέφτηκαν το σπίτι κάποιες μέρες αργότερα. Υπάρχει έτσι η πιθανότητα να χάθηκαν σημαντικά στοιχεία και ευρήματα.

• Όταν ειδοποιήθηκε το ασθενοφόρο θα μπορούσε να είχε πάει ιατροδικαστής στο σημείο για αυτοψία, κάτι που δεν έγινε. Ως αποτέλεσμα, δεν προσδιορίστηκε ποτέ η ώρα θανάτου του βρέφους, αυτή η τόσο σημαντική πληροφορία που τώρα λείπει από τη σύνθεση του παζλ. Μάλιστα, η ιατροδικαστής εξέτασε τη σορό την επόμενη μέρα και δεν ήταν σε θέση να δώσει καμία απάντηση ως προς την ώρα θανάτου.

• Έχει γίνει πολύς λόγος για το "ματωμένο πανάκι". Όταν επέστρεψαν οι γονείς από το νοσοκομείο όπου είχε διαπιστωθεί ο θάνατος του βρέφους, η μητέρα ισχυρίζεται ότι γονάτισε μπροστά στην κούνια του μωρού και πρόσεξε το πανάκι που συνήθιζε να κρατάει το μωρό στον ύπνο του, το οποίο είχε παραπέσει στην άκρη της κούνιας, να έχει επάνω κάποιες κηλίδες αίμα. Αμέσως ζήτησε από την αδελφή της και θεία του μωρού να το παραδώσει στην αστυνομία το οποίο και έκανε. Δεν είναι σαφές εάν η ιατροδικαστής έβγαλε κάποιο συγκεκριμένο πόρισμα σχετικά με το ματωμένο πανάκι. Αναφέρεται ότι οι κηλίδες προήλθαν από το πνευμονικό οίδημα αλλά δεν προχώρησαν οι έρευνες σε περισσότερες λεπτομέρειες για το πώς ακριβώς ποτίστηκε το πανάκι με το αίμα, αν το μωράκι το είχε στο στόμα του, πώς βρέθηκε αργότερα μεταξύ κούνιας και τοίχου, και γιατί δεν υπήρχαν κηλίδες αίματος σε άλλα σημεία του κρεβατιού και στα ρουχαλάκια του μωρού.

• Το άτυχο μωράκι έφερε μια μικρή πληγή εσωτερικά του στόματος η οποία δεν εξετάστηκε με τρόπο ώστε να αποδοθεί η αιτία της ύπαρξής της.

Η επανεξέταση όλων των στοιχείων διενεργείται πλέον από άλλη σκοπιά και κάτω από την υποψία εγκληματικών ενεργειών. Ύστερα από την εύρεση της κεταμίνης στο σώμα του μεγαλύτερου κοριτσιού οι νέοι ιατροδικαστές διερευνούν την περίπτωση χορήγησης τοξικών ουσιών και στα άλλα δύο παιδιά καθώς και τα ενδεχόμενα ασφυξίας.

Το ερώτημα όμως παραμένει και προβληματίζει:

~ *Εάν οι πρώτες ιατροδικαστικές εξετάσεις είχαν πραγματοποιηθεί με βάση όλα τα ενδεχόμενα, συμπεριλαμβανομένων και των εγκληματικών ενεργειών, υπάρχει περίπτωση να είχε αποφευχθεί κάποιος επακόλουθος θάνατος;*

[ΠΡΟΣΩΠΙΚΗ ΠΑΡΕΝΘΕΣΗ: ΚΟΜΜΑΤΙΑ]

> *"Το μόνο που μας έμεινε είν' ένα τζάμι σπασμένο*
> *κολλημένο βιαστικά με τέσσερις λουρίδες μαχητικής αρθρογραφίας"*
> ~ *Άρης Αλεξάνδρου* ~

Τι να του λέει άραγε το άψυχο κορμί τη στιγμή που το πρωτοαντικρίζει βαστώντας το νυστέρι στο χέρι; Τι ψίθυροι διαχέονται στον παγωμένο χώρο και πώς ηχούν πάνω στα σκληρά πλακάκια; Λένε ότι *"η σορός μιλάει"* και αν την ακούσεις προσεκτικά, αν αφουγκραστείς τους σιωπηλούς ήχους της, θα πάρεις απαντήσεις. Θα σου πει ακριβώς τι συνέβη, με ποιον τρόπο, σε ποιον τόπο, τι ώρα, και πώς ένιωθε όταν συνέβαινε. Οι φωνητικές χορδές της μπορεί πια να μην πάλλονται, ο αέρας που τις κινητοποιεί να μην ταξιδεύει στο σώμα, αλλά θα επικοινωνήσει μαζί σου αρκεί η ευαισθησία των αισθήσεών σου να σε αφήσει να συνδεθείς με τα μηνύματά της.

Θα σου πει πολλά, θα καταλάβεις ακόμα περισσότερα, αλλά θα παραμένει κάτι που σου κρύβει . Δεν το κάνει εσκεμμένα, και στην πραγματικότητα είναι το πρώτο και πιο σημαντικό που θα επιθυμούσε να μοιραστεί, όμως μέχρι εκεί φτάνει η σιωπηλή συνομιλία και μένει το αναπάντητο: *"Ποιος το έκανε;"* Είναι το ερώτημα που στοιχειώνει όσους έμειναν πίσω και η απάντηση αποτελεί επιτακτική ανάγκη στην προσπάθεια να καταλάβουν το *"γιατί;"*.

Η απάντηση στο *"ποιος;"* θα οδηγήσει στην εξήγηση του *"γιατί;"*. Αυτό καίει τους οικείους, και μόνο αυτό μπορεί να επιφέρει την όποια ανακούφιση. *"Γιατί;"* είναι το ερώτημα που πάντα ψελλίζουν ή ουρλιάζουν τα χείλη των πονεμένων συγγενών και αντικατοπτρίζει όλη την πικρία και αδικία που προκαλεί η απόφαση κάποιου να πράξει κάτι που μόνο ο Θεός έχει το δικαίωμα να αποφασίσει.

Η τριπλά χαροκαμένη μάνα επιμένει ότι είναι αθώα. Τότε *ποιος* το έκανε και *γιατί;* Δεν θα έπρεπε να την τσουρουφλίζει η ανάγκη της για απαντήσεις και να παλεύει την πιο άγρια και αιμοβόρα πάλη χωρίς ανάσα, δίχως διάλειμμα, μέχρι να βρεθεί το δολοφονικό χέρι για να το αρπάξει και να το σπάσει σε χίλια κομμάτια; Κανονικά η καρδιά μιας τέτοιας μάνας καταλήγει σε κομμάτια διάσπαρτα στο χώρο και χρόνο, κομμάτια που αιμορραγούν από τη δυστυχία, οι παλμοί τους ακούγονται με πανκατευθυντική και πυκνωτική ποιότητα, και δε συναντιούνται το ένα με το άλλο αν δεν πάρουν πρώτα τις απαντήσεις. Μεταμορφώνονται σε ερευνητές, στρέφονται προς όλες τις πιθανές κατευθύνσεις, μοναδικός τους στόχος είναι η ανεύρεση της αλήθειας, και εισχωρούν με πείσμα, οργή, και εμμονή σε κάθε πτυχή της υπόθεσης πάντα με το μικροσκόπιο στο χέρι.

Τα κομμάτια δεν ανταμώνουν χωρίς τις απαντήσεις. Μόνο όταν τις πάρουν ενδέχεται κάποια στιγμή να συγκεντρωθούν, να αρχίσουν δειλά-δειλά να ενώνονται, να ξαναηχήσουν σαν καρδιοειδείς πομποί, και ίσως να ξαναχτίσουν κάποιο αόριστο σχήμα που να μοιάζει κάπως με την καρδιά που χτυπούσε πριν τη διαλύσει σε θρύψαλα ο πόνος.

Πού ακριβώς βρίσκονται τα κομμάτια αυτής της μάνας; Πού είναι αυτή η μάνα που έχει χάσει τρία παιδιά; Πώς κατάφερε να μαζέψει τα κομμάτια της ύστερα από τους τραγικούς χαμούς; Πώς ακριβώς κατάφερε να τα κολλήσει συμμαζεμένα μέσα στο στήθος της χωρίς να πνίγουν την ανάσα της οι αναστεναγμοί; Πού βρίσκεται το κενό βλέμμα της πίκρας και του πόνου; Πώς καταφέρνει και το κρύβει;

Μας κάνει να νιώθουμε ότι η καρδιά της παραμένει στην ίδια θέση, άθικτη, αδιάσπαστη και δυνατή. Της αρκούν οι όποιες απαντήσεις έχει εδραιώσει ο νους της και δείχνει να αισθάνεται καθησυχασμένη. Μοναδική της ανάγκη αποτελεί η προβολή και επιβεβαίωση της αθωότητάς της.

Εντάξει, ας δεχτούμε ότι είναι όντως αθώα, κάτι που θα απάλυνε και τον δικό μας πόνο. Και μετά τι; Θα την ικανοποιήσει αυτή η αποδοχή και θα μπορέσει μετά να συνεχίσει ζώντας την ελευθερία της;

~ Πού ακριβώς βρίσκονται τα κομμάτια αυτής της μάνας;

37. Ναρκισσισμός

"Το να είσαι υπερβολικά δυσαρεστημένος με τον εαυτό σου είναι
αδυναμία, το να είσαι υπερβολικά ευχαριστημένος είναι ανοησία"
~ Madame de Sablé ~ [Γαλλίδα Διανοούμενη, 1599-1678]

Οι νάρκισσοι, τα λευκά και κίτρινα άνθη που φυτρώνουν στις όχθες πο-
ταμών, πήραν το όνομά τους από ένα χαρακτήρα της μυθολογίας. Ο γνω-
στός Νάρκισσος πρόσεξε τυχαία μια μέρα την εικόνα του καθώς καθρε-
φτιζόταν στα νερά ενός ποταμού και αμέσως την ερωτεύτηκε. Κοιτώντας
έκπληκτος την πανέμορφη παρουσία του και θαυμάζοντάς την επιθυμού-
σε να την αρπάξει από τα νερά και να την κάνει δική του. Προφανώς δεν
τα κατάφερε και παρέμεινε στην ίδια θέση αυτοθαυμασμού μέχρι το θά-
νατό του. Σ' εκείνο το σημείο αργότερα φύτρωσε ο ομώνυμος ανθός.

Ο "Ναρκισσισμός", ή πιο επίσημα η **Ναρκισσιστική Διαταραχή
Προσωπικότητας**, αποτελεί μία ψυχιατρική διάγνωση σύμφωνα με το
"Διεθνές Διαγνωστικό Εργαλείο Ψυχικών Διαταραχών" (DSM-5) και πε-
ριλαμβάνει τα εξής χαρακτηριστικά:

- Η ναρκισσιστική προσωπικότητα καταβάλλεται από τη βαθιά και
  συνεχή ανάγκη να εισπράττει θαυμασμό.
- Διακατέχεται από αισθήματα μεγαλοπρέπειας και αυταρέσκειας.
- Προσδοκά και απαιτεί ιδιαίτερη μεταχείριση.
- Απαξιώνει τα επιτεύγματα των άλλων.
- Εκμεταλλεύεται τους άλλους προς δικό της όφελος.
- Δείχνει απουσία ενσυναίσθησης υποβιβάζοντας και απαξιώνοντας
  τις ανάγκες, τα συναισθήματα, και τις επιθυμίες των άλλων.
- Διακατέχεται από εμμονικές σκέψεις και φαντασιώσεις ευφυΐας,
  επιτυχίας, ελκυστικότητας, εξουσίας, και κυριαρχίας, ενώ αναζητά
  την προβολή και αναγνώριση θέλοντας να βρίσκεται διαρκώς στο
  επίκεντρο.
- Δεν αντέχει και δε δέχεται την οποιαδήποτε αρνητική κριτική.
- Πιστεύει ότι είναι πάντα αλάνθαστη το οποίο εκφράζει μέσα από
  αλαζονική συμπεριφορά υποβιβάζοντας τους άλλους.

- Πιστεύει ότι ο περίγυρος τη ζηλεύει και ανταποδίδει με συμπεριφο- ρές ζήλιας και φθόνου προς τους άλλους.
- Εκδηλώνει μη αυθεντικές αλτρουιστικές συμπεριφορές με σκοπό να ελκύσει το θαυμασμό, το σεβασμό, και την εκτίμηση.
- Καταβάλλεται από ανασφάλεια την οποία προσπαθεί να καλύψει με συμπεριφορές επιβολής και κυριαρχίας.
- Δυσκολεύεται να χτίσει ισορροπημένες και ουσιαστικές σχέσεις - προσωπικές, οικογενειακές, φιλικές, και εργασιακές.

ΑΝΤΙΜΕΤΩΠΙΣΗ ΚΑΙ ΘΕΡΑΠΕΙΑ

Δυστυχώς για τους ειδικούς ψυχικής υγείας οι ναρκισσιστικές προσω- πικότητες αποτελούν δύσκολες περιπτώσεις και τις περισσότερες φορές οι προσπάθειες για θεραπεία καταλήγουν άκαρπες. Οι νάρκισσοι αδυ- νατούν να αναγνωρίσουν και να αποδεχτούν ότι αντιμετωπίζουν κάποιο πρόβλημα και συνήθως η προτροπή για ψυχολογική βοήθεια και υποστή- ριξη προέρχεται από τους οικείους τους οι οποίοι υποφέρουν. Και οι νάρ- κισσοι υποφέρουν αλλά πάντα πιστεύουν ότι φταίνε οι άλλοι γι' αυτό και δεν είναι διατεθειμένοι να αναλάβουν οποιαδήποτε ευθύνη και να παρα- δεχτούν δικά τους σφάλματα. Αρνούνται να επισκεφτούν κάποιον ειδικό ύστερα από προτροπή των οικείων τους, αλλά εάν φτάσουν στο σημείο να το κάνουν τότε δε συνεργάζονται, δεν παραδέχονται οποιοδήποτε πρό- βλημα, και εξακολουθούν να κατηγορούν τους άλλους και να τους υπο- βιβάζουν.

Πολλές φορές παρουσιάζονται ως θύματα των καταστάσεων και απορ- ρίπτουν την κατάλληλη ψυχολογική υποστήριξη που θα μπορούσε να τους βοηθήσει.

ΜΗΤΕΡΑ ΚΑΙ ΝΑΡΚΙΣΣΙΣΜΟΣ

Όπως δηλώνουν οι ειδικοί που παρουσιάζονται στα μέσα, είναι αντιδεο- ντολογικό να προβούμε σε επίσημη διάγνωση εφόσον δεν έχουμε εξετάσει τη μητέρα δια ζώσης. Ωστόσο, έχει ειπωθεί από πολλούς, και θα συμφωνήσω, ότι οι δημόσιες εμφανίσεις της, η συμπεριφορά της στα μέσα, και το προφίλ που έχει προκύψει από μαρτυρίες οδηγούν σε στοιχεία ναρκισσιστικής προσωπικότητας.

Εξηγώντας το κάπως ωμά, το μόνο που δεν προβάλλει η δημόσια συμπεριφορά της είναι θρήνο και πόνο χαροκαμένης μάνας, ό,τι δηλαδή θα περίμενε κανείς. Αυτή η μάνα έχει χάσει τρία παιδιά, τα οποία ισχυρίζεται ότι υπεραγαπούσε και φρόντιζε στην εντέλεια, και κατηγορείται για το θάνατο του ενός ενώ η ίδια υποστηρίζει πως είναι αθώα. Όταν υπάρχουν ενδείξεις εγκληματικής ενέργειας και το μόνο που την ενδιαφέρει είναι η αυτοπροβολή με στόχο την προστασία της δημόσιας εικόνας της αντί να ψάχνει οργισμένα και απεγνωσμένα ποιος ευθύνεται για το χαμό του παιδιού της *(εφόσον η ίδια είναι αθώα)*, η συμπεριφορά προβληματίζει.

Η καραμέλα *"δε θρηνούν όλοι με τον ίδιο τρόπο"* έχει χάσει τη γεύση της γιατί τη γλύψαμε πάμπολλες φορές και αδυνατούμε πλέον να την καταπιούμε. Πραγματικά, μόνο ένας νάρκισσος θα είχε καταφέρει να διατηρήσει την εικόνα του πένθους του ατσαλάκωτη για τρεις ολόκληρους μήνες. Και στο κάτω-κάτω, γιατί είναι τόσο σημαντικό και απαραίτητο να γίνεται υπερπροσπάθεια για την απουσία εκδήλωσης πόνου και θρήνου; Μέχρι τώρα δεν έχει φανεί το παραμικρό ίχνος που σημαίνει ή ότι δεν υπάρχει, ή ότι καλύπτεται επιτηδευμένα, κάτι που μόνο ένας νάρκισσος θα μπορούσε να βγάλει εις πέρας κάτω από τις συγκεκριμένες συνθήκες.

38. Κοινωνιοπάθεια

"Καμιά εποχή δεν μπορεί να ξεχαστεί όσο η συνείδηση τη γνωρίζει"
~ Stefan Zweig ~ [Αυστριακός Συγγραφέας, 1881-1942]

Η "Κοινωνιοπάθεια", ή αλλιώς με την πιο επίσημη ορολογία **"Αντικοινωνική Διαταραχή Προσωπικότητας"**, αποτελεί μία ψυχιατρική διαταραχή προσωπικότητας που τη χαρακτηρίζει η αντικοινωνική συμπεριφορά. Ο λόγος που η ανάλυσή της συμπεριλαμβάνεται σε αυτό το βιβλίο είναι διότι ενδέχεται σε βάθος χρόνου να βγουν στοιχεία της στην επιφάνεια ύστερα από ψυχιατρικά πορίσματα σχετικά με την υπόθεση και πιο συγκεκριμένα με το προφίλ της μητέρας. Χωρίς φυσικά να γίνεται επίσημη διάγνωση, η διαταραχή συμπεριλαμβάνει κάποια κύρια χαρακτηριστικά τα οποία έχουν εμφανιστεί στη συμπεριφορά της μητέρας μέσα από τις συνεντεύξεις και δηλώσεις τη καθώς και από μαρτυρίες. Τα παρακάτω αποτελούν μία αναφορά χαρακτηριστικών των ανθρώπων που πάσχουν από τη διαταραχή.

- **Απουσία της αίσθησης ως προς τι είναι "σωστό" και τι είναι "λάθος":** Οι πράξεις τους παραβλέπουν κάποιες κοινωνικές υποχρεώσεις όπως να μη βλάπτουμε το συνάνθρωπο, να λαμβάνουμε υπόψη μας τις επιθυμίες των άλλων, και να δείχνουμε ευαισθησία για τα συναισθήματά τους. Οι κοινωνιοπαθείς ενεργούν χωρίς να ενδιαφέρονται για τα παραπάνω ή τις συνέπειες των πράξεών τους όταν αυτά απουσιάζουν.

- **Χειριστική συμπεριφορά:** Χειραγωγούν τους άλλους προς δικό τους όφελος και για να επιτύχουν τους στόχους και τις επιθυμίες τους. Αυτό μπορεί να γίνει με διάφορους τρόπους όπως παραπλάνηση, ψεύτικες υποσχέσεις, απειλές, και επιθετικότητα. Ο μόνος στόχος είναι η εκπλήρωση προσωπικών επιθυμιών χωρίς να τους ενδιαφέρουν οι συνέπειες και οι επιπτώσεις που μπορεί να επακολουθήσουν ούτε τα συναισθήματα αυτών που χειραγωγούν.

- **Παρορμητικότητα, απερισκεψία, και ανευθυνότητα:** Οι συμπεριφορά τους είναι απρόβλεπτη εφόσον ελίσσονται ανάλογα με ό,τι επιθυμούν, και αντιδρούν χωρίς να λαμβάνουν υπόψη τους τις συνέπειες. Οι στόχοι τους επισκιάζουν το συλλογισμό που απαιτείται πριν από κάποια πράξη και προβαίνουν σε αυτή χωρίς σκέψη και με παρορμητισμό, κάτι που συχνά καταλήγει σε απερίσκεπτες ενέργειες και λανθασμένες αποφάσεις. Αργότερα, αρνούνται να αποδεχτούν οποιεσδήποτε ευθύνες για τις πράξεις τους και μεταφέρουν τις ευθύνες στους άλλους ή σε εξωγενείς παράγοντες.

- **Εκρήξεις θυμού και απρόβλεπτες επιθετικές αντιδράσεις:** Αυτό συμβαίνει όταν δε λαμβάνουν όσα επιθυμούν και παρουσιάζονται εμπόδια στους στόχους τους. Εάν κάποιος δεν πηγαίνει "με τα νερά τους", τότε γίνεται θύμα επιπλήξεων, επιθετικότητας, ακόμα και βίαιης συμπεριφοράς.

- **Απουσία τύψεων και συνείδησης:** Δεν αισθάνονται τύψεις για τις αρνητικές επιπτώσεις των πράξεών τους, ακόμα και αν αυτές αφορούν εγκληματικές ενέργειες. Αυτή η απουσία τύψεων αποτελεί βασικό χαρακτηριστικό και είναι ο κύριος λόγος που δε μετανιώνουν και εξακολουθούν να ενεργούν με τον ίδιο τρόπο.

Τα παραπάνω γενικά χαρακτηριστικά συνοδεύονται και από κάποια συγκεκριμένα στοιχεία που συχνά αντικατοπτρίζονται στις προσωπικότητες των κοινωνιοπαθών:

- **Ευφυΐα:** Είναι εύστροφοι και ετοιμόλογοι, κάτι που τους βοηθάει στη χειραγώγηση. Έχουν έτοιμη την απάντηση και τη δικαιολογία στα χείλη, και εκφράζονται με επιβλητικότητα και επιχειρήματα. Ο λόγος τους είναι συγκροτημένος, πολλές φορές περιλαμβάνει προετοιμασία, και βρίσκουν ευφάνταστους τρόπους για να στηρίξουν τα λεγόμενά τους και να πείσουν για το ορθό των πράξεών τους. Πολλές φορές η ευφυΐα τους εκφράζεται με τρόπους που γοητεύουν όσους τους πρωτογνωρίζουν, αλλά η αρχική γοητεία σύντομα φανερώνει τη χειριστικότητα που κρύβει και το πλαστό της υπόβαθρο.

- **Εγωκεντρισμός:** Οι ανάγκες και επιθυμίες τους πάντα προέχουν έναντι των αλλωνών. Προσπαθούν να βρίσκονται στο επίκεντρο ακόμα και μέσα από αρνητικές συμπεριφορές. Υποβιβάζουν τα συναισθήματα των άλλων και προβάλλουν τα δικά τους ως πιο σημαντικά προβαίνοντας σε ανάλογες πράξεις για να στρέφουν όλη την προσοχή επάνω τους. Ο εγωκεντρισμός τους αποτελεί μέρος μιας πιο συνολικής ναρκισσιστικής προσωπικότητας.

- **Αναξιοπιστία:** Δε διστάζουν να λένε ψέματα αν εξυπηρετούν τους στόχους τους, και δεν τους ενδιαφέρει αν αυτό καταλήγει εις βάρος άλλων. Εκνευρίζονται και διαμαρτύρονται έντονα αν αμφισβητηθούν, και βρίσκουν τρόπους να καλύψουν και να δικαιολογήσουν ανακρίβειες με εύστροφους και ευφάνταστους τρόπους ενώ στρέφουν τις ευθύνες προς τρίτους.

- **Επιβλητικότητα:** Ο τρόπος που συμπεριφέρονται και αντιμετωπίζουν τους άλλους προβάλλει επιβλητικά και κυριαρχικά στοιχεία. Αυτό μπορεί να γίνει μονοπωλώντας συζητήσεις, καταφεύγοντας σε επιθετικές αντιδράσεις όταν κάτι δεν τους αρέσει, αλλά και με τη "γλώσσα" του προσώπου και σώματος. Είναι ενδεικτικός ο τρόπος που κοιτάζουν τους συνομιλητές τους στα μάτια, έντονα και εξεταστικά, στην προσπάθειά τους να ασκήσουν κυριαρχία και να επιβληθούν σε μία συζήτηση.

- **Προβλήματα σχέσεων:** Όλα τα παραπάνω χαρακτηριστικά δημιουργούν έντονα και σοβαρά προβλήματα στις διαπροσωπικές τους σχέσεις οι οποίες καταλήγουν να είναι επιφανειακές.

Από την πλευρά τους, χρησιμοποιούν τις σχέσεις τους για να εκπληρώνουν τους στόχους τους και χωρίς ουσιαστικό συναισθηματικό υπόβαθρο. Διακόπτουν σχέσεις με ευκολία όταν πλέον δεν τους είναι "χρήσιμες". Από την άλλη πλευρά, η αναξιοπιστία και ο εγωκεντρισμός απομακρύνουν τους ανθρώπους όταν αντιλαμβάνονται πως έχουν πέσει θύματα χειριστικότητας.

Βλέπουμε ότι κύρια υπόβαθρα των χαρακτηριστικών της κοινωνιοπάθειας αποτελούν η επίτευξη προσωπικών στόχων και επιθυμιών με καθαρά εγωιστικά κίνητρα και χωρίς κανένα ενδιαφέρον ή τύψεις για τις επιπτώσεις και συνέπειες προς άλλους ανθρώπους. Οι κοινωνιοπαθείς θέλουν πάντα να έχουν τον έλεγχο των καταστάσεων και να αποτρέπουν οτιδήποτε πηγαίνει ενάντια στα "θέλω" τους. Από απλά ψέματα μέχρι βαριές εγκληματικές ενέργειες, προβαίνουν χωρίς ενδοιασμό, συστολή, και δισταγμό σε ό,τι χρειάζεται που θα ικανοποιήσει τις δικές τους ανάγκες. Έτσι καταλήγουν σε πράξεις και συμπεριφορές που πολλές φορές *"δεν τις χωράει ανθρώπου νους"*.

Αν υποθέσουμε ότι η μητέρα είναι ένοχη για την κατηγορία που της έχει αποδοθεί, το θάνατο της μεγαλύτερης κόρης, η πράξη αναμφισβήτητα αποτελεί κάτι που *"δεν το χωράει ανθρώπου νους"*. Θα μπορούσε η προσωπικότητά της να εμπεριέχει στοιχεία διαταραχών και συνδρόμων όπως της κοινωνιοπάθειας, του ναρκισσισμού, ή και του συνδρόμου που αναλύεται στο επόμενο κεφάλαιο.

39. Σύνδρομα Munchausen

*"Δύο πράγματα πρέπει να παίρνουν τα παιδιά από τους γονείς τους:
ρίζες και φτερά"*
~ *Wolfgang Goethe* ~

Είναι γνωστή η ιστορία του Γερμανού μυθομανή Βαρώνου Μινχάουζεν ο οποίος είχε την ικανότητα να δημιουργεί τις πιο ευφάνταστες ψεύτικες διηγήσεις και να συνεπαίρνει τα πλήθη. Το όνομά του χρησιμοποιήθηκε για την ονομασία ενός σχετικά σπάνιου συνδρόμου που λόγω κάποιων παραλλαγών που παρουσιάζει έχει διαχωριστεί στα δύο παρακάτω σύνδρομα:

1. **Munchausen**
2. **Munchausen by Proxy ("by proxy" σημαίνει "δι΄ αντιπροσώπου")**

Το σύνδρομο Munchausen παρουσιάζει χαρακτηριστικά παρόμοια με αυτά της υποχονδρίας, αλλά διαφέρει σε πολλά σημεία. Υποχόνδριος είναι κάποιος που διαρκώς βασανίζεται από τη σκέψη ότι πάσχει από κάποια ασθένεια, επισκέπτεται συχνά τους γιατρούς γιατί ανησυχεί για την υγεία του, και δεν επαναπαύεται όταν οι εξετάσεις δείχνουν πως δεν παρουσιάζει κανένα πρόβλημα. Η ανησυχία του υποχόνδριου είναι αυθεντική σε αντίθεση με το σύνδρομο Munchausen σύμφωνα με το οποίο **οι "ασθενείς" γνωρίζουν ότι δεν έχουν πρόβλημα** αλλά προσπαθούν να πείσουν τους γιατρούς και τον περίγυρο πώς πάσχουν από κάποια ασθένεια.

Όσοι πάσχουν από το σύνδρομο Munchausen δημιουργούν οι ίδιοι ή λένε ψέματα για τα συμπτώματά τους με σκοπό να τραβήξουν την προσοχή των γιατρών και του περιβάλλοντός τους. Αυτό το κάνουν για διάφορους λόγους και με διάφορους τρόπους.

Λόγοι
- Ένας γενικός λόγος είναι για να τραβήξουν την προσοχή. Αυτό μπορεί να σημαίνει τη συμπόνια συγγενών, φίλων, συνεργατών, και γνωστών και τη συμπαράστασή τους, συνήθως ηθική. Κάποιες φο-

ρές μπορεί να καταλήξει και σε οικονομική συμπαράσταση και βοήθεια αλλά δεν είναι αυτό το πρωταρχικό τους κίνητρο.
- Άλλες φορές για πιο συγκεκριμένο λόγο όπως την επανασύνδεση με συντρόφους τους. Πιστεύουν ότι το πλαστό πρόβλημα υγείας θα τραβήξει τη συμπόνια μετά από ένα χωρισμό ή κατά τη διάρκεια προβλημάτων στη σχέση και θα φέρει τους συντρόφους πιο κοντά.
- Κάποιοι αρέσκονται στην προσοχή των γιατρών και του νοσηλευτικού προσωπικού και όλη τη φροντίδα που λαμβάνουν από εκείνους.

Τρόποι
- Τις περισσότερες φορές ισχυρίζονται ότι έχουν συμπτώματα τα οποία δεν υπάρχουν και συχνά τα προκαλούν οι ίδιοι στον εαυτό τους. Για παράδειγμα, παίρνουν υπερδοσολογία διουρητικών για να παρουσιάσουν συμπτώματα αφυδάτωσης, ή laxatives για να προφασιστούν εντερικά προβλήματα.
- Άλλες φορές μπορεί να έχουν ελαφριά συμπτώματα και να τα μεγαλοποιούν. Για παράδειγμα, μπορεί να έχουν δέκατα αλλά να ισχυριστούν στο γιατρό ότι στο σπίτι είχαν υψηλό πυρετό.
- Μπορεί να περιγράφουν πολύ αόριστα συμπτώματα για να προβληματίσουν τους γιατρούς όπως αδυναμία σε όλο το σώμα, σπασμούς που διαρκούν λίγα λεπτά όταν βρίσκονται μόνοι τους, χρόνιες ημικρανίες, και κοιλιακούς πόνους. Για να γίνουν πιστευτοί, και ως παράδειγμα, φτάνουν στο σημείο να προσθέτουν σταγόνες αίματος στο δείγμα ούρων τους για να επιτύχουν μία διάγνωση όπως ουρολοίμωξη ή πέτρα στο νεφρό.

Προφίλ
- Οι συχνές επισκέψεις τους σε γιατρούς και νοσοκομεία καταλήγουν σε αρνητικά αποτελέσματα ή αόριστες διαγνώσεις που προβληματίζουν τους γιατρούς. Όταν τα αποτελέσματα εξετάσεων είναι αρνητικά, δεν ικανοποιούνται και απαιτούν περαιτέρω εξετάσεις. Γίνονται πιεστικοί και επίμονοι, και συχνά καταφεύγουν σε άλλους γιατρούς και νοσοκομεία. Υπάρχουν περιπτώσεις *"ασθενών"* που έχουν επι-

σκεφτεί πάνω από 30 διαφορετικά νοσοκομεία και κλινικές επιζητώ-
ντας το κατάλληλο μέρος που θα τους προσφέρει την προσοχή που
επιθυμούν.

• Είναι ενδεικτικό το γεγονός ότι τα συμπτώματα που ισχυρίζονται ότι
έχουν εμφανίζονται μόνο όταν βρίσκονται μόνοι τους και ποτέ πα-
ρουσία γιατρών και νοσηλευτών.

• Οι περισσότεροι έχουν κάποιες έως και πολλές ιατρικές γνώσεις,
γνωρίζουν λεπτομέρειες για φάρμακα, ιατρικούς όρους, εξετάσεις,
και θεραπείες.

Διάγνωση συνδρόμου

Η διάγνωση του συνδρόμου είναι πολύ δύσκολη διότι βρίσκουν διάφο-
ρους ευφάνταστους τρόπους για να ξεγελούν τους γιατρούς και να γίνο-
νται πιστευτοί. Μπορεί να φτάσουν στο σημείο να αυτοτραυματιστούν
για να αποδείξουν τους ισχυρισμούς τους. Όταν οι γιατροί έρχονται αντι-
μέτωποι με αόριστα ή ανεξήγητα συμπτώματα είναι επόμενο να καταβάλ-
λουν προσπάθεια για να βοηθήσουν τον ασθενή, να προβούν σε διαφόρων
ειδών εξετάσεις, και να κάνουν ό,τι μπορούν για να λύσουν το "γρίφο"
εφόσον στα χέρια τους βρίσκεται η υγεία και ζωή ενός ανθρώπου.

Επομένως, δεν μπορούν να βγάλουν γρήγορα και αβίαστα ένα συμπέ-
ρασμα ότι μπορεί να πρόκειται για το συγκεκριμένο σύνδρομο χωρίς να
έχουν εξαντλήσει κάθε προσπάθεια και εξέταση.

Η υποψία του συνδρόμου δεν αρκεί για να "κατηγορήσουν" έναν ασθε-
νή, αλλά όταν υπάρχει προσπαθούν να συγκεντρώσουν στοιχεία, να ελέγ-
ξουν το ιστορικό, να επικοινωνήσουν με άλλα νοσοκομεία όπου υπήρ-
ξε προηγούμενη νοσηλεία, ή να πιάσουν τον "ασθενή" επ' αυτοφώρω.
Όλο αυτό είναι μία μακροχρόνια και επίπονη διαδικασία στη διάρκεια της
οποίας εάν ο "ασθενής" υποπτευθεί το παραμικρό το πιθανότερο είναι ότι
θα φύγει και θα αναζητήσει αλλού την προσοχή και φροντίδα. Έτσι κατα-
λήγουν σε πολλά διαφορετικά νοσοκομεία όπως αναφέρθηκε παραπάνω.

Θεραπεία συνδρόμου

Εάν ανακαλυφτεί ότι πάσχουν από το σύνδρομο, είναι σχεδόν αδύνατο να
επιτευχθεί η κατάλληλη θεραπεία μέσω της ψυχολογικής και ψυχιατρικής

υποστήριξης που απαιτείται για τον απλούστατο λόγο ότι δεν παραδέχο-
νται το πρόβλημά τους, αρνούνται τις διαπιστώσεις των γιατρών, θυμώ-
νουν, και δε δέχονται καμία βοήθεια. Το σύνδρομο εμπεριέχει στοιχεία
ναρκισσισμού, και οι νάρκισσοι δε θεραπεύονται διότι αδυνατούν να πα-
ραδεχτούν το οποιοδήποτε πρόβλημα.

MUNCHAUSEN BY PROXY

Είναι μία παραλλαγή του συνδρόμου Munchausen. Σε αυτή την περίπτω-
ση αυτός που πάσχει από το σύνδρομο έχει κάποιο άτομο υπό την προ-
στασία του και εφαρμόζει σε αυτό το άτομο όλα όσα εξηγήθηκαν πα-
ραπάνω . Οι πιο συνηθισμένες περιπτώσεις περιλαμβάνουν μητέρες οι
οποίες ισχυρίζονται ότι το παιδί τους είναι άρρωστο, πάσχει από κάποια
ασθένεια, και προκαλούν οι ίδιες συμπτώματα στο παιδί τους για να γί-
νουν πιστευτές από τους γιατρούς.

Χαρακτηριστικά
Η βιβλιογραφία δείχνει ότι η πλειοψηφία των περιπτώσεων αφορά μητέ-
ρες.
- Οι δράστες συχνά ασκούν ιατρικά ή παραϊατρικά επαγγέλματα ή
  έχουν γνώσεις σχετικές με ιατρική, ασθένειες, φάρμακα, εξετάσεις,
  και εξειδικευμένη ιατρική ορολογία.
- Επισκέπτονται συχνά γιατρούς και νοσοκομεία με ισχυρισμούς ότι
  το παιδί τους παρουσιάζει συμπτώματα τα οποία όμως δεν παρατη-
  ρούνται από τους γιατρούς, δεν μπορούν να αιτιολογηθούν, και οι
  ανάλογες εξετάσεις βγαίνουν καθαρές.
- Όταν πληροφορούνται πως δεν έχει βρεθεί κάποιο πρόβλημα υγείας,
  επιμένουν για περαιτέρω εξετάσεις, εκνευρίζονται ή θυμώνουν με
  τους γιατρούς, και αν δε βρουν ανταπόκριση καταφεύγουν σε άλλα
  νοσοκομεία. Έτσι πολλές φορές καταλήγουν να έχουν επισκεφθεί
  δεκάδες νοσοκομεία, κλινικές, και διάφορα ιατρικά κέντρα.
- Τα υποτιθέμενα συμπτώματα δεν εμφανίζονται παρουσία νοσηλευ-
  τικού προσωπικού αλλά όταν το παιδί βρίσκεται μόνο του με τη μη-

τέρα.

- Η κλινική εικόνα του παιδιού και τα αποτελέσματα των εξετάσεων δε συνάδουν με τις περιγραφές της μητέρας.

- Τα συμπτώματα, όταν υπάρχουν, βελτιώνονται όταν το παιδί βρίσκεται υπό τη διαρκή επιτήρηση του νοσηλευτικού προσωπικού, ενώ ξαναεμφανίζονται ή χειροτερεύουν παρουσία της μητέρας.

- Η οποιαδήποτε θεραπεία δε φέρει αποτέλεσμα και δε βελτιώνεται η κατάσταση του παιδιού. Αυτό συμβαίνει γιατί η μητέρα προβαίνει σε πράξεις που επιδεινώνουν τα συμπτώματα και πηγαίνουν ενάντια στη θεραπεία, όπως στα παρακάτω παραδείγματα.

- Οι δράστες καταφεύγουν σε ευφάνταστους τρόπους και τεχνικές για να αλλοιώσουν τα αποτελέσματα εξετάσεων. Για παράδειγμα, έχουν υπάρξει περιπτώσεις που η μητέρα ανέμειξε δικό της αίμα στο δείγμα ούρων του παιδιού της για να αποδείξει συμπτώματα ουρολοίμωξης. Σε άλλες περιπτώσεις έχουν χορηγήσει στο παιδί φαρμακευτικές ή άλλες ουσίες που προκαλούν συγκεκριμένα συμπτώματα όπως διουρητικά ή ουσίες που προκαλούν εμετό.

- Εάν το παιδί είναι σε ηλικία που μπορεί να επικοινωνήσει και να εξηγήσει πώς αισθάνεται, η μητέρα φροντίζει να είναι πάντα παρούσα για να "καθοδηγεί" τα λεγόμενα.

- Η μητέρα δε δέχεται βοήθεια ή συντροφιά από συγγενείς και φίλους και τους αποτρέπει από επισκέψεις στο νοσοκομείο. Επιδιώκει με κάθε τρόπο να μένει μόνη της με το παιδί για να δρα ανενόχλητη.

- Η μητέρα είναι ιδιαίτερα φιλική με το νοσηλευτικό προσωπικό, επιδιώκει στενή επικοινωνία, και δείχνει έντονο προβληματισμό για την υγεία του παιδιού. Ωστόσο, αν το νοσηλευτικό προσωπικό πει ή κάνει κάτι που πάει ενάντια στα "σχέδια" της μητέρας, η συμπεριφορά της αλλάζει άμεσα, γίνεται επιτακτική, χειριστική, έως και επιθετική.

- Δεν επιτρέπει στο νοσηλευτικό προσωπικό να επικοινωνεί με άλλα άτομα της οικογένειας και να παρέχει πληροφορίες για την πορεία υγείας του παιδιού.

- Συμβαίνουν ξαφνικοί θάνατοι παιδιών που δεν μπορούν να αιτιολογηθούν και τη στιγμή των θανάτων τα παιδιά βρίσκονται μόνο με τη

246 ΠΑΤΡΑ: ΤΙΠΟΤΑ ΔΕΝ ΕΙΝΑΙ ΑΝΕΞΗΓΗΤΟ - Η ΦΩΝΗ ΠΙΣΩ ΑΠΟ ΤΑ ΛΟΓΙΑ

μητέρα τους.

- Αν εξετάσουμε το ιστορικό της μητέρας, συχνά βλέπουμε ότι και η ίδια παρουσιάζει πολλαπλές επισκέψεις σε γιατρούς και νοσοκομεία χωρίς να υπάρχει εμπεριστατωμένο πρόβλημα υγείας. Τα δύο σύνδρομα συχνά συνυπάρχουν, αλλά όταν συμβαίνει αυτό το ένα υπερισχύει του άλλου.

Ο ΡΟΛΟΣ ΤΟΥ ΠΑΤΕΡΑ

Σύμφωνα με τη βιβλιογραφία η πλειοψηφία δραστών αφορά μητέρες. Έχουν υπάρξει λιγοστές περιπτώσεις που αφορούν πατέρες, καθώς επίσης και περιπτώσεις που τα θύματα δεν αφορούν παιδιά αλλά ηλικιωμένους ανθρώπους ή άτομα με ειδικές ανάγκες που κακοποιούνταν με παρόμοιο τρόπο από τους φροντιστές τους. Λόγω της μητρικής πλειοψηφίας και της σχετικής υπόθεσης στην Πάτρα το κεφάλαιο αναφέρεται σε "μητέρες-δράστες".

- Στις περισσότερες περιπτώσεις του παρελθόντος η μητέρα μεγαλώνει μόνη της το παιδί.
- Σε περιπτώσεις που ο πατέρας βρίσκεται στο ίδιο σπίτι και συμμετέχει στην ανατροφή του παιδιού, η βιβλιογραφία παρουσιάζει τα παρακάτω:
  1. Ο πατέρας δεν καταλαβαίνει τι συμβαίνει. Η μητέρα είναι τόσο χειριστική, πειστική, και επιβλητική, και η δράση της τόσο καλοσχεδιασμένη, που δεν αφήνει κενά και περιθώρια για υποψίες, ή
  2. Αν ο πατέρας έχει υποψιαστεί, τον εξουσιάζει η άρνηση και αργότερα οι ενοχές και δεν υποκύπτει σε παραδοχή.

Γενικά, ο ρόλος του πατέρα σε τέτοιες περιπτώσεις αποτελεί ένα θολό τοπίο στις μέχρι τώρα μελέτες και έρευνες.

ΠΡΟΦΙΛ ΜΗΤΕΡΑΣ

Το προφίλ της μητέρας στην υπόθεση της Πάτρας περιλαμβάνει πολλά στοιχεία των συνδρόμων.

Ως προς το σύνδρομο Munchausen:

- Η μητέρα έγραφε σε ιστοσελίδες κοινωνικής δικτύωσης για προβλήματα υγείας που αντιμετώπιζε και ζητούσε συμβουλές ενώ αργότερα αποδείχτηκε ότι δεν έπασχε από τις συγκεκριμένες ασθένειες.

- Σε προηγούμενη σχέση της είχε ισχυριστεί πως έπασχε από βαριά ασθένεια για να προκαλέσει τον οίκτο σου συντρόφου με στόχο να τον κρατήσει κοντά της, φτάνοντας μάλιστα στο σημείο να πλαστογραφήσει έγγραφο για να αποδείξει τους ισχυρισμούς της.

- Έχει ιστορικό πολλαπλών επισκέψεων σε νοσοκομεία με αόριστα συμπτώματα τα οποία η ίδια απέδωσε σε ισχαιμικό επεισόδιο ενώ οι γιατροί δεν είχαν προβεί σε τέτοια διάγνωση.

- Έχει ιστορικό με απόπειρες αυτοκτονίας για να τραβάει την προσοχή συντρόφων στο φόβο ότι θα τους χάσει.

- Έχει γνώσεις νοσηλευτικής και στα μέσα κοινωνικής δικτύωσης παρουσιαζόταν ως νοσηλεύτρια προσφέροντας ιατρικές συμβουλές. Επίσης, η δραστηριότητά της συμπεριλαμβάνει αυτή της "γιατρού" της ομάδας ποδοσφαίρου του συζύγου της.

Ως προς το σύνδρομο Munchausen by Proxy:

Είναι προφανές ότι φέρει πολλά από τα χαρακτηριστικά του συνδρόμου τα οποία θα μπορούσε να έχει εφαρμόσει και στα τρία της παιδιά. Όλο το ιστορικό με τα προβλήματα υγείας και τους θανάτους των παιδιών αποτελεί μια σειρά από αόριστες και αδιευκρίνιστες καταστάσεις που ούτε οι γιατροί ούτε οι ιατροδικαστές κατάφεραν αρχικά να αιτιολογήσουν.

- Υπάρχει ιστορικό καταγγελίας για κακοποίηση της πρωτότοκης κόρης καθώς και νοσηλείες της για δηλητηρίαση όταν ήταν μωρό.

- Οι γιατροί και το νοσηλευτικό προσωπικό που ήρθαν σε επαφή με τη μητέρα κατά τη διάρκεια νοσηλειών των δύο παιδιών περιγράφουν μία γυναίκα φιλική και κοινωνική με το προσωπικό, η οποία μάλιστα κρατούσε επαφές μαζί τους και μέσω διαδικτυακών κοινωνικών εφαρμογών.

- Αναφέρουν ότι η μητέρα πάντα ζητούσε τα παιδιά της να εισάγονται σε μονόκλινα δωμάτια.

- Η μητέρα είχε ρωτήσει το νοσηλευτικό προσωπικό εάν υπήρχαν κάμερες στα δωμάτια με τον ισχυρισμό ότι φοβόταν για τυχόν κλοπές.

- Υπάρχουν αναφορές για το μεγαλύτερο κοριτσάκι που κατά τη νοσηλεία του η μητέρα είχε ζητήσει από τις νοσοκόμες να χορηγεί η ίδια τα φάρμακα στο παιδί της.

- Το πρώτο κοριτσάκι που έφυγε νοσηλευόταν κατά τη διάρκεια του θανάτου της για λευχαιμία, αλλά οι γιατροί είχαν πει ότι η ασθένεια ήταν ιάσιμη, η κλινική της εικόνα ήταν άριστη, και τη μέρα πριν το θάνατο είχαν γίνει όλες τις απαραίτητες εξετάσεις οι οποίες όλες βγήκαν κανονικές. Ο θάνατος του κοριτσιού συνέβη εντελώς απρόσμενα χωρίς κανένα προηγούμενο σημάδι ή αιτία, και όταν συνέβη δίπλα στο παιδί βρισκόταν μόνο η μητέρα. Μετά το θάνατο τα αίτια δε διευκρινίστηκαν από τους ιατροδικαστές, αλλά και οι γιατροί που το παρακολουθούσαν δεν κατάφεραν να τον αιτιολογήσουν. Έπαθε ανακοπή χωρίς να βρεθεί η αιτία και το μόνο άτομο που ήταν παρόν στην ανακοπή ήταν η μητέρα.

- Το βρέφος πέθανε στο σπίτι, στην κούνια του, επίσης από αδιευκρίνιστα αίτια, και μέχρι τότε ήταν ένα υγιέστατο μωράκι. Τα άτομα που βρίσκονταν στο σπίτι την ώρα του θανάτου ήταν η μητέρα, η θεία, και η οχτάχρονη αδελφή του μωρού.

- Το τελευταίο κοριτσάκι ήταν υγιέστατο μέχρι που μεταφέρθηκε στο νοσοκομείο από τη μητέρα του για *"αναφερόμενους σπασμούς"* όπως αναγράφεται στον ιατρικό του φάκελο. Αυτό σημαίνει ότι οι σπασμοί δεν έγιναν μπροστά στους γιατρούς αλλά η μητέρα ισχυρίστηκε ότι συνέβησαν στο σπίτι. Ακολούθησε η πρώτη ανακοπή η οποία συνέβη μόνο παρουσία της μητέρας και δεν βρέθηκαν τα αίτια που την προκάλεσαν. Όλη η πορεία που ακολούθησε όντας πλέον το κοριτσάκι τετραπληγικό έφερε μεν τις δυσκολίες που συνοδεύει μία τέτοια κατάσταση, αλλά δεν υπήρχαν σημάδια ότι το παιδί χειροτέρευε, ούτε η κλινική εικόνα του προβλημάτιζε τους γιατρούς. Για δεύτερη φορά έπαθε ανακοπή στο νοσοκομείο παρουσία μόνο της μητέρας, και τα αίτια του θανάτου ήταν αδιευκρίνιστα μέχρι που ξεκίνησαν οι υποψίες εναντίον της μητέρας. Έτσι φτάσαμε στις τοξικολογικές εξετάσεις που ανέδειξαν την ύπαρξη της κεταμίνης στο σώμα του παιδιού η οποία προκάλεσε το θάνατο, και η οποία, όπως δείχνουν τα στοιχεία, χορηγήθηκε στο παιδί όταν δίπλα του βρισκόταν μόνο η μητέρα.

• Λέγεται ότι πριν από κάθε περιστατικό είχε προηγηθεί διαπληκτισμός του ζευγαριού ή ο σύζυγος είχε αποχωρήσει από τη σχέση, γεγονός που συνάδει με την αιτιολογία του συνδρόμου και προσπάθειες της μητέρας να κρατάει το σύζυγο κοντά της.

[ΠΡΟΣΩΠΙΚΗ ΕΜΠΕΙΡΙΑ]

Το 1998 πήγαινα στο σπίτι ενός εννιάχρονου παιδιού και του έκανα μαθήματα φωνητικής. Ήταν ένα πανέξυπνο παιδί που άγγιζε τα όρια της ευφυΐας, μοναχοπαίδι, υγιέστατο, πάντα χαρούμενο, και οι γονείς του το είχαν αποκτήσει σε σχετικά μεγάλη ηλικία. Ο πατέρας συνήθως έλειπε από το σπίτι. Άρχισα να παρατηρώ ότι η μητέρα, που ήταν κι εκείνη πανέξυπνη, φαινόταν ιδιαίτερα υπερπροστατευτική και ήθελε πάντα να είναι παρούσα και δίπλα στο παιδί κατά τη διάρκεια των μαθημάτων. Αυτό συμβαίνει κάποιες φορές με γονείς, αλλά μου είχε κάνει εντύπωση ότι διαρκώς προφασιζόταν διάφορες δικαιολογίες και μου τις εξέφραζε, όπως για παράδειγμα ότι έψαχνε για κάποιο βιβλίο στη βιβλιοθήκη που το χρειαζόταν άμεσα. Θυμάμαι ότι "έψαξε" αμέτρητες φορές για εκείνο το βιβλίο...

Περίπου ένα χρόνο αργότερα πήγα για το εβδομαδιαίο μάθημα και βρήκα το παιδί σε αναπηρικό αμαξίδιο. Η μητέρα με ενημέρωσε ότι το αγόρι είχε χτυπήσει στο σχολείο και του δημιουργήθηκε σοβαρό πρόβλημα στη μέση. Οι γιατροί της είπαν ότι θα έπρεπε να μείνει ακίνητο για αρκετές μέρες. Πέρασαν 3-4 εβδομάδες και το αγόρι δεν είχε σηκωθεί. Η μητέρα μου έλεγε αναστατωμένη ότι η κατάστασή του χειροτέρευε και είχε προσλάβει δάσκαλο στο σπίτι διότι δεν μπορούσε πλέον να πηγαίνει στο σχολείο. Προσπάθησα να ρωτήσω το παιδί κάποιες λεπτομέρειες γι' αυτό που του είχε συμβεί και τι ακριβώς αισθανόταν, αλλά η μητέρα φρόντιζε να είναι πάντα δίπλα και να καθοδηγεί τις απαντήσεις του παιδιού. Δύο μήνες αργότερα το παιδί ήταν πλέον κατάκοιτο, μόνιμα σε ένα κρεβάτι, και η μητέρα με ενημέρωσε ότι δε θα μπορούσε να συνεχίσει τα μαθήματα φωνητικής. Ακόμα με στοιχειώνει αυτή η ιστορία...

Είχα καταλάβει ότι κάτι δεν πήγαινε καλά με τη μητέρα. Έκανα την έρευνά μου επικοινωνώντας με το σχολείο, κάποιους φίλους του παιδιού, και συγγενείς, αλλά όλοι μου έλεγαν ότι δεν ήξεραν λεπτομέρειες και δεν έδειχναν ιδιαίτερο ενδιαφέρον. Το αγοράκι ήταν πλέον εντελώς απομονωμένο στο σπίτι και έμαθα ότι ούτε ο δάσκαλος πήγαινε πια για τα σχολικά μαθήματα, αλλά είχε αναλάβει την εκπαίδευσή του η ίδια η μητέρα. *[Σημείωση: πρόκειται για ένα σύστημα στις Ηνωμένες Πολιτείες που ονομάζεται "home schooling" και οι γονείς έχουν το δικαίωμα να διδάσκουν οι ίδιοι τα παιδιά τους στο σπίτι. Δυστυχώς είναι κάτι με το οποίο δε συμφωνώ διότι δε λειτουργεί κάτω από σοβαρά κριτήρια και επιτήρηση].*

Αποφάσισα να πάω στην αρμόδια υπηρεσία προστασίας ανηλίκων και να το αναφέρω. Η κοινωνική λειτουργός με διαβεβαίωσε ότι θα ερευνούσε το θέμα εις βάθος. Μου είπε επίσης ότι από εκείνο το σημείο και πέρα δε θα μπορούσε να μου δώσει την οποιαδήποτε ενημέρωση διότι δεν ήμουν συγγενής πρώτου βαθμού και ότι θα με καλούσε μόνο αν θα χρειαζόταν να προσφέρω περισσότερες πληροφορίες ή να καταθέσω στις αρχές. Πέρασαν μήνες, μάθαινα από γνωστούς ότι το αγόρι ήταν ακόμα απομονωμένο στο σπίτι του και ότι κάποιες φορές το έβγαζε η μητέρα στο πάρκο με το αναπηρικό αμαξίδιο. Επικοινώνησα με την κοινωνική λειτουργό αλλά επέμενε πως δεν ήταν σε θέση να μου δώσει την οποιαδήποτε πληροφορία. Ήμουν 22 χρονών, μόλις είχα ξεκινήσει το πρώτο μεταπτυχιακό μου, δεν είχα εμπειρία, και εμπιστεύτηκα τους αρμόδιους. Δε γνωρίζω αν και πώς χειρίστηκε την υπόθεση η κοινωνική υπηρεσία, αλλά ακόμα με στοιχειώνει αυτή η ιστορία...

Πολλά χρόνια μετά, όταν πια το αγόρι είχε ενηλικιωθεί, έμαθα ότι είχε σηκωθεί από το αμαξίδιο και περπατούσε με μπαστούνι. Έμενε ακόμα με τη μητέρα και σπούδαζε διαδικτυακά.

Όταν σκέφτομαι το προφίλ εκείνης της μητέρας, εκ των υστέρων και έχοντας πια εμπειρία, βλέπω μια γυναίκα πανέξυπνη, με ευφράδεια λόγου, και διαβασμένη. Παράλληλα, προς το παιδί είναι επιβλητική, χειριστική, και υπερπροστατευτική. Βγαίνει ελάχιστες φορές από το σπίτι και το παιδί είναι πάντα μαζί της. Το καθήλωσε σε ένα κρεβάτι, το απομόνωσε από οποιαδήποτε μορφή κοινωνικότητας, το έπεισε πως αν σηκωθεί θα πάθει ανεπανόρθωτη ζημιά, και κατάφερε να το κρατάει μόνο για τον εαυτό της. Η συγκεκριμένη γυναίκα δεν ήθελε να τραβήξει την προσοχή του περίγυρου, αλλά αντιθέτως είχε απομονωθεί μαζί με το παιδί. Φοβόταν μήπως το "χάσει", μήπως της φύγει, και όταν εκείνο άρχισε να μεγαλώνει και να ανεξαρτητοποιείται θέλοντας να παίζει με τους φίλους του, να πηγαίνει στο πάρκο και στα σπίτια τους, να μαθαίνει και να επιζητά την κοινωνικοποίηση, η μητέρα πανικοβλήθηκε και το αρρωστημένο μυαλό της έστρωσε το κατάλληλο σχέδιο. Έμαθα πολύ αργότερα πως είχε δυσκολευτεί πολύ να μείνει έγκυος, προσπαθούσε για πολλά χρόνια, ήταν ο μεγάλος της καημός, και τα κατάφερε γύρω στα 47 της χρόνια. Δεν υπονοώ ότι οι γυναίκες που γίνονται μητέρες σε μεγαλύτερη ηλικία προβαίνουν σε παρόμοιες πράξεις, απλά ίσως είχε παίξει και αυτό το ρόλο του σε μία ήδη διαταραγμένη προσωπικότητα.

ΗΝΩΜΕΝΕΣ ΠΟΛΙΤΕΙΕΣ

Στις Ηνωμένες Πολιτείες έχουν βγει στο φως αρκετές υποθέσεις που σχετίζονται με τα σύνδρομα, και ειδικά με το Munchausen by Proxy, και συμπεριλαμβάνουν διάφορα επίπεδα και βαθμούς επικινδυνότητας των συνδρόμων, από κακοποίηση μέχρι και θανάτους. Πολλά νοσοκομεία βάζουν κάμερες στα δωμάτια της παιδιατρικής αν οι γιατροί και το νοσηλευτικό προσωπικό έχουν την παραμικρή υποψία. Υπάρχουν συγκεκριμένες περιπτώσεις που οι κάμερες φανέρωσαν το αδιανόητο, όπως το παράδειγμα μητέρας που έφραζε με το χέρι της τη μύτη και το στόμα βρέφους. Μάλιστα, η διαδικασία εγκατάστασης καμερών δεν απαιτεί πλέον εισαγγελική εντολή αλλά είναι στη διάκριση του νοσοκομείου. Έχουν χαθεί κάποιες ζωές, αλλά οι κάμερες έχουν σώσει άλλες τόσες. Σε μία περίπτωση, ένας γιατρός υποπτεύθηκε ότι κάτι συνέβαινε με τη μητέρα όταν οι εξετάσεις του παιδιού της έδειχναν ουρολοίμωξη, δε βελτιώνονταν με την κατάλληλη αγωγή, αλλά η γενική κλινική εικόνα του παιδιού ήταν άριστη. Μία νοσοκόμα ανέφερε στο γιατρό ότι τα δείγματα ούρων του παιδιού για τις εξετάσεις τα παρέδινε πάντα οι μητέρα. Ο γιατρός σε συνεργασία με τη νοσοκόμα αποφάσισαν να προβούν σε ένα σχέδιο για να διαπιστώσουν αν τα δείγματα ούρων του παιδιού ήταν αυθεντικά. Ζήτησαν ένα δείγμα από το παιδί το οποίο ως συνήθως τους το παρέδωσε η μητέρα. Στη συνέχεια με κάποια πρόφαση απομάκρυναν τη μητέρα από το δωμάτιο και η νοσοκόμα πήρε η ίδια δείγμα ούρων από το παιδάκι. Η ανάλυση φανέρωσε ότι το δείγμα που τους είχε παραδώσει η μητέρα ήταν από τα δικά της ούρα.

Έχουν καταγραφεί πολλές παρόμοιες υποθέσεις και, όπως ειπώθηκε πριν, οι δράστες προβαίνουν σε τόσο ευφάνταστες πράξεις για να "πλαστογραφήσουν" τα συμπτώματα των παιδιών που κάθε φορά το νοσηλευτικό προσωπικό εκπλήσσεται. Μπορεί τα σύνδρομα να είναι σχετικά σπάνια, αλλά συμβαίνουν συχνότερα από ότι θα θέλαμε να πιστεύουμε, και ας μην ξεχνάμε ότι η καταγραφή τους δεν ανταποκρίνεται στα πραγματικά νούμερα εφόσον κάποιες περιπτώσεις περνούν απαρατήρητες και δεν καταγράφονται.

Εάν αποδειχθεί ότι οι τρεις θάνατοι προήλθαν από εγκληματικές ενέργειες με δράστη τη μητέρα, και σύμφωνα με το προφίλ της, είναι πολύ πιθανό να πρόκειται για μια εξαιρετικά βαριά περίπτωση του συνδρόμου Munchausen by Proxy, τόσο βαριά που θα αποτελέσει πρωτοφανές παράδειγμα στη μέχρι τώρα βιβλιογραφία. Παρόλο που στη σχετική βιβλιογραφία υπάρχει περίπτωση θανάτων τριών αδελφών, όπως το παράδειγμα με τα τρία βρέφη στη Γερμανία που βρήκαν ασφυκτικό θάνατο στην κούνια τους από την ίδια τους τη μητέρα, η υπόθεση της Πάτρας έχει κάποιες ιδιαιτερότητες. Οι δύο θάνατοι συνέβησαν μέσα σε νοσοκομεία, "κάτω από τη μύτη" του νοσηλευτικού προσωπικού, γεγονός που υποδηλώνει ένα καλοσχεδιασμένο πλάνο για να μπορέσει η μητέρα να ξεγελάσει ολόκληρο ειδικευμένο προσωπικό. Δείχνει κατάστρωση σχεδίου μέσα από στοχευμένες ενέργειες, βαθιά σκέψη, και πανουργία. Μάλιστα, στην περίπτωση του τρίτου θανάτου έχουμε να κάνουμε με ένα εννιάχρονο παιδί που πριν μείνει τετραπληγικό ήταν σε θέση να μιλήσει και να επικοινωνήσει για όσα συνέβαιναν γύρω του, γεγονός το οποίο ίσως να αποτελούσε εμπόδιο για τη μητέρα και επιτακτική ανάγκη να του κλείσει το στόμα.

Το 2012 άλλαξε στις Ηνωμένες Πολιτείες η επίσημη ονομασία των δύο συνδρόμων (DSM-5):

- Το σύνδρομο **"Munchausen"** πλέον ονομάζεται: **Factitious Disorder Imposed on Self (FDIS)**, που σημαίνει "τεχνητή ασθένεια επιβαλλόμενη στον εαυτό".

- Το σύνδρομο **"Munchausen by Proxy"** πλέον ονομάζεται: **Factitious Disorder Imposed on Another (FDIA),** που σημαίνει "τεχνητή ασθένεια επιβαλλόμενη σε άλλον".

Τέλος, πρέπει να σημειωθεί ότι στις μέχρι τώρα περιπτώσεις δραστών που διαγνώστηκαν με το σύνδρομο Munchausen by Proxy, η διάγνωση του συνδρόμου δεν αποτέλεσε ελαφρυντικό ως προς τις ποινές τους οι οποίες εκτίονται σε σωφρονιστικά ιδρύματα και όχι σε ψυχιατρικές δομές.

[ΠΡΟΣΩΠΙΚΗ ΠΑΡΕΝΘΕΣΗ: Η ΖΥΓΑΡΙΑ]

"Ή Ζευς ή Χάρων"
~ Αίσωπος ~

Η κάθε μας μέρα αποτελεί μία ζυγαριά που την κουβαλάμε συνεχώς μαζί μας όσο κι αν μας βαραίνει. Τη σηκώνουμε στους ώμους σαν δύο δισάκια, και πότε γέρνει ο ένας ώμος, πότε ο άλλος, μιας και σπάνια ισοσταθμίζεται. Πάνω σ' αυτή τη ζυγαριά προσθέτουμε και αφαιρούμε πολλά και διάφορα χωρίς απαραίτητα να τα μετράμε, τα κουβαλάμε αγκομαχώντας χωρίς πάντα να το συνειδητοποιούμε, και κάποια στιγμή οι περιστάσεις μας αναγκάζουν να τα ξεδιαλέγουμε, να τα απαριθμούμε, και να τα ζυγίζουμε. Παρόλο που με τον καιρό σκουριάζει η μεταλλική ζυγαριά, δεν το καταλαβαίνουμε γιατί αυτά που σηκώνει ανανεώνονται. Μαζί μ' αυτά και οι σκέψεις που τα υπολογίζουν.

Να φορέσω το λευκό φόρεμα σήμερα ή το μπεζ; Να βάλω μαύρα παπούτσια με το μπλε κοστούμι ή καφέ; Να πάρω ταξί ή λεωφορείο; Αξίζει η δουλειά με τα χρήματα που προσφέρουν ή να συνεχίσω την αναζήτηση; Να μείνω μαζί του ή να τον χωρίσω; Να γράψουμε τα παιδιά σε δημόσιο σχολείο ή ιδιωτικό;

Αυτό το *"ή"* είναι η ζυγαριά που κρέμεται πάνω μας σαν τσιμπούρι και δεν μπορούμε να το ξεφορτωθούμε. Πολλές φορές είναι ακίνδυνο κι ας μας τριβελίζει το μυαλό την ώρα που στεκόμαστε μπροστά στον καθρέφτη με το λευκό και το μπεζ φόρεμα στο χέρι. Εξάλλου, μια τέτοια επιλογή στην πραγματικότητα δεν επηρεάζει κανέναν άλλο σε κρίσιμο βαθμό αλλά συνδέεται με τη δική μας διάθεση και ικανοποίηση. Άλλες φορές τα βαρίδια της ζυγαριάς τρέμουν για το αποτέλεσμα και βασανίζουν τη σκέψη μέχρι να καταλήξει στην απόφαση.

Αυτό το *"ή"* οδηγεί στη ζυγοστάθμιση, στη σκέψη, στα διλήμματα, στους υπολογισμούς, και αυτά με τη σειρά τους στις αποφάσεις. Αν σκεφτούμε ότι η μια πλευρά της ζυγαριάς είναι η *λογική* και η άλλη το *συναίσθημα,* τότε στο τέλος κάποιο από τα δύο επικρατεί. Κάποιο από τα δύο βαραίνει έστω και λίγο παραπάνω τη μια πλευρά της ζυγαριάς με την κάθε απόφαση. Συχνά λέμε ότι κάποιοι άνθρωποι λειτουργούν περισσότερο με τη λογική και άλλοι με το συναίσθημα, και θεωρούμε ότι έχει να κάνει με το χαρακτήρα τους. Πάντα όμως, ακόμα και οι πιο συναισθηματικοί χαρακτήρες, ζυγίζουν το συναίσθημα ενάντια στη λογική, έστω και στιγμιαία.

Και αν η απόφαση της ημέρας ξεκινάει με το ερώτημα: *"Να σκοτώσω το παιδί μου για να φέρω τον άντρα πίσω, ή να το αφήσω να ζήσει και να χάσω εκείνον;"* Κουβαλάει κάποιο ίχνος λογικής αυτό το ερώτημα; Σίγουρα για τους περισσότερους ανθρώπους η απάντηση είναι πως όχι και η διαδικασία και μόνο του διλήμματος φαντάζει αδιανόητη. Ας δούμε όμως και την άλλη πλευρά: κουβαλάει το ερώτημα συναίσθημα; Είναι δυνατόν ο εγκέφαλος μίας μάνας η οποία τοποθετεί στη ζυγαριά την παρουσία ή απουσία του συζύγου με τη ζωή ή το χαμό του παιδιού της να λειτουργεί μέσα από συναισθηματικές διαδικασίες και διεργασίες; Μάλλον όχι. Άρα, μήπως τελικά το ερώτημα βασίζεται στη λογική; Για τη ζυγαριά του κοινού νου και οι δύο περιπτώσεις φαίνονται συναισθηματικά και λογικά παράλογες. Τότε πώς ακριβώς λειτουργεί αυτός ο εγκέφαλος και καταλήγει σε ένα τέτοιο δίλημμα;

Η λογική και το συναίσθημα δεν αρκούν για να δουλέψει σωστά η ζυγαριά μας. Υπάρχει και ένα άλλο βαρίδιο που έχει το χώρο του στη ζυγαριά των επιλογών και αποφάσεων: *η ηθική.*

Η σχέση και επιρροή ανάμεσα στη λογική και το συναίσθημα αντισταθμίζονται από την ηθική που παραμένει και στις δυο πλευρές της ζυγαριάς και φροντίζει να μη χάνεται η δικαιοσύνη, ή οι έννοιες του *"σωστού"* και του *"λάθους",* από τις αποφάσεις μας. Στο προηγούμενο "ερώτημα-δίλημμα" δεν μπορούμε να καταλάβουμε αν υπάρχει λογική ή συναίσθημα διότι λείπει το συστατικό της ηθικής και αυτό μπερδεύει τον ανθρώπινο νου και δημιουργεί καταστάσεις που "δεν τις χωράει", δεν έχει την ικανότητα να τις διαχειριστεί, και τον οδηγούν στο σημείο να προσπαθεί να διαχειριστεί το *"αδιανόητο"*.

Θα μπορούσαν οι δύο πλευρές της ζυγαριάς να είναι η *γη* (λογική) και ο *ουρανός* (συναίσθημα). Δεν είναι τυχαίο που στη μυθολογία η Γαία και ο Ουρανός ήταν οι γονείς της Θέμιδος, θεάς της Δικαιοσύνης. Η Θέμις βαστάει στο ένα χέρι μια ζυγαριά και στο άλλο ένα σπαθί. Ζυγίζει τις πράξεις και αν δεν ισορροπούν με δικαιοσύνη τότε τιμωρεί με το σπαθί της. Επίσης, η Θέμις είναι τυφλή συμβολίζοντας την αντικειμενικότητα των αποφάσεών της. Τι βρίσκεται ανάμεσα σε γη και ουρανό που θα μπορούσε να αντιπροσωπεύει την ηθική; Ίσως είναι *ο αέρας* που είτε φυσάει είτε όχι, δεν παύει να υπάρχει, να κινείται, να μας παρέχει οξυγόνο. Οι αποφάσεις και επιλογές μας χρειάζονται οξυγόνο, πρέπει να αναπνέουν για να μπορούν να εισπνέουν τη λογική και το συναίσθημα, να τα ζυγίζουν, και να εκπνέουν το αποτέλεσμα με ηθική συνείδηση. Η Θέμις εκτός από τη δικαιοσύνη εκπροσωπούσε και την *ηθική τάξη.* Στη ζυγαριά της που αποφάσιζε το δίκαιο έπαιζε και η ηθική το ρόλο της. Τρεις από τις πολλές κόρες που είχε αποκτήσει η Θέμις με τον Δία ήταν η Ευνομία, η Δίκη, και η Ειρήνη, οι οποίες, ως προέκταση της μητέρας τους, εκπροσωπούσαν την ηθική τάξη. Αν αναλογιστούμε τη σημασία αυτών των τριών εννοιών στην κοινωνία μας - της ευνομίας, της δίκης, και της ειρήνης - για άλλη μια φορά τα μηνύματα της Ελληνικής μυθολογίας επιβεβαιώνουν τη διαχρονικότητά τους.

Ένας φωτορεπόρτερ κάποτε έθεσε το εξής δίλημμα: *"Αν είσαι παρών σε μια κατάσταση όπου ένας άνθρωπος πνίγεται και έχεις να διαλέξεις ή να σώσεις αυτόν που πνίγεται ή να φωτογραφίσεις τη σκηνή, τι θα διάλεγες;"* Βάλε τον εαυτό σου στη θέση του, άρπαξε τη ζυγαριά σου, τοποθέτησε τα βαρίδια όπως νομίζεις, και σκέψου τι απόφαση θα έπαιρνες. Αναλογίσου πόσο ανταγωνιστικός είναι ο χώρος της δημοσιογραφίας, πόσο θα βοηθούσε την καριέρα σου ένα τέτοιο ντοκουμέντο, και πόσο viral θα γινόταν. Σκέψου τις συνέπειες της κάθε επιλογής και πώς θα επηρέαζαν αργότερα τη ζωή σου, τις σχέσεις σου, το μυαλό σου, την καρδιά σου, και τη συνείδησή σου.

Προς ποια πλευρά γέρνει η ζυγαριά σου; Μήπως θεωρείς την απάντηση αυτονόητη γιατί η ηθική σου συνείδηση την κάνει ξεκάθαρη;

Κι όμως... Υπάρχουν άνθρωποι που έχουν επιλέξει το δεύτερο... Και μάλιστα, κοιμούνται μια χαρά τα βράδια. Κι όταν επισκέπτονται τα όνειρά τους τα λόγια του Αμερικανού αρθρογράφου Max Lerner, *"Όποτε διαλέγεις το λιγότερο κακό από δυο κακά, να θυμάσαι ότι παραμένει το κακό"*, απλά αλλάζουν πλευρό.

40. Το σκοτεινό τρίγωνο

"Το λιοντάρι δεν ξέρει να προστατευθεί από παγίδες και η αλεπού δεν μπορεί να αντιμετωπίσει τους λύκους. Πρέπει να είσαι λοιπόν αλεπού για να αναγνωρίζεις τις παγίδες και λιοντάρι για να τρομάζεις τους λύκους"
~ *Niccolò di Bernardo dei Machiavelli* ~

Όπως η υδρόγειος σφαίρα, έτσι και ο εγκέφαλος χωρίζεται σε δύο ημισφαίρια: το δεξί και το αριστερό. Τα συναισθήματά μας σχετίζονται με το δεξί ημισφαίριο. Όταν μιλάμε για συναισθήματα, αναφερόμαστε σε διάφορες διαστάσεις τους. Αν νιώθουμε, τι νιώθουμε, πώς το νιώθουμε και σε τι βαθμό, αν το εκφράζουμε, πώς το εκφράζουμε, αν συμπάσχουμε, σε ποιο βαθμό συμπάσχουμε, αν νιώθουμε αλλά διαλέγουμε να μην εκφράσουμε, αν δε νιώθουμε και επομένως δεν εκφράζουμε.. Οι συναισθηματική πλευρά ενός ατόμου συμπεριλαμβάνει τόσες πολλές διαστάσεις και σε ποικίλα πλαίσια όσον αφορά την διαχείριση και εκδήλωση συναισθημάτων.

Οι νευροψυχολόγοι έχουν μελετήσει το δεξί ημισφαίριο του εγκεφάλου καταλήγοντας σε συγκεκριμένες και εμπεριστατωμένες παρατηρήσεις, ανατομικές και γονιδιακές. Παρόλο που τα πορίσματά τους φέρουν ιδιαίτερο ενδιαφέρον, απαιτούν εξειδικευμένες γνώσεις για να γίνουν κατανοητά. Ας κρατήσουμε λοιπόν το γεγονός ότι υπάρχει ένα συγκεκριμένο μέρος του εγκεφάλου μας που επηρεάζει τη συναισθηματική μας πλευρά και αυτό το μέρος μπορεί να παρουσιάζει διαφοροποιήσεις από άτομο σε άτομο. Εάν προσθέσουμε στην ανατομική σκοπιά εξωτερικούς παράγοντες όπως το περιβάλλον στο οποίο μεγαλώνουμε και τις επιρροές του, τότε συνθέτουμε ένα συναισθηματικό προφίλ. Μοιάζει με παζλ που το κάθε κομμάτι βρίσκει τη θέση του και κουμπώνει με τα υπόλοιπα, αλλά ο χρόνος και οι εμπειρίες συνήθως τσαλακώνουν τις γωνίες των κομματιών και τα καινούρια επιπρόσθετα κομμάτια αναγκάζονται να προσαρμοστούν. Ωστόσο, τα κεντρικά κομμάτια παραμένουν στη θέση τους και εξακολουθούν να υποστηρίζουν την αρχική εικόνα.

Τι ακριβώς είναι το συναίσθημα και πώς το ορίζουμε; Τι εννοούμε όταν χαρακτηρίζουμε έναν άνθρωπο ως *"συναισθηματικό"*; Γιατί συχνά συνδέουμε το συναίσθημα με την έννοια της *"ευαισθησίας"*;

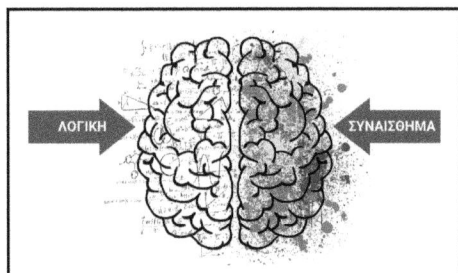

Συνήθως κάποιες περιστάσεις ακολουθούνται από συγκεκριμένες αναμενόμενες συναισθηματικές αντιδράσεις. Θα μας φανεί περίεργο αν σε μια κηδεία δούμε τα μέλη της οικογένειας του αποθανόντα να βρίσκονται σε κατάσταση ευθυμίας, και παρόμοια σε ένα πάρτι γενεθλίων θα παραξενευτούμε αν οι καλεσμένοι κάθονται θλιμμένοι και αμίλητοι. Το συναίσθημα γεννιέται μέσα μας, αλλά τα πλαίσια εκδήλωσής του επηρεάζονται από κοινωνικά βιώματα, το περιβάλλον στο οποίο βρισκόμαστε, και τις έννοιες του *"αποδεκτού"* και *"μη αποδεκτού"*. Ο τρόπος με τον οποίο εκφράζουμε ένα συναίσθημα ενδέχεται να αλλάζει αναλόγως με τις συνθήκες. Ίσως ένα ερέθισμα που μας προκαλεί θλίψη να το εκφράσουμε με κλάμα όταν βρισκόμαστε μόνοι μας, ενώ σε ένα κοινωνικό περιβάλλον να το εκφράσουμε με τη σιωπή. Η εκδήλωσή του μπορεί να διαφοροποιείται, αλλά το συναίσθημα παραμένει το ίδιο - στο συγκεκριμένο παράδειγμα νιώθουμε θλίψη αλλά για διάφορους προσωπικούς ή κοινωνικούς λόγους ίσως να επιλέξουμε να το προβάλουμε διαφορετικά, ή να το κρατήσουμε μέσα μας.

Το πρόβλημα με την εκδήλωση συναισθημάτων δημιουργείται όταν ένας άνθρωπος αδυνατεί να γευτεί αυτό που εισπράττει, δηλαδή όταν ένα ερέθισμα δεν του προκαλεί το αναμενόμενο συναίσθημα, δεν αισθάνεται τη συναισθηματική διέγερση που θα περιμέναμε, και ως αποτέλεσμα η επακόλουθη συμπεριφορά του εξελίσσεται προς μία πορεία που θα μπορούσε να χαρακτηρισθεί παράξενη, ή απρόβλεπτη, ή ακατάλληλη. Είναι σα να τρώει μέλι και να του φαίνεται πικρό, ή ξινό, ή εντελώς άγευστο. Εσύ προσθέτεις ζάχαρη στο μέλι, αλλά η αίσθηση της γεύσης του δεν αλλάζει γιατί απλά κάτι δε λειτουργεί φυσιολογικά με την αίσθηση της γεύσης. Ως αποτέλεσμα, δε θα σου πει ποτέ ότι λιγώθηκε από τη γλύκα, κι εσύ θα συνεχίσεις να απορείς.

Το 1973 ο Πέτρος Σιφναίος, φημισμένος ψυχίατρος και καθηγητής ψυχιατρικής στο Harvard Medical School, χρησιμοποίησε τον όρο *"αλεξιθυμία"* περιγράφοντας τη δυσκολία που παρουσιάζουν κάποιοι άνθρωποι στην κατανόηση, διαχείριση, και εκδήλωση συναισθημάτων. Οι αλεξιθυμικοί δεν έχουν την ικανότητα να διεγείρονται συναισθηματικά, τουλάχιστον όχι στο βαθμό που θα περίμενε κανείς συγκριτικά με καταστάσεις που προκαλούν συναισθήματα. Αυτή η έλλειψη ικανότητας συναισθηματικής διέγερσης μπορεί να πάρει κοινωνικές προεκτάσεις όταν επηρεάζει τη συναισθηματική αντιμετώπιση συνανθρώπων, όπως για παράδειγμα σε μία κατάσταση όπου κάποιος θα περίμενε τη συμπόνια αλλά εισπράττει αδιαφορία. Όταν ο βαθμός αλεξιθυμίας ξεπερνάει οποιεσδήποτε καθαρά προσωπικές επιπτώσεις και αγγίζει τις διαπροσωπικές σχέσεις, τότε ενδέχεται να σχετίζεται με κάποια διαταραχή προσωπικότητας.

Αν συγκρίνουμε τα στοιχεία του ναρκισσισμού με αυτά της κοινωνιοπάθειας, παρατηρούμε ότι και οι δύο διαταραχές αναφέρονται στη συναισθηματική πλευρά ενός ατόμου. Η έλλειψη του *"συμπάσχω"* αποτελεί ένα κοινό χαρακτηριστικό. Αυτή η συγκεκριμένη έλλειψη έχει χαρακτηρισθεί από ψυχολόγους και με ένα άλλο είδος διαταραγμένης προσωπικότητας που ονομάζεται *"Μακιαβελισμός"*. Ειδικότερα, ο Μακιαβελισμός αφορά έναν τύπο ανθρώπου ο οποίος εργαλειοποιεί συνανθρώπους του προς δικό του όφελος και με οποιοδήποτε κόστος, χωρίς ενδοιασμούς και ενοχές, ακόμα και αν οι πράξεις που απαιτούνται για να επιτευχθεί ο στόχος θεωρούνται κοινωνικά μη αποδεκτές, έως και εγκληματικές. Η βαθιά και ουσιαστική ρίζα του προβλήματος είναι η ανικανότητα του ατόμου να αισθανθεί τη συναισθηματική διέγερση που θα περιμέναμε να προκαλέσουν κάποια ερεθίσματα. Όταν λείπει η συναισθηματική διέγερση, απουσιάζει το συναίσθημα, και επομένως η οποιαδήποτε εκδήλωσή του δεν είναι δυνατόν να υφίσταται. Ως αποτέλεσμα, οι πράξεις των μακιαβελικών προσωπικοτήτων καθοδηγούνται από το όραμα του στόχου χωρίς να επηρεάζονται από συναισθηματικά "εμπόδια" και δισταγμούς.

Οι τρεις διαταραχές προσωπικότητας, ο Ναρκισσισμός, η Κοινωνιοπάθεια, και ο Μακιαβελισμός, έχουν αποκαλεστεί το **"Σκοτεινό Τρίγωνο"**. Τα χαρακτηριστικά τους φέρουν πολλά κοινά στοιχεία, και η έλλειψη διασύνδεσης με τα συναισθήματα του συνανθρώπου είναι έντονη και στις τρεις. Συχνά η διάγνωση περιπλέκεται και οι ψυχολόγοι αδυνατούν να καταλήξουν μόνο σε μία.

Ο Ιταλός Αναγεννησιακός συγγραφέας, ιστορικός, και διπλωμάτης Νικολό Μακιαβέλι ανέπτυξε μία θεωρία σύμφωνα με την οποία η *"κακία"* συνδέεται με την *"ελευθερία"*. Πιο απλά, ισχυρίζεται ότι η επίτευξη των στόχων μας θα μας χαρίσει την ελευθερία μας, και οποιαδήποτε μέσα χρησιμοποιήσουμε για την επίτευξη, καλά ή κακά, είναι δικαιολογημένα. Δηλαδή, αυτό που μας ενδιαφέρει είναι ο στόχος, και η πορεία προς αυτόν ακολουθείται με οποιοδήποτε μέσο θεωρούμε απαραίτητο, καλό ή κακό.

Αν συγκρίνουμε την πορεία προς τον στόχο σύμφωνα με τον Μακιαβέλι, και την πορεία προς την *"Ιθάκη"* σύμφωνα με το ομώνυμο ποίημα του Κωνσταντίνου Καβάφη, οι διαφορές γίνονται εμφανείς. Ο Μακιαβέλι μας παροτρύνει στο σημείο εκκίνησης να αντικρίζουμε κατευθείαν την Ιθάκη και να κατευθυνόμαστε προς αυτήν προσπαθώντας να τη φτάσουμε με οποιοδήποτε δυνατό τρόπο. Αντιθέτως, ο Καβάφης ρίχνει τη βαρύτητα στην πορεία και όχι στο στόχο. Ναι, θέλουμε να φτάσουμε στην Ιθάκη, και αν συνεχίσουμε να προσπαθούμε θα τα καταφέρουμε, αλλά η διαδρομή είναι αυτή που θα μας χαρίσει τη γνώση, την εμπειρία, και την επιτυχία. Αν η διαδρομή μας συμπεριλαμβάνει το "κακό", το μη αποδεκτό, το "λάθος", ακόμα και το εγκληματικό, όταν επιτέλους φτάσουμε στην Ιθάκη θα μπορέσουμε να την ευχαριστηθούμε; Θα καταφέρουμε να αφήσουμε πίσω μας το "πώς" φτάσαμε εκεί; Θα μας ικανοποιήσει το σημείο άφιξης και η κατάκτησή του; Ή μήπως οι ενοχές που θα μας ακολουθούν δε θα μας επιτρέψουν να νιώσουμε την ευχαρίστηση και ικανοποίηση; Μήπως οι ενοχές θα συνεχίσουν να μας στοιχειώνουν και θα καταπιούν την ηδονή της *κατάκτησης του στόχου;*

Αυτό ακριβώς καταφέρνει το **σκοτεινό τρίγωνο:** σβήνει τις ενοχές, ή δεν τις αφήνει καν να σχηματιστούν. Η διχοτόμος του καλού και του κακού ξεθωριάζει, χάνει την ευθεία της, ταλαντεύεται χωρίς ποτέ να ακουμπήσει σταθερά στην απέναντι πλευρά. Έτσι, το συναίσθημα που ίσως να γεννιόταν μεταμορφώνεται σε εξάτμιση μηχανής που τα γρανάζια της γυρίζουν ασταμάτητα μέχρι να δημιουργήσει στην εντέλεια αυτό που οραματίστηκε.

Μηχανή... Μηχανουργείο... Και οι εξατμίσεις εξακολουθούν να μολύνουν τον αέρα...

41. Δικαστική ψυχολογία

"Το σπαθί της δικαιοσύνης δεν έχει θήκη"
~ *Joseph De Maistre* ~ *[Γαλλοϊταλός Φιλόσοφος, 1753-1821]*

Η "Δικαστική Ψυχολογία" αποτελεί έναν κλάδο της Ψυχολογίας ο οποίος για πολλούς δεν είναι απόλυτα κατανοητός. Ένα παράδειγμα βοηθητικού παραλληλισμού για την κατανόησή του είναι οι ειδικότητες του *"γιατρού"* και του *"ιατροδικαστή"*. Ο ιατροδικαστής έχει σπουδάσει ιατρική αλλά η ειδικότητά του εφαρμόζεται στο δικαιικό σύστημα. Καταλήγει σε πορίσματα σχετικά με έναν θάνατο, και αν θεωρηθεί απαραίτητο, όπως στο παράδειγμα θανάτου που προέρχεται από εγκληματική ενέργεια, τότε παραθέτει τα στοιχεία και πορίσματα στο δικαστήριο και συνεισφέρει στην εκδίκαση της υπόθεσης. Με παρόμοιο τρόπο ο δικαστικός ψυχολόγος εφαρμόζει τον τομέα της ψυχολογίας σε ανάλογες περιστάσεις, δηλαδή η δικαστική ψυχολογία συμπεριλαμβάνει πρακτική εφαρμογή στο νομικό σύστημα.

Ένας δικαστικός ψυχολόγος πρώτα σπουδάζει "γενική ψυχολογία" και συνεχίζει με σπουδές σε μεταπτυχιακό επίπεδο για την εξειδίκευση στον κλάδο. Οι μεταπτυχιακές σπουδές συμπεριλαμβάνουν και επακόλουθα μαθήματα ανωτέρου επιπέδου στην ψυχολογία, αλλά και μαθήματα που σχετίζονται με την εγκληματολογία καθώς και τον τρόπο λειτουργίας του νομικού συστήματος. Όταν ολοκληρώνει τις σπουδές του ο δικαστικός ψυχολόγος κατέχει γνώσεις και πρακτική εξάσκηση ως προς τα παρακάτω:

• Κλινική ψυχολογία ώστε να μπορεί να διεκπεραιώνει συνεντεύξεις με όσους εμπλέκονται σε μία δικαστική υπόθεση: δράστες, θύματα, μάρτυρες, πραγματογνώμονες, ενόρκους, και συσχετιζόμενο οικογενειακό, κοινωνικό, επαγγελματικό περιβάλλον, κτλ.

• Ανάλυση και πορίσματα σχετικά με τα προφίλ δραστών, θυμάτων, μαρτύρων, και άλλων εμπλεκομένων.

• Συνεισφορά στη διεκπεραίωση ανακριτικών διαδικασιών και αναγνώρισης υπόπτων.

- Γνώση του νομικού συστήματος και εφαρμογή ως προς καταθέσεις μαρτύρων, δραστών, θυμάτων, και πραγματογνωμόνων, καθώς και διαδικασίες επιλογής ενόρκων, και έρευνες των αρχών.
- Εξειδικευμένες γνώσεις ψυχολογίας και κοινωνιολογίας σε συνδυασμό με τον τομέα της εγκληματολογίας.
- Έρευνα στον τομέα για να συνεισφέρει στην ανάπτυξη και εξέλιξή του μέσα από καινούρια δεδομένα και στατιστικές.
- Συνεργασία με άλλους κλάδους του νομικού συστήματος όπως τις ερευνητικές αρχές, δικηγόρους, εισαγγελείς, δικαστές, ανακριτές, ιατροδικαστές και άλλους ειδικούς πραγματογνώμονες.

Στόχος του δικαστικού ψυχολόγου είναι να βοηθήσει στη διερεύνηση μιας υπόθεσης για να βγει στο φως η αλήθεια. Ένας ιδιαίτερα ενδιαφέρων κλάδος της δικαστικής ψυχολογίας είναι η εξειδίκευση στην "ανίχνευση ψεύδους" ("deception detection"). Ο συγκεκριμένος ρόλος είναι σαν τους "μηχανικούς ανιχνευτές ψεύδους" αλλά η διαδικασία γίνεται χωρίς καμία μηχανική υποστήριξη. Ο ανιχνευτής είναι ο ίδιος ο δικαστικός ψυχολόγος και πρέπει να καταλήξει σε συμπεράσματα και πορίσματα μέσα από συνεντεύξεις που εκτελεί ο ίδιος ή από τη μελέτη και ανάλυση ηχογραφημένων ή βιντεοσκοπημένων συνεντεύξεων. Σε αυτές τις περιπτώσεις πολλοί δικαστικοί ψυχολόγοι έχουν περαιτέρω εξειδίκευση στη "Φωνητική Ανάλυση". Όπως εξηγήθηκε σε προηγούμενο κεφάλαιο, οι υπηρεσίες ενός φωνητικού αναλυτή μπορεί να εφαρμόζονται σε διάφορους τομείς, αλλά όταν η εφαρμογή τους σχετίζεται με νομικά και εγκληματικά ζητήματα, τότε η ειδικότητα αποτελεί τομέα εξειδίκευσης της δικαστικής ψυχολογίας.

Ένας δικαστικός ψυχολόγος με εξειδίκευση στη φωνητική ανάλυση συμπεριλαμβάνει όλες τις γνώσεις και πρακτικές εφαρμογές που προαναφέρθηκαν, αλλά σε αυτά προστίθενται και γνώσεις στον τομέα των φωνητικών επιστημών. Η εξειδίκευση απαιτεί πολλά χρόνια σπουδών που συνδυάζουν ψυχολογία, εγκληματολογία, και φωνητικές επιστήμες, και μάλιστα η κάθε μία από αυτές σε υψηλό θεωρητικό και πρακτικό επίπεδο. Ως προσωπικό παράδειγμα, τα πτυχία και μεταπτυχιακά μου στην ψυχολογία, φωνητική αγωγή, και δικαστική ψυχολογία συμπεριλαμβάνουν 9 χρόνια σπουδών, χωρίς να υπολογίζουμε την πρακτική εξάσκηση.

Για ένα διάστημα αιωρούνταν η άποψη ότι για έναν δικαστικό ψυχολόγο αρκεί ένα πτυχίο ψυχολογίας χωρίς να απαιτείται κάποια εξειδίκευση. Πρόκειται για μία λανθασμένη άποψη η οποία τα τελευταία χρόνια έχει διαψευσθεί παταγωδώς και σε αρκετές χώρες οι κατάλληλες σπουδές και εξειδίκευση θεωρούνται πλέον απαραίτητα προσόντα. Στις Ηνωμένες Πολιτείες ο τομέας κατέχει εξέχουσα και σημαντική θέση στις νομικές και ερευνητικές διαδικασίες και οι αρχές συνεργάζονται εντατικά με ειδικούς στον κλάδο. Η αξία και συνεισφορά της επιστήμης έχει εδραιωθεί, η εφαρμογή της έχει εξαπλωθεί, και μακάρι η ευρεία χρήση της να αρχίσει να αξιοποιείται ανάλογα από περισσότερες χώρες και νομικά συστήματα.

[ΠΡΟΣΩΠΙΚΗ ΠΑΡΕΝΘΕΣΗ: BURNOUT]

"Burnout occurs because we're trying to solve the same problem over and over."
~ *Susan Scott* ~

Κάθε μέρα ασχολούμαι με φωνητικές χορδές. Τις ακούω, τις αφουγκράζομαι, τις βλέπω, τις φαντάζομαι. Παρατηρώ πώς κουνιούνται, πώς ανοιγοκλείνουν, με τι ρυθμό ταλαντεύονται, με τι συχνότητα κυματίζουν. Εξακριβώνω αν είναι υγιείς ή αν παρουσιάζουν κάποιο πρόβλημα. Αποφασίζω πώς θα κρατηθούν υγιείς ή πώς θα διορθωθούν. Τις καθοδηγώ και τις βοηθάω να ηχούν καλύτερα, είτε μέσα από την ομιλία, είτε το τραγούδι.

Επίσης, εισχωρώ πιο βαθιά στη λειτουργία τους και σε συσχετισμό με τη λειτουργία του εγκεφάλου και την εκδήλωση συμπεριφορών και συναισθημάτων μελετώ και αναλύω πώς προκαλείται ένα λεκτικό αποτέλεσμα και πού ενδέχεται να στοχεύει. Ως επέκταση, σκιαγραφώ προφίλ ανθρώπων με στόχο την αξιολόγηση και αιτιολόγηση πράξεων και συμπεριφορών, δηλαδή προβαίνω σε φωνητική ανάλυση ακριβώς όπως εξηγήθηκε στο προηγούμενο κεφάλαιο.

Όλα τα παραπάνω σημαίνουν ότι ως μέρος της εργασίας μου συνεχώς ακούω και παρατηρώ επικεντρώνοντας όλες μου τις αισθήσεις με συγκέντρωση σε λεπτομέρειες που όποιος απέχει από το αντικείμενο δεν μπορεί καν να τις φανταστεί. Η ανατομία και η γνώση της παίζει ιδιαίτερα σημαντικό ρόλο στις φωνητικές επιστήμες, και όχι μόνο η ανατομία του λάρυγγα και των οργάνων που συμβάλλουν στην αναπνοή, αλλά ολόκληρου του σώματος. Για παράδειγμα, ακόμα και ο τρόπος με τον οποίο εφάπτονται οι πατούσες στο πάτωμα μπορεί να προσφέρει χρήσιμες πληροφορίες. Οι χορδές επικοινωνούν συγκεκριμένα ακουστικά μηνύματα και πίσω από αυτά κρύβεται συρροή πληροφοριών που με τη σωστή και αντικειμενική προσέγγιση, και σε συνδυασμό με τον τομέα της ψυχολογίας, οδηγούν σε συμπεράσματα. Επομένως, η επικέντρωση και προσοχή στην παραμικρή λεπτομέρεια είναι απαραίτητη και παράλληλα μια απαιτητική διαδικασία, έως και εξαντλητική κάποιες φορές.

Ακούμε για το "burnout" που παθαίνουν κλινικοί ψυχολόγοι, δηλαδή την ψυχολογική κούραση που προκαλείται από το γεγονός ότι συνέχεια ασχολούνται με τα προβλήματα άλλων ανθρώπων, στις συνεδρίες ακούν και ασχολούνται με διαφόρων ειδών σοβαρά ζητήματα, και με τον καιρό εξαντλείται η δική τους ψυχολογία και νιώθουν την ανάγκη να ακουστούν εκείνοι από κάποιον άλλο. Η λέξη "burnout" κυριολεκτικά σημαίνει "ολοκληρωτικό κάψιμο", και δεν περιγράφει τη συνηθισμένη κούραση και εξάντληση που όλοι μας νιώθουμε ανά διαστήματα ανάλογα με το φόρτο εργασίας. Στους ειδικούς ψυχικής υγείας το "burnout" περιλαμβάνει τα παρακάτω χαρακτηριστικά:

- Υπερβολική εξάντληση: σωματική, νοητική, και συναισθηματική
- Μείωση ενδιαφέροντος και υπομονής για την εργασία τους, πολλές φορές εκφραζόμενη μέσα από σαρκαστικό και επικριτικό τρόπο προς τους ασθενείς τους.
- Αίσθηση κατωτερότητας, ότι δηλαδή δεν είναι πλέον σωστοί και αποτελεσματικοί στην εργασία τους.

Εξαιτίας των παραπάνω αισθάνονται πικρία για την επιλογή εργασίας τους, χάνουν τη συμπονετική τους πλευρά προς τους ασθενείς, καταβάλλονται από έλλειψη υπομονής που συχνά οδηγεί στην υποτίμηση των προβλημάτων των ασθενών, και κρατούν μια γενική αρνητική στάση προς την εργασία τους. Ως αποτέλεσμα, και εκτός από τις δυσκολίες που νιώθουν οι ίδιοι, το αντίκτυπο στους ασθενείς δεν είναι το θεμιτό. Ευτυχώς, το πρόβλημα έχει βγει στην επιφάνεια εδώ και πολλά χρόνια, οι ειδικοί ψυχικής υγείας ενημερώνονται γι' αυτό ώστε να αναγνωρίζουν τυχόν σημάδια, και υπάρχει η κατάλληλη υποστήριξη όταν παρουσιάζεται.

Ας φορέσουμε για λίγο "τα παπούτσια" ενός κλινικού ψυχολόγου. Η εργασιακή του μέρα συμπεριλαμβάνει ατομικές συνεδρίες, σε κάποιες περιπτώσεις ομαδικές συνεδρίες, συνεργασία με άλλους ειδικούς, και πολλή γραφειοκρατική δουλειά εφόσον είναι υποχρεωμένοι να καταγράφουν τα πάντα για τους ασθενείς τους και να κρατούν αρχεία. Στις ατομικές συνεδρίες έρχονται σε επαφή με άτομα που παρουσιάζουν τα προβλήματά τους, μιλούν για τον εαυτό τους, και η γκάμα προσωπικοτήτων και περιπτώσεων έχει μεγάλο εύρος. Ο ψυχολόγος οφείλει να ακούσει προσεκτικά, να καθοδηγήσει, να διαγνώσει, και να αποφασίσει την πορεία της θεραπείας. Συνήθως μία συνεδρία διαρκεί 60 λεπτά, αλλά όταν υπάρχει μεγάλο φόρτο εργασίας, και ειδικά σε δομές όπως νοσοκομεία και ιδρύματα, οι συνεδρίες μπορεί να συντομεύονται στα 30 λεπτά, και η μέρα μπορεί να περιλαμβάνει πολλές διαδοχικές συνεδρίες. Αν πάρουμε ως μέσο όρο ένα οχτάωρο εργασίας, ο ψυχολόγος για το ένα τρίτο της ημέρας του ακούει και επικεντρώνεται σε προβλήματα άλλων ανθρώπων που δε λύνονται με μια εξέταση ακροαστικών και χορήγηση αντιβίωσης, αλλά απαιτούν χρονοβόρα διαδικασία ερωτήσεων και απαντήσεων και διείσδυση σε λεπτομέρειες προσωπικότητας, συμπεριφοράς, καθημερινότητας, λειτουργικότητας, κτλ.

Όταν αφιερώνει 40 ώρες την εβδομάδα στις παραπάνω απαιτήσεις της εργασίας του και καταβάλλει διαρκή προσπάθεια για να βοηθήσει ανθρώπους να βελτιώσουν την ποιότητα της ζωής τους, εάν δεν πάρει κάποια μέτρα για την ισορροπία της δικής του ψυχικής υγείας τότε κινδυνεύει να καταλήξει σε burnout. Μπορεί κανείς να ισχυριστεί ότι κάτι παρόμοιο είναι δυνατόν να συμβεί με όλα τα είδη εργασίας, όμως η φύση της συγκεκριμένης έχει μία ιδιαιτερότητα: ο ψυχολόγος ακούει διαρκώς για προβλήματα ψυχικής και συναισθηματικής φύσης και δεν προσφέρει απλά ένα παθητικό ακουστικό, αλλά ακούει ενεργά και εισχωρεί βαθιά μέσα στο πρόβλημα και τον ψυχισμό του ασθενή. Πολλές φορές κουβαλάει τα προβλήματα που έχει ακούσει μαζί του στο σπίτι μετά το τέλος της εργασιακής μέρας, και είναι συχνό να λαμβάνει τηλεφωνήματα και emails από ασθενείς εάν δεν έχει θέσει κάποια επικοινωνιακά όρια. Επιπλέον, υπάρχουν ιδιαίτερα βαριές και σοβαρές περιπτώσεις όπως ανθρώπων που έχουν εκφράσει τάσεις αυτοκτονίας, κάτι που μπορεί να απασχολεί τον ψυχολόγο μετά τις συνεδρίες και να αισθάνεται ότι φέρει ευθύνη για την πρόληψη τέτοιων ενεργειών.

Όλη αυτή η πίεση συσσωρεύεται και αν δεν ακολουθήσει έγκαιρα μεθόδους προσωπικής αποφόρτισης κινδυνεύει από burnout. Ο ισχυρισμός κάποιων ψυχολόγων ότι είναι σε θέση να αυτοβοηθηθούν κάνοντας "αυτοσυνεδρίες" δεν προσφέρει τα θεμιτά αποτελέσματα. Λείπει η αντικειμενική ματιά από μία "αυτοσυνεδρία" και η αυτοκριτική ενδέχεται να γίνει αντιπαραγωγική. Εκτός από κάποια πράγματα που μπορεί να κάνουν οι ψυχολόγοι για να αυτοβοηθηθούν όπως επαρκή διαλείμματα μεταξύ συνεδριών, διήμερα ρεπό, στοχευμένο διαλογισμό, σωματική άσκηση, και όρια στην επικοινωνία με ασθενείς, σε συνδυασμό με τα παραπάνω οι ψυχολόγοι αλληλοβοηθούνται προσφέροντας ο ένας στον άλλο βοηθητικές συνεδρίες με σκοπό την πρόληψη και διαχείριση του burnout.

Έχω πάθει burnout και η μεγαλύτερη δυσκολία ήταν μέχρι να το παραδεχτώ και να το αποδεχτώ. Συνέβη σε περίοδο που εργαζόμουν 6-7 μέρες την εβδομάδα συνεχόμενα για πάνω από 6 μήνες, και δε συνειδητοποίησα πώς έφτασα στο σημείο της χαρακτηριστικής εξάντλησης. Παρόλο που οι συνεργάτες μου είχαν παρατηρήσει τα σημάδια και προσπάθησαν να με συμβουλέψουν, όταν δεν υπάρχουν διαλείμματα μπαίνεις σε μια "ζώνη εργασιακού εθισμού" και αν έχεις λίγο ελεύθερο χρόνο αισθάνεσαι τύψεις αν δεν τον αφιερώσεις στην εργασία σου. Έτσι καταλήγεις να βρίσκεσαι σε μία μόνιμη "εργασιακή ρύθμιση" και να αποκόβεσαι από τα προσωπικά σου συναισθήματα και τις δικές σου ανάγκες. Με άλλα λόγια, παραμελείς πτυχές του εαυτού σου οι οποίες είναι βασικοί παράγοντες προσωπικής ισορροπίας. Όταν μάλιστα σου το επισημαίνει κάποιος, φτάνεις στο σημείο να θυμώσεις γιατί νιώθεις ότι κατακρίνουν την εργασιακή σου ευσυνειδησία. Όμως στο τέλος το burnout νικάει και καταλήγεις στο σημείο να παραδίνεσαι σε κάθε δυνατή βοήθεια.

Το δικό μου burnout με παρέσυρε στο σημείο να μη θέλω να ακούσω ανθρώπινη φωνή. Δεν ήθελα καν να σηκώσω το τηλέφωνο. Οι φωνητικές χορδές που τόσο λάτρευα φάνταζαν ως εχθρικά ακούσματα, και η κυματιστή ταλάντωση μου προκαλούσε ίλιγγο. Εκείνος ο βασανιστικός ίλιγγος ήταν που με ταρακούνησε και με έβγαλε από την άρνηση. Όταν δηλαδή η ψυχική εξάντληση κατέληξε σε σωματικά συμπτώματα, τότε κατάφερα να ακούσω το καμπανάκι.

Είναι περίεργο πώς δύο μικροσκοπικές πτυχές ιστού μπορούν να προκαλέσουν τέτοιου είδους εξάντληση. Η μελέτη των φωνητικών χορδών καταφέρνει να πάρει ασύλληπτες διαστάσεις όταν ο φωνητικός αναλυτής μπαίνει στη διαδικασία να διακρίνει μηνύματα ώστε να καταφέρει να αποκωδικοποιήσει συμπεριφορές. Για παράδειγμα, κάθε ταλάντωση είναι δυνατό να προσφέρει μια σημαντική πληροφορία που ενδέχεται να οδηγήσει στην εξακρίβωση της αλήθειας ή του ψεύδους. Μόνο που η κάθε ταλάντωση ακολουθείται από μία άλλη, δημιουργείται μία αλυσίδα που συχνά μπερδεύεται, και πρέπει να ξεχωρίσεις ένα-ένα τα κομμάτια για να τα αναλύσεις. Η διαδικασία καταλήγει σε "ψυχολογική μικροχειρουργική επέμβαση" που ενδέχεται να διαρκέσει μερόνυχτα. Θέλεις να σπάσεις τους κρίκους της αλυσίδας, να τους εξετάσεις τον καθένα χωριστά, να τους ξανασυναρμολογήσεις, να μελετήσεις τη συνέχειά τους, και μετά ξανά από την αρχή... Και όσο περισσότερο επεμβαίνεις, τόσα περισσότερα στοιχεία ανακαλύπτεις, μέχρι που νιώθεις ότι η αλυσίδα σχηματίζει ένα φαύλο κύκλο.

Εκείνη τη στιγμή, μόλις αισθανθείς τον φαύλο κύκλο, τότε απαιτείται η απομάκρυνση. Χτυπάει το πρώτο προειδοποιητικό καμπανάκι που αν το ακούσεις, αν το προσέξεις και του δώσεις σημασία, γνωρίζεις ότι έφτασε η ώρα για διάλειμμα.

Τα μηνύματα των φωνητικών χορδών δε χάνονται. Τα στοιχεία που χρειάζεται ο φωνητικός αναλυτής παραμένουν διαθέσιμα. Αυτό που κινδυνεύει να διαταραχθεί είναι η ψυχική και νοητική υγεία του αναλυτή. Η παρακάτω άσκηση-παρατήρηση με έχει *"σώσει"* πολλές φορές:

Αναγνωρίζω τον φαύλο κύκλο μόλις οι κρίκοι της αλυσίδας αρχίζουν να τεντώνονται, οι άκρες τους να ενώνονται, και να φαντάζουν ως ένας γιγαντιαίος κρίκος χωρίς αρχή και τέλος. Μόλις τον δω μπροστά μου, σταματάω και απομακρύνομαι. Είμαι σίγουρη ότι όσοι ασχολείστε με το αντικείμενο έχετε έρθει αντιμέτωποι με τον γιγαντιαίο ατελείωτο κρίκο ο οποίος τελικά μόνο με κρίκο δε μοιάζει...

42. Στο σήμερα: Όσα συμβαίνουν τώρα

"Αλλ' η Δίκη γαρ και κατά σκότον βλέπει"
~ Ευρυπίδης ~ [Οιδίπους]

Σήμερα, 29 Απριλίου 2022, η υπόθεση εξακολουθεί να είναι στο επίκεντρο συζητήσεων και προβολής στα μέσα μαζικής ενημέρωσης. Καθημερινά παρουσιάζονται νέα στοιχεία ενώ η μητέρα παραμένει προφυλακισμένη επιμένοντας στην αθωότητά της. Παρόλο που κάποιες απόψεις διίστανται, η ζυγαριά της κοινής γνώμης, των δημοσιογράφων, και διαφόρων ειδικών γέρνει προς την ενοχή. Εκτός από την κατηγορία για τη δολοφονία του μεγαλύτερου κοριτσιού, ερευνώνται και οι θάνατοι των άλλων δύο παιδιών καθώς και της σπιτονοικοκυράς.

Νέα στοιχεία

Έχουν βγει στην επιφάνεια πολλές και διάφορες μαρτυρίες από το κοινωνικό περιβάλλον καθώς και από νοσηλευτικό προσωπικό.

• Σχολιάζονται εξωσυζυγικές "δραστηριότητες" των γονιών που παραπέμπουν στο κίνητρο και την αφορμή εγκληματικών ενεργειών της μητέρας. Πιο συγκεκριμένα, το ζεύγος έχει παραδεχτεί πως υπήρχαν προβλήματα στη σχέση του και ερωτικές εμπλοκές με άλλα πρόσωπα οι οποίες έγιναν αιτίες διαπληκτισμών. Η κοινή γνώμη, δημοσιογράφοι, και κάποιοι ειδικοί έχουν συνδυάσει τα αναφερόμενα γεγονότα καταλήγοντας στο συμπέρασμα ότι κάθε φορά που ο πατέρας αποχωρούσε από τη συζυγική στέγη ακολουθούσε ο θάνατος ενός παιδιού. Θα μπορούσαν δηλαδή τα προβλήματα στη σχέση να αποτελούν το κίνητρο εγκληματικών πράξεων στην προσπάθεια της μητέρας να κρατάει ή να ξαναφέρνει το σύζυγο κοντά της. Είναι ένα σενάριο που έχει προκύψει και σημειωθεί στο παρελθόν στην παγκόσμια βιβλιογραφία, και σίγουρα αποτελεί υλικό προς διερεύνηση από τις αρχές και τους ψυχιάτρους.

• Τα αποτελέσματα προηγούμενων γονιδιακών εξετάσεων αμφισβητούνται λόγω ερωτηματικών που έχουν προκύψει σχετικά με την πατρότητα των δύο μικρότερων παιδιών. Η αποκάλυψη εξωσυζυγικών σχέσεων της μητέρας έχει βάλει τον πατέρα σε διαδικασία σκέψης για τεστ DNA. Η μητέρα δηλώνει ότι οποιαδήποτε τέτοια εξέλιξη θα οδηγήσει σε μήνυση κατά του συζύγου της για συκοφαντική δυσφήμηση. Ωστόσο, αν υπάρχει έστω και το παραμικρό ενδεχόμενο διαφορετικής πατρότητας, τότε όντως οι υπάρχουσες γονιδιακές εξετάσεις καθιστώνται άκυρες έως ότου να διευκρινιστεί.

• Οι αρχές έχουν στα χέρια τους τις συσκευές κινητής τηλεφωνίας της μητέρας, τον υπολογιστή, τηλεόραση, και τάμπλετ. Αποκαλύφθηκε ότι η μητέρα είχε τοποθετήσει στο φέρετρο του μεγαλύτερου κοριτσιού το τάμπλετ με το οποίο έπαιζε το παιδάκι. Ισχυρίστηκε ότι ήταν μια συναισθηματική κίνηση καθώς ήθελε να αφήσει ως ενθύμιο μαζί με το παιδί το αγαπημένο του παιχνίδι. Οι αρχές θεώρησαν ύποπτη την κίνηση και προέβησαν σε ανάσυρση της συσκευής για να την εξετάσουν. Μέχρι στιγμής, η δίωξη ηλεκτρονικού εγκλήματος έχει ανακαλύψει διαδικτυακές αναζητήσεις της μητέρας σχετικές με αναισθητικές ουσίες αλλά όχι συγκεκριμένη αναζήτηση για τη φερόμενη δολοφονική ουσία, την κεταμίνη. Δηλώνουν ότι οι σχετικές έρευνες δεν έχουν ολοκληρωθεί και έχουν ακόμα αρκετό δρόμο μπροστά τους.

Εισαγγελική έρευνα και ιατροδικαστές
Το Υπουργείο Δικαιοσύνης έχει διατάξει έρευνα σχετική με τα πορίσματα των πρώτων ιατροδικαστικών εκθέσεων που αφορούν τους δύο πρώτους θανάτους. Η εισαγγελέας έχει ορίσει μία επίσημη ομάδα ιατροδικαστών που δεν εμπλέκονταν πριν για να επανεξετάσουν τα στοιχεία και να συντάξουν εκθέσεις εκ νέου. Πρόκειται για τους δύο εμπειρότερους ιατροδικαστές της χώρας και όλοι ελπίζουν πως τα πορίσματά τους θα δώσουν όλες τις απαντήσεις για τα αίτια των θανάτων τα οποία μέχρι σήμερα παραμένουν αδιευκρίνιστα και αμφισβητείται η εγκυρότητα των προηγούμενων εκθέσεων. Επιπλέον, η εισαγγελέας έχει στο πλάι της ιατροδικαστή με συμβουλευτικό ρόλο ως προς τη διερεύνηση των ιατρικών θεμάτων.

Υπάρχουν και κάποια ιατροδικαστικά θέματα που οφείλονται σε παραλείψεις τα οποία επίσης βρίσκονται στο τραπέζι των νέων ερευνών.

- Το ματωμένο πανάκι που βρέθηκε εκ των υστέρων στην κούνια του βρέφους και παραδόθηκε στην αστυνομία από την οικογένεια έχει μπει στο στόχαστρο των ερευνών μαζί με δερματικά ευρήματα και την πληγή στο στόμα του μωρού εφόσον μέχρι τώρα δεν είχε δοθεί η απαραίτητη σημασία.
- Τα αίτια των πνευμονικών οιδημάτων και της ηπατικής ανεπάρκειας δεν έχουν εξηγηθεί και θεωρείται πλέον απαραίτητο να δοθεί μία ξεκάθαρη απάντηση.
- Ξαναγίνονται τοξικολογικές εξετάσεις για τα δύο πρώτα παιδιά με το ενδεχόμενο χορήγησης επικίνδυνης ουσίας όπως συνέβη με το τρίτο.
- Όπως αναφέρθηκε πριν, ενδέχεται να ξαναγίνουν γονιδιακοί έλεγχοι αφού πρώτα λυθεί οποιοδήποτε θέμα ως προς την αμφισβήτηση πατρότητας.

Στάση μητέρας
- Δεν έχει ομολογήσει καμία εγκληματική πράξη προς τα παιδιά της και επιμένει σθεναρά ότι είναι αθώα και πως δε χορήγησε εκείνη την κεταμίνη στο εννιάχρονο κοριτσάκι. Δε γνωρίζει πώς βρέθηκε η συγκεκριμένη ουσία στο σώμα του και καταλήγει ότι πρόκειται για ιατρικό λάθος που έλαβε χώρα κατά τη διάρκεια προσπάθειας ανάνηψης του παιδιού.
- Δείχνει σοκαρισμένη με τη στάση και απομάκρυνση του πατέρα. Οι προσπάθειές της να επικοινωνήσει μαζί του παραμένουν άκαρπες και παρόλο που δηλώνει ότι δεν την ενδιαφέρει η προσωπική του ζωή, εξακολουθεί να μιλάει διαρκώς για εκείνον. Οι ισχυρισμοί της δε συμβαδίζουν με τα λόγια της.
- Προφυλακισμένη σε μονόκλινο κελί για λόγους προστασίας, έχει μόνιμη συντροφιά την τηλεόραση που ζήτησε από την πρώτη στιγμή. Εξακολουθεί να μιλάει τηλεφωνικά το τρίωρο που της επιτρέπεται, και μάλιστα επιλέγει να μην προαυλίζεται για να εκμεταλλεύεται όλον τον επιτρεπόμενο τηλεφωνικό χρόνο. Εκτός από τους δικηγόρους και τους οικείους της, επικοινωνεί με δημοσιογράφους και προβαίνει σε τηλεφωνικές συνεντεύξεις ακολουθώντας την ίδια παρεμβατική τακτική στην προσπάθειά της να αντικρούσει όσα ακούγονται στα μέσα

και να στηρίζει την αθωότητά της.

- Η μόνη ένδειξη θλίψης και πένθους που έχει εκδηλώσει μέχρι τώρα είναι η επιθυμία να της φέρουν οι δικοί της φωτογραφίες των παιδιών της, την οποία επιθυμία εξέφρασε τρεις εβδομάδες μετά την προφυλάκισή της.

Στάση πατέρα

- Ο πατέρας έχει περάσει στην απέναντι όχθη. Εκπροσωπούμενος από το δικηγόρο του δηλώνει κατηγορηματικά ότι δε γνώριζε τίποτα για τις ύποπτες κινήσεις της συζύγου του, δεν είχε καταλάβει το παραμικρό, και δεν του είχε δώσει απολύτως κανένα σημάδι πως κάτι δεν πήγαινε καλά με τη συμπεριφορά της προς τα παιδιά. Έχει ξεκαθαρίσει τη θέση του και αποποιήθηκε παντών των ευθυνών δηλώνοντας έντονα ότι αν είχε υποψιαστεί το παραμικρό θα την είχε σκοτώσει, πράγμα που επιθυμεί να πράξει τώρα που γνωρίζει.
- Δεν αποφεύγει να παρέχει δηλώσεις στους δημοσιογράφους σε δημόσιες εμφανίσεις του, και μάλιστα δείχνει να τις επιθυμεί και να είναι προετοιμασμένος ως προς τα λεγόμενά του.
- Αμέσως μετά την προφυλάκιση της μητέρας επιδίωξε συνεντεύξεις με επιλεγμένους δημοσιογράφους και έχει παρουσιαστεί τηλεοπτικά, μόνος του πλέον, για να εξηγήσει την πλευρά του. Τις τελευταίες μέρες απέχει από τα μέσα και οι όποιες πληροφορίες δίνονται μόνο από το δικηγόρο του.

Στάση οικογενειακού και φιλικού περιβάλλοντος

Οι απόψεις και μαρτυρίες διίστανται και παρουσιάζουν διάφορες και διαφορετικές πλευρές των δύο γονιών.

- Η στενή οικογένεια της μητέρας, και ειδικά η θεία και γιαγιά των τριών παιδιών, στέκονται στο πλευρό της, την υποστηρίζουν, και δηλώνουν πως θα συνεχίσουν να βρίσκονται δίπλα της εφόσον γνωρίζουν και επιμένουν ότι είναι αθώα. Μετά την προφυλάκιση, θεία και γιαγιά έχουν εμφανιστεί με δημόσιες δηλώσεις, απαντούν στις ερωτήσεις που δέχονται, και επεμβαίνουν όποτε νιώθουν την ανάγκη να αντικρούσουν λεγόμενα και να βοηθήσουν στην υπεράσπιση της μητέρας.

- Η μητέρα έχει ισχυριστεί ότι έχει τη συμπαράσταση κάποιου φίλου της με τον οποίο συνομιλεί συχνά και τη βοηθάει σε ό,τι χρειάζεται.

- Μαρτυρίες από το ευρύτερο οικογενειακό και κοινωνικό περιβάλλον έχουν αρχίσει να περιγράφουν αρνητικές και προβληματικές συμπεριφορές της μητέρας. Ολοένα και περισσότεροι άνθρωποι μοιράζονται τις εμπειρίες τους σκιαγραφώντας το προφίλ της ως μάνα, σύζυγο, φίλη, και τη γενική της προσωπικότητα σε κοινωνικό επίπεδο. Κάποιοι είναι διατεθειμένοι να καταθέσουν στις αρχές οι οποίες αξιολογούν τις μαρτυρίες. Οι καταγγελίες για την κακοποίηση του πρώτου παιδιού από τους γονείς του όταν ήταν μωράκι βγήκαν στην επιφάνεια το τελευταίο διάστημα. Όσα περισσότερα ακούγονται, τόσοι περισσότεροι άνθρωποι δείχνουν διατεθειμένοι να μιλήσουν με στόχο να βοηθήσουν στην έρευνα.

- Οι γονείς του πατέρα απέχουν από τα μέσα. Φαίνεται ότι στηρίζουν το γιο τους αλλά δεν επιθυμούν να προβούν σε δημόσιες δηλώσεις.

Στάση κοινωνίας

Η κοινωνία παραμένει θυμωμένη. Η πλειοψηφία, και όπως προκύπτει από τα μέσα, πιστεύει στην ενοχή της μητέρας και μάλιστα για τους θανάτους και των τριών παιδιών. Η Πάτρα "βράζει" με την υπόθεση στο επίκεντρο καθημερινών συζητήσεων, αλλά και η υπόλοιπη χώρα δεν έχει μείνει αμέτοχη. Έχει ακουστεί και η άποψη κάποιων ότι τους έχει κουράσει η συνεχής και επίμονη προβολή του θέματος. Η κοινωνία χρειάζεται απαντήσεις και την αλήθεια. Σε αυτό το σημείο, και ύστερα από όλη τη διαχείριση της υπόθεσης και έντονη προβολή, η αλήθεια αποτελεί κοινωνική ανάγκη.

Το Πάσχα πολύς κόσμος επισκέφθηκε τα μνήματα των παιδιών αφήνοντας λουλούδια και παιχνίδια στη μνήμη τους. Αυτό δείχνει πόσο έχει πληγωθεί και επηρεαστεί η ευαισθησία του περίγυρου. Κάμερες δημοσιογράφων κατέγραψαν τη θεία και τη γιαγιά στα μνήματα να πετούν στα σκουπίδια κάποια από τα πράγματα που πρόσφερε ο κόσμος με τόση αγάπη και συγκίνηση, γεγονός που προκάλεσε αντιδράσεις. Βρίσκονται πλέον στο στόχαστρο όλες οι κινήσεις της οικογένειας και ο κόσμος εν βρασμό δε χάνει ευκαιρία να παρατηρεί και να κριτικάρει τα πάντα.

Υπόθεση σπιτονοικοκυράς

Ο θάνατος της σπιτονοικοκυράς έχει τη δική του θέση στα γραφεία των αρχών. Μακρινοί συγγενείς της θανούσης διόρισαν δικηγόρο για να ερευνήσει τα οικονομικά της και τη διαχείρισή τους καθώς επίσης και τις συνθήκες θανάτου της. *Έτσι η υπόθεση παραμένει ενεργή, συνεχίζουν να υφίστανται υποψίες, και διενεργείται μία παράλληλη έρευνα.*

Μέσα μαζικής ενημέρωσης

Όλα τα μέσα μαζικής ενημέρωσης ασχολούνται καθημερινά και διεξοδικά με την υπόθεση. Προβάλλουν συνεχώς συρροή καινούριων στοιχείων και προσπαθούν να αναδείξουν όσες περισσότερες μαρτυρίες είναι σε θέση να λάβουν. Θα μπορούσε να πει κανείς ότι το θέμα έχει πάρει πρωτόγνωρες δημοσιογραφικές διαστάσεις. Ο προσωπικός σχολιασμός στο επόμενο κεφάλαιο προσφέρει πολλές λεπτομέρειες και απόψεις σχετικά με τη διαχείριση του θέματος από τα μέσα.

Απόψεις ειδικών

Έχει μιλήσει δημόσια και εξακολουθεί πλήθος ειδικών από διάφορους τομείς. Σε γενικό πλαίσιο, οι πλειοψηφία απόψεων κλείνει προς την υποστήριξη της κατηγορίας για ποικίλους λόγους και ανάλογα με την ειδικότητα.

- Καλούνται ιατροδικαστές να αναλύσουν όσα ιατροδικαστικά στοιχεία προκύπτουν, είτε αφορούν τις πρώτες εκθέσεις, φωτογραφίες των παιδιών, τοξικολογικές εξετάσεις, περιπτώσεις ασφυκτικών θανάτων, καθώς και τυχόν παραλείψεις συναδέλφων τους.

- Υπάρχει τουλάχιστον ένας ιατροδικαστής ο οποίος έχει πάρει συγκεκριμένη θέση από τις αρχές της δημοσιότητας και επιμένει στη διερεύνηση ασφυκτικών θανάτων για το τρίχρονο κοριτσάκι και το βρέφος. Σύμφωνα με την επιστημονική του άποψη, θεωρεί τα ευρήματα εκκωφαντικά προς την κατεύθυνση της ασφυξίας, έχει δηλώσει ευθέως πως υπήρξαν παραλείψεις στις προηγούμενες εκθέσεις, και πιστεύει ακράδαντα στα λυπηρά πορίσματα των επανεξετάσεων που όλοι περιμένουν με ανυπομονησία.

- Εν τω μεταξύ, οι δύο ιατροδικαστές που έχουν οριστεί από την εισαγγελία για την επανεξέταση προσδοκούν να καταθέσουν τα τελικά τους πορίσματα σύντομα. Δεν έχουν προβεί σε δηλώσεις στα μέσα, κρατούν τη στάση σιωπής που απαιτείται, και όλοι αναμένουν ανυπόμονα τις εκθέσεις τους εφόσον από αυτές θα εξαρτηθεί αν θα υπάρξουν επιπλέον κατηγορίες.

Επόμενες κινήσεις και υπεράσπιση

Η υπεράσπιση συνεργαζόμενη με πραγματογνώμονες προσπαθεί να συλλέξει τα απαιτούμενα στοιχεία ώστε να προχωρήσει σε αίτημα αποφυλάκισης της μητέρας. Η υπερασπιστική γραμμή εξακολουθεί να βασίζεται στο ενδεχόμενο ιατρικού λάθους. Έχουν ερευνήσει τα νοσοκομεία όπου νοσηλεύτηκε το μεγαλύτερο κοριτσάκι, και ειδικά το τελευταίο νοσοκομείο όπου επήλθε ο τραγικός θάνατος, με σκοπό να ανακαλύψουν αν υπήρχε η φερόμενη ως φονική ουσία, η κεταμίνη, και αν είχε χορηγηθεί κατά τη διάρκεια νοσηλειών. Οι μέχρι τώρα έρευνες επιβεβαιώνουν ότι η ουσία είχε χορηγηθεί στο κοριτσάκι σε προηγούμενες νοσηλείες κατά τη διαδικασία διασωλήνωσης. Ωστόσο, οι γιατροί και το νοσηλευτικό προσωπικό που ήταν παρόντες στο τελευταίο περιστατικό δηλώνουν κατηγορηματικά πως ουδέποτε χορηγήθηκε κεταμίνη στην προσπάθεια της τελευταίας και ανεπιτυχούς ανάνηψης.

Έχει προκύψει ότι η ουσία βρισκόταν στο δωμάτιο όπου έφυγε το παιδάκι, μέσα στο βαλιτσάκι που περιέχει όλα τα απαραίτητα για τη διαδικασία διασωλήνωσης. Δηλαδή, η ουσία όχι μόνο δεν ήταν ανύπαρκτη στο νοσοκομείο, κάτι που είχε ακουστεί όταν την πρωτοανέδειξαν οι τοξικολογικές εξετάσεις, αλλά μάλιστα βρισκόταν πολύ κοντά στο άμοιρο παιδάκι. Το προσωπικό όμως επιμένει ότι δε χορηγήθηκε ποτέ κατά τη διάρκεια της τελευταίας προσπάθειας και ότι το συγκεκριμένο αναισθητικό δεν ενδείκνυται για την κατάσταση στην οποία βρισκόταν το παιδάκι. Ναι μεν υπήρχε στο βαλιτσάκι, αλλά ουδέποτε χρησιμοποιήθηκε. Φυσικά το γεγονός της ύπαρξής της μέσα στο δωμάτιο τη δεδομένη στιγμή έχει προσφέρει στην υπεράσπιση λόγους για περαιτέρω διερεύνηση και επαλήθευση.

Παγκόσμια εμβέλεια

Από τη στιγμή που βγήκε η υπόθεση στην επιφάνεια, η είδησή της εξαπλώθηκε πολύ γρήγορα παγκοσμίως και αποτελεί θέμα συζήτησης σε κοινωνικούς και επιστημονικούς κύκλους πολλών χωρών. Καλέστηκαν σε εκπομπές ειδικοί από άλλες Ευρωπαϊκές χώρες και τις Ηνωμένες Πολιτείες για να συνεισφέρουν τις απόψεις και την εμπειρία τους.

- Η υπόθεση στη Γερμανία πριν μερικά χρόνια με τους θανάτους τριών βρεφών από την ίδια οικογένεια έχει αποτελέσει σημείο αναφοράς εφόσον αποκαλύφθηκε ότι η ίδια η μητέρα τους τα είχε πνίξει στην κούνια και ομολόγησε τις πράξεις της. Έχει ενδιαφέρον ο τρόπος με τον οποίο είχαν προσεγγίσει την υπόθεση οι Γερμανικές αρχές, και ο τότε αρμόδιος ιατροδικαστής δέχτηκε να συνομιλήσει με Έλληνες δημοσιογράφους και να μοιραστεί την εμπειρία και τις απόψεις του.
- Στις Ηνωμένες Πολιτείες η βιβλιογραφία παρουσιάζει περιπτώσεις παιδιών που κακοποιήθηκαν ή και δολοφονήθηκαν από τη μητέρα τους και σε συσχετισμό με το σύνδρομο Munchausen by Proxy. Κάποιες από τις περιπτώσεις παρουσιάστηκαν για πρώτη φορά στο Ελληνικό κοινό καθώς και η ενημέρωση για το συγκεκριμένο σύνδρομο.
- Ιατροδικαστές και παιδοκαρδιολόγοι από διάφορες χώρες έχουν μιλήσει για το χειρισμό παρόμοιων περιπτώσεων όπως και για το σύνδρομο αγενεσίας φλεβόκομβου που περιγράφει η ιατροδικαστική έκθεση του βρέφους.
- Ξένες εφημερίδες καλύπτουν το θέμα και προβάλλουν λεπτομερή ενημέρωση. Είναι μία υπόθεση που έχει συγκλονίσει όλους όσους την έχουν παρακολουθήσει σε ολόκληρο τον πλανήτη. Ίσως να είναι μία από τις πιο πολυσυζητημένες υποθέσεις σε παγκόσμιο επίπεδο.

43. Στο σήμερα: προσωπικός σχολιασμός

"Αν ένα πρωί περπατήσω επάνω στο νερό, την άλλη μέρα οι εφημε-
ρίδες θα γράφουν: «ο Πρόεδρος δεν μπορεί να κολυμπήσει»"
~ Lyndon B. Johnson ~ [Αμερικανός Πρόεδρος, 1963-1968]

Πιστεύω ακράδαντα στη δύναμη του δημοσιογραφικού έργου και πόσο
αυτό μπορεί να βοηθήσει στην έρευνα εγκληματικών πράξεων. Γεγονότα
του παρελθόντος το έχουν αποδείξει και η βαθιά δημοσιογραφική έρευνα
σε πολλές περιπτώσεις έχει προσφέρει τα φώτα της ακόμα και στην εξι-
χνίαση εξαιρετικά δύσκολων υποθέσεων.

Αυτή τη στιγμή, 29 Απριλίου 2022, τρεις μήνες μετά το θάνατο του τε-
λευταίου παιδιού και από όταν βγήκε η υπόθεση στην επιφάνεια, συμ-
βαίνει κάτι αδιανόητο για τα δικά μου αυτιά και μάτια. Δε με εκπλήσσει,
αλλά είναι έντονα αποκρουστικό και άκρως αρρωστημένο. Επίσης το θε-
ωρώ παρενόχληση, παρεμπόδιση, καταπάτηση, ασέλγεια, προσβολή, πα-
ράβαση, και κάτι παραπάνω από υπερβολική υπερβολή.

Τα μέσα μαζικής ενημέρωσης, των οποίων το λειτούργημα σέβομαι και
θαυμάζω απόλυτα, ασχολούνται εξονυχιστικά και εμμονικά με την υπόθε-
ση της Πάτρας. Όλα τα κανάλια και όλες οι καθημερινές εκπομπές συμμε-
τέχουν ανταγωνιστικά στην παρουσίαση και προβολή λεπτομερειών και
στοιχείων κάθε πλευράς του συγκεκριμένου θέματος.

Ως προς τα παρακάτω, υπάρχουν κάποιες εξαιρέσεις εκπομπών είτε διό-
τι χειρίζονται το θέμα πιο διακριτικά και επιλεκτικά, είτε γιατί είναι εκπο-
μπές που ανέκαθεν εστιάζονταν στην προσπάθεια διερεύνησης και εξιχνί-
ασης εγκλημάτων παρουσιάζοντας όσο το δυνατόν περισσότερα στοιχεία
με αυτό το στόχο, μέσα από τεράστια και πολυετή δημοσιογραφική εμπει-
ρία, και με τη λεπτότητα που απαιτείται.

Αυτό που συμβαίνει σήμερα το θεωρώ έντονα αποκρουστικό γιατί προ-
βάλλονται διαρκώς και ασύστολα φωτογραφίες και βίντεο των άμοιρων
παιδιών. Τι κι αν είναι καλυμμένα τα πρόσωπά τους; Προσφέρει αυτό το
οποιοδήποτε ίχνος σεβασμού προς τρεις ψυχές των οποίων ο χαμός χρη-
σιμοποιείται για να αυξήσει τα νούμερα τηλεθέασης; Έχει εξαϋλιστεί πα-

ντελώς η έννοια σεβασμού προς τους νεκρούς, και αγγίζει επικίνδυνα και εξοργιστικά τα όρια της ψυχολογικής και κοινωνικής νεκροφιλίας, και γι' αυτό το θεωρώ και άκρως αρρωστημένο. Ακούγεται ακραίο; Όντως, είναι βαριά λέξη η *"νεκροφιλία"*, και προκαλεί ανατριχίλα.

Το θεωρώ παρεμπόδιση προς το έργο των αρχών. Όσο κι αν είναι υποχρεωμένοι οι φορείς που ερευνούν την υπόθεση να παραμένουν ανεπηρέαστοι από τις κοινωνικές αντιδράσεις και διαστάσεις, δε σημαίνει ότι δεν μπορούν να υπάρξουν παρεμβολές. Η κοινή γνώμη πιέζει, και το οποιοδήποτε είδος πίεσης είναι ακριβώς αυτό: πίεση. Όταν πιέζεις, και πιέζεις, και συνεχίζεις να πιέζεις, κάποια στιγμή κάτι θα σπάσει ή στο ελαχιστότατο θα μετακινηθεί. Έχει εγκλωβιστεί το συναίσθημα και η λογική του κόσμου ανάμεσα στην ανεξήγητη τραγικότητα του χαμού και στην επίμονα παράλογη απουσία συναισθημάτων. Ως αποτέλεσμα, πιέζονται αφόρητα όλοι οι εμπλεκόμενοι φορείς - δικαστές, εισαγγελείς, γιατροί, δικηγόροι, ιατροδικαστές, αστυνομικοί - να παρουσιάσουν στοιχεία των οποίων η λογική θα ελευθερώσει μεν το κοινό αίσθημα, χωρίς όμως να υπολογίζεται η αυθεντικότητα και η αλήθεια της ύπαρξής τους. Οι δικαστικοί λειτουργοί δεν είναι αποκομμένοι από την κοινωνία. Ζούνε με οικογένεια, με φίλους, με γνωστούς, και είναι λογικό να δέχονται επιρροές. Μόνο όταν απελευθερωθεί η ψυχή των γονιών η αλήθεια θα κερδίσει τη σιωπή.

Το θεωρώ παρενόχληση, προσβολή, καταπάτηση, και ασέλγεια προς τα προσωπικά δεδομένα όλων όσων εμπλέκονται, ζωντανών και νεκρών. Λαμβάνουμε διαρκώς έναν καταιγισμό λεπτομερειών και περιγραφών σχετικά με προσωπικές πτυχές όχι μόνο των δύο γονιών και των παιδιών τους, αλλά και άλλων πολλών, τα οποία όμως δεν προσθέτουν κάτι στην ουσία της υπόθεσης. Πολλά από αυτά είναι προσωπικές εκτιμήσεις που προκαλούν αμφιβολίες για την ασφαλή δομή του δικαιικού συστήματος. Η παραμικρή προσωπική λεπτομέρεια γίνεται δισέλιδο εφημερίδας και σαρανταπεντάλεπτο τηλεοπτικό πρόγραμμα. Δεν υπάρχουν πλέον ούτε προσωπικά ούτε ιατρικά απόρρητα.

Οι διάφοροι ειδικοί που βγαίνουν στα κανάλια για να εκφέρουν τις απόψεις τους καλύπτονται πίσω από δηλώσεις όπως:

~ *"Δεν θα αναφερθώ στη συγκεκριμένη υπόθεση, αλλά θα μιλήσω γενικά"*

ή
~ *"Δεν μπορώ να προβώ σε διάγνωση εφόσον δεν έχω εξετάσει την κατηγορούμενη, αλλά θα μιλήσω γενικά"*
ή
~ *"Είναι αντιδεοντολογικό να αναφερόμαστε σε υπόθεση που βρίσκεται ακόμα υπό διερεύνηση, αλλά μπορούμε να μιλήσουμε γενικά".*

Φυσικά και είναι θεμιτό να προσφέρουν τις απόψεις τους οι ειδικοί και να ενημερώνουν το κοινό, όπως είναι και δικαίωμά τους, αρκεί να τηρείται η ουδετερότητα και γενικότητα που απαιτείται για να προστατεύονται προσωπικά δεδομένα και το τεκμήριο της αθωότητας. Τίποτα όμως δεν είναι γενικό και αόριστο όταν προβάλλονται οι ζωγραφιές που έφτιαξαν τα τρυφερά χεράκια των μικρών αγγέλων και αναλύεται η κάθε γραμμή, το κάθε χρώμα, το κάθε γράμμα. Οι ζωγραφιές ανήκουν ακόμα στις ψυχούλες που τις δημιούργησαν, αποτελούν μέρος της προσωπικής τους έκφρασης, τις έφτιαξαν για να τις μοιραστούν με όσους εκείνες επέλεγαν, και είναι ακόμα δικές τους. Δε γνωρίζουμε αν θα ήθελαν οι ζωγραφιές τους να γίνουν σημαίες προς συζήτηση σε όλο το Πανελλήνιο, και δυστυχώς δεν μπορούμε να τις ρωτήσουμε. Είναι άλλο θέμα αν οι αρχές κρίνουν ότι η ανάλυσή τους θα βοηθήσει στην πορεία της έρευνας και προβούν σε ανάλογες ενέργειες με ειδικούς πραγματογνώμονες στα πλαίσια μίας μυστικής διαδικασίας.

Πριν λίγες μέρες παρακολούθησα μία δημοφιλή ενημερωτική τηλεοπτική εκπομπή στην οποία παρουσιάστηκαν γραφικά που έκαναν αναπαράσταση της σκηνής όταν το νεκρό βρέφος είχε μεταφερθεί στην κουζίνα και η μητέρα με τη θεία έκαναν προσπάθειες για να το επαναφέρουν στη ζωή. Ήταν μία λεπτομερής αναπαράσταση της ανατριχιαστικής σκηνής με κινούμενα γραφικά. Στην ίδια εκπομπή παρουσιάστηκαν γραφικά τα οποία έδειχναν τη μητέρα πίσω από τα κάγκελα του κελιού της και ο αστυνομικός στεκόταν απέξω και της άναβε το τσιγάρο. Δίνω μια σύντομη περιγραφή των γραφικών και αφήνω τα οποιαδήποτε σχόλια στην κρίση σας.

Οι ζωγραφιές και τα γραφικά είναι δύο μόνο παραδείγματα. Θα μπορούσε να γραφτεί ένα ολόκληρο βιβλίο με τα υπόλοιπα τα οποία δυστυχώς δεν έχουν τέλος ούτε όρια, όπως οι μεταθανάτιες φωτογραφίες του βρέφους που παρουσιάστηκαν στα κανάλια προς δημόσια ιατροδικαστική εξέταση.

Χθες, 28 Απριλίου 2022, παρουσιάστηκε σε τηλεοπτικό κανάλι το περιεχόμενο της εξομολόγησης της μητέρας η οποία έλαβε χώρα τη Μεγάλη Παρασκευή. Σε κάρτα δημοσιεύθηκαν τα λόγια του ιερέα προς τη μητέρα κατά τη διάρκεια της εξομολόγησής της. Ποιος τα βρήκε, πώς τα βρήκε, ποιος τα κατέθεσε, δεν έχει σημασία. Αυτό που μένει είναι ότι η συγκεκριμένη προβολή ξεπερνάει τα όρια ασέβειας προς προσωπικά δεδομένα και όχι απλά αγγίζει, αλλά αρπάζει ένα μέρος της ζωής μας που υποτίθεται πως είναι θείο και ιερό, και το καταπατά.

Σήμερα, 29 Απριλίου 2022, λίγες μόλις μέρες μετά το Άγιο Πάσχα, έχει εξαφανιστεί πλήρως η έννοια της αντικειμενικότητας που υποτίθεται ότι κουβαλάει το λειτούργημα της δημοσιογραφίας όπως και η δεοντολογική ευθύνη που συμπεριλαμβάνουν κάποια επαγγέλματα τα οποία κανονικά αποτελούν λειτουργήματα, αλλά οι πράξεις αυτών που τα αντιπροσωπεύουν τα έχουν μετατρέψει σε μέσα αυτοπροβολής. Έσβησαν όλες οι διαχωριστικές γραμμές. Δε θόλωσαν, δε μετακινήθηκαν, ούτε στράβωσαν. Απλά είναι ανύπαρκτες.

Λέγεται ότι *"η περιέργεια σκότωσε τη γάτα".* Μήπως τελικά την αποτελείωσε η υπερβολή;

Κάποια στιγμή θα πρέπει να σταματήσουμε να δίνουμε βήμα σε αυτούς τους γονείς και την ευκαιρία να ικανοποιούν τις ναρκισσιστικές ανάγκες τους. Αυτό θέλουν, αυτό επιδιώκουν, αυτό τους τρέφει, κι εμείς τους το προσφέρουμε απλόχερα. Όλοι κατακρίνουν τη δημόσια συμπεριφορά της μητέρας, αλλά ποιος της δίνει την ευκαιρία να την εκδηλώσει; Σε πρόσφατη τηλεφωνική της συνέντευξη από τις φυλακές ρωτήθηκε από δημοσιογράφο γιατί έβαλε το τάμπλετ στο φέρετρο της κόρης της και πού ακριβώς το τοποθέτησε. Κι εκείνη απάντησε με σαφήνεια και απάθεια σα να εξιστορούσε το πιο φυσιολογικό γεγονός και με ανατριχιαστικές περιγραφικές λεπτομέρειες. Ας αναρωτηθούμε αν φέρει την ευθύνη μόνο εκείνος που απαντάει ή αν έχει μερίδιο κι εκείνος που ρωτάει.

Τηλεοπτικές παρουσίες που μέχρι πρότινος η θεματολογία των εκπομπών τους είχε σχέση με τη μόδα, την ομορφιά, ή τη μαγειρική, βαφτίστηκαν σε μια νύχτα "δημοσιογράφοι" χωρίς κανένα ανάλογο υπόβαθρο.

Διαφαίνεται από όλα αυτά μία περίεργη, κατευθυνόμενη, και πιεστική προσπάθεια όλων των τηλεοπτικών καναλιών να μεταμορφώσουν όλες τις εκπομπές, είτε είναι ψυχαγωγικές, είτε ανάλαφρου περιεχομένου, σε εκπομπές καταγγελτικές που μοιάζουν με δημόσια και λαϊκά δικαστήρια. Αυτό από μόνο του δείχνει κάποια σκοπιμότητα η οποία, εάν υπάρχει, θα αναδυθεί στο μέλλον.

Έχουμε τη δύναμη να αντισταθούμε μπροστά στα νούμερα τηλεθέασης που χωρίς ιδιαίτερη προσπάθεια αυξήθηκαν ραγδαία; Γνωστός και αξιοσέβαστος Έλληνας ψυχίατρος είπε πολύ εύστοχα για τη μητέρα σε τηλεοπτική του εμφάνιση *"Πώς μπορεί και μιλάει;"*, **τονίζοντάς το τρεις φορές.** Συμφωνώ απόλυτα μαζί του ως προς τη στάση της μητέρας, αλλά παράλληλα από κάποιους της δίνεται το βήμα και η ευκαιρία να μιλήσει. Μήπως κι εμείς τρεφόμαστε από τη συμπεριφορά που τόσο έντονα κατακρίνουμε και ικανοποιούμαστε κάθε φορά που επιβεβαιώνει τα σκοτεινά μας ένστικτα; Μήπως είναι και αυτό μια αρρωστημένη και αναπόφευκτη κοινωνική ανάγκη;

Έχοντας ζήσει και εργαστεί στις Ηνωμένες Πολιτείες τα τελευταία 30 χρόνια, συγκεκριμένα στο Σικάγο, θα είχε ενδιαφέρον να συγκρίνουμε τη διαχείριση παρόμοιων υποθέσεων από τα μέσα μαζικής ενημέρωσης ανάμεσα στις δύο χώρες. Οι δημοσιογράφοι στις ΗΠΑ προβάλλουν στοιχεία και δεδομένα χωρίς να προσθέτουν τις προσωπικές τους απόψεις. Επίσης, υπάρχουν αυστηροί κανόνες ως προς το περιεχόμενο των προβαλλόμενων στοιχείων σχετικά με το αν και πώς ενδέχεται να επηρεάσουν το έργο των αρχών. Σίγουρα δεν είναι δυνατόν να υποτιμηθεί η εμπειρία των αρχών σε πόλεις όπως το Σικάγο, η οποία είναι νούμερο ένα στην εγκληματικότητα στις ΗΠΑ, ή τη Νέα Υόρκη, και η γνώση τους ως προς τον κατάλληλο τρόπο πληροφόρησης από τα μέσα χωρίς να παρενοχλούνται οι έρευνες. Αν μη τι άλλο, θα έπρεπε να αποτελούν υποδείγματα και παραδείγματα προς μίμηση για άλλες χώρες. Πολλές φορές οι πληροφορίες είναι εντελώς φειδωλές γι' αυτόν ακριβώς το λόγο, σε σημείο που ως ακροατής αισθάνομαι ότι η ενημέρωση είναι ελλιπής. Ωστόσο, γνωρίζοντας τους λόγους πίσω από την εγκράτεια έχουμε μάθει ως κοινό να περιμένουμε υπομονετικά την απόφαση της δικαιοσύνης. Μου προκαλεί όχι μόνο εντύπωση αλλά και απέχθεια ο τρόπος χειρισμού και διάδοσης πληροφοριών από τα Ελληνικά μέσα τα οποία καταλήγουν ή σε κουτσομπολίστικες εκπομπές ή σε λαϊκά δικαστήρια. Είχα παρατηρήσει ακριβώς το ίδιο με την υπόθεση στα Γλυκά Νερά, αλλά αυτή τη φορά έχει πλέον ξεπεραστεί κάθε όριο.

Θυμάμαι μία υπόθεση στην Αμερική που η μητέρα έπασχε από το σύνδρομο Munchausen by Proxy και για 17 ολόκληρα χρόνια είχε την κόρη της καθηλωμένη σε αναπηρικό αμαξίδιο έχοντας πείσει και την ίδια και τον περίγυρο ότι το κοριτσάκι είχε κινητικά προβλήματα, λευχαιμία, και άλλες ασθένειες. Μέχρι τα 17 του χρόνια το κορίτσι παρέμενε υπάκουο στο αμαξίδιο, παρόλο που ήξερε πως μπορούσε να περπατήσει, γιατί η μητέρα το είχε πείσει ότι αν σηκωνόταν και προσπαθούσε να περπατήσει θα πάθαινε ανεπανόρθωτη ζημιά. Ο περίγυρος όχι μόνο ήταν ανυποψίαστος, αλλά πρόσφερε ό,τι μπορούσε για να βοηθήσει τη "δύστυχη" μητέρα που μεγάλωνε το "άρρωστο" παιδάκι μόνη της. Ήρθε όμως η στιγμή που ξύπνησαν κάποια εφηβικά ένστικτα, το κοριτσάκι που πλέον είχε γίνει κοπέλα προχώρησε σε μια διαδικτυακή σχέση κρυφά από τη μητέρα, και τελικά αποφάσισε να κάνει την επανάστασή της. Σε συνεννόηση με τον φίλο της προέβησαν στη δολοφονία της μητέρας.

Πρόκειται για τη γνωστή υπόθεση της μητέρας Clauddine "Dee Dee" Blanchard και της κόρης της Gypsy Rose που έλαβε χώρα τον Ιούνιο του 2015 στη Louisiana. Τα τραγικά γεγονότα και οι αποκαλύψεις εμφανίστηκαν στα δελτία ειδήσεων χωρίς περιττές περιγραφικές λεπτομέρειες και οι γείτονες της μητέρας και του παιδιού περίμεναν να μάθουν τις δικαστικές εξελίξεις. Πέρασε αρκετό διάστημα μέχρι που εμφανίστηκε η δεκαοχτάχρονη πλέον Gypsy Rose στην τηλεόραση την ώρα εισαγωγής της στη δικαστική αίθουσα και θυμάμαι χαρακτηριστικά την αντίδραση ενός γείτονα που παρακολούθησε τη σκηνή και δήλωσε αργότερα σε δημοσιογράφο πως είχε μείνει άναυδος όταν είδε την κοπέλα να περπατάει, τόσο άναυδος που γύρισε το βίντεο πίσω δεκάδες φορές για να ξαναδεί τη σκηνή και να καταφέρει να πιστέψει ότι επρόκειτο για το ίδιο κορίτσι που τόσα χρόνια κινούνταν με αμαξίδιο. Μέχρι τη μέρα της εκδίκασης δεν είχαν παρουσιαστεί σχετικές εικόνες στην τηλεόραση και το θέμα παρουσιαζόταν με διακριτικότητα ακολουθώντας τη μυστικότητα που απαιτείται και για τις έρευνες των αρχών, αλλά και για την προστασία προσωπικών δεδομένων. Είχαν καταθέσει όλοι οι γείτονες αλλά τα λεγόμενά τους δεν παρουσιάζονταν σε κάρτες από τους δημοσιογράφους.

Στην υπόθεση της Πάτρας βλέπουμε καταθέσεις μαρτύρων, στοιχεία της δικογραφίας και ανάκρισης που υποτίθεται ότι είναι απόρρητα, και λεπτομερή παρουσίαση προσωπικών δεδομένων όλων των εμπλεκομένων. Μπορεί να είναι δικαίωμα ενός κρατούμενου να τηλεφωνεί και να επικοινωνεί με όποιον επιθυμεί, όμως το να δίνει καθημερινές τηλεφωνικές συνεντεύξεις είναι κάτι που βοηθάει την υπόθεση; Κάποιοι θα απαντήσουν ότι τα λεγόμενα των συνεντεύξεων μπορεί να προσφέρουν χρήσιμες πληροφορίες για τις αρχές και την εξιχνίαση. Εάν ισχύει αυτό, μπορούν οι δημοσιογράφοι να παραθέτουν το περιεχόμενο στις αρχές χωρίς να είναι απαραίτητο να το προβάλλουν δημοσίως.

Μέσα από όλη αυτή τη δημοσιογραφική πανδαισία έχουν αναδειχτεί και κάποια στοιχεία που προκαλούν ιδιαίτερους προβληματισμούς. Παρουσιάζονται ιατροδικαστικές εκθέσεις οι οποίες εκ των υστέρων αμφισβητούνται. Προβάλλονται μαρτυρίες ανθρώπων που έβλεπαν, ήξεραν, αλλά δε μιλούσαν. Έχουν αναφερθεί καταγγελίες για κακοποίηση και υποψίες ως προς τη μητέρα οι οποίες έμειναν στάσιμες. Είναι προφανές ότι υπάρχουν κενά και προβλήματα σε διάφορα επίπεδα του συστήματος και πιστεύω ότι είναι κρίσιμο να εξεταστούν και να αντιμετωπιστούν.

Αναφερόμαστε στα ιατροδικαστικά λάθη και τα προσπερνάμε. Ας σταματήσουμε λίγο να σκεφτούμε τι μπορεί να σημαίνουν. Τα λάθη μπορεί να είναι ανθρώπινα, αλλά εδώ έχουμε να κάνουμε με θανάτους παιδιών. Τι θα πει *"δεν ήταν αξιοσημείωτες οι δύο αμυχές στη μύτη"*; Αν υπάρχει έστω και το παραμικρό ενδεχόμενο δύο μικρές και ανύποπτες αμυχούλες να ήταν σε θέση να σώσουν δύο ζωές είναι δυνατόν να μην τις θεωρούμε αξιοσημείωτες; Και ποιος φέρει ευθύνη για την παράλειψη; Γιατί δεν καλέστηκε ιατροδικαστής για αυτοψία στο χώρο όπου βρέθηκε νεκρό το βρέφος; Μήπως αυτή η μία "απλή" επίσκεψη θα μπορούσε να είχε σώσει και μία ζωή; Ποιος φέρει ευθύνη για την παράλειψη; Και πόσες άλλες παραλείψεις έχουν σημειωθεί; Ή μήπως δεν είναι καμία αξιοσημείωτη;

Ας εξετάσουμε τις παραλείψεις και από τη σκοπιά ενός άλλου υποτιθέμενου σεναρίου. Εάν υποθέσουμε ότι το μεγαλύτερο κοριτσάκι δεν είχε πεθάνει και η μητέρα σκότωσε τα δύο πρώτα παιδιά, *πού θα βρισκόμαστε* σήμερα με βάση τις πρώτες ιατροδικαστικές εκθέσεις; Θα κυκλοφορούσε ανάμεσά μας ανενόχλητη μία δολοφόνος.

Για να είμαστε δίκαιοι, θα πρέπει να αναδείξουμε την προσφορά του δημοσιογραφικού έργου στην έρευνα. Είναι πιθανό εάν δεν είχε υπάρξει η δημοσιογραφική προβολή και οι διαστάσεις που πήρε, η φερόμενη ως δολοφόνος όντως να κυκλοφορούσε σήμερα ανάμεσά μας ανενόχλητη. Ίσως οι πρώτες ιατροδικαστικές εκθέσεις να μην επανεξετάζονταν σήμερα αν η υπόθεση δεν είχε προβληθεί ανάλογα. Μας βάζει σε δίλημμα να σκεφτούμε μήπως είναι προτιμότερο η δημοσιογραφία να υπερβαίνει τα όρια αν αυτό χρειάζεται η δικαιοσύνη και οι αρχές για να κινητοποιηθούν. Μπορεί να προκύπτει ένα δίλημμα, αλλά το γεγονός της ύπαρξής του είναι από μόνο του λυπηρό γιατί οι αρχές και η δικαιοσύνη θα έπρεπε να ενεργούν άμεσα και αποτελεσματικά χωρίς να έχουν την ανάγκη οποιασδήποτε εξωγενούς κινητοποίησης.

Η παρουσία ειδικών στα κανάλια, συγκεκριμένα ψυχολόγων και ψυχιάτρων, επίσης γεννά ένα ακόμα ερώτημα: όλο αυτό το διάστημα γιατί δεν έχει εξεταστεί η μητέρα από ειδικούς ώστε να προκύψει ένα εμπεριστατωμένο ψυχιατρικό πόρισμα; Η ειδικότητα του ψυχιάτρου είναι εκείνη που μπορεί να αναδείξει οποιαδήποτε προβλήματα ενδέχεται να σχετίζονται με το προφίλ της μητέρας. Μία μάνα που φέρεται να έχει σκοτώσει το ίδιο της το παιδί, και πιθανόν και τα άλλα δύο, μόνο χρήσιμες πληροφορίες μπορεί να προσφέρει στους ειδικούς για να καταλάβουν και οι αρχές τι ακριβώς συμβαίνει με τον ψυχισμό της που θα μπορούσε να την οδηγήσει σε μία τόσο ειδεχθή πράξη. Εκτός από τις αρχές, το έχει ανάγκη και η κοινωνία να μάθει πώς είναι δυνατόν να έχει συμβεί κάτι που *"δεν το χωράει ανθρώπου νους"*. Μάλλον για νομικούς και ερευνητικούς λόγους η οποιαδήποτε εξέταση θα γίνει αργότερα, και υπό άλλες συνθήκες θα ήταν σεβαστό, αλλά στην προκειμένη περίπτωση το κάθε λεπτό αυτού του πιθανώς διαταραγμένου ψυχισμού μετράει και οι πληροφορίες που μπορεί να προσφέρει για την αντικειμενική διερεύνηση είναι ανεκτίμητες. Εάν αυτός είναι ο στόχος, η αντικειμενική διερεύνηση χωρίς νομικά και ερευνητικά "τερτίπια", η ψυχιατρική εξέταση της μητέρας έχει αργήσει και θα έπρεπε να είχε ήδη εξεταστεί από τουλάχιστον τρεις ειδικούς για να προκύψει μία αντικειμενική σκιαγράφηση του προφίλ της. Αντί αυτού, οι ειδικοί εκφράζουν τις απόψεις τους μέσα από εκπομπές και αυτό μόνο αντικειμενικότητα δεν είναι σε θέση να προσφέρει.

Προσωπικά, εάν αποδειχτεί ότι οι τρεις θάνατοι προήλθαν από εγκληματικές ενέργειες και τελικά θεωρηθούν, όπως πολλοί τους αποκαλούν, *"τα εγκλήματα του αιώνα"*, το μόνο πράγμα που θα με απασχολεί είναι αν κάποιος από τους θανάτους, ή και όλοι ενδεχομένως, θα μπορούσαν να είχαν αποφευχθεί. Εάν υπάρχουν ευθύνες - οικογενειακές, κοινωνικές, και επιστημονικές - θα πρέπει να διερευνηθούν εις βάθος και να αποκατασταθεί η δικαιοσύνη. Επίσης θα πρέπει να μελετηθούν οποιαδήποτε κενά υπάρχουν στο σύστημα και να καλυφθούν ή να διορθωθούν ανάλογα. Ένα χέρι μπορεί να σκοτώσει μόνο του, αλλά αν υπάρχει έστω και η παραμικρή πιθανότητα κάποιος, κάπου, κάποτε να μπορούσε να προλάβει και να αποτρέψει το φονικό χέρι με οποιονδήποτε τρόπο, αποτελεί ανάγκη ζωτικής σημασίας να ερευνηθεί και να αποκαλυφθεί. Το έχει ανάγκη η κοινωνία και ο καθένας από εμάς ξεχωριστά γιατί μόνο η ολοκληρωμένη αλήθεια είναι σε θέση να βοηθήσει να κλείσουν οι πληγές που όλοι έχουμε υποστεί βιώνοντας τα τραγικά γεγονότα και την εξέλιξή τους. Μόνο η προσέγγιση της αλήθειας έχει τη δύναμη να μας απελευθερώσει και να μας ανακουφίσει.

> *"Όπου βρίσκεται η αλήθεια, εκεί βρίσκεις και τον Θεό."*
> ~ Miguel de Cervantes ~ [Ισπανός Συγγραφέας, 1547-1616]

> *"Όταν η αλήθεια δεν είναι ελεύθερη, η ελευθερία δεν είναι αληθινή."*
> ~ Jaques Prévert ~ [Γάλλος Συγγραφέας, 1900-1977]

[ΠΡΟΣΩΠΙΚΗ ΠΑΡΕΝΘΕΣΗ: "Η ΔΙΚΗ ΜΑΣ ΦΩΝΗ"]

> *"Γιατί εμείς;"*
> ~ Μ., Ι., Τ. ~

"Συζητάμε κάθε μέρα εδώ πάνω, άλλες φορές για εσάς, και άλλες φορές για εμάς. Σήμερα κάναμε συμβούλιο και αποφασίσαμε ότι ως μεγαλύτερη θα

τα πω όλα εγώ, αλλά είναι σα να μιλάμε και οι τρεις μαζί γιατί τα ίδια σκεφτόμαστε. Εγώ δεν έχει πολύ καιρό που έφυγα, μόνο τρεις μήνες, και ο μόνος λόγος που χάρηκα ήταν γιατί ξαναβρέθηκα με τις αδελφούλες μου. Τις είχα γνωρίσει και τις δύο, ενώ εκείνες γνωρίστηκαν για πρώτη φορά εδώ πάνω. Έτσι, όταν συναντηθήκαμε και οι τρεις μαζί για πρώτη φορά ήταν σαν όνειρο.

Πολλές φορές νομίζουμε ότι βρισκόμαστε σε ένα όνειρο και πως μόλις ξυπνήσουμε θα είμαστε πάλι κάτω, μαζί σας. Αλλά όταν κοιταζόμαστε ξέρουμε ότι αυτό δε θα γίνει. Το ξέρουμε γιατί **ξέρουμε**. Γνωρίζουμε και οι τρεις τι έχει γίνει, όλα όσα έχουν συμβεί, ακόμα και η μπεμπούλα. Πολλές φορές αναρωτιόμαστε για τις φωτογραφίες που ανέβαζε η μαμά μας στο Facebook, τότε που τραγουδούσαμε, παίζαμε, φτιάχναμε κουλουράκια, πηγαίναμε βόλτες με το αυτοκίνητο, κάναμε πάρτυ γενεθλίων, και όλοι χαμογελούσαμε στις φωτογραφίες. Κανείς μας δε φαινόταν λυπημένος ή θυμωμένος. Πιστεύαμε ότι η μαμά και ο μπαμπάς μας αγαπούσαν και ήθελαν να είμαστε καλά.

Όμως θυμόμαστε και οι τρεις πώς βρεθήκαμε εδώ πάνω. Θυμόμαστε τα πάντα, ακόμα και η μπεμπούλα, και αυτό γιατί καταλάβαμε όλα όσα έγιναν τις τελευταίες στιγμές. Νιώσαμε τι γινόταν και θυμόμαστε μέχρι και το τελευταίο δευτερόλεπτο, τότε που μας κόπηκε η ανάσα κι έσβησαν όλα, και μετά βρεθήκαμε εδώ ψηλά. Εκείνες οι τελευταίες στιγμές δεν ξεχνιούνται, ούτε όλα όσα νιώσαμε, ούτε και ποιος τα έκανε. Μόνο που δεν καταλαβαίνουμε γιατί. **Γιατί μας το έκανε;**

Η πρώτη αδελφούλα που ανέβηκε εδώ πάνω στην αρχή ήταν μόνη της. Κι εγώ κάτω έμεινα μόνη μου. Εκείνη με έβλεπε από ψηλά και μου άπλωνε το χεράκι της. Κι εγώ κοιτούσα τα αστεράκια κι έψαχνα να βρω ποιο ήταν το δικό της. Κάθε νύχτα σήκωνα το χέρι μου και της έστελνα φιλάκια. Μου είχαν πει ότι αρρώστησε βαριά και την πήρε η Παναγίτσα για να μην πονάει. Κι εκείνη το άκουγε και ήθελε να μου πει τι πραγματικά είχε γίνει αλλά δεν άκουγα τη φωνούλα της. Μετά όταν βρεθήκαμε μου είπε ότι έκλαιγε γιατί ήθελε να είναι μαζί μου, να παίζουμε, και να κάνουμε βόλτες με τα ποδήλατα.

Όταν γεννήθηκε η μπεμπούλα μας της έδειχνα τα αστεράκια στον ουρανό και της έλεγα:

~ ''Πού είναι η αδελφούλα μας; Για βρες την!''.

Και η μπεμπούλα σήκωνε ψηλά τα χεράκια και γελούσε. Εγώ της χαμογελούσα αλλά μέσα μου έκλαιγα γιατί ήθελα να είμαστε και οι τρεις μαζί. Τότε δεν ήξερα ότι θα γινόμασταν όλες αστεράκια τόσο γρήγορα...

Μια μέρα, ήταν Κυριακή πρωί, η Παναγίτσα πήρε και την μπεμπούλα. Έτσι μου είπαν. Αρρώστησε κι εκείνη στον ύπνο της κι έγινε αστεράκι. Ανέβηκε ψηλά και συναντήθηκε για πρώτη φορά με το άλλο αστεράκι μας. Εγώ έμεινα πάλι μόνη μου.

Φοβόμουν μήπως αρρωστήσω κι εγώ. Ήθελα να είμαι μαζί με τις αδελφούλες μου αλλά όχι εκεί πάνω. Ήθελα να έρθουν εκείνες εδώ κάτω. Έκλαιγα κι έλεγα στη μαμά μου ότι μου έλειπαν οι αδελφούλες μου. Τις νύχτες σηκωνόμουν από το κρεβάτι και πήγαινα στο παράθυρο. Κοιτούσα τον ουρανό και αν είχε σύννεφα και δεν έβλεπα τα αστεράκια έκλαιγα μόνη μου στο σκοτάδι. Ένα βράδυ κοιμήθηκα με τη μαμά γιατί φοβόμουν να είμαι μόνη μου. Κάποια στιγμή ξύπνησα και μου είπαν ότι έπρεπε να πάω στο νοσοκομείο. Δεν ξέρω αν ήμουν καλά ή αν ήμουν άρρωστη. Δεν μπορούσα να καταλάβω.

Όταν σταμάτησε η καρδούλα μου και ο γιατρός κατάφερε να την ξανακάνει να χτυπήσει, και όταν τελικά ξύπνησα, ήθελα να τους πω τι είχε γίνει αλλά δεν μπορούσα να μιλήσω. Κοιτούσα γύρω μου και προσπαθούσα να κουνήσω τα χείλη μου και να μιλήσω όπως πριν, αλλά δεν τα κατάφερνα. Ήταν πολύ τρομαχτικό. Συνέχεια άκουγα, έβλεπα, σκεφτόμουν, και ήθελα τόσο πολύ να τους πω τι είχε γίνει, αλλά τα χείλη και η γλώσσα μου ήταν κολλημένα στο στόμα και δεν κουνιόντουσαν όπως παλιά. Όταν φοβόμουν έκλαιγα, και όταν χαιρόμουν γελούσα, αλλά δεν μπορούσα να πω σε κανέναν γιατί.

Τώρα που είμαι εδώ πάνω με τις αδελφούλες μου μιλάω. Μου είπαν τι είχε γίνει, κι εγώ τους είπα για μένα αλλά ήδη το ήξεραν. Τα είχαν δει όλα από τον ουρανό. Ήθελαν να με βοηθήσουν, να με κάνουν να μιλήσω, να κατέβουν κάτω και να μου πιάσουν το χέρι. Όμως τα αγγελάκια, παρόλο που έχουν φτερά, πετούν στον ουρανό και μένουν ψηλά. Έχουμε προσπαθήσει πολλές φορές να ανοίξουμε τα φτερά μας και να πετάξουμε κάτω, να έρθουμε να σας βρούμε και να σας τα πούμε όλα, αλλά πάντα μένουμε πάνω από τα σύννεφα. Σας βλέπουμε και σας προσέχουμε, αλλά οι φτερούγες μας δεν *είναι ακόμα τόσο μεγάλες για να σας αγκαλιάσουν, και πάντα μας ανεβάζουν πιο ψηλά, πιο κοντά στην Παναγίτσα.*

Μια μέρα η Παναγίτσα μας πήρε κοντά της, καθίσαμε στα γόνατά της, και μας είπε ότι κανείς δεν μπορεί να μας πειράξει εδώ πάνω και ότι πάντα θα μπορούμε να μιλάμε. Μου είπε ότι δε θα ξαναχάσω ποτέ τη φωνή μου, και ότι τα μεγαλύτερα αγγελούδια που έχουν πιο φαρδιές φτερούγες θα μας σκεπάζουν τα βράδια και ποτέ δε θα κρυώνουμε. Η μπεμπούλα είχε ακουμπήσει το κεφαλάκι της πάνω στην καρδιά της και χαμογελούσε. Η άλλη μου αδελφούλα της χάιδευε τα μαλλιά, κι εγώ κοιτούσα το γλυκό και ήρεμο πρόσωπο της και τη ρώτησα:

~"*Μας αγαπούσαν η μαμά και ο μπαμπάς;*".

Δε μου απάντησε και τη ρώτησα:

~"*Όλοι οι γονείς δεν αγαπούν τα παιδιά τους;*".

Τότε ακούμπησε τα χέρια της στα μάγουλά μου, έσκυψε και μου ψιθύρισε στο αυτί:

~"*Εγώ είμαι τώρα η μανούλα σας. Και όλα τα αγγελάκια είναι αδελφάκια σας. Και τα αστεράκια σας φωτίζουν για να μεγαλώσουν οι φτερούγες σας και να αγκαλιάσετε κι εσείς όλους τους ανθρώπους. Εδώ παίρνετε μόνο αγάπη και μετά τη σκορπάτε στη γη, σε όλους τους ανθρώπους, και χαμογελάτε γιατί είστε ευτυχισμένες που μπορείτε να το κάνετε, κι ας μην το ξέρουν. Αν κάποιος σας έκανε κακό, εσείς του στέλνετε το φως της αγάπης για να μην το ξανακάνει. Τώρα είστε τα αστεράκια μου και τα αστεράκια όλου του κόσμου, και η αγάπη που παίρνετε και δίνετε είναι αληθινή και δε σβήνει ποτέ*".

Λίγο αργότερα, όταν παίζαμε με τις αδελφούλες μου, τους είπα τα λόγια της Παναγίτσας, δέσαμε σφιχτά τα χέρια, και κάναμε μία υπόσχεση:

~"*Εμείς γνωρίζουμε. Θα στέλνουμε το φως μας σε όσους γνωρίζουν, και όταν το νιώσουν, όταν φωτιστεί η ψυχή τους, τότε θα μιλήσουν την αλήθεια. Μέχρι τότε, θα παραμένουμε τρία φωτεινά αστεράκια και θα τους στέλνουμε όση περισσότερη λάμψη μπορούμε. Και όταν μιλήσουν, τότε θα πλαγιάσουμε δίπλα στην Παναγίτσα μας για να ξεκουραστούν οι ψυχούλες μας*".

44. Διαχείριση

"Δεν υπάρχει μυστικό για την ισορροπία. Απλά να αισθάνεσαι μέσα σου τα κύματα"
~ Frank Herbert ~ [Αμερικανός Συγγραφέας, 1920-1986]

Τα πρωτοφανή χαρακτηριστικά της υπόθεσης και οι κοινωνικές διαστάσεις που έχει πάρει την καθιστούν ιδιαίτερη ως προς τη διαχείρισή της, όχι μόνο από τις αρχές και όλο το φάσμα των ερευνητικών διαδικασιών καθώς και της δημοσιογραφικής κάλυψης, αλλά και από όλους εμάς, τον καθένα ξεχωριστά και προσωπικά. Οι κοινωνιολογικές προεκτάσεις της υπόθεσης είναι τεράστιες και αξιοσημείωτες.

Όταν παρατηρούμε συνεχή και καθημερινή δημοσιογραφική κάλυψη μιας υπόθεσης, είναι αδύνατον αυτό να μην έχει αντίκτυπο στην κοινωνία αλλά και σε ατομικό επίπεδο. Παρακολουθούμε δελτία ειδήσεων και αποτελεί πρώτο θέμα σε όλα τα κανάλια. Καθημερινά προβάλλονται καινούριες λεπτομέρειες που συμπληρώνουν αυτές της προηγούμενης μέρας. Δημιουργείται μία συνέχεια που τροφοδοτεί την επιθυμία για πληροφόρηση και γνώση κάθε καινούριας πτυχής. Όσο περισσότερο την παρακολουθούμε, τόσο πιο βαθιά εισχωρούμε στις λεπτομέρειες, και τόσο περισσότερο η ενημέρωση μετατρέπεται σε καθημερινή ανάγκη. Η λεπτομερής και συνεχής πληροφόρηση τροφοδοτεί την ανάγκη για περαιτέρω και λεπτομερέστερη πληροφόρηση.

Σκέψου την περίοδο του κορωνοϊού. Όταν παρακολουθούσαμε σε καθημερινή βάση κάποια δεδομένα όπως τους αριθμούς κρουσμάτων και θανάτων, η ενημέρωση κάθε επόμενη μέρα κατέληγε σε μια εθιστική διαδικασία και η πρώτη μας σκέψη κάθε πρωί ήταν "Για να δω, πού έχουν φτάσει τα κρούσματα;". Μάλιστα, η αναζήτηση και απόκτηση της πληροφορίας κατέληγε όχι απλά σε συνήθεια, αλλά σε ανάγκη. Αν όμως για 2-3 μέρες, και για οποιονδήποτε λόγο, δεν παρακολουθούσαμε τα δελτία ειδήσεων, το γεγονός και η ύπαρξη του ιού απομακρυνόταν από τη σκέψη μας. Όσο μεγαλύτερο το διάστημα χωρίς πληροφόρηση, τόσο περισσότερο ξεθωριάζει η ύπαρξη της είδησης και παράλληλα η ανάγκη μας για ενημέρωση. Είναι κάτι παρόμοιο με το νόημα που εκφράζει η παροιμία: *"Μάτια που δε βλέπονται γρήγορα λησμονιούνται".*

Ο βαθμός στον οποίο επιλέγουμε να επενδύσουμε στην πληροφόρηση αποτελεί προσωπική επιλογή, και τα οποιαδήποτε όρια εξαρτώνται από εμάς τους ίδιους. Αφού λάβουμε υπόψιν την πιθανότητα της *"εθιστικής"* διαδικασίας που προαναφέρθηκε, εμείς αποφασίζουμε αν και κατά πόσο θα μπούμε στη διαδικασία ενημέρωσης. Για να καταλήξουμε στην απόφαση, χρειάζεται να αναλογιστούμε αν και πόσο μας επηρεάζει η ενημέρωση και με ποιους τρόπους, από το πιο πρακτικό σενάριο διαχείρισης του χρόνου μας ως τις βαθύτερες ψυχολογικές επιπτώσεις που ενδέχεται να επιφέρει. Επομένως, η απόφαση και επιλογή μας μπορεί να συμπεριλαμβάνει ποσοτικές και ποιοτικές παραμέτρους: *τη συχνότητα και ποσότητα της πληροφόρησης, και την επιλογή των πηγών.*

Όπως κάθε αξιόπιστος και αντικειμενικός ερευνητής εξετάζει σε βάθος τις πηγές των πληροφοριών του και αν αυτές κρύβουν τυχόν κίνητρα, έτσι και ο τηλεθεατής είναι ωφέλιμο να φιλτράρει τις πηγές ενημέρωσης και να τις εξετάζει με κριτική ματιά. Όταν μας προσφέρουν τροφή, δε σημαίνει ότι είμαστε υποχρεωμένοι να την καταπιούμε χωρίς πρώτα να τη μυρίσουμε και να τη μασήσουμε. Στην πραγματικότητα δεν είμαστε καν υποχρεωμένοι να τη βάλουμε στο στόμα μας. Μέσα από τη σύγκριση και εξέταση των πληροφοριών, και μαζί με την κοινή λογική, έχουμε όλοι την ικανότητα να διακρίνουμε αν και πότε η πληροφόρηση είναι αντικειμενική. Αν επιθυμούμε αυθεντική ενημέρωση και όχι απλά οποιοδήποτε ανεξέλεγκτο είδος πληροφορίας μας προσφέρεται, πολλές φορές *"κουτσομπολίστικου"* τύπου, τότε απαιτείται η κριτική αξιολόγηση των πηγών ενημέρωσης που επιλέγουμε.

Στην επιλογή παρακολούθησης των εξελίξεων μίας είδησης ή υπόθεσης είναι σοφό να λαμβάνουμε υπόψιν μας και την επιρροή που ενδέχεται να ασκήσει πάνω μας σε προσωπικό επίπεδο. Υπάρχει περίπτωση να φάω σοκολάτα αν γνωρίζω από πριν και από προηγούμενη εμπειρία ότι μου προκαλεί σοβαρή αλλεργία με επικίνδυνες συνέπειες; Αν γνωρίζουμε ότι η φύση μιας υπόθεσης ενδέχεται να προκαλέσει αρνητικές επιπτώσεις στις σκέψεις μας, στα συναισθήματά μας, και στην ψυχολογία μας, είναι προτιμότερο να αποφεύγεται η παρακολούθησή της ακόμα και αν

αυτό σημαίνει ότι *"μένουμε πίσω"* στην ενημέρωση και δε συμβαδίζου-
με με την επικαιρότητα. Ίσως αυτό να επηρεάσει κοινωνικές περιστάσεις
που συμπεριλαμβάνουν τη συζήτηση του θέματος, αλλά αν αναλογιστού-
με πόσο απαραίτητη μας είναι η συγκεκριμένη πληροφόρηση, τις περισ-
σότερες φορές θα συνειδητοποιήσουμε ότι στην πραγματικότητα δε μας
προσφέρει κάτι ουσιαστικό.

   Ως παράδειγμα, γνωρίζω γυναίκες που επιθυμούν να γίνουν μητέρες
αλλά δεν το έχουν καταφέρει ακόμα, και όταν παρακολουθούν τη συγκε-
κριμένη υπόθεση ο θυμός που τις κατακλύζει είναι τόσο έντονος που έχει
αρνητική επίδραση στην προσωπική τους ηρεμία. Και όταν λέω "αρνητι-
κή επίδραση" εννοώ σε σημείο να κλαίνε με λυγμούς για τα παιδάκια που
χάθηκαν, για την πιθανότητα ενοχής της κατηγορουμένης, και για την αδι-
κία που νιώθουν καθώς δεν έχουν την ευκαιρία να προσφέρουν τη μητρι-
κή αγάπη που τόσο ποθούν. Δεν υπάρχει κανένας λόγος να βάζουν αυτές
οι γυναίκες τον εαυτό τους σε μία τόσο ψυχοφθόρα και επώδυνη διαδικα-
σία εφόσον όχι μόνο δεν τους προσφέρει κάτι, αλλά επιδεινώνει την ήδη
επιβαρυμένη και πονεμένη ψυχολογία τους.

   Η αλήθεια είναι ότι το συγκεκριμένο θέμα έχει απορροφήσει την προ-
σοχή της κοινωνίας σε πρωτοφανές επίπεδο. Η φράση *"δεν το χωράει αν-
θρώπου νους"* έχει λάβει καινούριες διαστάσεις, περίπλοκες και πρωτο-
φανούς εμβέλειας, και η ευαισθησία μας αδυνατεί να μείνει αμέτοχη και
αδιάφορη. Πολλοί άνθρωποι δυσκολεύονται πραγματικά να το διαχειρι-
στούν και παραδόξως αυτή η δυσκολία τους προτρέπει να το παρακολου-
θούν διαρκώς και με συνέπεια. Είναι στη φύση του ανθρώπου να κοιτάζει
κατάματα, έντονα και εξεταστικά, αυτό που τον φοβίζει ή τον αποτροπιά-
ζει στην προσπάθειά του να το κατανοήσει και να το διαχειριστεί, ή να το
αποβάλλει με επιβλητικότητα.

Τα οποιαδήποτε όρια εξαρτώνται από εμάς.
Η επιλογή της ποσότητας και της ποιότητας είναι καθαρά δική μας.
Μόνο εμείς μπορούμε να εξασφαλίσουμε την ισορροπία μας μέσα από
συνειδητές επιλογές. Τα μέσα μαζικής ενημέρωσης μας δίνουν ό,τι και
όσα θέλουν.
Το ξεκαθάρισμα ανήκει στη δική μας κρίση.

Τέλος, θα είναι καλό να είμαστε προετοιμασμένοι και για κάποιο ενδεχόμενο το οποίο πολλοί θεωρούν απίθανο: *την αποφυλάκιση ή και αργότερα αθώωση της κατηγορουμένης*. Όσοι έχουν την πεποίθηση πως είναι ένοχη, η διαχείριση των παραπάνω θα αποδειχτεί ακόμα πιο δύσκολη από αυτό που προσπαθούμε να διαχειριστούμε τώρα. Ίσως είναι σοφότερο και δίκαιο να κρατάμε "μικρό καλάθι", και προς τιμήν της υποστήριξης του τεκμηρίου αθωότητας, αλλά και για να προστατέψουμε τον ίδιο μας τον εαυτό.

45. Πρόληψη: τι έφταιξε;

"Η καλύτερη στιγμή να επιδιορθώσεις τη στέγη είναι όταν ο ήλιος λάμπει"
~ *John Kennedy* ~

Ας εξετάσουμε μία **υποθετική** υπόθεση με παρόμοια χαρακτηριστικά η οποία όμως καταλήγει στην ενοχή της μητέρας για τις δολοφονίες και των τριών παιδιών. Το **υποθετικό** σενάριο περιλαμβάνει όλα τα γεγονότα της παρούσας υπόθεσης με μόνη διαφορά ότι έχουμε ένα δεδομένο πόρισμα, την ενοχή της μητέρας. Σε ένα τέτοιο σενάριο θα μπορούσαν να είχαν αποφευχθεί όλοι ή κάποιοι από τους θανάτους μέσα από βήματα πρόληψης, και αν ναι, τι θα μπορούσε να είχε γίνει και από ποιους;

Ο ΣΥΖΥΓΟΣ ΚΑΙ ΠΑΤΕΡΑΣ

Πολλοί αναρωτιούνται πώς είναι δυνατόν να μην είχε αντιληφθεί κάτι ο σύζυγος και πατέρας των παιδιών. Όπως αναφέρθηκε σε προηγούμενο κεφάλαιο, σε παρόμοιες περιπτώσεις της βιβλιογραφίας ο ρόλος του συζύγου αποτελεί ένα θολό τοπίο που περιλαμβάνει απουσία και άρνηση. Στο υποθετικό μας σενάριο ο σύζυγος είναι ο πρώτος και κύριος άνθρωπος που θα μπορούσε να είχε προλάβει εάν όχι το θάνατο του πρώτου παιδιού, σίγουρα τους άλλους δύο. Αυτό θα προϋπόθετε ένα βαθμό ωριμότητας και υπευθυνότητας ώστε να καταφέρει πρώτα να αποκολληθεί ψυχολογικά από την αλληλοεξάρτηση που παρουσιάζεται ως ένα υπόβαθρο στη σχέση του ζευγαριού και που οδηγούσε σε αντιζηλίες και μοτίβα "χωρισμού-επανασύνδεσης", και παράλληλα την απαιτούμενη συναισθηματική επένδυση προς την οικογένειά του. Οι συνθήκες κάτω από τις οποίες έγινε πατέρας καθώς και στοιχεία του χαρακτήρα του ίσως να αιτιολογούν γιατί δεν ενήργησε ανάλογα.

Γνώρισε την πατρότητα πολύ μικρός, στα είκοσί του χρόνια, και παρόλο που ηλικιακά ένας εικοσάχρονος θεωρείται ενήλικας, στην πραγματικότητα δεν έχει ακόμα ολοκληρωθεί ο μετεφηβικός κύκλος. Εάν, και σύμφωνα με κάποιες μαρτυρίες, η πρώτη εγκυμοσύνη ήταν κάτι απρόοπτο και η "οικογένεια" δημιουργήθηκε κάτω από το πρίσμα ανάλογης πίεσης, τότε η "απότομη ενηλικίωση" που ακολουθεί ένα τέτοιο γεγονός δεν είναι πάντα ομαλή. Ο ίδιος έχει αναφέρει ότι μεγάλωσε μαζί με την κόρη του και ότι εκείνη τον έκανε "άντρα", κάτι που ακούγεται ως μια αυθεντική και ειλικρινής δήλωση. Στην πορεία των οικογενειακών ευθυνών μπορεί να ένιωσε εγκλωβισμένος και απροετοίμαστος για το μέγεθος της ευθύνης. Ίσως είχε κάποια όνειρα και φιλοδοξίες που δεν ήταν σε θέση να πραγματοποιήσει εφόσον υπήρχαν πλέον άλλες προτεραιότητες, και ο ερχομός του δεύτερου παιδιού φόρτισε την κατάσταση ακόμα περισσότερο. Ως αποτέλεσμα, και φέροντας την ευθύνη του εργαζόμενου πατέρα που πρέπει να φροντίζει και να παρέχει για την οικογένειά του, και όντας απών από το σπίτι για πολλές ώρες δουλειάς, άρχισε να απομακρύνεται συναισθηματικά από το οικογενειακό περιβάλλον και πήρε το ρόλο περισσότερο του "προμηθευτή" και λιγότερο του συναισθηματικού στηρίγματος. Όταν απομακρυνόμαστε από ένα περιβάλλον, όπως σε περίπτωση που λείπουμε λόγω εργασίας, κάποιες φορές αισθανόμαστε συναισθηματική απομάκρυνση και αποκοπή από τους οικείους μας, ακόμα και από τα παιδιά μας, και η ουσιαστική συναισθηματική διασύνδεση μειώνεται και καταλήγει σε συμπεριφορές επιφανειακού ενδιαφέροντος.

Αν προσθέσουμε στο παραπάνω τη φύση της σχέσης με τη σύζυγο η οποία παρουσιάζει μία πιεστική και ζηλότυπη προσωπικότητα, αυτό μπορεί να οδηγήσει σε εντονότερη συναισθηματική απομάκρυνση και έλλειψη συναισθηματικής επένδυσης. Αυτό με τη σειρά του μπορεί να οδηγήσει προς κάποιες κατευθύνσεις όπως την ανικανότητα να βλέπει ή να διαισθάνεται αρνητικές καταστάσεις που συμβαίνουν μέσα στο ίδιο του το σπίτι, ή να τις καταλαβαίνει αλλά να αρνείται να τις αντικρίσει και να τις αντιμετωπίσει. Πιο απλοϊκά, φτάνει στο σημείο να σκέφτεται:

~ *"Γιατί να μπλέξω τώρα σε καβγάδες; Αρκετά έχω στο κεφάλι μου. Όλα καλά."*

Ο χαρακτήρας του πατέρα παίζει επίσης σημαντικό ρόλο. Αν, για παράδειγμα, φέρει χαρακτηριστικά ανθρώπου που του αρέσει να "βολεύεται" και αποφεύγει να έρχεται αντιμέτωπος με προβλήματα για να μη χάσει τη βολή του, τότε η ουσιαστική συναισθηματική επένδυση είναι λιγότερο πιθανή. Όταν είμαστε "παρόντες", με την ουσιαστική έννοια της παρουσίας που ενδιαφέρεται πραγματικά, που αντικρίζει προβλήματα κατάματα και τα αντιμετωπίζει, παραμένουμε συνδεδεμένοι με το περιβάλλον και όσα συμβαίνουν, αλλά αυτό επίσης συνεπάγεται καταβολή προσπάθειας, ενεργητικότητας, και φέρει κούραση. Μια πιο "χαλαρή" προσέγγιση αποφυγής προβλημάτων και καταστάσεων αποτελεί χαρακτηριστικό κάποιων προσωπικοτήτων το οποίο ενισχύεται με την αύξηση των προβλημάτων και οδηγεί σε μεγαλύτερη απομάκρυνση από αυτά.

Ίσως και η συνειδητοποίηση κάποιων χαμένων στόχων και ονείρων να προκάλεσε πικρία και την απόφαση να τα κυνηγήσει παραμερίζοντας άλλες οικογενειακές υποχρεώσεις μαζί με την επένδυση χρόνου, ενέργειας, και συναισθήματος που απαιτούν. Ο πατέρας ήθελε να ασχοληθεί επαγγελματικά με το τραγούδι, αλλά έπρεπε να δουλεύει για να παρέχει στην οικογένεια. Αν προσπαθούσε να καλύψει τις καλλιτεχνικές φιλοδοξίες του στο χρόνο που του απέμενε, μάλλον δεν είχε ούτε μάτια ούτε μυαλό για να ασχοληθεί ουσιαστικά με όσα συνέβαιναν στο σπίτι. Και πάλι, πιο απλοϊκά, το μυαλό του βρισκόταν αλλού, ακόμα και σε διεξόδους εξωσυζυγικών σχέσεων.

Επομένως, ο πατέρας μπορεί να έβλεπε και να εθελοτυφλούσε, ή να απείχε τόσο πολύ που να μην έβλεπε. Και οι δύο περιπτώσεις είναι φυσιολογικό να προκαλέσουν ενοχές και άρνηση όταν είναι αναγκασμένος να έρθει αντιμέτωπος με τα αποτελέσματα. Εάν βρισκόταν "παρών" με όλη τη σημασία της ουσιαστικής πατρικής παρουσίας, θα είχε καταλάβει τι συνέβαινε τουλάχιστον μετά τον πρώτο θάνατο και θα μπορούσε να είχε προλάβει τουλάχιστον τους άλλους δύο. Μέχρι πιο σημείο φτάνουν οι ευθύνες του είναι κάτι που θα αποφασίσει η δικαιοσύνη.

Θα μπορούσαν να γραφτούν ολόκληρα βιβλία και επιστημονικά εγχειρίδια για το ρόλο του πατέρα και την ανάλυση των ευθυνών του, και είναι κάτι για το οποίο σχετικοί τομείς όπως η ψυχολογία θα είναι ωφέλιμο να προσφέρουν τα φώτα τους.

ΟΙΚΟΓΕΝΕΙΑΚΟ ΠΕΡΙΒΑΛΛΟΝ

Σε τέτοιες περιπτώσεις το οικογενειακό περιβάλλον, γονείς και αδέλφια της μητέρας, **γνωρίζει** ότι κάτι δεν πάει καλά. Δεν είναι δυνατόν γονείς να έχουν μεγαλώσει ένα παιδί που καταλήγει σε τέτοια αποτρόπαια εγκλήματα και να μην έχουν δει σημάδια από νωρίς. Τα σημάδια υπάρχουν, βρίσκονται μπροστά στα μάτια τους, αλλά οι παρακάτω περιπτώσεις τους εμποδίζουν να τα αντιμετωπίσουν:

- Εθελοτυφλούν και καταβάλλονται από άρνηση πολλές φορές πιστεύοντας ότι είναι περαστικά και με τον καιρό θα σβήσουν.

- Τα υποθάλπουν και προβάλλουν υποστήριξη πιστεύοντας πως έτσι βοηθούν το παιδί τους να τα ξεπεράσει.

- Τα καλύπτουν φοβούμενοι κοινωνικά αντίκτυπα και στιγματισμό. Τα αναγνωρίζουν αλλά τα αντιμετωπίζουν με λάθος τρόπους.

Σε κάθε περίπτωση τα βλέπουν, γνωρίζουν ότι υπάρχουν, και **φέρουν ευθύνη.** Η οικογένεια στην οποία μεγάλωσε η "μάνα-δολοφόνος" φέρει τεράστια ευθύνη και τα συγκεκριμένα εγκλήματα είναι αναγκαίο να αποτελέσουν παράδειγμα για να αποφευχθούν παρόμοια στο μέλλον. Έπρεπε οι οικείοι να είχαν μιλήσει, να είχαν ενεργήσει και μάλιστα επιθετικά, και να είχαν αποφανθεί σε ειδικούς και στις αρχές. Ήταν στο χέρι τους να απομακρύνουν τα παιδάκια από το ανθυγιεινό περιβάλλον τους, και αν δεν είχαν συνειδητοποιήσει πλήρως τι συνέβαινε πριν τον πρώτο θάνατο, σίγουρα είχαν τη δυνατότητα να αποτρέψουν τους άλλους δύο. Τέτοιες καταστάσεις δεν αντιμετωπίζονται με απλές συζητήσεις ή τσακωμούς με την προβληματική προσωπικότητα αλλά απαιτούν δραστικές κινήσεις και η αντιμετώπιση επείγει. Δεν υπάρχουν ούτε περιθώρια χρόνου ούτε δεύτερες ευκαιρίες. Δεν είναι δυνατόν η γιαγιά των παιδιών να μην ήξερε τα προβλήματα που κουβαλούσε η προσωπικότητα της κόρης της. Ας δεχτούμε ότι η μικρότερη αδελφή δεν είχε την ωριμότητα να το αντιμετωπίσει και ότι η χειριστική συμπεριφορά της μεγαλύτερης την εμπόδιζε. Η γιαγιά όμως και ήξερε, και έβλεπε, και δεν μπορεί να δικαιολογηθεί για την αμέτοχη συμπεριφορά της.

Πώς θα έπρεπε να το είχε αντιμετωπίσει; Είχε την υποχρέωση να απευθυνθεί σε κοινωνικές υπηρεσίες, στο προσωπικό του νοσοκομείου, στις

αρχές, αλλά και στο σύζυγο με επιμονή και παρουσιάζοντας τη σοβαρό-
τητα της κατάστασης όπως ακριβώς την αντιλαμβανόταν. Το πιο ώριμο
και κατάλληλο άτομο που σίγουρα γνώριζε είναι η γιαγιά των τριών παι-
διών που δυστυχώς όχι μόνο δεν έπραξε ανάλογα, αλλά εξακολουθεί να
στηρίζει κάτι που της προκαλεί την επώδυνη αίσθηση της πεισματικής
άρνησης.

ΚΟΙΝΩΝΙΚΟ ΠΕΡΙΒΑΛΛΟΝ

Πολλές μαρτυρίες δείχνουν ότι κοντινά πρόσωπα από το φιλικό και συγγε-
νικό περιβάλλον αλλά και από τον περίγυρο γενικότερα είχαν παρατηρή-
σει συγκεκριμένες συμπεριφορές της μητέρας οι οποίες δεν είναι κοινωνι-
κά αποδεκτές ή είναι ψυχολογικά προβληματικές. Για να κάνουν όμως το
άλμα από την παρατήρηση στην υποψία, και από την υποψία στην ενέρ-
γεια δεν είναι κάτι απλό διότι περιστοιχίζεται από τη σκέψη *"Με ποιο
δικαίωμα να μπλεχτούμε εμείς στα οικογενειακά των άλλων;"*. Δυστυχώς
αποτελεί μία κοινωνική σκέψη και αντίδραση η οποία αποτρέπει τον περί-
γυρο από την παρεμβολή στην οποία κανονικά φέρει την ευθύνη να προ-
βεί εφόσον πρόκειται για την προστασία και ακεραιότητα συνανθρώπων
του, και πόσο μάλλον ανυπεράσπιστων παιδιών.

Η Ελληνική κοινωνία έχει την τάση να ψάχνει και να μαθαίνει, πολ-
λές φορές με τη μορφή κουτσομπολιού, αλλά να σταματάει εκεί. Εάν τη
συγκρίνουμε με την Αμερικάνικη νοοτροπία θα δούμε ότι στις Ηνωμένες
Πολιτείες πιο εύκολα σηκώνει ένας άνθρωπος το τηλέφωνο για να επικοι-
νωνήσει με κοινωνικές υπηρεσίες σε περίπτωση υποψίας κακοποίησης.
Μας κάνει να αναρωτιόμαστε αν αυτό οφείλεται μόνο σε κοινωνικές ιδι-
οσυγκρασίες ή αν σχετίζεται και με την ανταπόκριση και αντιμετώπιση
από σχετικές υπηρεσίες.

Φίλοι, συγγενείς, γείτονες, συνάδελφοι, δάσκαλοι, όλοι όσοι είχαν έρ-
θει σε επαφή με την οικογένεια είτε άμεσα είτε έμμεσα και είχαν αντι-
ληφθεί το παραμικρό, θα μπορούσαν να το επικοινωνήσουν σε αρμόδιες
αρχές και υπηρεσίες. Και πάλι, θα μπορούσαν να είχαν αποφευχθεί του-
λάχιστον οι δύο θάνατοι. Εάν η κοινωνία αισθάνεται ότι δεν εισακούγεται

από τους αρμοδίους ας σκεφτεί ότι όσοι περισσότεροι μιλήσουν, τόσες περισσότερες πιθανότητες δημιουργούνται για ανταπόκριση. Η κοινωνία βλέπει και καταλαβαίνει πολλά αλλά διστάζει να μιλήσει. Φοβάται τη διαδικασία και τις επιπτώσεις, νιώθει εκτεθειμένη, και καταλήγει στην εύκολη λύση της αμέτοχης παρατήρησης και σχολιασμού. Υπάρχει ανάγκη για κοινωνική επαγρύπνηση ώστε ο περίγυρος να κατανοήσει την ευθύνη που φέρει αλλά και να νιώθει ασφάλεια και σιγουριά ως προς τον τρόπο που αντιμετωπίζονται σχετικές καταθέσεις και καταγγελίες από αρμόδιες υπηρεσίες.

ΙΑΤΡΙΚΟ ΚΑΙ ΝΟΣΗΛΕΥΤΙΚΟ ΠΡΟΣΩΠΙΚΟ

Όλοι αναρωτιούνται πώς κατάφερε η μητέρα να διαπράξει δύο δολοφονίες μέσα σε νοσοκομεία κυριολεκτικά *"κάτω από τη μύτη"* γιατρών και νοσηλευτικού προσωπικού. Εκ των υστέρων μάθαμε ότι υπήρξαν υποψίες που είχαν συζητηθεί εντός του νοσοκομειακού περιβάλλοντος και η απορία γιατί δεν έγιναν κάποιες κινήσεις αιωρείται. Ισχύει ότι η πεποίθηση πως *"μία μάνα δε σκοτώνει τα παιδιά της"* μπορεί να τυφλώσει τον καθένα μας και παρόλο που παρατηρούμε προβληματικά σημάδια αρνούμαστε να τα αποδεχτούμε. Υπάρχει ανάγκη για επαγρύπνηση και στον ιατρικό τομέα.

Πριν 30 περίπου χρόνια ξεκίνησε στις Ηνωμένες Πολιτείες μία τεράστια προσπάθεια πληροφόρησης και επαγρύπνησης σχετικά με το σύνδρομο Munchausen by Proxy ύστερα από περιστατικά που βγήκαν στην επιφάνεια και είχαν λάβει χώρα σε νοσοκομεία. Η προσπάθεια συμπεριλάμβανε δύο κατευθύνσεις. Η μία αφορούσε την κατάλληλη εκπαίδευση του νοσοκομειακού προσωπικού ώστε να αναγνωρίζουν, να αντιμετωπίζουν, και να επικοινωνούν προβληματικές συμπεριφορές που ενδέχεται να αφορούν στο σύνδρομο. Η δεύτερη επεκτεινόταν στις αρχές και κοινωνικές υπηρεσίες φωτίζοντας την ύπαρξη και επικινδυνότητα του συνδρόμου. Ως αποτέλεσμα άλλαξε η νομοθεσία για την τοποθέτηση καμερών σε δωμάτια παιδιατρικής πτέρυγας και οι γιατροί έχουν το δικαίωμα να προβούν σε ανάλογες ενέργειες εάν υπάρχουν υποψίες ώστε να ενεργούν χωρίς την καθυστέρηση εισαγγελικών εντολών. Ίσως αρχικά να ακούγεται ως παράβαση προσωπικών δεδομένων, αλλά η συγκεκριμένη αλλαγή έχει σώσει ζωές. Και ας μην ξεχνάμε ότι υπάρχουν συγκεκριμένα κριτήρια και η εφαρμογή τέτοιου πλάνου δε γίνεται ανεξέλεγκτα. Οι περιπτώσεις που απαιτούν τέτοιου είδους δραστικά μέτρα δεν είναι πολλές, αλλά έχουν δείξει ότι οι υποψίες ήταν δικαιολογημένες και σώθηκαν παιδιά που κινδύνευαν από την ίδια τους τη μητέρα.

Σε αυτό το σημείο ας υπενθυμίσουμε αυτό που αναφέρθηκε στην αρχή του κεφαλαίου, ότι δηλαδή το σενάριο που περιγράφουμε και εξετάζουμε είναι **υποθετικό** (αφορά την ίδια υπόθεση αλλά με το **υποθετικό** τελικό πόρισμα ότι η μητέρα είναι ένοχη και για τους τρεις θανάτους). Δε σημαίνει ότι για να αλλάξει κάτι στον τρόπο που λειτουργούν νόμοι και κανόνες είναι απαραίτητο να περιμένουμε ένα υποθετικό σενάριο να γίνει πρώτα αληθινό. Το νόημα της πρόληψης αφορά ακριβώς αυτό: **να προλάβουμε κάτι πριν συμβεί.**

Κάτι περίεργο και αξιοσημείωτο που βγήκε στο φως είναι το γεγονός ότι σε κάποιο από τα νοσοκομεία είχε δοθεί η άδεια στη μητέρα να χορηγεί η ίδια τη φαρμακευτική αγωγή στο παιδί της κατά τη διάρκεια νοσηλείας. Σίγουρα πολλοί θα έχετε δει την εικόνα της νοσοκόμας που χορηγεί χάπια σε έναν ασθενή, του τα δίνει, εκείνος τα βάζει στο στόμα, και η νοσοκόμα του λέει *"Άνοιξε το στόμα και σήκωσε τη γλώσσα"* για να σιγουρευτεί ότι τα κατάπιε. Στις Ηνωμένες Πολιτείες συμβαίνει σε κάθε χορήγηση χαπιού και απαιτείται από το νοσηλευτικό προσωπικό για κάθε ασθενή γιατί η εμπειρία έχει δείξει ότι ποτέ δεν μπορούμε να είμαστε σίγουροι για τις προθέσεις του ασθενή και την ψυχολογική του κατάσταση, και όταν η θεραπευτική αγωγή αποτελεί ευθύνη του νοσοκομείου ακολουθούνται τα ανάλογα μέτρα. Μπορεί να ακούγεται υπερβολικό και να φαντάζει ως κάτι που συμβαίνει μόνο σε ψυχιατρικές πτέρυγες βαριών περιπτώσεων αλλά η πραγματικότητα και εμπειρία δείχνουν την αναγκαιότητα της συγκεκριμένης πρακτικής.

Δεν είναι δυνατόν ένα νοσοκομείο που φέρει ευθύνη για τη σωστή χορήγηση φαρμακευτικής αγωγής να αδειοδοτεί γονείς να προβαίνουν στη χορήγησή της. Ειπώθηκε από νοσηλευτικό προσωπικό ότι είναι κάτι συνηθισμένο να χορηγούν τα φάρμακα οι γονείς εκτός αν πρόκειται για ενδοφλέβια αγωγή. Ας παραδειγματιστούμε από το υποθετικό σενάριο ώστε να εκλείψουν τέτοιου είδους πρακτικές και κάποιοι κανόνες να ισχύουν για όλους ανεξαρτήτως.

Σε κάποια φάση της νοσηλείας του μεγαλύτερου παιδιού είχε γίνει σύσταση από γιατρό να επισκεφθεί η μητέρα τον ψυχίατρο του νοσοκομείου. Προφανώς για να γίνει μια τέτοια σύσταση ο γιατρός ένιωσε κάποιους προβληματισμούς ως προς τη μητέρα. Ενδέχεται οι προβληματισμοί να αφορούσαν τη διαχείριση του πένθους της ή και υποψίες για τη συμπεριφορά της. Η μητέρα προέβη σε μία συνεδρία και η ίδια δήλωσε ότι δεν επιθυμούσε να συνεχίσει γιατί ένιωσε πως δεν τη βοήθησε. Έτσι το θέμα σταμάτησε εκεί. Πάλι βλέπουμε ότι αιωρούνταν κάποιοι προβληματισμοί, έγινε ένα πρώτο βήμα, αλλά η προσπάθεια σταμάτησε μόλις αποφάσισε η μητέρα να της δώσει τέλος. Σε αυτό το σημείο θα έπρεπε να είχε υπάρξει πιο "επιθετική" παρεμβολή. Προφανώς κάτι είχε δονήσει τις κεραίες του γιατρού και στην πιο απλή περίπτωση η επιμονή του για ψυχιατρική παρέμβαση θα καθησύχαζε τις ανησυχίες του. Θα είναι ωφέλιμο να αναρωτηθεί κάθε γιατρός τι δύναται να αποτρέψει την επιμονή του σε παρόμοιες περιστάσεις και γιατί. Εάν είχε νικήσει η επιμονή ίσως να καταλήγαμε σε διαφορετικά αποτελέσματα. Επίσης θα πρέπει να εξετάσουμε αν το ίδιο το σύστημα προβλέπει συγκεκριμένα βήματα σε τέτοιες περιπτώσεις, αν δηλαδή υπάρχει τρόπος να επιβάλλονται ψυχιατρικές συνεδρίες όταν θεωρούνται απαραίτητες και να οριοθετηθεί το ανάλογο πλαίσιο.

Γενικά, και μέσα από μαρτυρίες και περιγραφές, βλέπουμε ότι είχαν γεννηθεί προβληματισμοί στο ιατρικό και νοσηλευτικό προσωπικό αλλά υπήρχε δισταγμός για περαιτέρω ενέργειες, κάτι που είναι αναγκαίο να εξετασθεί για να βρεθούν οι αιτίες και να αντιμετωπιστούν ανάλογα, και φυσικά να υπάρξει η κατάλληλη επαγρύπνηση.

ΑΡΧΕΣ ΚΑΙ ΙΑΤΡΟΔΙΚΑΣΤΕΣ

Έχει δημιουργηθεί μία θολή εικόνα ως προς τη σχέση και επικοινωνία μεταξύ αρχών και ιατροδικαστών. Για παράδειγμα, ποιος φέρει την ευθύνη που δεν έγινε αυτοψία στο χώρο από ιατροδικαστή όταν πέθανε το βρέφος; Είναι μία παράλειψη που οδήγησε σε ερωτηματικά ως προς την ώρα θανάτου του βρέφους, το ματωμένο πανάκι, και άλλα στοιχεία που ίσως θα είχαν ανευρεθεί και χάθηκαν ανεπανόρθωτα. Άλλα επιπλέον ερωτήματα που γεννιούνται είναι τα εξής:

* Η μητέρα προφανώς θα κατέθεσε μετά τους θανάτους των δύο πρώτων παιδιών. Μήπως υπήρχαν εκκωφαντικά στοιχεία ψεύδους τα οποία πέρασαν απαρατήρητα; Μήπως οι αρχές ενήργησαν με την προκατάληψη της πεποίθησης ότι *"μια μητέρα δε σκοτώνει τα παιδιά της"*;
* Μήπως η παραπάνω πεποίθηση επηρέασε και τους ιατροδικαστές που εξέτασαν και κατέληξαν στα δύο πρώτα πορίσματα;
* Μήπως δεν υπήρξε κατάλληλη και αποτελεσματική επικοινωνία μεταξύ αρχών και ιατροδικαστών ώστε οι εξετάσεις να φέρουν την αντικειμενικότητα που όφειλαν διερευνώντας όλα τα πιθανά σενάρια;
* Μήπως υπάρχουν κάποια κενά στο σύστημα και στην επικοινωνία μεταξύ αρχών και ιατροδικαστών;
* Μήπως αν δεν υπήρχαν κενά θα μπορούσαν να είχαν αποφευχθεί κάποιοι από τους θανάτους;

Είναι πολλά τα ερωτήματα που προκύπτουν σχετικά με τις έρευνες των αρχών και τα πορίσματα των ιατροδικαστών και δεν είναι δυνατόν να προσπεραστούν. Εκτός από τα ερωτήματα σχετικά με τις διαδικασίες κατά τα διαστήματα μετά τους θανάτους των δύο πρώτων παιδιών, υπάρχουν απορίες και ως προς την έρευνα αμέσως μετά τον τρίτο θάνατο. Κάποιες διερευνητικές διαδικασίες καθυστέρησαν, όπως η εξέταση δεδομένων στις ηλεκτρονικές συσκευές της μητέρας, η εξέτασή της από ψυχιάτρους η οποία μέχρι στιγμής δεν έχει λάβει χώρα, και η απόκτηση τριχών της κεφαλής του μεγαλύτερου κοριτσιού που θα μπορούσε να είχε γίνει κατά της διάρκειας εκταφής όταν ανακτήθηκε το τάμπλετ που ήταν θαμμένο με το κοριτσάκι. Παρατηρούμε κάποιες καθυστερήσεις και παραλείψεις ακόμα και μετά τον τρίτο θάνατο και αναρωτιόμαστε γιατί δεν ακολουθήθηκε μια πιο επιθετική προσέγγιση διερεύνησης. Φυσικά, και για να είμαστε δίκαιοι, δε γνωρίζουμε σε ποιες ακριβώς ενέργειες μπορεί να προβαίνουν οι αρχές οι οποίες δεν είναι πάντα ανακοινώσιμες.

Το γενικό ερώτημα που παραμένει και αποτελεί ανάγκη να απαντηθεί είναι πώς κατάφερε η μητέρα να ξεφύγει τόσες φορές. Τι στοιχεία και ποιες ενδείξεις δε λήφθηκαν υπόψιν και τι παραβλέφθηκε; Τι θα μπορούσε να είχε βοηθήσει στην αποφυγή κάποιων θανάτων, και αν όχι των δύο πρώτων, τουλάχιστον του τρίτου;

ΚΟΙΝΩΝΙΚΕΣ ΥΠΗΡΕΣΙΕΣ

Όταν το μεγαλύτερο κοριτσάκι της οικογένειας ήταν μωρό, υπήρξε μία καταγγελία κακοποίησης κατά των γονιών προς το μωράκι. Η καταγγελία έφτασε στην ανάλογη κοινωνική υπηρεσία και η αρμόδια κοινωνική λειτουργός προγραμμάτισε συνάντηση με τη μητέρα και επίσκεψη στο σπίτι δύο μήνες μετά την κατάθεση της καταγγελίας. Δύο ολόκληρους μήνες αργότερα και με προγραμματισμένο ραντεβού διενεργήθηκε η έρευνα στο σπίτι για να αξιολογηθούν οι συνθήκες. Μητέρα και κοινωνική λειτουργός έπιναν μαζί καφεδάκι όταν η μητέρα τη διαβεβαίωνε πως οι καταγγελία δεν είχε καμία βάση και αποτελούσε προϊόν ζήλιας. Κι έτσι έκλεισε η υπόθεση. Νομίζω ότι τα γεγονότα μιλούν από μόνα τους και τα πλαίσια του σχολιασμού είναι προφανή.

Δε γνωρίζουμε αν το σύστημα λειτουργεί με το συγκεκριμένο τρόπο ή αν υπήρχαν γνωριμίες που επηρέασαν τη διαδικασία, αλλά σε κάθε περίπτωση το ερώτημα για το τι θα μπορούσε να είχε αποφευχθεί μας στοιχειώνει και ίσως περισσότερο από οποιοδήποτε άλλο. Η σοβαρότητα που φέρει είναι τεράστια διότι περιλαμβάνει κάτι που συνέβη πολύ νωρίς ως προς την πορεία των γεγονότων, και αυτή η έγκαιρη πρόληψη θα είχε την δυνατότητα να προλάβει όλα τα επακόλουθα. Θεωρώ ότι αυτό το γεγονός αποτελεί ένα από τα πιο ανησυχητικά σημεία της υπόθεσης και οι έρευνες οφείλουν να του δώσουν την ανάλογη βαρύτητα.

ΤΑ ΠΑΙΔΙΑ

Ίσως φαίνεται παράξενο που τα ίδια τα παιδιά, τα θύματα, συμπεριλαμβάνονται σε αυτή τη λίστα, όμως όταν μιλάμε για πρόληψη πρέπει να λαμβάνουμε υπόψιν μας όλες τις πιθανές παραμέτρους. Εάν οι δολοφονίες δεν ήταν απρόοπτα μεμονωμένα γεγονότα αλλά συνοδεύονταν από προηγούμενη κακοποίηση, η ανάλογη επαγρύπνηση είναι αναγκαία. Πολλοί αναρωτιόμαστε πώς τη γλίτωσε το μεγαλύτερο κοριτσάκι για οχτώ χρόνια και γιατί τα άλλα δολοφονήθηκαν σε μικρότερες ηλικίες και δε διαφαίνεται κάποια χρονική συνέπεια στα εγκλήματα. Η μητέρα σίγουρα είχε τους λόγους της και το μεθοδικά χειριστικό μυαλό της δημιουργούσε συγκεκριμένα πλάνα. Ίσως η ώρα για να δολοφονήσει το μεγαλύτερο κοριτσάκι έφτασε όταν εκείνο είχε τη δυνατότητα να εκφράσει στον περίγυρο καταστάσεις που βίωνε και το προβλημάτιζαν, δηλαδή έφτασε η ώρα που έπρεπε να του κλείσει το στόμα.

Η επαγρύπνηση οφείλει να στοχεύσει ακριβώς σε αυτό: να βοηθάει τα παιδιά να μιλούν και να εκφράζουν τους προβληματισμούς τους σε τρίτα πρόσωπα από όσο το δυνατόν μικρότερη ηλικία. Τα παιδιά πρέπει να γνωρίζουν σε ποιον μπορούν να απευθυνθούν, με ποιους τρόπους, και ότι εφόσον το κάνουν θα παραμείνουν ασφαλή και προστατευμένα. Όλο αυτό απαιτεί μία γερά συνδεδεμένη κοινωνική αλυσίδα που να συμπεριλαμβάνει πληροφόρηση αλλά και ανάλογη υποστήριξη από υπηρεσίες και δομές. Ένα παιδί πρέπει να γνωρίζει ποιες συμπεριφορές είναι αποδεκτές, κάτι που οφείλει να του διδάξει και το σχολείο. Επίσης, πρέπει να γνωρίζει σε ποιους θα επικοινωνήσει οποιοδήποτε πρόβλημα και να αισθάνεται τη σιγουριά της ανταπόκρισης. Αναφερόμαστε σε ένα τεράστιο ζήτημα με πολύπλοκες διαστάσεις που απαιτεί σχεδιασμό από πολλές πλευρές: εκπαίδευση, κοινωνικές υπηρεσίες, αρχές, ιατρικό τομέα, εκκλησία, και ολόκληρη την κοινωνία. Αν τα παιδιά νιώσουν πως έχουν φωνή και όταν μιλήσουν η φωνή τους θα ακουστεί, ίσως αυτό από μόνο του να προλάβει την οποιαδήποτε μορφή κακοποίησης, και μακάρι να φτάσουμε στο σημείο να μη χρειαστεί να ξαναμιλήσει κανένα παιδί.

Η ΜΗΤΕΡΑ

Το προβληματικό προφίλ της δολοφόνου γεννάει το ερώτημα αν αυτή η γυναίκα είχε τη δυνατότητα να αυτοβοηθηθεί. Ένας άνθρωπος που κουβαλάει έναν τέτοιου είδους ψυχισμό είναι αδύνατο να μην υποφέρει. Εφόσον δεν έσπευσαν οι δικοί της άνθρωποι για να βρουν τρόπο να τη βοηθήσουν, μήπως θα μπορούσε με κάποιο τρόπο να ζητήσει η ίδια βοήθεια για τον εαυτό της; Στην πραγματικότητα το έχει κάνει. Έβγαλε μια τεράστια κραυγή για βοήθεια αλλά δεν την άκουσαν όσοι είχαν τη δυνατότητα να τη βοηθήσουν. Η εκκωφαντική κραυγή της ακούστηκε μέσα από απόπειρες αυτοκτονίας που έχουν περιγραφεί από μαρτυρίες. Κάθε απόπειρα αυτοκτονίας φωνάζει για βοήθεια. Ίσως είναι ο μόνος τρόπος που μπορεί να τη ζητήσει μια τέτοια προσωπικότητα. Και όποιος έρχεται αντιμέτωπος με μια τέτοια κραυγή μπορεί τουλάχιστον να προσπαθήσει να βοηθήσει. Μια σύντομη νοσηλεία δεν αρκεί. Χρειάζεται επακόλουθη παρακολούθηση αλλά αυτό απαιτεί ανάλογα υποστηρικτικά προγράμματα και συστήματα.

Αν είχε τη δυνατότητα η μητέρα να ζητήσει βοήθεια με άλλους τρόπους μπορεί να απαντηθεί μόνο από ειδικούς ψυχικής υγείας που θα την εξετάσουν και εξαρτάται από τα πορίσματά τους. Γενικά, η επαγρύπνηση ως προς ψυχικές διαταραχές και την αντιμετώπισή τους όχι μόνο από τον περίγυρο αλλά και από τα ίδια τα άτομα είναι κάτι που χρειάζεται ανάπτυξη. Γίνονται προσπάθειες από συγκεκριμένους ψυχιάτρους και τους αξίζουν *"συγχαρητήρια"* αλλά η πληροφόρηση πρέπει να ενισχυθεί και να διαδοθεί με μεθοδικότητα και ανάλογη εκπαίδευση.

Και για μια τελευταία φορά ας υπενθυμίσουμε ότι αυτό το κεφάλαιο βασίστηκε σε ένα **υποθετικό σενάριο,** αυτό της ενοχής της μητέρας και για τους τρεις θανάτους, και στόχος είναι η προβολή της πρόληψης. Η έννοια της πρόληψης σε όλο της το μεγαλείο...

[ΤΕΛΕΥΤΑΙΑ ΠΡΟΣΩΠΙΚΗ ΠΑΡΕΝΘΕΣΗ]

*"Ο τύραννος που θέλει να κυβερνά πιο πολύ δούλους παρά ελεύθε-
ρους ανθρώπους, δεν διαφέρει καθόλου από τον γεωργό που προτιμά
να συγκομίζει ήρας και παράσιτα παρά σιτάρι και κριθάρι"*
~ Θαλής ο Μιλήσιος ~

Δεν ξέρω αν μια παρένθεση είναι αρκετή για να χωρέσει όλα τα συναι-
σθήματα που αναβλύζουν. Σε αυτό το σημείο θα γράψω καθαρά ως άν-
θρωπος, απομακρυσμένη από οποιαδήποτε επιστημονική και επαγγελμα-
τική ιδιότητα, και μόνο ως ενεργό και σκεπτόμενο μέλος της κοινωνίας
που παρακολουθεί, διεργάζεται, κι αισθάνεται. Πολλές φορές είναι ανα-
κουφιστικό να αφήνουμε στην άκρη τα όρια που μας επιβάλλει η οποια-
δήποτε ιδιότητα και να εκφραζόμαστε ελεύθερα και ανεπηρέαστα σα να
πίνουμε μια κούπα καφέ με το γείτονα και να συζητάμε. Χωρίς δεοντολο-
γικά όρια λοιπόν:

Ως γυναίκα, κόρη, και άνθρωπος, νιώθω από την αρχή που βγήκε το
θέμα στην επιφάνεια το ένστικτό μου να χτυπάει δυνατά, έντονα, και επί-
μονα το πιο αποκρουστικά παράφωνο καμπανάκι που θα μπορούσε να
φανταστεί κανείς. Λυπάμαι που μου συμβαίνει αυτό, πραγματικά θλίβο-
μαι, αλλά το ένστικτο μου φωνάζει ότι η μητέρα σκότωσε και τα τρία της
παιδιά. Προσπάθησα αμέτρητες φορές να αποβάλλω τον φρικιαστικό ήχο
της ενοχής της, να τον αντικρούσω, να τον σβήσω, αλλά παραμένει στο
πεντάγραμμο. Προσπάθησα επίσης να ζωγραφίσω ένα πεντάγραμμο με
τέσσερις γραμμές, αλλά δε μου βγαίνει με τίποτα.

Οι γραμμές παραμένουν πέντε γιατί πιστεύω ότι αυτή η γυναίκα σκό-
τωσε τα τρία της παιδιά, έκανε μια απόπειρα ανθρωποκτονίας όταν το με-
γαλύτερο κοριτσάκι κατέστη τετραπληγικό, και το φονικό της χέρι ακού-
μπησε και τη σπιτονοικοκυρά. Δεν είναι ξεκάθαρο πώς ακριβώς και ως
ποιο σημείο έβλαψε την άμοιρη γυναίκα, αλλά σίγουρα δεν της πρόσφερε
τη φροντίδα και βοήθεια που της είχε υποσχεθεί. Μπορεί να περιλαμβά-
νει αμέλεια, ή κακοποίηση, ή και κάτι χειρότερο. Έτσι καταλήγουμε στις
πέντε γραμμές. Τις νιώθω, με τρώνε, κάνω προσπάθεια να τις διαγράψω,
αλλά έχουν αποτυπωθεί στο πιο σκοτεινό σημείο της ψυχής μου, σημείο

που δεν ήξερα καν ότι θα μπορούσε να υφίσταται.

Βλέπω μια γυναίκα με απόλυτα διαταραγμένη προσωπικότητα που η ανάσα της μυρίζει ψέμα ακόμα και μέσα από την οθόνη της τηλεόρασης. Η κάθε της λέξη κουβαλάει ναρκισσισμό, επιβολή, χειριστικότητα, ανακρίβειες, ψυχρότητα, και πλήρη αδιαφορία για τις ψυχούλες που γέννησε. Μία άκρως αρρωστημένη ύπαρξη που τόσα χρόνια καταφέρνει να δολοπλοκεί ανενόχλητη, και μόλις ενοχλείται αναζητά κατευθείαν την ικανοποίηση μέσα από την αυτοπροβολή και τα φώτα της δημοσιότητας. Είτε ανενόχλητη, είτε ενοχλημένη, βρίσκει πάντα τρόπο να αρπάζει αυτό που της προσφέρει απόλαυση: **την προσοχή.**

Από παιδί χειριζόταν τους πάντες και πολύ προφανώς τη μητέρα και την αδελφή της. Συνέχισε να χειρίζεται τις σχέσεις της με αποκορύφωμα το γάμο της μέσω του οποίου κατέληξε στο πιο αποτρόπαιο είδος χειριστικότητας, αυτής των ίδιων της των παιδιών. Γέννησε τρία παιδιά που γι' αυτήν δεν ήταν τίποτε άλλο παρά αντικείμενα αυτοϊκανοποίησης για ποικίλους λόγους και με διάφορους τρόπους.

Χρησιμοποιούσε τα παιδιά της για να κρατάει τον άντρα της ή να τον εκδικείται. Άλλες πάλι φορές για να φιγουράρει στα μέσα κοινωνικής δικτύωσης ως η στοργική και αψεγάδιαστη μάνα, η ευτυχισμένη σύντροφος, και η δημιουργός της τέλειας οικογένειας. Ένα σπίτι με κατάλευκο φράχτη, καταπράσινο γκαζόν, με το σκυλάκι και το καναρίνι, και η ίδια πάντα περιποιημένη στην εντέλεια να ποζάρει για να επιδεικνύει την απόλυτη ευτυχία. Αγκαλιά με τα παιδιά, εκδρομές, δραστηριότητες, και το χαμόγελο μπαστακωμένο στο επιμελώς μακιγιαρισμένο πρόσωπο.

Είναι έξυπνη, δυναμική, και δραστήρια, αλλά όχι άτρωτη. Υπάρχει κάτι που τσιτώνει το σκληρόπετσο δέρμα της και της προκαλεί αναγούλα από την ανικανότητά της να το διαχειριστεί. Μόλις όμως το στόμα αρχίζει να γεμίζει σάλια, τα καταπίνει ανασηκώνοντας τα φρύδια καθώς αρπάζει το όπλο που κρύβει για "ώρα ανάγκης", το οπλίζει εύκολα και αβίαστα, και χωρίς δεύτερη σκέψη συντρίβει το αίτιο της αναγούλας της: **την απόρριψη.**

Δε νιώθει τύψεις γιατί οι συνέπειες όχι μόνο της είναι αδιάφορες, αλλά βρίσκει τρόπους να τις μετατρέπει σε ό,τι εκείνη χρειάζεται. Ο θάνατος του παιδιού της παραμερίζει **την απόρριψη** μιας και ξαναφέρνει το σύζυγο κοντά της. Παράλληλα, ο θάνατος του παιδιού της προσφέρει τη συμπόνια του περίγυρου και **την προσοχή** του. Οι δύο της στόχοι επιτυγχάνονται.

~ *"Μ' ένα σμπάρο δυο τρυγόνια".*

Η διαστροφική αυτή προσωπικότητα συμπεριλαμβάνει δύο βασικούς στόχους ζωής και ο ένας ενισχύει τον άλλο: Να διώχνει την **απόρριψη** και να τραβάει την **προσοχή**.

Αν σε είχα τώρα απέναντί μου, *"μητέρα"* της καταστροφής, θα σου έλεγα τα εξής:

*"Είχες την τιμή να ακούσεις τη λέξη "**μαμά**" και την πρόδωσες. Είσαι αξιολύπητη. Το μόνο πράγμα που δεν κατάφερες να κερδίσεις είναι ο θαυμασμός που πάντα επιζητούσες. Είσαι μία μιαρή κηλίδα στο χάρτη της ανθρώπινης συνείδησης, τόσο μηδαμινή και τόσο ανύπαρκτη που δεν υπάρχει. Η προσοχή που επιθυμούσες και τράβηξες είναι τόσο προσωρινή όσο και οι ζωές των παιδιών σου. Κατάφερες να θαμπωθείς από τα φώτα αλλά πολύ σύντομα θα κυλιέσαι στην τύφλα σου, ένα αποτυχημένο παράσιτο που θα σέρνεται μάταια και δε θα καταφέρει ποτέ να πάρει προαγωγή σε ενδοπαράσιτο. Πολύ σύντομα δε θα σου έχει απομείνει ούτε ένα νούμερο για το καρτοτηλέφωνο της ψευτιάς και της υποκρισίας σου. Θα καταντήσεις το απόλυτο τίποτα. Η φυλακή σου δε θα είναι το κελί σου αλλά η ανυπαρξία σου. Δεν εύχομαι τίποτα για σένα γιατί πολύ σύντομα απλά δε θα υπάρχεις".*

Γι' αυτό γράφω τώρα και δεν περιμένω την κατάληξη των υποθέσεων. Ο επίλογος που ακολουθεί θα αποτελέσει την παντελή και τελική **απόρριψη** αυτής της παρασιτικής ύπαρξης. Μετά θα απομείνουν μόνο οι προσευχές και το καντηλάκι για τις τρεις ανυπεράσπιστες ψυχούλες οι οποίες, έστω και τώρα, αξίζουν όλη την προσοχή και όλα τα φώτα στραμμένα πάνω τους.

Όσο για τον πατέρα, δε γνωρίζω και δε με ενδιαφέρει να μάθω το νόημα της ύπαρξής του. Το κούτελό του δεν είναι καθαρό, δεν ξέρω μέχρι πού ακριβώς φτάνει η βρομιά του, και δε θα σπαταλήσω άλλο μελάνι για έναν άνθρωπο που αρχικά το παίζει προστάτης, μόλις φτάσει ο κόμπος στο χτένι κουλουριάζεται σα βρεμένο γατί, και αμέσως μετά μεταμορφώνεται σε rock star και προσπαθεί να επιδείξει το μπόι του. Τα χείλη του μίλησαν πολλές φορές, αλλά τα μάτια του περισσότερες, και όσα είπαν αρκούν για την πλήρη απαξίωσή του.

Έχω κάνει τεράστια προσπάθεια να μπω στη θέση του υπερασπιστή και να βρω απεγνωσμένα έστω και το παραμικρό που θα μπορούσε να σβήσει τα σήματα του ενστίκτου μου. Έχω μιλήσει με ανθρώπους που δεν μπορούν με τίποτα να διανοηθούν ότι μια μάνα θα έκανε κάτι τέτοιο, και έχουν δίκιο. Πιστεύω ότι αν δεν είχα επαφή και εμπειρία με ανάλογη βιβλιογραφία πάνω από εικοσαετία, και αν δεν είχα μελετήσει επαγγελματικά παρόμοιες υποθέσεις που έλαβαν χώρα στις Ηνωμένες Πολιτείες, θα έμοιαζε και για μένα όλο αυτό σαν τον πιο διαστροφικό εφιάλτη. Δυστυχώς έχει ξανασυμβεί και συνεχίζει να συμβαίνει. Δυστυχώς υπάρχουν ανάμεσά μας τέτοιες διαταραγμένες προσωπικότητες που αναποδογυρίζουν ακόμα και τους πιο ιερούς θεσμούς, τους τσαλακώνουν και τους πετάνε αδιάφορα στο καλάθι των αχρήστων. Και προσπαθεί μετά η δική μας ψυχή να ψάξει στα σκουπίδια για να βρει έστω και κάτι που ίσως πετάχτηκε κατά λάθος, που ίσως διέφυγε, που ίσως ήταν απροσεξία, που ίσως δεν είδαμε καλά, που ίσως το πέταξε κάποιος άλλος, που ίσως... που ίσως...

Νιώθω ότι το έχει κάνει. Θλίβομαι γι΄αυτό. Επειδή όμως η ελπίδα πεθαίνει τελευταία, θα συνεχίσω να ζεσταίνομαι από την αμυδρή αχτίδα της μέχρι να αποφανθεί η δικαιοσύνη η οποία έχει τον κύριο και τελευταίο λόγο. Μακάρι Θεέ μου, μακάρι Παναγία μου, μακάρι να κάνω λάθος.

"Η τιμωρία του ψεύτη δεν είναι ότι δεν τον πιστεύουν, αλλά ότι αυτός δεν μπορεί να πιστέψει κανέναν"
~ George Bernard Shaw ~ *Ιρλανδός Συγγραφέας, 1856-1950*
Νόμπελ 1925

46. Προβλέψεις

"Ό,τι συμβεί μία φορά, μπορεί να μην ξανασυμβεί.
Αλλά ό,τι συμβεί δύο φορές θα τριτώσει οπωσδήποτε"
~ Paulo Coelho ~

Αν κοιτάξουμε μια μέρα μπροστά, στις 30 Απριλίου 2022, και με διορα-
τικότητα ατενίσουμε το μέλλον, πιστεύω πως όλοι μας καταλήγουμε σε
υποθέσεις και προβλέψεις. Ο ανθρώπινος νους δεν ικανοποιείται με το
"τώρα" γεγονός που είναι ευτύχημα. Η στασιμότητα δεν είναι κάτι που
χαρακτηρίζει την ανθρώπινη φύση και η απουσία της δίνει ώθηση στην
εξέλιξη και πρόοδο. Οι ιδέες, οι στόχοι, τα όνειρα, όλα αυτά αποτελούν
μέρος της ανάγκης μας να νιώθουμε συνδεδεμένοι με το μέλλον παρόλο
που τίποτα δεν το καθιστά σίγουρο ή βέβαιο. Το μυαλό μας πάντα έχει την
τάση να κοιτάζει μπροστά στην προσπάθεια να προλάβει το επακόλουθο,
να το επηρεάσει, και να το διαμορφώσει. Ένα μέρος αυτής της εσωτερι-
κής διεργασίας πηγάζει από τα *"θέλω"* μας και γι' αυτό οι οποιεσδήποτε
προβλέψεις δεν είναι πάντα αντικειμενικές. Ωστόσο, ένα άλλο μέρος πη-
γάζει από τις γνώσεις και εμπειρίες μας οι οποίες αποτελούν μία πιο εμπε-
ριστατωμένη βάση μελλοντικών υποθέσεων.

Καταρχάς, αυτό που θα ρίξει άπλετο φως στην υπόθεση είναι η εξέτα-
ση ηλεκτρονικών στοιχείων που θα προκύψουν από υπολογιστές και κι-
νητά τηλέφωνα. Διαδικτυακές αναζητήσεις της μητέρας, μηνύματα και
τηλεφωνικές επικοινωνίες, καθώς και άλλο υλικό που μπορεί να έχει αφή-
σει ηλεκτρονικά ίχνη θα αποτελέσουν πληροφορίες που θα έχουν τη δυ-
νατότητα να μετατρέψουν τις ενδείξεις σε αποδείξεις ή να απαλλάξουν τη
μητέρα από τις κατηγορίες. Δεν είναι μονόδρομος και όλα τα ενδεχόμε-
να παραμένουν ανοιχτά, ακόμα και η σκιαγράφηση νέων κατηγοριών και
εμπλοκών. Τα ηλεκτρονικά ίχνη μιλάνε χωρίς αμφιβολίες και εικασίες και
σίγουρα θα φωτίσουν αρκετά σκοτεινά και θολά σημεία. Θα φανερωθούν
συνομιλίες του ζευγαριού, επικοινωνίες με οικογενειακό και φιλικό περι-
βάλλον, και μηνύματα με νοσηλευτικό προσωπικό. Θα βρεθούν οι διαδι-
κτυακές αναζητήσεις της μητέρας που μπορεί να οδηγήσουν στη λύση του

μυστηρίου ως προς την εύρεση της κεταμίνης.

Πιστεύω ότι η έρευνα των ηλεκτρονικών στοιχείων θα μας μεταφέρει σε πολύ σκοτεινά μονοπάτια ειδικά ως προς τη σχέση του ζευγαριού. Περισσότερο με προβληματίζει η μέχρι τώρα συμπεριφορά του πατέρα και οι εναλλαγές που έχει εκδηλώσει προς τη σύζυγό του και είμαι σίγουρη ότι οι επικοινωνίες τους θα προβάλλουν την αλήθεια: *Ο πατέρας δεν ήταν τόσο ανίδεος όσο ισχυρίζεται.* Το ίδιο θα συμβεί και με το ρόλο της θείας ειδικά σχετικά με το θάνατο του βρέφους στον οποίο ήταν παρούσα. Θα αναδυθούν λεπτομέρειες για τις σχέσεις μεταξύ αυτών των προσώπων, τον τρόπο που συμπεριφέρονταν ο ένας προς τον άλλο, τις διαφωνίες και τους διαπληκτισμούς τους, και θα φανεί η πραγματική πλευρά της κάθε σχέσης. Αυτή τη στιγμή βλέπουμε και ακούμε μόνο όσα εκείνοι θέλουν να δούμε και να ακούσουμε καθώς και μαρτυρίες από τον περίγυρο. Πάντα υπάρχουν διαφορετικές και πολύπλευρες διαστάσεις πίσω από κάθε πόρτα που κλείνει, και στην προκειμένη περίπτωση όλα όσα θα βγουν στην επιφάνεια μπορεί να μη μας εκπλήξουν, αλλά σίγουρα θα φανερώσουν συγκεκριμένες άγνωστες πτυχές που μάλλον θα επιβεβαιώσουν όσα φωνάζει το ένστικτό μας

Σήμερα, 29 Απριλίου 2022, προβλέπω ότι πολύ σύντομα οι ηλεκτρονικές αποκαλύψεις θα αναδείξουν μία αποκρουστικά εκρηκτική σχέση ανάμεσα στο ζευγάρι η οποία όλα αυτά τα χρόνια βασιζόταν σε αντιζηλίες, εκδικητικές συμπεριφορές, και αρρωστημένες συγκρούσεις. Όλα τα σπίτια και ζευγάρια έχουν τα θέματά τους, αλλά εδώ θα δούμε κάτι παραπάνω από καθημερινά προβλήματα και ζητήματα που προκύπτουν σε κάθε οικογένεια. Θα παρουσιαστούν ακραίες συμπεριφορές και από τις δύο πλευρές και αιτίες διαπληκτισμών που ξεπερνούν πολλά όρια και κουβαλούν φθόνο μαζί με σκοτεινές σκέψεις. Τα ίχνη των συνομιλιών θα αποτυπώνουν άκρως αρρωστημένες καταστάσεις, κάποιες από τις οποίες μπορεί γενικά να συμβαίνουν συχνότερα από ό,τι θα θέλαμε να νομίζουμε, αλλά σε αυτήν την περίπτωση ίσως και να εξηγούν εγκληματικές ενέργειες.

Προβλέπω την ανάδειξη ενός ανθυγιεινού περιβάλλοντος ως προς την ανατροφή των παιδιών. Σε αυτό το περιβάλλον τα τρία παιδάκια αποτελούσαν "μπαλάκια" στα χέρια των γονιών που τα πετούσαν ανεξέλεγκτα προς διάφορες κατευθύνσεις ανάλογα με τις διαστροφικές τους επιθυμίες και ορέξεις. Μόνο ουσιαστική στοργή και φροντίδα δε λάμβαναν αυτά τα παιδιά, παρά εξυπηρετούσαν σκοπιμότητες ενηλίκων οι οποίοι στην ουσία δε μεγάλωσαν ποτέ.

Θα φανεί ξεκάθαρα ο χειριστικός χαρακτήρας της μητέρας και η αρρωστημένη ανάγκη της για επιβολή και αυτοϊκανοποίηση. Θα βγουν στο φως συνομιλίες στις οποίες θα δίνει εντολές, θα ζητάει επιτακτικά, θα απειλεί, θα ομολογεί εκδικητικές πράξεις, θα αδιαφορεί για τα παιδιά της, και θα προβάλλει ξεκάθαρα και αδίστακτα την εμμονή προς τον σύζυγό της. Ο καθρέφτης μπροστά στα μάτια αυτής της νάρκισσου θα σπάσει σε χίλια κομμάτια καταστρέφοντας μαζί και την πλαστή εικόνα που προσπάθησε να δημιουργήσει η εγωπαθητική της ύπαρξη που σε λίγο θα πάψει να υπάρχει.

Θα βγει ολοζώντανη στην επιφάνεια η απόγνωση του συζύγου στην προσπάθειά του να διαχειριστεί το μη διαχειρίσιμο, την προσωπικότητα εκείνης η οποία πολύ γρήγορα μετά τον πρώτο έρωτα έγινε εμπόδιο στα όνειρα που είχε αρχίσει να χτίζει η εφηβική του καρδιά και δεν πρόλαβε να εκπληρώσει. Θα φανεί η προσπάθειά του να απεγκλωβιστεί από την αρρωστημένη σχέση αλληλοεξάρτησης, και αυτή η μάταιη προσπάθεια θα καταλήξει σε εκρήξεις θυμού, οργής, ακόμα και βίας. Μπορεί το προφίλ του να δείξει περισσότερες μεταπτώσεις από αυτό της μητέρας γιατί σταδιακά νιώθει, καταλαβαίνει, και ανακαλύπτει ακριβώς τι συμβαίνει σε αντίθεση με εκείνη που το προκαλεί συνειδητά και χωρίς καμία συστολή.

Θα εξακριβωθεί ο ρόλος της θείας και οι όποιες ανακρίβειες έχει ξεστομίσει. Θα υπάρχουν διαπληκτισμοί ανάμεσα στις δύο αδελφές αλλά η μικρότερη θα βρίσκεται πάντα ένα βήμα πίσω προσπαθώντας απεγνωσμένα να μαζέψει τα κομμάτια που σκορπάει η μεγαλύτερη στο διάβα της.

Ίσως κάτι παρόμοιο να δούμε και από την πλευρά της γιαγιάς που βρίσκεται μερικά βήματα πιο πίσω και ικετεύει τον πόνο της άρνησης να πάψει να της μαχαιρώνει τα μάτια.

Όταν επιτέλους διεξαχθούν οι απαραίτητες ψυχιατρικές πραγματογνωμοσύνες, κάτι που το θεωρώ άκρως αναγκαίο και επείγον, ενδέχεται να ακούσουμε για *"Ναρκισσιστική Διαταραχή Προσωπικότητας"*, *"Αντικοινωνική Διαταραχή Προσωπικότητας"*, το *"Σύνδρομο της Μήδειας"*, το σύνδρομο *"Munchausen by Proxy"*, και άλλα σύνδρομα και διαταραχές προσωπικότητας που σχετίζονται με την *έλλειψη ενσυναίσθησης και τύψεων.* Είναι πολύ πιθανό οι έμπειροι ψυχίατροι να αποφανθούν ότι πρόκειται για ένα συνδυασμό συνδρόμων και μια εξαιρετικά βαριά περίπτωση διαφόρων συνδυαστικών ψυχιατρικών παραγόντων και διαταραχών προσωπικότητας. Όμως **τα όποια ψυχιατρικά πορίσματα δεν θα αποτελέσουν ελαφρυντικά** - τουλάχιστον αυτό θέλω να πιστεύω και να ελπίζω για τη δικαιοσύνη.

Δεν είμαι προφήτης ούτε έχω στην κατοχή μου κάποια αστραφτερή γυάλινη σφαίρα. Σκέφτομαι και νιώθω με την κοινή λογική που μόνο σε αμφιβολίες καταλήγει ακούγοντας τους μέχρι τώρα ισχυρισμούς των γονιών και του περιβάλλοντος τους. Τα ίχνη θα βρεθούν και θα μιλήσουν, ή μάλλον θα βροντοφωνάξουν την αλήθεια που σέρνεται κάτω από τις υποψίες και παλεύει να βρει μια τρυπούλα για να ξεγλιστρήσει στο φως.

Η αλήθεια θα βρει το φως της και όχι μόνο θα κερδίσει την προσωπική της νίκη, αλλά θα τιμωρήσει και όλους όσους τόλμησαν να απλώσουν τα πλοκάμια του ψέματος και της παραπλάνησης. Σαν τη γλώσσα του βάτραχου, θα πεταχτεί ξαφνικά και θα επιτεθεί στους προδότες της, θα κολλήσουν πάνω της και δε θα υπάρχει τρόπος διαφυγής. Και μετά θα φτεροκοπά ελεύθερη στον ηλιόλουστο ουρανό και μαζί με τα τρία αγγελούδια θα τραγουδά ειρωνικά αλλά και θλιμμένα το πιο λυπητερό *"βρε-κε-κεξ-κουαξ-κουαξ!"* που έχει ηχήσει ποτέ στους ανοιξιάτικους ορίζοντες της φύσης.

Δυστυχώς ο μαέστρος άργησε να ανυψώσει την μπαγκέτα του, η μισή ορχήστρα έμεινε αφηρημένη στην προηγούμενη παρτιτούρα, και αντί για την *"Άνοιξη"* του Vivaldi το κοινό θα χειροκροτά για το *"Funeral March"* του Chopin, ενώ η μητέρα θα εξακολουθεί να σιγομουρμουρίζει τις *"Πεταλούδες"* του Chausson σε λάθος τόνο καθώς θα περιμένει ανυπόμονα το φύλακα να της ανάψει το τσιγάρο, τη μόνη απόλαυση που θα της έχει απομείνει.

Vivaldi, Chopin, και Chausson, με τρεις παράλληλες και ταυτόχρονες εκτελέσεις και ερμηνείες σε μία απόλυτη χασμωδία αποκαλύψεων, συγκρούσεων, και συναισθημάτων. Πόσο πιο θλιβερά αποκρουστική μπορεί να ακουστεί αυτή η αλήθεια που θα πονέσει τα αυτιά όλων μας;

Τα τρία αγγελούδια βρίσκονται τώρα πλάι στους τρεις συνθέτες-μεγαλουργούς, παρακολουθούν τη συμφωνία του παραλόγου με τα πικραμένα τους χαμόγελα, και σκέφτονται:

~ *"Ποια μάνα μας γέννησε;"*

Και οι συνθέτες απαντούν:

~ *"Νιώστε και απολαύστε τη **Μάνα** που σας φροντίζει τώρα, τη **Μάνα** που δεν προδίδει ποτέ τα **Παιδιά** της."*

Και τα αγγελούδια κλείνουν απαλά τα μάτια με το γλυκό νανούρισμα της Παναγίας σβήνοντας από τη σκέψη και την καρδιά τους την αποκρουστική χασμωδία που τα ακολουθεί. Κοιμούνται ήσυχα στην αγκαλιά Της και ονειρεύονται τις νοσταλγικές μελωδίες που σκορπά το μεθυστικό και γαλήνιο άρωμα της πασχαλιάς.

Φέτος άργησε να έρθει η άνοιξη και οι πασχαλιές μόλις άνθισαν...

Δυστυχώς το βρέφος δεν πρόλαβε να αγγίξει το άρωμα αυτών των πανέμορφων μωβ λουλουδιών...

"Μες στο μωβ του δειλινού μωβ σκιές της πασχαλιάς.

Με τ' αθώα μωβ της άνθη μωβ να όνειρά μας βάφει.

Και με το μωβ το πείσμα της τραβάει τη μωβ τη μολυβιά,

κείνη την άγρια μάγισσα που όλα τα διαγράφει"

47. Ένθετο: φωνή αγγέλου

"Έχεις τα πινέλα, έχεις τα χρώματα, ζωγράφισε τον παράδεισο και μπες μέσα"
~ Νίκος Καζαντζάκης ~

Αυτό το μέρος αποτελεί ένα απρόβλεπτο "ένθετο". Σταμάτησα να παρακολουθώ τις εξελίξεις της υπόθεσης στις 29 Απριλίου 2022, όταν, όπως προειπώθηκε, σταματάει χρονικά το βιβλίο. Παρόλο που η επιθυμία να πληροφορούμαι για νέα στοιχεία που έβγαιναν στο φως ήταν βασανιστική, η αντικειμενικότητα που απαιτούσα από τον εαυτό μου και η υπόσχεση που είχα δώσει ως προς το χρονικό όριο δε μου το επέτρεπε. Ωστόσο, πριν λίγες μέρες και καθώς εργαζόμουν στο γραφείο μου ολοκληρώνοντας κάποιες τεχνικές λεπτομέρειες του βιβλίου, πήρε το αυτί μου κάτι στην τηλεόραση που παρακολουθούσε ο σύζυγός μου σε διπλανό δωμάτιο και με έκανε να πεταχτώ σαν ελατήριο. Άκουσα τη γνώριμη πλέον σε όλους μας φωνή της προφυλακισμένης μητέρας και αμέσως μετά τη φωνούλα ενός μικρού κοριτσιού. Δεν κατάφερα να συγκρατηθώ και έσπευσα να δω.

Πραγματικά, γνωστή τηλεοπτική εκπομπή πρόβαλε μια σύντομη συνομιλία η οποία είχε βγει στο φως, και τα δύο πρόσωπα ήταν η μητέρα και η μεγαλύτερη κόρη, το εννιάχρονο κοριτσάκι που έφυγε τελευταίο από τη ζωή. Άκουσα δύο προτάσεις που έλεγε το κοριτσάκι στη μαγνητοφωνημένη συνομιλία και το ρίγος που με περιέλουσε ήταν άμεσο και έντονο. Για πρώτη φορά άκουγα το παιδάκι να μιλάει την περίοδο πριν υποστεί την εγκεφαλοπάθεια που της στέρησε αυτή την επικοινωνιακή δυνατότητα. Πρέπει να ήταν κοντά στο διάστημα που έμεινε τετραπληγικό και επομένως τα λογάκια του ήταν κάποια από τα τελευταία που είχε την ευκαιρία να εκφράσει.

Άκουσα τη φωνή αυτού του αγγέλου και τα συναισθήματα ήταν ανάμεικτα. Από τη μία, ένιωσα τη γλύκα της ηλικίας της και την αθωότητα που τη χαρακτηρίζει λίγο πριν αρχίσει αυτή η αθωότητα να αλλάζει μορφή καθώς τα παιδιά μεγαλώνουν και η χροιά της φωνής τους αποκτά άλλη ωριμότητα. Οι λεξούλες της ηχούσαν σαν γλυκές καραμελίτσες, σαν πολύχρωμα πανσεδάκια σε κίτρινες, ροζ, και φούξια αποχρώσεις, σαν πούπουλα που αιωρούνται ύστερα από ένα διασκεδαστικό μαξιλαροπόλεμο, σαν χρυσογάλαζες πεταλουδίτσες.

Από την άλλη, αυτά που έλεγε κουβαλούσαν φόβο, προσπάθεια να δικαιολογηθεί, και ένα ίχνος χειριστικότητας παρόμοιο με αυτή της μητέρας της αλλά σε μικρογραφία. Οι λέξεις ακούγονταν σαν καρφίτσες που μάταια προσπαθούμε να καρφώσουμε μ' ένα σφυρί μιας και δεν αντέχουν το βάρος του, λυγίζουν, και σπάνε. Έβγαιναν σαν ψίθυροι εγκλωβισμένοι σε μια ντουλάπα που πρέπει να μιλήσουν αλλά με το φόβο μήπως ακουστούν. Ήταν κόμποι μαζεμένοι στο λαιμό που έτρεμαν στην ιδέα ότι ενδέχεται κάποιος να τους μετρήσει και μετά να κάνει τα μαθηματικά.

Αυτή η γλυκιά, τρυφερή, παιδική φωνούλα, από την οποία όμως έλειπε ένα μέρος της αθώας προσδοκούμενης ηλικιακής ανεμελιάς, καρφώθηκε στη μνήμη και τη σκέψη μου σαν μία πρόκα που τρυπάει επώδυνες σουβλιές στα μηνίγγια μου. Θα μπορούσε να γραφτεί ένα ολόκληρο βιβλίο για το άκουσμά της και όσα εμπεριέχει και υποδεικνύει. Ίσως κάποτε να γίνει, όταν ξεθυμάνει το αρχικό σοκ που προκάλεσε η φωνή αυτού του αγγέλου, μια φωνή που κανονικά μόνο το άρωμα της πασχαλιάς θα έπρεπε να σκορπίζει στα αυτιά μας.

"Στον Παράδεισο θα ακούω"
~ Ludwig van Beethoven ~

Επίλογος

> *"Ποιος αμφιβάλλει ότι ο άνθρωπος κρύβει μέσα του μια άβυσσο τόσο βαθιά, που μένει κρυφή κι από τον ίδιο;"*
> ~ *Άγιος Αυγουστίνος* ~

Χρειάστηκαν πολλές σελίδες για να αναλυθεί μία μόνο ερώτηση και μία απάντηση. Αν αναλύσουμε με παρόμοιο τρόπο όλα όσα έχουν ειπωθεί από τους δύο γονείς και το συγγενικό και κοινωνικό τους περιβάλλον τους τελευταίους τρεις μήνες θα καταλήξουμε σε τόμους φωνητικής ανάλυσης. Το βιβλίο πρόσφερε μία μικρή γεύση όσων εμπεριέχει αυτή η τόσο ιδιαίτερη επιστήμη.

Κάθε λέξη κρύβει μέσα της έναν ολόκληρο ψυχισμό. Ο Αλκουίνος είπε ότι *"Η ομιλία είναι ο κήρυκας της ψυχής"*, και ο Ουγκώ ότι *"Η παραγωγή των ψυχών είναι το μυστικό της αβύσσου"*.

Συχνά λέμε: ***"Άβυσσος η ψυχή του ανθρώπου"***.

ΑΒΥΣΣΟΣ
ἀ- (ά- στερητικό) + βυσσός (βυθός)
[Λεξικό της Κοινής Νεοελληνικής. (1998) του Ιδρύματος Μανόλη Τριανταφυλλίδη. Η Πύλη για την ελληνική γλώσσα, Κέντρο Ελληνικής Γλώσσας]

Κυριολεκτικοί ορισμοί:
~ "Η άβυσσος ή βαθιά θάλασσα είναι το τμήμα εκείνο του θαλάσσιου περιβάλλοντος που βρίσκεται κάτω από το επίπεδο στο οποίο εισχωρεί το φως και πέρα από την ηπειρωτική κρηπίδα."

~ "Μεγάλο ωκεάνιο βάθος και, ειδικότερα, εκείνο μέχρι του οποίου δεν φθάνει το ηλιακό φως."

~ "Μεγάλο και απότομο βάθος σε υδάτινη (λίμνη, ποτάμι) ή γήινη (φαράγγι, γκρεμός, βάραθρο κ.ο.κ.) επιφάνεια "

~ "Ένα απύθμενο βάθος και, κατ' επέκταση, κάθε βαθύ μέρος."

318 ΠΑΤΡΑ: *ΤΙΠΟΤΑ ΔΕΝ ΕΙΝΑΙ ΑΝΕΞΗΓΗΤΟ* - Η ΦΩΝΗ ΠΙΣΩ ΑΠΟ ΤΑ ΛΟΓΙΑ

Μεταφορικοί ορισμοί:

~ " Το πιο βαθύ σημείο της ψυχής, της καρδιάς."

~ "Το χάος, ο οποιοσδήποτε -τεραστίου μεγέθους- ανεξερεύνητος χώρος."

Συνώνυμα:

χάος, χάσμα, χαράδρα, χέραβος.

ΨΥΧΗ από το ρήμα "ψύχω", δηλαδή "φυσώ", "πνέω"

Κυριολεκτική σημασία:

Ψυχρή πνοή.

Οντολογική σημασία:

~ Η άυλη ουσία ενός ζωντανού όντος.

~ Η ύστατη ένδειξη της ζωής στο σώμα που γίνεται αισθητή από την αναπνοή.

~ Το ένα από τα δύο βασικά στοιχεία που συνθέτουν την ανθρώπινη φύση.

~ Το άυλο στοιχείο του ανθρώπου που, ύστερα από το θάνατο του σώματος, αποκτά αυτόνομη ύπαρξη. (Μία αόρατη - και για μερικούς άυλη ή και αθάνατη - ουσία που δίνει ζωή στο σώμα, το ελέγχει, και για πολλούς επιζεί μετά τον θάνατο του σώματος μεταβαίνοντας σε έναν τόπο δυστυχίας ή μακαριότητας ή, για άλλους, σε κάποιο διαφορετικό σώμα.)

Μεταφορική σημασία:

~ Η ύπαρξη συναισθημάτων.

~ Η ύπαρξη ζωντάνιας.

~ Η ύπαρξη σθένους.

Συνώνυμα:

Ζωή, ήθος, ουσία, πνεύμα, συναίσθημα, συνείδηση, ζωτικότητα, θάρρος, ζωντάνια.

ΑΝΘΡΩΠΟΣ

Υπάρχουν διάφορες θεωρίες και επιστημονικές αναλύσεις ως προς την ετυμολογία της λέξης και κάποιες από αυτές θεωρούνται παρετυμολογίες. Εκτός από την ετυμολογική της ανάλυση, η λέξη έχει εξηγηθεί και από βιολογική, οντολογική, κοινωνιολογική, πνευματική, θεολογική, και φιλοσοφική σκοπιά. Αυτό που τελικά μένει είναι ότι όλοι μας είμαστε άνθρωποι και συνυπάρχουμε ο καθένας με τη διαφορετικότητά του.

Όλοι έχουμε φυσικά και σωματικά χαρακτηριστικά - μυαλό, καρδιά, προσωπικότητα, χαρακτήρα, συναισθήματα, σκέψεις, καθώς και τρόπους έκφρασης και επικοινωνίας. Ίσως αυτό που κάνει την ψυχή μας *"άβυσσο"* να είναι η **διαφορετικότητα.**

Αλλά για να φτάσουμε ως εκεί, και παρόλο που ο Πλάτωνας είπε ότι *"Απ' όλα τα αγαθά, που κατέχει ο άνθρωπος, το πιο ιερό, μετά τον Θεό, το πιο οικείο είναι η ψυχή"*, θα πρέπει να αναρωτηθούμε:

~ Έχουμε όλοι οι άνθρωποι *"ψυχή"*;

Τρία παιδιά, τρία κοριτσάκια, τρεις αδελφούλες που έγιναν αγγελούδια. Τρία αστεράκια που κοιτάζουν από ψηλά αλλά οι ψυχές τους είναι ακόμα εδώ, μαζί μας. Ίσως να γνωρίζουν τις απαντήσεις αλλά να μην αντέχουν τις αλήθειες τους. Αν γνωρίζουν, όταν έρθει η ώρα θα μιλήσουν. Αν όχι, θα μιλήσουν οι αύρες τους που πετάνε ελεύθερες.

Η αύρα μιλάει. Έχει τις δικές της χορδές. Αυτές οι χορδές δεν ξέρουν να ξεστομίζουν ψέματα γιατί πάλλονται από άνεμο που δε δέχεται εντολές, δε σκέφτεται, δε διστάζει, δεν κρύβει, δε διεργάζεται, δεν αντιστέκεται. Μπορεί να εκφράζει τα πάντα ανεπηρρέαστος, να λέει μόνο αλήθειες, να γελάει αυθόρμητα χωρίς να ντρέπεται, να αποκαλύπτει δίχως να φοβάται, να κλαίει γοερά χωρίς να κρύβεται, να ταξιδεύει ανεξουσίαστος στον ήχο της ζωής, και να επικοινωνεί αβίαστα τα λόγια της ψυχής. Το μόνο που δεν μπορεί να κάνει είναι να σιωπήσει.

Και ας μην ξεχνάμε ότι οι τρεις ψυχούλες βρίσκονται τώρα πλάι στην πιο Μεγάλη Μάνα, ζώντας την πιο ζεστή αγκαλιά, το πιο τρυφερό χάδι, την πιο αγνή στοργή, και την πιο ουσιαστική προστασία.

Το χέρι της Παναγίας φροντίζει για όλα όσα ενδέχεται να είχαν στερηθεί από το μητρικό χέρι.

Και μια τελευταία απορία:
~ *Γιατί δεν είναι θαμμένες μαζί, δίπλα-δίπλα, οι τρεις αδελφούλες;*

" *ΑΝΕΒΗΚΑΜΕ στα φτερά των χελιδονιών για να κόψουμε λουλούδια από τον ουρανό.*

... ΤΩΡΑ τα χέρια τους είναι χρυσά, τα πόδια τους χρυσά, κι όπου πατούν αφήνουνε κάτι μικρά φεγγάρια στο νοτισμένο χώμα.

... ΜΗΤΕΡΑ, μη θυμώνεις μαζί μας που δεν μπορούμε να κάτσουμε σπίτι. Ο ήλιος μας φωνάζει.
Θα σου φορέσουμε ένα φόρεμα τριανταφυλλί που το πλέκει η άνοιξη κάτου απ' τις μυγδαλιές με το βελονάκι της πιο μικρής αχτίνας.
Θα σε πάμε μπροστά στον καθρέπτη να κοιταχτείς, να γελάσεις και να μας γνωρίσεις.
Τότε τα μικρά χελιδόνια θα καθήσουν στα δάχτυλα σου, μα πάλι εσύ δε θα ξέρεις να γελάσεις πολύ.
Πώς να βγάλουμε, μητέρα, την πέτρα που φράζει την πόρτα σου;

... ΤΟ ΧΩΜΑ ποτίστηκε με φως. Δεν ξεχωρίζεις φως και χώμα. Εμείς είμαστε τ' όνειρο μας.

... ΟΤΑΝ περνούσε η Παναγία σιωπηλή κάτου απ' τα δέντρα κανένας δεν την άκουσε.
Τα σκυλιά δε γαυγίσαν στις αυλόπορτες. Μονάχα τα τριζόνια τη χαιρέτισαν, κι ένα μεγάλο αστέρι χτύπησε σε μια χορδή κάποιο άγνωστο τραγούδι που τ' ακούσαν μόνο τα παιδιά στον ύπνο τους και γύρισαν απ' τ' άλλο τους πλευρό χαμογελώντας.

... ΕΜΕΙΣ δεν κοιμόμαστε, κι ακούμε τα τραγούδια μας που βουίζουν σαν μελίσσια γύρω στα χαμομήλια των άστρων και γύρω στην καρδιά μας.

... ΕΝΑ ψηλό παράθυρο είναι το τραγούδι.
Βλέπει στο δρόμο, βλέπει και στον ουρανό. Απ' αυτό το παράθυρο κοιτά-
με τον κόσμο.

... ΕΜΕΙΣ κουβαλήσαμε δω πέρα το χαμένο καλοκαίρι –
κείνο το βράδυ που όλοι κλαίγαν μες στον άνεμο και κρυώναν.

... Ο ΔΙΚΟΣ ΜΑΣ ΘΕΟΣ γίνηκε πάλι ένα τζιτζίκι, και τραγουδάει μες στην
καρδιά μας την ώρα που κλαδεύουμε τα δέντρα του παράδεισου και φυτεύου-
με γεράνια και γαρίφαλα γύρω τριγύρω σ' όλες τις αυλές και τα περβόλια.

... ΒΛΕΠΕΙΣ πώς λάμπουν τ' ασημένια χέρια μας μέσα στους ίσκιους – τα
χέρια μας που καμιά νύχτα δεν μπορεί ποτέ να τα κερδίσει.

... ΕΜΕΙΣ ξέρουμε τ' όνομα του ήλιου κι όπου κι αν βρεθούμε ο ίδιος
ήλιος θα 'ναι – κι ο ήλιος μας ξέρει.

... ΕΔΩ που φτάνουμε άκρη άκρη στ' όνειρο μας, γιορτάζουμε μαζί με τον
ήλιο την ίδια μέρα – κάθε μέρα.

... ΚΙ ΟΤΑΝ έρθει μεθαύριο ο χειμώνας, ακόμα ο ήλιος θα φέγγει στην
καρδιά μας.

... ΤΟΥΤΗ την ώρα δεν ξέρουμε τίποτα να πούμε – μια κι ο ήλιος που ξέ-
ρει απ' όλους πιο πολλά μας φωνάζει να παίξουμε στον κάμπο.

... ΑΛΛΟΤΕ διαβάζαμε τα μαθήματα μας, κάναμε την προσευχή μας και
λέγαμε πως δυό και δυό κάνουνε τέσσερα.
Τώρα, δυό λουλούδια και δυό αχτίνες δεν κάνουνε τέσσερα – κάνουνε την
ψυχή μας. Κι ένα τριαντάφυλλο και μια πεταλούδα δεν κάνουν δυό – κά-
νουν ένα Θεό.
Κι ένας Θεός κάνει όλα.

Λοιπόν, η ψυχή μας μαζί με την ψυχή του Θεού πόσα κάνει; Ο δάσκαλος δεν ξέρει.

Εμείς το ξέρουμε πως κάνει: ένα.

Το διαβάσαμε σήμερα στο ανοιχτό βιβλίο του ήλιου, σήμερα που ξεχάσαμε όλα τα βιβλία."

~ Γιάννης Ρίτσος ~

[Αποσπάσματα από το "Όνειρο Καλοκαιρινού Μεσημεριού", 1938]

Αφιερωμένο στα τρία κοριτσάκια ΤΜΙ που δεν πρόλαβαν να μεγαλώσουν

Βιβλιογραφία

Abu-Jamal, M. (1996). *Live from death row.* Avon Books.

American Psychiatric Association. (2013). *Diagnostic and statistical manual of mental disorders* (5th ed.).

American Psychological Association (1995). *Publication manual of the American psychological Association* (4th ed.).

Arthur, J. (1986). *Morality and moral controversies.* Prentice-Hall.

de Becker, G. (1997). *The gift of fear.* Dell Publishing.

Brehm, S. S., & Kassin, S. M. (1996). *Social psychology.* Houghton Mifflin Company.

Brewer, N., & Douglass, A. B. (2019). *Psychological science and the law.* The Guilford Press.

Burian, P., & Shapiro, A. (2010). *The complete Euripides: Volume I: Trojan women and other plays (Greek tragedy in new translations).* Oxford University Press.

Campbell, J. H., & DeNevi, D. (2004). *Profilers: Leading investigators take you inside the criminal mind.* Prometheus Books.

Carlat, D. J. (2017). *The psychiatric interview.* Wolters Kluwer.

Charlesworth, R. (1992). *Understanding child development.* Delmar Publishers.

Choquette, S. (1997). *Your heart's desire: Instructions for creating the life you really want.* Three Rivers Press.

Cuba, L. (1993). *A short guide to writing about social science.* Harper Collins College Publishers.

Dimon, T. (2018). *Anatomy of the voice: An illustrated guide for singers, vocal coaches, and speech therapists.* North Atlantic Books.

Green, B., & Gallwey, W. T. (1986). *The inner game of music.* Doubleday.

Gross, L. (2000). *Surviving a stalker: Everything you need to know to keep yourself safe.* Marlowe & Company.

Hadas, M., & McLean, J. (1984). *Ten plays by Euripides.* Bantam Classics.

McDermid, V. (2014). *Forensics: What bugs, burns, prints, DNA, and more tell us about crime.* Grove Press.

Miller, P. H. (1993). *Theories of developmental psychology.* W. H. Freeman and Company.

Myers, D. G. (1992). *Psychology.* Worth Publishers.

Neale, D. (1994). *Abnormal psychology.* John Wiley & Sons.

Ortiz, J. M. (1997). *The tao of music: Sound psychology.* Weiser Books.

Phillips, A. (1998). *A defense of masochism.* St. Martin's Press.

Ramsland, K. (2002). *The criminal mind: A writer's guide to forensic psychology.* Writer's Digest Books.

Ristad, E. (1982). *A soprano on her head.* Real People Press.

Robertson, I. (1987). *Sociology.* Worth Publishers.

Rosenzweig, M.R. et al. (1996). *Biological psychology.* Sinauer Associates.

de Saint-Exupéry, A. (1943). *Le petit prince [The little prince].* Paris, France: Gallimard.

Santrock, J. W. (1994). *Child development.* Brown & Benchmark Publishers.

Schweigert, W. A. (1994). *Research methods & statistics for psychology.* Brooks/Cole Publishing Company.

Spigel, L. (1992). *Make room for TV: Television and the family ideal in postwar America.* The University of Chicago Press.

StarTVGreece. (2022, February 17). *Σπάνε τη σιωπή τους οι γονείς των τριών παιδιών από την Πάτρα – Ολόκληρη η συνέντευξη* [Video]. YouTube. https://www.youtube.com/watch?v=uRxgnE0q4KA&t=11s

Sutherland, E. H., & Cressey, D. R. (1974). *Criminology.* J. B. Lippincott Company.

Time-Life Books, (1992). *Serial Killers.* Robert H. Smith.

Vennard, W. (1967). *Singing: The mechanism and the technic.* Carl Fischer.

van de Wetering, J. (1973). *The empty mirror.* Thomas Dunne Books.

Προκοπάκη, Χ. (2008). *Ανθολογία Γιάννη Ρίτσου.* Εκδόσεις Κέδρος